Zeitschrift für Betriebswirtschaft

Ergänzungsheft 4/2001

Theorie der Unternehmung

ZfB-Ergänzungshefte

2/97 Finanzierung
Schriftleitung: Horst Albach
124 Seiten. ISBN 3 409 13953 2

3/97 Personal
Schriftleitung: Horst Albach
192 Seiten. ISBN 3 409 13954 0

4/97 Betriebswirtschaftslehre und Rechtsentwicklung
Schriftleitung: Horst Albach/Klaus Brockhoff
136 Seiten. ISBN 3 409 13955 9

1/98 Betriebliches Umweltmanagement 1998
Schriftleitung: Horst Albach/Marion Steven
186 Seiten. ISBN 3 409 13956 7

2/98 Finanzierungen
Schriftleitung: Horst Albach
200 Seiten. ISBN 3 409 13957 5

1/99 Innovation und Investition
Schriftleitung: Horst Albach
142 Seiten. ISBN 3 409 13958 3

2/99 Innovation und Absatz
Schriftleitung: Horst Albach
176 Seiten. ISBN 3 409 11455 6

3/99 Finanzmanagement 1999
Schriftleitung: Horst Albach
212 Seiten. ISBN 3 409 11509 9

4/99 Planung und Steuerung von Input-Output-Systemen
Schriftleitung: Horst Albach/Otto Rosenberg
178 Seiten. ISBN 3 409 11493 9

5/99 Krankenhausmanagement
Schriftleitung: Horst Albach/Uschi Backes-Gellner
209 Seiten. ISBN 3 409 13959 1

1/2000 Corporate Governance
Schriftleitung: Horst Albach
152 Seiten. ISBN 3 409 11600 1

2/2000 Virtuelle Unternehmen
Schriftleitung: Horst Albach/Dieter Specht/Horst Wildemann
260 Seiten. ISBN 3 409 11628 1

3/2000 Hochschulorganisation und Hochschuldidaktik
Schriftleitung: Horst Albach/Peter Mertens
223 Seiten. ISBN 3 409 13960 5

4/2000 Krankenhausmanagement 2000
Schriftleitung: Horst Albach/Uschi Backes-Gellner
160 Seiten. ISBN 3 409 11764 4

1/2001 Personalmanagement 2001
Schriftleitung: Horst Albach
188 Seiten. ISBN 3 409 11801 2

2/2001 Controlling-Theorie
Schriftleitung: Horst Albach/Ulf Schiller
160 Seiten. ISBN 3 409 11833 0

3/2001 E-Business
Schriftleitung: Horst Albach/Horst Wildemann
162 Seiten. ISBN 3 409 11876 4

Theorie der Unternehmung

Schriftleitung

Prof. Dr. Dr. h.c. mult. Horst Albach
Prof. Dr. Peter-J. Jost

SPRINGER FACHMEDIEN WIESBADEN GMBH

Die Deutsche Bibliothek – CIP-Einheitsaufnahme

Zeitschrift für Betriebswirtschaft : ZfB. – Wiesbaden :
Betriebswirtschaftlicher Verl. Gabler
    Erscheint monatl. – Aufnahme nach Jg. 67, H. 3 (1997)
    Reihe Ergänzungsheft: Zeitschrift für Betriebswirtschaft /
    Ergänzungsheft. – Fortlaufende Beil.: Betriebswirtschaftliches
    Repetitorium. – Danach bis 1979: ZfB-Repetitorium
    ISSN 0044-2372
2001, Erg.-H. 4. Theorie der Unternehmung. – 2001
Theorie der Unternehmung / Schriftl.: Horst Albach, Peter-J. Jost, –
Wiesbaden : Gabler, 2001
    (Zeitschrift für Betriebswirtschaft ; 2001, Erg.-H. 4)
    ISBN 978-3-409-11883-5   ISBN 978-3-322-86554-0 (eBook)
    DOI 10.1007/978-3-322-86554-0

Alle Rechte vorbehalten

© Springer Fachmedien Wiesbaden 2001

Ursprünglich erschienen bei Betriebswirtschaftlicher Verlag Dr. Th. Gabler GmbH, Wiesbaden 2001

Lektorat: Ralf Wettlaufer

Das Werk einschließlich aller seiner Teile ist urheberrechtlich geschützt. Jede Verwertung außerhalb der engen Grenzen des Urheberrechtsgesetzes ist ohne Zustimmung des Verlags unzulässig und strafbar. Das gilt insbesondere für Vervielfältigungen, Übersetzungen, Mikroverfilmungen und die Einspeicherung und Verarbeitung in elektronischen Systemen.

http://www.gabler.de
http://www.zfb-online.de

Höchste inhaltliche und technische Qualität unserer Produkte ist unser Ziel. Bei der Produktion und Verbreitung unserer Bücher wollen wir die Umwelt schonen: Dieses Buch ist auf säurefreiem und chlorfrei gebleichtem Papier gedruckt. Die Einschweißfolie besteht aus Polyäthylen und damit aus organischen Grundstoffen, die weder bei der Herstellung noch bei der Verbrennung Schadstoffe freisetzen.

Die Wiedergabe von Gebrauchsnamen, Handelsnamen, Warenbezeichnungen usw. in diesem Werk berechtigt auch ohne besondere Kennzeichnung nicht zur der Annahme, daß solche Namen im Sinne der Warenzeichen- und Markenschutz-Gesetzgebung als frei zu betrachten wären und daher von jedermann benutzt werden dürften.

Gesamtherstellung: Konrad Triltsch, Print und digitale Medien GmbH, D-97199 Ochsenfurt-Hohestadt

ISBN 978-3-409-11883-5

Inhalt

Zeitschrift für Betriebswirtschaft, Erg.-Heft 4/2001

Editorial VII

Der Unternehmer – eine Leerstelle in der Theorie der Unternehmung?
Professor Dr. Dr. h.c. Dr. h.c.Dr. h.c. Dr. h.c. Dieter Schneider, Bochum 1

Nähe zum Endkunden: Voraussetzung für Strategien der Marktausschöpfung
Dr. Thorsten Broecker, Düsseldorf 21

Eigentumsrechte, Nachverhandlungen und die Theorie der Unternehmung
Professor Dr. Urs Schweizer, Bonn 35

Zur Organisation zwischenbetrieblicher Beziehungen: Sind kurzfristige oder langfristige Vereinbarungen optimal?
Dr. Herbert Dawid, Los Angeles und Dr. Michael Kopel, Wien 51

Konsistenz und Wandlungsfähigkeit von Corporate Governance-Systemen
Dr. Peter Witt, Vallendar 73

Implikationen von Synergieeffekten für die Gestaltung von hierarchischen Entlohnungssystemen im wertorientierten Management
a.o. Univ.-Professor Dr. Christian Riegler, Graz 99

Bilanzpolitik und Vertragstheorie
Dr. Max Haas, Berlin 127

Wie wirken Anreizverträge?
Professor Dr. Simon Gächter, St. Gallen, Professor Dr. Ernst Fehr, Zürich,
und lic. oec. publ. Beatrice Zanella, Zürich. 145

Eine experimentelle Studie zur strategischen Wahl von Entlohnungsschemata
Christine Harbring, Bonn und Bernd Irlenbusch, Erfurt 175

Inhalt

ZfB · Grundsätze und Ziele XII
ZfB · Herausgeber / Internationaler Herausgeberbeirat XIII
ZfB · Impressum / Hinweise für Autoren XIV

Editorial

Vom 5. bis 7. Oktober 2000 fand an der WHU das I. Symposium zur Ökonomischen Analyse der Unternehmung statt. Die Tagung wurde von Prof. P.-J. Jost zusammen mit den Kollegen Prof. D. Demougin von der Humboldt Universität zu Berlin und Prof. R. H. Schmidt von der Johann Wolfgang Goethe-Universität Frankfurt organisiert. Ziel war es, ein Forum für einen gemeinsamen interdisziplinären Erfahrungsaustausch zwischen Betriebswirten und Volkswirten zu schaffen. Gegenstand der Forschung konnten dabei die unterschiedlichsten unternehmensinternen Probleme sein.[1] Insgesamt wurden 22 Arbeiten aus den verschiedensten Themenbereichen vorgestellt, unter anderem über die Gestaltung von Anreizverträgen, das Wissens- und Personalmanagement, Informationen und Wettbewerb, Governance Strukturen und Unternehmensnetzwerke. Methodisch wurden neben spiel- und vertragstheoretischen Arbeiten auch experimentelle und empirische Studien präsentiert. Neun Arbeiten wurden für dieses Ergänzungsheft der ZfB ausgewählt, die wir thematisch in drei Teile gegliedert haben:

Provokation

Die ersten beiden Aufsätze von *Dieter Schneider* und *Thorsten Broecker* fordern die ökonomische Theorie der Unternehmung jeweils aus einer anderen Perspektive heraus:

Dieter Schneider konfrontiert in seinem Beitrag die Aufgaben und Funktionen eines Unternehmers mit denjenigen, die ihm in der neoklassischen Theorie der Unternehmung zukommen. Drei Unternehmerfunktionen leitet der Autor in seiner historischen Analyse ab: Die Übernahme von Unsicherheiten, die Ausnutzung von Arbitragegewinnen sowie die Koordinationsfunktion. Im Fazit kommt er zu der schon von Coase aufgestellten These, daß in einer Welt ohne Transaktionskosten der Unternehmer eine Leerstelle bleibt.

Thorsten Broecker setzt sich in seinem Beitrag mit der Theorie der Unternehmung aus einer Marketingperspektive auseinander. Anhand von Praxisbeispielen stellt er zunächst die These auf, daß viele Unternehmen sich durch eine bemerkenswerte Kundenferne „auszeichnen" und damit Wertschöpfungspotentiale nur unzureichend ausnutzen. Daraus leitet er die Forderung nach einer ökonomischen Theorie der Kundennähe ab: Inwieweit können durch geeignete Gestaltung von Anreiz- und Organisationsstrukturen Informationsasymmetrien zwischen Unternehmen und Kunden systematisch abgebaut werden? Einfacher und billiger wäre es natürlich, die Kundenferne durch Vertrauen zu überwinden.

Organisation

Die zweite Gruppe von Aufsätzen beschäftigt sich mit der ökonomischen Analyse ausgewählter Fragen zur Unternehmensorganisation. Drei Beiträge wurden aufgenommen:

---

[1] Die Tagung wurde finanziell von der Thyssen-Stiftung, AT Kearney, der Mannesmann Boge GmbH, dem Schäffer-Poeschel-Verlag, dem Weingut Dötsch sowie der WHU unterstützt. Vor Ort waren Karin Senftleben, Holmer Glietz, Dirk Simon und Claus van der Velden bei der Planung, Organisation und Durchführung der Tagung behilflich. Ihnen allen sei an dieser Stelle noch einmal herzlich gedankt. Dieser Dank gilt auch den zahlreichen Ko-Referenten, die mit ihren Referaten bei der Tagung und ihren Gutachten für dieses Sonderheft viele wertvolle Diskussionsbeiträge und Anregungen geleistet haben.

Urs Schweizer diskutiert in seiner Arbeit die systematischen Vor- und Nachteile der vertikalen Integration und stellt damit aufs neue die Frage nach den Grenzen der Unternehmung. Im Rahmen der Theorie unvollständiger Verträge zeigt er in einem einfachen Modell, daß durch die Festlegung der Eigentumsstrukturen die Investitionsanreize und damit die Wertschöpfung der betroffenen Unternehmen bestimmt werden. Von besonderer Bedeutung ist dabei, daß bereits eine geeignete Festlegung der Eigentumsstruktur optimale Investitionsanreize setzt, ohne daß hierzu ad hoc die Menge der zulässigen Vertragsvereinbarungen eingeschränkt werden muß.

Für den Fall getrennter Eigentumsstrukturen untersuchen *Herbert Dawid* und *Michael Kopel* die optimale Gestaltung dieser zwischenbetrieblichen Beziehungen. In einem dynamischen Prinzipal-Agenten Modell analysieren sie, inwieweit solche Beziehungen durch mehrere kurzfristige oder eher durch einen langfristigen Vertrag geregelt werden sollten. Sie kommen zu dem auf den ersten Blick überraschenden Ergebnis, daß kurzfristige Verträge in bestimmten Situationen durchaus vorteilhaft sein können.

In der Arbeit von *Peter Witt* steht dann bei integrierten Eigentumsstrukturen die geeignete Gestaltung der Leitungsstruktur von Unternehmen im Vordergrund der Analyse. Ausgehend von der von Reinhard H. Schmidt aufgestellten These von der Konsistenz der Governance-Systeme untersucht der Autor, inwieweit politische oder unternehmerische Veränderungen zu einem Systemwechsel führen können. Seine politökonomische Modellierung des Systemwettbewerbs macht dabei deutlich, daß auch konsistente Governance Strukturen einem Wandel unterliegen können, zeigt allerdings auch die Dominanz des US-amerikanischen Systems.

Motivation

Im dritten Teil geht es um Arbeiten, die sich mit der geeigneten Gestaltung von Anreizsystemen innerhalb eines Unternehmens auseinandersetzen. Vier Arbeiten haben wir hier ausgewählt:

Christian Riegler beschäftigt sich in seinem Beitrag mit der Frage, welchen Einfluß hierarchische Beziehungen auf eine wertorientierte Unternehmensführung haben. Untersucht wird im Rahmen eines Prinzipal-Agenten Modells eine dreistufige Leistungsbeziehung zwischen Geschäftsführung, Bereichsmanager und Mitarbeiter. Abweichend von den bisherigen Arbeiten in der Literatur kommt der Autor zu dem bemerkenswerten Ergebnis, daß eine dezentrale Anreizgestaltung, bei der dem Bereichsmanager die Steuerung des Mitarbeiters übertragen wird, durchaus vorteilhaft sein kann gegenüber einer zentralen Anreizgestaltung durch die Geschäftsführung.

Auch dem Beitrag von *Max Haas* liegt die Gestaltung optimaler Anreize im Rahmen der Prinzipal-Agenten Theorie zugrunde, diesmal in einem einstufigen und mehrperiodigen Modell. Untersucht wird die Frage, ob es vorteilhaft sein kann, die Entlohnung eines Managers zumindest kurzfristig von dessen gewinnerhöhenden oder gewinnsenkenden Manipulationen abhängig zu machen. Auch hier kommt der Autor zu einem auf den ersten Blick überraschenden Ergebnis: Ein entsprechender bilanzpolitischer Spielraum kann im Interesse des Vorgesetzten sein, zumindest dann, wenn der Manager nur einen beschränkten Zugang zum Kapitalmarkt hat.

Editorial

In dem Beitrag von *Simon Gächter, Ernst Fehr* und *Beatrice Zanella* wird das Zusammenwirken von extrinsischen und intrinsischen Anreizen in Arbeitsbeziehungen untersucht. Im Vordergrund ihrer experimentiellen Untersuchung steht die Frage, ob die Steuerung eines Mitarbeiters durch materielle Arbeitsanreize Auswirkungen auf seine freiwillige Kooperationsbereitschaft in der Arbeitsbeziehung hat. Die Experimente bestätigen den in der Psychologie seit den 70er Jahren bekannten Verdrängungseffekt: Finanzielle Anreize können unter bestimmten Bedingungen die intrinsische Motivation eines Mitarbeiters verdrängen. Von entscheidender Bedeutung ist dabei die „implizit mitgelieferte psychologische Botschaft" bei der Anreizsetzung.

Der Frage nach der geeigneten Gestaltung von Anreizsystemen bei mehreren Agenten geht die Arbeit von *Christine Harbring* und *Bernd Irlenbusch* nach. Auch ihrem Beitrag liegt eine experimentelle Studie zugrunde, in der sie die Auswirkungen verschiedener Anreizsysteme auf das Leistungsverhalten von Mitarbeitern untersuchen. In Übereinstimmung mit der bisherigen Literatur zeigt ihr Vergleich einer Turnier- und Teamentlohnung, daß die Leistungen beim ersten Entlohnungssystem aufgrund eines kollusiven Verhaltens der Beteiligten systematisch niedriger sind als die bei einer Teamentlohnung. Darüber hinaus können die Autoren aber belegen, daß dieser Effekt wesentlich durch die strategische Wahl des Anreizsystems bestimmt wird. Kann nämlich der Prinzipal wiederholt zwischen den beiden Anreizsystemen auswählen, reduziert sich das kollusive Verhalten der Agenten, und die beiden Anreizsysteme gleichen sich an.

HORST ALBACH PETER-J. JOST

Der Unternehmer – eine Leerstelle in der Theorie der Unternehmung?

Von Dieter Schneider

Überblick

- Der Beitrag untersucht, welche Aufgaben oder Funktionen eines Unternehmers in welcher Theorie der Unternehmung fehlen. Unterschiedliche Ansätze zur Bildung einer Theorie der Unternehmung werden danach unterteilt, ob sie bildhafte Vergleiche aus anderen Erfahrungswissenschaften zum Ausgangspunkt für die Theoriebildung wählen oder aber mit Sachverhalten aus dem zu untersuchenden Erfahrungsbereich direkt beginnen.

- In der Geschichte der Wirtschaftswissenschaft ist ein betriebswirtschaftlicher Unternehmerbegriff, der eine aufgabenbezogene Sichtweise wählt, von einem personenbezogenen Unternehmerbegriff abzugrenzen. Für die Bildung einer betriebswirtschaftlichen Theorie der Unternehmung scheinen die Aufgaben oder Funktionen eines Unternehmers bedeutsam, die von den Erfahrungssachverhalten der Unsicherheit und der ungleichen Wissensverteilung ausgehen.

Eingegangen: 29. März 2001

Professor Dr. Dr. h.c. Dr. h.c. Dr. h.c. Dr. h.c. Dieter Schneider, Universität Bochum, Universitätsstr. 150, 44801 Bochum.

A. Problemstellung

Das Thema „Der Unternehmer – eine Leerstelle in der Theorie der Unternehmung?" heißt genauer: Welche Aufgaben oder Funktionen des Unternehmers fehlen in welcher Theorie der Unternehmung?

Teil B gibt einen knappen Überblick über den Inhalt des Gattungsbegriffs „Theorie der Unternehmung".

Teil C bietet einen Kurzüberblick über die Erörterungen zum Unternehmer in der Geschichte der Wirtschaftswissenschaft.

Teil D erläutert die Entwicklung dreier Unternehmerfunktionen: der die Organisation Unternehmung begründenden Übernahme von Einkommensunsicherheiten anderer, der die Unternehmung nach außen, in Märkten erhaltenden Unternehmerfunktionen der Suche nach Spekulations- bzw. Arbitragegewinnen, und der die Unternehmung nach innen erhaltenden Unternehmerfunktion des Durchsetzens von Änderungen bzw. der Koordination. Alle drei Unternehmerfunktionen stehen jenseits der neoklassischen Theorie der Unternehmung.

B. Kurzüberblick über den Inhalt des Gattungsbegriffs „Theorie der Unternehmung"

a) Wovon handelt eine Theorie der Unternehmung? Ist z.B. ihr Untersuchungsgegenstand nur die Produktion von Gütern oder die Eigenschaft, Marktteilnehmer zu sein (mit den Aufgaben Beschaffung, Produktion, Absatz von Gütern)? Interessiert das Merkmal, daß Anteilsrechte und Schuldtitel der Unternehmung Beschaffungs- und Absatzobjekt im Kapitalmarkt sind (Investition, Finanzierung, Rechnungslegung) oder das Geflecht des Zusammenarbeitens mehrerer Menschen in einer Organisation (Koordination in den Entscheidungsgremien, Personalwirtschaft, aber auch internes Rechnungswesen) oder alle diese Merkmale gemeinsam?

Eine betriebswirtschaftliche Theorie der Unternehmung müßte wohl alle genannten Problemstellungen einschließen. Eine volkswirtschaftliche Theorie der Unternehmung kann auf eine solche Gesamtschau nur verzichten, wenn sie sich spezielle Fragen stellt, z.B. die Preisbildung in oligopolistischen Märkten oder als Steuerwirkungslehre in der Theorie der Finanzpolitik.

Das, was gemeinhin als Theorie der Unternehmung bezeichnet wird, leistet diese Gesamtschau nicht. So behandelt die neoklassische Mikroökonomie nur Abstraktionen von Produktions- und Absatz-, gelegentlich von Beschaffungsproblemen. Die Unternehmung als Organisation existiert paradoxerweise in dieser neoklassischen Theorie gar nicht.[1] Zu Recht sprechen *Holmström/Tirole*[2] von der black box-Konzeption einer Produktionsfunktion. Erst nach Öffnen und Ausfüllen dieser leeren Hutschachtel kann eine Theorie der Unternehmung beginnen, die diesen Namen verdient.

Allerdings ist es zu eng, Theorie der Unternehmung als Teilbereich nur der neoklassischen Mikroökonomie und ihrer Weiterentwicklung in der institutionellen Mikroökonomie zu sehen. Es gibt Gedankengebäude, die den Namen Theorie der Unternehmung beanspruchen dürfen darüber hinaus.

Theorien werden nicht aus dem hohlen Bauch heraus entwickelt, sondern die Lösungsideen für bestimmte Fragestellungen folgen als beabsichtigte Anwendungen ganz unterschiedlicher Vorbilder, in Übernahme bildhafter Vergleiche, von Metaphern. Folgende Gedankengebäude, die drei verschiedenen Metaphern folgen, können den Namen Theorie der Unternehmung beanspruchen.

b) *Bildhafte Vergleiche aus der Physik* liegen drei „Orientierungen" für die Bildung einer Theorie der Unternehmung zugrunde: der Produktionsorientierung der herkömmlichen volkswirtschaftlichen Theorie (der neoklassischen Mikroökonomie), der betriebswirtschaftlichen Produktions- oder Produktivitätsorientierung *Gutenbergs* und der dem Wirtschaftlichkeitsprinzip folgenden Entscheidungsorientierung.

(1) Dabei werden aus der Physik vornehmlich folgende bildhafte Vergleiche für die Bildung einer Theorie der Unternehmung herangezogen:

Ein **Gleichgewicht** bezeichnet einen Ruhezustand, der durch das Einwirken von Kräften und Gegenkräften zustande gekommen ist. In der Theorie der Unternehmung wird die Vorstellung vom Gleichgewicht vor allem als *Annahme über den Zustand von Märkten* (beim herrschenden Preis decken sich Angebots- und Nachfragemengen für ein Gut) und daneben als Planungsgleichgewicht oder finanzielles Gleichgewicht benutzt.

Aus naturphilosophischen Denkmustern über den kürzesten Weg, den Lichtstrahlen in Gasen und Flüssigkeiten einschlagen, entwickelte sich das **Wirtschaftlichkeitsprinzip** (ökonomisches Prinzip) als Grundsatz zur „vernünftigen" Erklärung und Gestaltung von Sachverhalten.[3] Dieses Denkmuster wurde ab dem 18. Jahrhundert in die Wirtschaftswissenschaft übernommen. Als deren Folge bürgerte sich nach und nach das lehrbuchgängige entscheidungslogische Begriffsverständnis für „ökonomisches Prinzip" ein.

Die Energiephysik aus der Mitte des 19. Jahrhunderts, insbesondere das Konzept der potentiellen Energie, stand Pate für die Weiterentwicklung des Wirtschaftlichkeitsprinzips in Kalküle zur **Maximierung eines „Nutzens" unter Nebenbedingungen**. Nutzen bedeutet dabei irgendein vorausgesetztes Ziel. Es ist falsch, Nutzen mit irgendeiner Bedürfnisbefriedigung gleichzusetzen; denn um eine „reine" Wirtschaftstheorie, gesäubert von psychologischen Schlacken, zu errichten, wird behauptet: „Die Theorie des Nutzens stellt keine Erklärung, sondern eine zweckmäßige Formalisierung der menschlichen Wahlentscheidung dar".[4] Aber welchen Zweck erfüllt die teilweise verbale Formulierung mathematischer Optimumbedingungen, die sich im letzten halben Jahrhundert „Nutzentheorie" nennt? Wer z.B. nicht nach einer kausalen Begründung für die Hypothese „bei steigenden Preisen fallen die Absatzmengen" sucht, sondern statt dessen eine fallende Nachfragefunktion als Erfahrungstatbestand vorgibt, wie z.B. *Cournot* oder *Cassel*[5], kommt nicht zu schlechteren Ergebnissen wie jene, die alle mathematischen Feinheiten einer Nutzenmaximierung unter Nebenbedingungen auszuloten versuchen. Wer Wirtschaftstheorie anwenden will, versäumt kein nützliches Wissen, wenn er die neoklassischen Theorien des Konsumverhaltens ignoriert.[6]

Ausgeformt wurde dieser bildhafte Vergleich durch mathematische Optimierungsüberlegungen, die von einfachem Differenzieren zu Differentialgleichungen der Hamiltonfunktionen und Rechentechniken der Unternehmensforschung wie des dynamischen Programmierens fortschreiten.

Noch nicht zur Bildung einer Theorie der Unternehmung hat die Übernahme der Nichtgleichgewichts-Thermodynamik geführt (Entropiegesetz, dissipative Strukturen, einschließlich derzeit modischer „Chaos"-Modellierungen).[7] Übertragungsmöglichkeiten erschließen sich vielleicht, wenn (wie in der Biologie) bei der Entropie das Konzept der Energie gegen eines der Information ausgewechselt wird.[8]

(2) Die institutionelle Mikroökonomie übernimmt gängige *Begriffe der Rechtslehre und bindet diese in Nutzenmaximierungskalküle ein,* um eine Theorie der Unternehmung aufzubauen. Zur institutionellen Mikroökonomie zählen:

(a) die Lehre von den Verfügungsrechten, einschließlich weiter Teile einer ökonomischen Analyse des Rechts,

(b) der Transaktionskostenansatz, der vor allem das Entstehen und Bestehen hierarchischer Organisationen gegenüber Marktbeziehungen erklären oder die Frage „Selbststellung oder Fremdbezug?" beantworten will. Dabei wird mitunter Nutzenmaximierung durch die Annahme beschränkter Rationalität ersetzt.[9]

(c) Die **Lehre von den Principal-Agent-Problemen** behandelt modellmäßig Beziehungen zwischen Auftraggebern (Principals) und von ihnen gegen Entgelt Beauftragten (Agents). Dabei beschäftigt sie sich vor allem mit einer besonderen Art von Verträgen zur „entgeltlichen Geschäftsbesorgung": solchen, bei denen für die gesamte Laufzeit Rechte und Pflichten der vertragschließenden Marktparteien nicht vollständig aufgelistet oder nicht rechtlich erzwungen werden können, z.B. weil Verstöße nicht zu beweisen sind. Unternehmungen werden als Bündelungen **unvollständiger Verträge** (impliziter oder relationaler Kontrakte) betrachtet.

Vor dem Abschluß von Verträgen besteht für beide möglichen Vertragspartner ein Spielraum für *verborgene Informationen*. Nach Inkrafttreten von Verträgen entsteht bei jenen, die mit dem Vollzug von Handlungen beauftragt sind (den Agents), regelmäßig ein Wissensvorsprung gegenüber ihren Auftraggebern (den Principals). Da jene Beauftragten unmittelbar am Geschehen teilnehmen, öffnet sich ihnen ein Spielraum für *verborgene Handlungen,* die sie zu ihrem eigenen Vorteil ausnutzen mögen, solange die Auftraggeber darüber getäuscht werden können. Aus diesem Sachverhalt entsteht die Frage: Wie kann verhindert werden, daß jene, die durch ihr Handeln Macht ausüben, ihr Handeln gegen die Interessen der sie Beauftragenden oder der ihnen Untergeordneten richten? Dies ist eine Kernfrage der Wirtschaftsordnung schlechthin.

c) *Bildhafte Vergleiche aus der Biologie* für die Bildung einer Theorie der Unternehmung finden sich in verschiedener Form:

(1) Die Redeweise von der Unternehmung als Organismus, dessen Lebenszyklus und seines auf Rückkoppelungen aufgebauten Regelsystems wurde zu der Aussage verallgemeinert, eine Unternehmung sei ein „soziales System". Die Redeweise, **eine Unternehmung gleiche einem Organismus**, oder *Alfred Marshalls* Vergleich von wachsenden Unternehmungen mit Bäumen im Wald[10] bietet erst dann eine Erklärung für die Existenz von Unternehmungen, wenn eine biologische Theorie über einen Organismus zur Ausformung eines Erklärungsmodells zugrundegelegt wird; denn es ist schon unklar, was genau einen Organismus kennzeichnet. Wenn das Merkmal eines Organismus in der Fähigkeit zur

Selbstreproduktion durch Nachkommen gesehen wird, ist die Analogie zur Unternehmung offenkundig falsch: Unternehmungen zeugen keine Nachkommen.[11]

(2) Analysen zur Überlebensfähigkeit der Unternehmung im Wettbewerb greifen auf natürliche Selektion zurück. Dabei werden z.B. Regeln aus der Gestaltung des Arbeitsablaufs, also Routinen, als „Gene" bezeichnet; deren Änderungen im Zeitablauf, insbesondere Innovationen[12], werden auf die Stufe von „Mutationen" gestellt. Von der Erfahrung abhängige Änderungen des Wissensstandes werden mit der Abstammungslehre verglichen.[13]

Biologische Analogien finden sich zusätzlich in Einzelanwendungen. So werden Schutzschilder gegen das Nachahmen von Wettbewerbsvorsprüngen (z.B. Patente) als isolierende Mechanismen in grober Anlehnung an den Sprachgebrauch in der Ökologie für die Mobilitätsschranken einer Spezies betrachtet. Die Umsatzeinbußen, die Komfortausstattungen von Produkten durch später von derselben Unternehmung eingeführte einfachere Ausstattungen hinnehmen müssen, erhalten die Bezeichnung Kannibalismus unter Produkten. Eingegrenzt in der Sichtweise auf eine Abfolge an Produktlebenszyklen werden Thesen zu strategischer Unternehmensplanung für ein System von Geschäftsfeldern vorgetragen.

(3) Zudem wurde in den letzten zwei Jahrzehnten Geburt, Überleben und Tod von Organisationen durch Anleihen an die Sozio-Biologie zu erklären versucht.[14] Zur gleichen Zeit wurde die mathematische Spieltheorie für Modellierungen des Ziels benutzt, in der Nachkommenschaft die eigenen Gene zu bewahren. Dies hat einige Ökonomen veranlaßt, biologische Analogien wiederzubeleben[15], und sie sogar auf die Entwicklung kultureller Institutionen auszudehnen.[16]

Anleihen an die Sozio-Biologie scheitern schon deshalb, weil die Sozio-Biologie nur statistische Aussagen über durchschnittliche Geburts- und Überlebensraten machen kann. Zudem ist die Übertragbarkeit auf einzelne Branchen oder Gewerbezweige bislang nicht belegt, von einer Anwendung auf das Schicksal einzelner Unternehmungen ganz zu schweigen.[17]

(4) Im deutschen Sprachraum haben biologische Vorbilder bisher wenig Verbreitung gefunden, im angelsächsischen werden hingegen in Wiederbelebung der Schriften von *Thorstein Veblen* und seiner gruppeninstinktpsychologischen Sicht der Unternehmer und anderer Klassen diese Vorbilder stärker verbreitet.[18]

Veblen verknüpft das behauptete Nachhinken der Denkgewohnheiten einer Gruppe von Menschen gegenüber gegenwärtig verwertbarem Wissen in den Ausführungen zu Unternehmungen mit der These, daß Erfindungen und Innovationen die Geschäftsleute allein nicht motivierten. Vielmehr verzögerten sie zeitweise deren wirtschaftliche Umsetzung, weil sie nur auf den Profit achteten: Erfinder, Ingenieure, Experten müßten den Weg für die Geschäftsleute bahnen, während der Geschäftsmann sowohl gegen als auch für eine neue und effizientere Organisation der Industrie arbeite.[19] Hierbei übersieht *Veblen* sowohl den Zwang zu Neuerungen durch das Wirken der Konkurrenz als auch den Erwerbstrieb, der das Handeln der Ingenieure und anderer Berufsgruppen mitprägt.

Aufbauend auf *Veblen* wird im älteren amerikanischen Institutionalismus die natürliche Selektion als bildhafter Vergleich für die ungeplanten Ergebnisse einer Koordination zwischen unabhängigen Unternehmungen im Kampf ums geschäftliche Überleben benutzt, und zwar als Gegensatz zur Koordination innerhalb einer Unternehmung als dem Ergebnis sorgfältiger Planung durch Experten.[20]

d) Vorbilder zur Theorienbildung können auch Sachverhalte aus dem zu untersuchenden wirtschaftlichen Erfahrungsbereich aufgreifen und diese durch Abstraktion zu Lösungsideen entwickeln.

(1) Das ist der Fall bei jenen Ansätzen zu einer evolutorischen Theorie der Unternehmung, welche die Suche nach Fähigkeiten, „capabilities", einer Unternehmung zu schaffen und aufrecht erhalten, von Wettbewerbsvorteilen als Forschungsaufgabe ansehen: Das Schrifttum zum resource-based view und damit die Lehre von den Kernkompetenzen folgen dieser Lösungsidee.

Ressourcen sind in Märkten beschaffte Produktionsfaktoren, verändert bzw. veredelt durch Findigkeit und Können von Unternehmungsleitungen, Mitarbeitern oder externen Spezialisten zu unternehmungseigenen Merkmalen für Wettbewerbsfähigkeit. Während Produktionsfaktoren von allen Konkurrenten in Märkten zu kaufen sind, verkörpern Ressourcen unternehmungsspezifische materielle und vor allem immaterielle Wirtschaftsgüter. Deren hauptsächliche Eigenschaften sind ein erschwerter Erwerb oder eine eingeschränkte Nachahmbarkeit durch Mitbewerber, z.B. die Fähigkeit zu Innovationen.

Anstelle von Ressourcen wird in bezug auf die Zusammenarbeit von Mitarbeitern auch von Kompetenzen bzw. *Kernkompetenzen* gesprochen.[21]

(2) Das Filtern von Beobachtungssachverhalten durch Abstraktion ist auch der Kern der Lösungsidee, die den Bänden meiner „Betriebswirtschaftslehre" zugrundeliegt: die Verringerung von Einkommensunsicherheiten über eine Lehre von den Unternehmerfunktionen. Offenkundig ist in einer Theorie der Unternehmung, die von dem wirtschaftlichen Beobachtungssachverhalt einzelner Unternehmerfunktionen ausgeht, der Unternehmer keine Leerstelle.

Zu fragen ist jedoch, ob jene Theorien der Unternehmung, die physikalische oder biologische Vorbilder übernehmen, den Unternehmer als Person oder als Inbegriff bestimmter Funktionen in ihren Theorienaufbau übernehmen. Dies skizziert der folgende Teil C.

C. Kurzüberblick über die Sicht vom Unternehmer in der Geschichte der Wirtschaftswissenschaft

a) „Unternehmer" und „Unternehmung" sind wie andere Namen, die auch für Erfahrungssachverhalte stehen, unscharf, solange sie nicht in eine Theorie eingebunden werden. In der Betriebswirtschaftslehre interessiert der Begriff Unternehmer als Kurzbezeichnung für eine Teilmenge von Führungsaufgaben in Unternehmungen, also in Organisationen, die in und zwischen Beschaffungs- und Absatzmärkten tätig sind und ihre Leistungen (Dienste, Sachen, Verfügungsrechte) im Regelfall freiwillig nur gegen Entgelt abgeben.

Die aufgabenbezogene Sichtweise vom Unternehmer in der Betriebswirtschaftslehre unterscheidet sich von einer personenbezogenen Sichtweise, die etwa eine wirtschaftsgeschichtliche oder soziologische Analyse des Industrialisierungsprozesses wählt[22], in der geschichtliche Wirtschaftsführer (wie *Jacob Fugger, Friedrich Krupp* oder *Henry Ford*) als Musterbeispiele herangezogen werden. Die Wissenschaft von der Wirtschaftsgeschichte vernachlässigte freilich bis zum Zweiten Weltkrieg das Unternehmerische bis auf vereinzelte Biografien. Dem hat vor allem *Arthur Cole* ab 1946 in Harvard durch Fallstudien zu Unternehmer-Biografien und Unternehmungsgeschichte und der Prägung des inzwischen in die Managementlehre eingedrungenen Begriffs „entrepreneurship" zu begegnen versucht.[23]

b) Wissenschaftliche Einsichten, die heute zur Betriebswirtschaftslehre zählen, sind um ein vielfaches älter als solche zur Volkswirtschaftslehre, weil es seit Jahrtausenden in Landgütern, Handelsgesellschaften oder bei der Verwaltung von Heeresbeständen und deren Rechnungslegung Probleme zu lösen galt, während eine Volkswirtschaft als Wirtschaftssystem mit überwiegend marktmäßiger Koordination von Einzelwirtschaftsplänen und einer Wirtschafts- und Finanzpolitik, die nicht nur den persönlichen Interessen Herrschender dient, sich erst ab dem 17./18. Jahrhundert herausgebildet hat.

Die antike Einzelwirtschaftslehre zur Führung einer Organisation Betrieb, insbesondere eines Landguts, die **Ökonomik**, verachtet das Erwerbsstreben, soweit es über einen standesgemäßen Unterhalt hinausführt und wehrt deshalb Neuerungen ab. Die antike Ökonomik kennt den Begriff Unternehmer nicht; denn sie hat keinen Bedarf für Kennzeichnungen desjenigen, der spekuliert oder wirtschaftliche Änderungen durchsetzt. Dies gilt auch in der Ökonomik für Kaufleute, der sog. Handlungswissenschaft.

Der Name „Unternehmer" oder seine fremdsprachigen Entsprechungen entstehen für den Leiter eines Projekts, z.B. im Mittelalter für einen Dombaumeister.[24] Ins kaufmännische Schrifttum findet der „entrepreneur" Eingang über das Wörterbuch des Handels von *Jacques Savary* (Sohn) 1723.[25]

Zuvor und ohne den Begriff Unternehmer zu verwenden werden Außenseiter in der Scholastik ab dem 14. Jahrhundert zu Wegbereitern einer Lehre, die der Verachtung der Bereicherungskunst durch *Aristoteles, Thomas von Aquin* und später auch *Luther* entgegensteht. *Bernhardino von Siena* (1380–1444) listet z.B. vier notwendige Eigenschaften für unternehmerische Fähigkeiten auf: Begabung, Verantwortung, Arbeitseinsatz und die Bereitschaft, Unsicherheit zu übernehmen.[26]

c) In der Freihandel fördernden Richtung des Merkantilismus ist ein irischer Bankier hervorzuheben, der in Paris erfolgreich gegen *John Laws* Privatisierung der französischen Staatsschuld über die Aktienausgabe der Mississippi-Gesellschaft vor 1720 spekuliert.

Richard Cantillon (um 1680–1734) schreibt seine Abhandlung über die Natur des Handels um 1725, veröffentlicht allerdings erst nach seinem Tode. Nach ihm sind zwei Klassen, Fürst und Grundeigentümer, unabhängig, der Rest der Menschheit ist abhängig und läßt sich wiederum in zwei Klassen einteilen: „nämlich in Unternehmer und in Lohnempfänger", wobei „die Unternehmer gewissermaßen einen unsicheren Lohn haben und alle anderen einen sicheren, solange sie ihn beziehen". Unternehmer, „ob sie nun zur Führung ihres Unternehmens Kapital brauchen oder ob sie Unternehmer in ihrer eigenen Arbeit ohne jedes Kapital sind", leben in Unsicherheit; „selbst die Bettler und Diebe sind Unternehmer von dieser Art ... Ich stelle daher als Grundsatz auf, daß ... aller Tausch und der Umlauf des Staates durch Vermittlung dieser Unternehmer zustande kommen".[27] *Cantillon* arbeitet zwei Unternehmerfunktionen heraus: die Übernahme von Unsicherheiten und ansatzweise die der Spekulation.

d) Die Schule der französischen „économistes", später **Physiokraten** genannt, entsteht im Juli 1757 in einem Gespräch des damals 63-jährigen Leibarztes der Madame *Pompadour*, *François Quesnay* (1694–1774), mit *Victor Riquetti Marquis de Mirabeau* (1715–1789, Vater des Politikers während der Französischen Revolution Graf *Mirabeau*). Der *Marquis Mirabeau*, der in einem Werk gerade Cantillon kommentieren (manche vermuten: abschreiben) will, läßt sich von *Quesnays* Ideen überzeugen: der alleinigen Fruchtbarkeit der Landwirtschaft und dem daraus folgenden Gedanken einer Alleinbesteuerung der landwirtschaftlichen Grundrente bei den Bodeneigentümern. Wirtschaftspolitischen Einfluß gewinnen einzelne Gedanken der Physiokratie kurzzeitig, als *Anne Robert Jacques Turgot* (1727–1781) 1774 für zwei Jahre Finanzminister wird, jedoch mit seinen Reformvorstellungen, wie der Freiheit des Kornhandels, auf erbitterten Widerstand stößt.

Turgot und der Herausgeber der physiokratischen Zeitschrift „Ephémerides", der *Abbé Baudeau*, nehmen *Cantillons* grundlegende Unterscheidung zwischen Unternehmer und Lohnempfänger wieder auf. Dabei verwendet *Turgot* die Begriffe Unternehmer und Kapitalbesitzer (wie später *Adam Smith*) gleichbedeutend.[28]

e) Die **Klassische Britische Politische Ökonomie** von *Adam Smith* 1776 über *Ricardo* 1817 bis zu *John Stuart Mill* 1848 setzt Unternehmer gleich Kapitalbesitzer und abstrahiert von tätigen Personen auf eine Faktortriade Boden, Arbeit, Kapital.

Das Denken in Faktorgruppen kennzeichnet noch die neoklassische Mikroökonomie, wie sie sich aus der britischen und Lausanner Grenznutzenschule nach 1870 bis mindestens nach 1970 entwickelt. Der Unternehmer wird durch die Fixierung auf die Existenzbedingungen eines Gleichgewichtszustands seiner Aufgabe entledigt. Kennzeichnend ist *Walras'* Ausspruch „á l'état d'équilibre de la production, les entrepreneurs ne font ni bénéfice ni perte".[29] Unternehmer leben nach *Walras* im Gleichgewicht nicht von ihrer Unternehmertätigkeit, sondern als Landeigentümer, Arbeiter oder Kapitalisten.

Das gesamtwirtschaftliche Klassendenken, übernommen aus der britischen Politischen Ökonomie, ist in den Lausanner Standardwerken von *Walras* und *Pareto* nicht überwunden. *Pareto*[30] betont z.B., daß die Wirtschaftstheorie, wie er sie verstehe, nur Massenerscheinungen erklären könne. Das belegt, warum hier der Unternehmer keine theoriebildende Rolle spielt. Deshalb stimmt nicht, daß walrasianische Gleichgewichtssysteme eine mikroökonomische Theorie bilden. Stattdessen bieten sie lediglich eine hinter Formalismen verborgene Auferstehung des Produktionsfaktor-Klassendenkens, also nur Makroökonomie, deren erfahrungswissenschaftliche Belanglosigkeit oder Bedeutung nicht zuletzt danach zu beurteilen ist, daß ihr eine einzelwirtschaftliche Grundlegung fehlt, z.B. wird bei *Walras* die Unternehmung abstrahiert auf eine limitationale Produktionsfunktion.

f) Abseits des Hauptstroms der klassischen und neoklassischen Theorie, der Historischen Schule und der älteren Betriebswirtschaftslehre erwächst bei einzelnen Autoren eine Sichtweise, die den Unternehmer als den wirtschaftlich Handelnden schlechthin auffaßt. Nach dem Finanzwissenschaftler *Lorenz von Stein* 1852, dem Sozialpolitiker *Lujo Brentano* 1907 und dem *Schmalenbach*-Schüler *Walter Mahlberg* 1927[31] ist **jedermann** im Hinblick auf die Unsicherheit im Einkommenserwerb Unternehmer seines Wissens, seiner Arbeitskraft und seines sonstigen Vermögens. Bei dieser Sichtweise ist auch der Angestellte eigenverantwortlicher Unternehmer, zumindest bei der Berufswahl.

Dieser Sichtweise folgt ausdrücklich *Ludwig von Mises*[32] in seiner Theorie des Handelns und für die er den Namen Praxeologie von *Espinas* (1890) übernimmt. *Mises* wird zum Stammvater der sich an der New York University nach 1970 entwickelnden Modern Austrian Economics, die erstmals eine Unternehmerfunktion, die Arbitrage, in den Mittelpunkt ihrer Lehre stellt. Ein anderer berühmter Schüler der Wiener Grenznutzenschule, der freilich mehr der Lausanner Mikroökonomie zuneigt, *Joseph Schumpeter*, versteht seinen dynamischen Unternehmer anders, wie in Teil D zu zeigen sein wird.

D. Die Entwicklung der drei die Organisation Unternehmung begründenden und sie nach außen und innen erhaltenden Unternehmerfunktionen

Drei Unternehmerfunktionen erscheinen für die Betriebswirtschaftslehre bedeutsam, nämlich

(a) jene Funktion, die Institutionen (wie eine Unternehmung) begründet, durch die zeitweise Übernahme der Einkommensunsicherheiten anderer Menschen über Arbeitsverträge, Festzinsfinanzierungsverträge,

(b) die Institutionen erhaltende Unternehmerfunktion nach außen (gegenüber anderen Marktteilnehmern und Obrigkeiten) durch das Erzielen von Spekulations- bzw. Arbitragegewinnen und

(c) die Unternehmerfunktion des Erhaltens einer Organisation Unternehmung nach innen (gegenüber Mitarbeitern, aber auch Geldgebern, soweit diese nicht über Kapitalmärkte jederzeit ihre Ansprüche veräußern können oder wollen) durch das Durchsetzen von Änderungen in wirtschaftlicher Führerschaft als Koordinationsaufgabe.

Diese drei Unternehmerfunktionen gehen von den Erfahrungssachverhalten der Unsicherheit und der ungleichen Wissensverteilung aus, also in einer Theorie von einer Nicht-Determiniertheit der Welt. Daraus folgt, daß der Unternehmer keine Rolle in jenen Theorien der Unternehmung spielt, die von deterministischen Vorbildern aus der Physik und aus der Biologie ausgehen, also in der neoklassischen und institutionellen Mikroökonomie, aber auch in den Organismuslehren und den sozialdarwinistischen Anwendungsversuchen der natürlichen Selektion auf die Erklärung von Handlungsabläufen in Unternehmungen.

Die Entwicklung der drei Unternehmerfunktionen hat sich in der Wirtschaftswissenschaft so vollzogen:

(1) Mit der Institutionen-begründenden Unternehmerfunktion des Übernehmens von Einkommensunsicherheiten anderer ist kein passives Risikotragen gemeint, sondern Einkommensunsicherheiten aktiv durch Handlungen, Institutionenbildungen, in der Weise zu verringern, daß einzelne denkbare künftige Zustände der Welt ausgeschlossen werden und im Vergleich zu den ausgeschlossenen künftigen Zuständen der Welt Zukunftslagen bestehen bleiben, die ein höheres Einkommen gegenüber den ausgeschlossenen Zukunftslagen erwarten lassen. Zusätzlich ist gegenüber im einzelnen nicht planbaren Ex-post-Überraschungen Vorsorge zu treffen (durch Liquiditätshaltung, einen Verlustpuffer an Eigenkapitalausstattung), um unbeabsichtigten Folgen und Ex-post-Überraschungen zu begegnen.

Autoren des 19. Jahrhunderts, unbewußt *Cantillon* aufnehmend und weiterführend, bauen diese Unternehmerfunktion zu einer Erklärung oder auch Rechtfertigung des **Unternehmergewinns** aus als einer selbständigen Einkommenskategorie (getrennt von einem über den Markt bestimmten Unternehmerlohn, Eigenkapitalzins, einer Risikoprämie).

(a) An erster Stelle ist ein in Dogmengeschichten gemeinhin übersehener Autor zu nennen, der sich freilich nur in einem Frühwerk 1838 mit Volkswirtschaftslehre allgemein beschäftigt und später als Leiter des Geheimen Staatsarchivs u.a. die Geschichte des Preußischen Staatshaushalts erforscht. Nach *Adolf Friedrich Riedel* wird „der ursprüngliche Erwerb ... lediglich von der Klasse der Unternehmer gemacht", wobei alle anderen für die Benutzung ihrer Produktivkräfte vom Unternehmer abgeleitete Einkommen beziehen. „Der Unternehmer muß die Gefahr des ganzen Geschäftes tragen". Der eigentliche Erwerbsgewinn rechtfertige sich durch die „Eigenthümliche nicht durch Miethlinge zu verrichtende Arbeit des Unternehmers", sowie in besonderen Vorteilen bei der Kapitalbenutzung, dem „Gewinn bei der Versicherung derer, welche einen bedungenen Nutzungspreis für ihre Produktionsmittel beziehen", und aus Einkaufsvorteilen anderer Produktionsfaktoren.[33]

Unternehmer bei *Riedel* heißt das, was heute als Unternehmungsführung bzw. Management bezeichnet wird. Schon durch seine griffige Gegenüberstellung von **Organisation, Speculation, Inspection als Tätigkeiten der Unternehmensführung**, erst recht jedoch durch weitere Einzelausführungen bietet *Riedel* die geschlossenste Darstellung einer Unternehmensführungslehre bis zu dieser Zeit: eine erste Theorie der Unternehmung, die er durch eine marktwirtschaftliche Institutionenlehre ergänzt.

(b) *Hans von Mangoldt* (1824–1868, zuletzt Professor in Freiburg) bündelt in seiner Göttinger Habilitationsschrift 1855 die Vorläufer und vertieft die Erklärung des Unternehmergewinns aus der Unsicherheit und der ungleichen Wissensverteilung.[34] Die Unternehmerrente wird in ihren Verästelungen verfolgt, ihre Begrenzung vor allem in Vorkehrungen zu Transaktionskostenersparnissen gesehen („Erleichterung der Übertragbarkeit ihrer Produktivkräfte"). Die wesentlichen Gedanken des Transaktionskostenansatzes sind bei *von Mangoldt* vorweggenommen.

(c) *Frank H. Knight* baut 1921 von *Thünens* und von *Mangoldts* Lehre aus und folgert, daß die Quelle des Unternehmergewinns in einer dem Konkurrenzgleichgewicht zustrebenden Wirtschaft aus der Unsicherheit folgt.[35]

Knight betont die Unsicherheitsabnahme durch Arbeitsverträge und sieht als hauptsächliche Leistung des Unternehmers die Leitung und Kontrolle der nachgeordneten Manager und Mitarbeiter an. Aber nicht diese Sichtweise sichert ihm Nachruhm in den folgenden Generationen, sondern seine „neoklassischen" Ausführungen zu den Definitionsmerkmalen der vollständigen Konkurrenz, des Ertragsgesetzes und seine fragwürdige Untergliederung der Unsicherheit in Risiko und Ungewißheit.

(2) Zur Spekulations- bzw. Arbitragefunktion äußern sich zunächst *Savary* 1675 und *Cantillon*. Der den Physiokraten nahestehende Philosoph *Etienne Bonnot de Condillac* (1715–1780) verweist auf den spekulativen Charakter des Einführens neuer Produktionsmethoden, ebenso *Jeremy Bentham* in seiner Verteidigung des Wuchers („Defense of usury" 1787).[36] Ausführlicher sind hierzu *Riedel* und *Courcelle-Seneuil* (1855).[37]

Die Unternehmerfunktion der Arbitrage bzw. Spekulation im Wettbewerb mit anderen folgt aus der unvermeidbaren Unsicherheit bei menschlichem Handeln: Das betont in seiner Wiener Habilitationsschrift der später im österreichischen Handelsministerium tätige *Victor Mataja* 1884.[38] Erneuert und ausgebaut wird die Unternehmerfunktion der Arbitrage 1973 durch den *Mises*-Schüler *Kirzner*, der als Führungsfigur der „Modern Austrian Economics" gilt.[39] Er vernachlässigt dabei die Unsicherheit, die im Begriff der Spekulation mitschwingt, und erst recht die Institutionen-begründende Unternehmerfunktion der Unsicherheitsabnahme und die Institutionen-erhaltende Unternehmerfunktion durch Koordination bis hin zum Durchsetzen von Änderungen in wirtschaftlicher Führerschaft.

(3) **Die Koordination zum Durchsetzen von Änderungen in wirtschaftlicher Führerschaft** wird heute als hervorstechende Aufgabe eines „dynamischen Unternehmers" im Sinne *Schumpeters* bezeichnet. Das Erkennen der Koordinationsfunktion des Unternehmers ist freilich älter.

Jean Baptiste Say betont ab 1803 die Koordinationsaufgabe in verschiedenen Veröffentlichungen; denn er sieht im Unternehmer vor allem den Organisator für die Produktion, wobei er eine zentralisierte Entscheidung fordert. Neben der Macht, den Arbeitslohn niedrig zu halten, benutzt der Unternehmer, „das, was andere wissen und nicht wissen, und alle zufälligen Vortheile der Production".[40]

Say's Verständnis ist schwergewichtig auf Management im Sinne einer Administration beschränkt: Weder die Unsicherheitsabnahme *Cantillons* (den er nicht beachtet) noch die Innovation hebt er hervor, wenngleich er wirtschaftlich umgesetzten Erfindungen zeitweise Monopolgewinne zuspricht.

Der Unternehmergewinn ist bei *Say* ein besonderer Arbeitslohn. Den bereits von *Johann Georg Büsch*, Leiter einer Hamburger Handelsakademie, um 1800 ausgesprochenen Gedanken, daß es auch im Lohn Seltenheitsprämien gäbe, verallgemeinert *Hufeland* (1760–1817), von 1808–1812 Bürgermeister in Danzig, vorher und später Professor der Rechte in Jena, Würzburg und Halle. Er behauptet 1807, daß der aus besonderem Arbeitslohn bestehende Unternehmergewinn eine Rente für das unternehmerische Talent und die sonstigen Geisteskräfte sei.[41]

Demgegenüber entwickelt sich der Hauptstrom volkswirtschaftlichen Denkens ab Mitte des 18. Jahrhunderts unter Hintanstellen der Unternehmerfunktionen und Verzicht auf eine Theorie der Unternehmung.

Das Durchsetzen von Änderungen in Unternehmungen und in Märkten kennzeichnet den dynamischen Unternehmer *Schumpeters* (1883–1950, der in Czernowitz, Graz, Bonn und ab 1933 Harvard lehrt, nach 1919 kurzzeitig und erfolglos als Minister und Bankier tätig). „Im Erkennen und Durchsetzen neuer Möglichkeiten auf wirtschaftlichem Gebiet liegt das Wesen der Unternehmerfunktion"[42], vor allem hinsichtlich

(a) der Entwicklung, Erzeugung und Durchsetzung neuer technischer Produkte bzw. Qualitäten (Produktinnovationen),

(b) der Einführung neuer Produktionsmethoden (Prozeßinnovationen),

(c) der Schaffung neuer Organisationsstrukturen (rechtlich-organisatorischer Innovationen) und

(d) der Erschließung neuer Absatz- und Beschaffungsmärkte (Marktstrukturinnovationen).

Die spätere Diskussion um *Schumpeter*schen Wettbewerb hat Prozeß- und Produktinnovationen und bei beiden Erfindungen betont. Sie wendet sich dabei von *Schumpeters* „Theorie der wirtschaftlichen Entwicklung" 1912 ab, der Erfindungen eine ganz sekundäre Rolle beimißt – „sie vermehren nur die ohnehin schon unbegrenzte Zahl der vorhandenen Möglichkeiten".[43] Dies ändert er teilweise in „Kapitalismus, Sozialismus und Demokratie", denn dort erscheint die Erfindung selbst als Eigenschaft des kapitalistischen Prozesses.[44]

Schumpeter nennt als Musterbeispiel für einen dynamischen Unternehmer den erfolgreichen Firmengründer.[45] Damit erfaßt er nur einen Aspekt seines Begriffes vom Unternehmer, ja er führt Leser in die Irre; denn die Unternehmerfunktion *Schumpeters* steht jenseits der Einheit von Eigentum und Verfügungsmacht. Der „Unternehmer" wird als Name für eine Elite benutzt, die Änderungen durchsetzt und eine schöpferische Zerstörung des bisherigen Wirtschaftssystems einläutet. Der dynamische Unternehmer wäre besser als Kaste von Managern zu bezeichnen, die schwerfällige Organisationen bewegt: „Die Unternehmerfunktion ist nichts anderes als diese Führerfunktion auf dem Gebiet der Wirtschaft ... Neuen Methoden widerstrebt der Arbeiter, neuen Produkten der Konsument, neuen Betriebsformen öffentliche Meinung, Behörden, Recht, Kreditgeber", schreibt er 1928. Deshalb „erfordert die Ueberwindung der eben erwähnten Schwierigkeiten ... einer wirtschaftlichen Führerschaft".[46] Das Führerprinzip war eine Lieblingsidee *Friedrich von Wiesers*[47], einem der Lehrer *Schumpeters*. Die Verwandtschaft zwischen *Schumpeters* dynamischem Unternehmer und *Max Webers* charismatischem Führer liegt auf der Hand.[48]

Indes versagt *Schumpeter* gerade in der wirtschaftstheoretischen Erklärung seines dynamischen Unternehmers als elitärem Manager und der durch ihn auszulösenden Änderung des Wirtschaftssystems.[49]

(1) Wenn durch unternehmerisches Handeln Gleichgewichte zerstört, Wirtschaftskrisen, ja wie er in „Kapitalismus, Sozialismus und Demokratie" betont, ein Ende des Kapitalismus im Sinne einer Wettbewerbswirtschaft mit Privateigentum an Produktionsmitteln eingeleitet werden sollen, dann muß irgendwann einmal ein Konkurrenzgleichgewicht real existiert haben, weil man nur zerstören kann, was ist. Aber schon aus logischen Gründen kann der Beweis nicht gelingen (und er wird von *Schumpeter* erst gar nicht versucht), für irgendeine noch so vereinfachte Realität, die Institutionen (also ein *Wirtschaftssystem*) enthält, die Existenz eines generellen Konkurrenzgleichgewichts zu beweisen. Der methodische Mißgriff, von einem Konkurrenzgleichgewicht als realem, stationärem Prozeß auszugehen, führt die Lehre vom dynamischen Unternehmer in einen ersten Widerspruch. Dieser Mißgriff wird in den Spätwerken um so unverständlicher, als *Schumpeter* 1934 in der Besprechung von *Joan Robinsons* Imperfect Competition selbst erkennt, daß die Theorie des generellen Konkurrenzgleichgewichts keine Tatsache ist, sondern der einzige Weg zu einer rationalen Theorie der **zentralen** Planung.[50]

(2) Das zeitweise in Scharen-Aufteten elitärer Manager erklärt *Schumpeter* gerade nicht als Veränderung, „die die Wirtschaft aus sich selbst heraus zeugt". Das führt zu einem zweiten Widerspruch; denn die Beispiele, die *Schumpeter* für das Erkennen und Durchsetzen neuer Möglichkeiten aufzählt, sind Handlungen, die bei der Ausgangslage eines generellen Gleichgewichts gerade nicht auftreten werden; weil dann alle Personen ihre Pläne als erfüllt ansehen. Damit gibt es nichts, was in „wirtschaftlicher Führerschaft" durchzusetzen wäre. Aus einem sich ständig wiederholenden generellen Konkurrenzgleichgewicht als stationärem Prozeß kann kein dynamischer Unternehmer hervorgehen. Er muß vielmehr vom Himmel fallen, um den stationären Prozeß zu zerstören. Aber das

ist keine Erklärung einer wirtschaftlichen Entwicklung, „die die Wirtschaft aus sich selbst heraus zeugt".

(3) Besonders anfechtbar erscheinen *Schumpeters* Ausführungen zur Finanzierung des Durchsetzens von Neuerungen durch eine Kreditschöpfung der Banken. Die Bankiers verlangen für die Kredite den marktüblichen Zins, so daß der gesamte Pioniergewinn allein den zunächst als mittellos hingestellten Neuerern zufließt, obwohl diese dynamischen Unternehmer niemals Risikoträger sein sollen. Die Bankiers spielen zugleich die Rolle von Oberaufsehern (Ephoren im antiken Sparta[51], wörtlich also eher von Bundesverfassungsrichtern gegenüber einer gehorsamen Regierung). Solcher bedarf es aber nur, wenn Unsicherheit und Ungleichverteilung des Wissens besteht. *Schumpeters* Ausführungen zur Finanzierung von Neuerungen sind folglich nur dann konsistent, wenn Unsicherheit wegdefiniert wird und die Bankiers mindestens so viel wissen wie die dynamischen Unternehmer, weil alle Principal-Agent-Probleme beiseite geschoben werden. Dann ist aber zu fragen, warum es überhaupt der dynamischen Unternehmer bedarf und nicht die Bankiers selbst die sicher gewinnbringenden Innovationen verwirklichen.

Schumpeters Theorie der wirtschaftlichen Entwicklung ist eine Lehre vom Unternehmer jenseits einer ausgebauten Theorie der Unternehmung. Bei *Schumpeter* ist die Theorie der Unternehmung die Leerstelle. Seine Theorie des Unternehmers vermag nur eine nicht-wirtschaftstheoretische und höchst widersprüchliche Erklärung für die wirtschaftliche Entwicklung zu bieten.

E. Folgerung

Der Unternehmer bleibt eine Leerstelle in der Theorie der Unternehmung, solange diese von einem Leitbild des Marktgleichgewichts als Ausfluß eines deterministischen Weltbilds ausgeht und die Erfahrungssachverhalte der Unsicherheit und Ungleichverteilung des Wissens hintanstellt.

Eine erste Abkehr vom Marktgleichgewicht vollziehen *Mises, Hayek, Kirzner*, die in Marktprozessen (z.B. Arbitragen) eine Tendenz zum Gleichgewicht als empirische Gesetzmäßigkeit sehen.[52] Unklar ist, was hier „Tendenz" besagen soll. *Hayek* verwendet drei verschiedene Tendenzbegriffe, darunter den der Klassischen Politischen Ökonomie, wie bei *Ricardo* und *Mill*, nämlich Tendenz ist die Wirkung einer Einflußgröße auf „lange Sicht" unter sonst gleichbleibenden Umständen. Die „lange Sicht" wird aus statischen, kalenderzeitlosen Modellierungen hergeleitet, was m. E. methodologischer Unfug ist. In *Hayeks* wettbewerbstheoretischen Schriften wird die Tendenz zum Gleichgewicht dem evolutorischen Prozeß gleichgesetzt, der dem Wettbewerb als Verwertung von Wissen beigelegt wird mit der Folge, daß „die Erwartungen ... der Unternehmer immer richtiger werden".[53] Als empirischer Sachverhalt ist diese Tendenz zum Gleichgewicht unter Unsicherheit und bei ungleicher Wissensverteilung zu Beginn und mit Wissenszugang im Zeitablauf nicht zu belegen. Deshalb dürfte es sich bei der Tendenz zum Gleichgewicht nicht um eine empirische Gesetzmäßigkeit, sondern bloß um eine metaphysische Hoffnung handeln.

(2) Andere wie *Lachmann*, auch *Shackle*, bezweifeln zu recht diese empirische Gesetzmäßigkeit einer Tendenz zum Gleichgewicht.[54] Sie betonen den Erfahrungssachverhalt der Ex-post-Überraschungen, bestreiten die Anwendbarkeit der Wahrscheinlich-

keitsrechnung als Werkzeug vernünftigen menschlichen Handelns unter Unsicherheit, sowie eine Tendenz zum Gleichgewicht durch Wegschwemmen von Spekulationsgewinnen und -verlusten. Der neoklassischen Vorstellung einer allgemeinen Interdependenz sämtlicher Bestimmungsgrößen des Wirtschaftens wird eine unumkehrbare gegenseitige Abhängigkeit im Zeitablauf entgegengestellt. So schreibt *Rosenstein-Rodan* schon 1930: „Es gibt in Wirklichkeit *keine allgemeine Interdependenz, sondern nur verschiedene irreversible Dependenzen*".[55]

Wettbewerb ist eine Handlungsfolge mit unumkehrbaren und weitgehend unvorhersehbaren Folgen. Um eine allgemeine Wettbewerbstheorie und eine Theorie der Unternehmung der Wettbewerbsfähigkeiten einer Organisation aufzubauen, ist ein Einbeziehen des Ausübens von Unternehmerfunktionen unverzichtbar. Daß auf dem Weg zu einer solchen evolutorischen Theorie der Unternehmung das meiste jener Theorien der Unternehmung überflüssig wird, die auf den bisherigen physikalischen und biologischen Vorbildern entwickelt wurden, ist die schicksalhafte Folge von Neuerungen, auch in der Theorienbildung, so wie im Rechnungswesen der Unternehmung die Durchschreibebuchführung inzwischen in den Mülleimer gewandert ist.

Anmerkungen

1 Vgl. Loasby (1971), S. 881.
2 Holmström, Tirole (1989), S. 63.
3 „Die größtmögliche Steigerung von Genüssen durch die größtmögliche Minderung von Ausgaben erlangen, das ist das ökonomische Verhalten in seiner Vollkommenheit" schreibt 1766 z.B. Quesnay (1766/1976), S. 246, im Original hervorgehoben.
   Zu dem Vorbild der Energiephysik vgl. insbesondere Mirowski (1989), Kapitel 5–7.
4 Stackelberg (1947), S. 18.
5 Vgl. Cournot (1838/1924), S. 47–56 mit der heute akzeptierten Monopolpreistheorie, Kapitel IV; Cassel (1899).
6 Vgl. Mishan (1961/1967), S. 82 f. Ausführlicher wertend Blaug (1992), S. 138–146.
7 Für die naturwissenschaftlichen Erörterungen grundlegend sind Prigogine, Stengers (1984); Brooks, Wiley (1988).
   Als folgenloser Vorläufer ist zu erwähnen Georgescu-Roegen (1976).
8 Zu einem Überblick vgl. Foster (1994). Zu einer kritischen Würdigung vgl. Bygrave (1993), ab S. 261.
9 So z.B. der Transaktionskostenansatz in der Sicht von Williamson (1989), S. 138 f.
10 Vgl. Marshall (1890/1961), Vol. I, S. 315 f.
11 Vgl. Penrose (1952), S. 807 f.
12 So Alchian (1950), S. 214; Winter (1975), S. 101–106.
13 Vgl. Foss, Knudsen, Montgomery (1995), S. 5.
14 Vgl. Hannan, Freeman (1977).
15 Vgl. z.B. Hirshleifer (1986), S. 320 f.; Selten (1993), S. 38–55.
16 Vgl. dazu näher Vanberg (1994), S. 8–28; kritisch Rutherford (1989), bes. S. 165; sowie Bygrave (1993), S. 259 f., 263 f.
17 Vgl. zur Kritik Bygrave, Hofer (1991/92), S. 18 f.; Kieser (1995), S. 237–268.
18 Vgl. Veblen (1934), S. 191, das folgende S. 188. Diese Sicht von der Selektionseinheit wird wieder aufgegriffen von Hodgson (1993), S. 132 f., 254 f.
19 Vgl. die Quellen bei Leathers (1990), S. 168 f.
20 Vgl. Mitchell: Business Cycles (1927), S. 172.
21 Vgl. Wernerfelt (1984); Peteraf (1993); Prahalad, Hamel (1990); Dosi, Marengo (1994).

22 Vgl. dazu z.B. Pütz (1935); Sauermann (1937); Redlich (1964); sowie Entrepreneurship and Economic Development (1971).
23 Vgl. Cole (1946); Cole (1959).
24 Vgl. näher Hoselitz (1960), z.B. S. 235.
25 Vgl. Savary des Bruslons (1723).
26 Vgl. de Roover (1967), S. 13.
27 Cantillon (1725/1755/1931), S. 36–38, zur Arbitrage vgl. S. 33 f.
28 Vgl. Meek (1963), S. 309.
29 Walras (1874/1926), S. 195.
30 Vgl. Pareto (1897/1964), S. 397.
31 Vgl. Stein (1852/1964), S. 278 f., 287 f.; Brentano (1907), S. 26; Mahlberg (1927), S. 6.
32 Vgl. von Mises (1940), S. 246.
33 Vgl. Riedel (1839), S. 16, 286 (im Original z. T. hervorgehoben).
34 Vgl. Mangoldt (1855), S. 36, 38, 54 f., 143, 154.
35 Vgl. Knight (1921), S. 22–27.
36 Vgl. Bonnot de Condillac (1776), S. 363 sowie partie 2, chap. XVIII, zitiert nach Fontaine, Marco (1993), S. 584; Jeremy Bentham's economic writings (1952), S. 173.
37 Riedel (1839), Bd. 2, S. 11; Courcelle-Seneuil (1855), S. 184.
38 Vgl. Mataja (1884/1966), S. 157 f.; von Mises (1940), S. 246; von Mises (1949), S. 254.
39 Vgl. Kirzner (1973/1978), Kap. 2.
40 Say (1803/1814). Zweyter Band, S. 115; Say (1814/1818), S. 142 f.; Say (1845), S. 130 f., Say (1828), S. 229, das Zitat Tome II, S. 37.
   In die gleiche Kerbe schlägt der Philosoph Destutt de Tracy (1817/1973), S. 36, 39 f. (das französische Original wurde erst 1823 gedruckt, vgl. Koolman (1971), S. 271).
41 Vgl. Büsch (1800), S. 157 f., 165 f.; Hufeland (1807), S. 292.
42 Schumpeter (1928), S. 483.
   In diesem Artikel stellt Schumpeter die Institution Unternehmung in den Vordergrund und schließt daraus auf eine Unternehmerfunktion zurück. Prompt wurde dann diese Arbeit fälschlich als seine schwächste eingeordnet (von Redlich (1964), S. 78).
43 Schumpeter (1912), S. 179.
44 Schumpeter (1950), S. 136–138.
45 Vgl. Schumpeter (1912), S. 159; Schumpeter (1961), S. 139 f.
46 Schumpeter (1928), S. 482 f.
47 Vgl. von Wieser (1914), S. 237 f.; hierzu auch Streissler (1986), S. 71.
48 Vgl. Weber (1922), hier nach Weber (1972), S. 124, 140–142; vgl. dazu Carlin (1956), S. 27.
49 Den Widerspruch in Schumpeters System erkennt bereits Pütz (1935), S. 21–24.
50 Vgl. Schumpeter (1934), S. 249.
51 Vgl. Schumpeter (1912), S. 198.
52 Vgl. z.B. von Mises: (1949), S. 255 f., 348–350; Hayek (1976), S. 63; Kirzner (1979), S. 150 f., 164–180.
53 Hayek (1976), S. 63.
54 Vgl. Shackle (1972), z.B. S. 76; Lachmann (1976).
55 Rosenstein-Rodan (1930), S. 142.

Literatur

Alchian, A. A. (1950): Uncertainty, Evolution, and Economic Theory. In: The Journal of Political Economy, Vol. 58 (1950), S. 211–221, wiederabgedruckt in ders.: Economic Forces at Work. Indianapolis 1977, S. 1–35.

Blaug, M. (1992): The Methodology of Economics Or How Economists Explain. Second ed., Cambridge 1992.

Bonnot de Condillac, E. (1776): Le Commerce et le Gouvernement Considérés Relativement l'un a l'autre. Paris 1776.

Brentano, L. (1907): Der Unternehmer. In: Volkswirtschaftliche Zeitfragen, Jg. 29 (1907), Heft 1, S. 1–30.
Brooks, D. R., Wiley, E. O. (1988): Evolution as Entropy. 2. Aufl., Chicago-London 1988.
Büsch, J. G. (1800): Abhandlung von dem Geldumlauf in anhaltender Rücksicht auf die Staatswirtschaft und Handlung (1780–1784). Erster Teil, 2. Aufl., Hamburg-Kiel 1800.
Bygrave, W. D. (1993): Theory Building in the Entrepreneurship Paradigm. In: Journal of Business Venturing, Vol. 8 (1993), S. 225–280.
Bygrave, W. D., Hofer, C. W. (1991/92): Theorizing About Entrepreneurship. In: Entrepreneurship Theory and Practice, Vol. 16 (1991/92), No. 2, S. 13–22.
Cantillon, R. (1725/1755/1931): Essai sur la Nature du Commerce en Général (um 1725). Deutsche Übersetzung der französischen Ausgabe von 1755: Abhandlung über die Natur des Handels im allgemeinen, mit einer Einleitung von Friedrich A. Hayek. Jena 1931.
Carlin, E. A. (1956): Schumpeter's Constructed Type – The Entrepreneur. In: Kyklos, Vol. 9 (1956), S. 27–43.
Cassel, G. (1899): Grundriß einer elementaren Preislehre. In: Zeitschrift für die gesamte Staatswissenschaft, Bd. 65 (1899), S. 395–458.
Cole, A. H. (1946): An Approach to the Study of Entrepreneurship: A Tribute to Edwin F. Gay. In: Journal of Economic History, Supplement: The Tasks of Economic History, Vol. 6 (1946), S. 1–15.
Cole, A. H. (1959): Business Enterprise in its Social Setting. Cambridge (Mass.) 1959.
Courcelle-Seneuil, J. G. (1855): Traité Théorique et Pratique des Entreprises Industrielles, Commerciales & Agricoles, ou Manuel des Affaires. Paris 1855.
Cournot, A.-A. (1838/1924): Recherches sur les Principes Mathématiques de la Théorie des Richesses. Paris 1838; deutsch: Untersuchungen über die mathematischen Grundlagen der Theorie des Reichtums. Jena 1924
Destutt de Tracy, A. L. C. (1817/1973): A Treatise on Political Economy. Georgetown 1817 (Nachdruck Detroit 1973).
Dosi, G., Marengo, L. (1994): Some Elements of an Evolutionary Theory of Organizational Competences. In: Evolutionary Concepts in Contemporary Economics, ed. by R. W. England. Ann Arbor 1994, S. 157–178.
Entrepreneurship and Economic Development (1971), ed. by Peter Kilby. New York-London 1971.
Fontaine, P., Marco, L. (1993): La Gestion d'Entreprise dans la Pensée Économique Française aux XVIII e et XIXe siécles. In: Revue d'Économie Politique, Tome 103 (1993), S. 579–598.
Foss, N. J., Knudsen, C., Montgomery, C. A. (1995): An Exploration of Common Ground: Integrating Evolutionary and Strategic Theories of the Firm. In: Resource-Based and Evolutionary Theories of the Firm: Towards a Synthesis, ed. by C. A. Montgomery. Boston-Dordrecht-London 1995, S. 1–17.
Foster, J. (1994): The Self-Organisation Approach in Economics. In: Economics and Thermodynamics: New Perspectives on Economic Analysis, ed. by P. Burley, J. Foster. Boston-Dordrecht-London 1994
Georgescu-Roegen, N. (1976): Energy and Economic Myths: Institutional and Analytical Economic Essays. New York u.a. 1976.
Hannan, M. T., Freeman, J. (1977): The Population Ecology of Organizations. In: American Journal of Sociology, Vol. 82 (1977), S. 929–964.
von Hayek, F. A. (1976): Wirtschaftstheorie und Wissen. In: ders.: Individualismus und wirtschaftliche Ordnung. 2. Aufl., Salzburg 1976, S. 49–77.
Hirshleifer, J. (1986): Economics from a Biological Viewpoint. In: Organizational Economics, ed. by J. B. Barney, W. G. Ouchi. San Francisco-London 1986, S. 319–371.
Hodgson, G. M. (1993): Economics and Evolution. Cambridge 1993.
Holmström, B., Tirole, J. (1989): The Theory of the Firm. In: Handbook of Industrial Organization, ed. By R. Schmalensee, R. D. Willig. Amsterdam u.a. 1989, Vol. I, S. 61–133.
Hoselitz, B. F. (1960): The Early History of Entrepreneurial Theory. In: Essays in Economic Thought: Aristotle to Marshall, ed. by J. J. Spengler, W. R. Allen. Chicago 1960, S. 234–257.
Hufeland, G. (1807): Neue Grundlegung der Staatswirthschaftskunst. Erster Theil. Gießen-Wetzlar 1807.

Der Unternehmer – eine Leerstelle in der Theorie der Unternehmung?

Jeremy Bentham's Economic Writings, ed. by W. Stark. Bd. 1, London 1952.
Kieser, A. (1995): Evolutionstheoretische Ansätze. In: Organisationstheorien, hrsg. von A. Kieser. 2. Aufl., Stuttgart-Berlin-Köln 1995, S. 237–268.
Kirzner, I. M. (1973/1978): Competition and Entrepreneurship. Chicago-London 1973; deutsch: Wettbewerb und Unternehmertum. Tübingen 1978.
Kirzner, I. M. (1979): Perception, Opportunity, and Profit. Chicago-London 1979.
Knight, F. H.: Risk, Uncertainty and Profit. Cambridge 1921.
Koolman, G. (1971): Say's Conception of the Role of the Entrepreneur. In: Economica, N. S., Vol. 38 (1971), S. 269–286.
Lachmann, L. M. (1976): From Mises to Shackle: An Essay on Austrian Economics and the Kaleidic Society. In: The Journal of Economic Literature, Vol. 14 (1976), S. 54–62.
Leathers, C. G. (1990): Veblen and Hayek on Instincts and Evolution. In: Journal of the History of Economic Thought, Vol. 12 (1990), S. 162–178.
Loasby, B. J. (1971): Hypothesis and Paradigm in the Theory of the Firm. In: The Economic Journal, Vol. 81 (1971), S. 863–885.
Mahlberg, W. (1927): Der Betriebsbegriff und das System der Betriebswirtschaftslehre. In: Grundriß der Betriebswirtschaftslehre, Bd. 2: Die Betriebsverwaltung, hrsg. von W. Mahlberg u.a. Leipzig 1927, S. 1–67.
von Mangoldt, H. (1855): Die Lehre vom Unternehmergewinn. Leipzig 1855.
Marshall, A. (1890/1961): Principles of Economics. London 1890, hier 9th ed. 1961.
Mataja, V. (1884/1966): Der Unternehmergewinn. Leipzig 1884 (Nachdruck Osnabrück 1966).
Meek, R. L. (1963): The Economics of Physiocracy. Cambridge (Mass.) 1963.
Mirowski, P. (1989): More Heat than Light. Cambridge u.a. 1989.
von Mises, L. (1940): Nationalökonomie – Theorie des Handelns und Wirtschaftens. Genf 1940.
von Mises, L. (1949): Human Action. London-Edinburgh-Glasgow 1949.
Mishan, E. J. (1961/1967): Theories of Consumers ‚Behaviour': A Cynical View (1961), Nachdruck in: Readings in Microeconomics, ed. by D. R. Kamerschen. Cleveland 1967, S. 82 f.
Mitchell, W. C. (1927): Business Cycles: The Problem and Its Setting. New York 1927.
Pareto, V. (1897/1964): Cours d'Économie Politique. Livre II: L'Organisme Économique. Lausanne 1897 (Nachdruck Genf 1964).
Penrose, E. T. (1952): Biological Analogies in the Theory of the Firm. In: The American Economic Review, Vol. 42 (1952), S. 804–819.
Peteraf, M. A. (1993): The Cornerstones of Competitive Advantage: A Resource-based View. In: Strategic Management Journal, Vol. 14 (1993), S. 179–191.
Prahalad, C. K., Hamel, G. (1990): The Core Competence of the Corporation. In: Harvard Business Review, Vol. 68 (May–June 1990), S. 79–91.
Prigogine, I. Stengers, I. (1984): Order Out of Chaos. London 1984.
Pütz, T. (1935): Das Bild des Unternehmers in der Nationalökonomie. Jena 1935.
Quesnay, F. (1766/1976)): Ökonomische Schriften, hrsg. von M. Kuczynski. Band II, 1. Halbband, Berlin 1976 (Originalausgabe 1766).
Redlich, F. (1964): Der Unternehmer. Göttingen 1964.
Riedel A. F. (1838/1839): Nationalöconomie oder Volkswirtschaft. Bd. 1, Berlin 1838, Bd. 2 (1839).
de Roover, R. (1967): San Bernardino of Siena and Sant' Antonino of Florence. Boston 1967.
Rosenstein-Rodan, P. N. (1930): Das Zeitmoment in der mathematischen Theorie des wirtschaftlichen Gleichgewichtes. In: Zeitschrift für Nationalökonomie, Bd. 1 (1930), S. 129–142.
Rutherford, M. (1989): Some Issues in the Comparison of Austrian and Institutional Economics. In: Research in the History of Economic Thought and Methodology, Vol. 6 (1989), S. 159–172.
Sauermann, H. (1937): Die Gestalt des Unternehmers. Berlin 1937.
Savary des Bruslons, J. (1723): Dictionaire Universel de Commerce. Paris 1723.
Say, J. B. (1803/1814): Abhandlung über die National-Oekonomie, übersetzt von Ludwig Heinrich Jacob, Wien 1814. Zweyter Band (französisches Original Traité d'Économie Politique. Paris 1803).
Say, J. B. (1814/1818): Darstellung der Nationalökonomie oder der Staatswirthschaft. Übersetzt von Carl Eduard Morstadt (nach der 3. Aufl. des Traité 1814). Erster Band, Heidelberg 1818.
Say, J. B. (1828): Cours d'Économie Politique Pratique. Paris 1828.

Say, J. B. (1845): Ausführliches Lehrbuch der praktischen Politischen Ökonomie. Deutsch mit Anmerkungen von Max Stirner. Erster Band, Leipzig 1845.
Schumpeter, J. A. (1912): Theorie der wirtschaftlichen Entwicklung. Leipzig 1912.
Schumpeter, J. A. (1928): Unternehmer. In: Handwörterbuch der Staatswissenschaften. 4. Aufl., Bd. 8, Jena 1928.
Schumpeter, J. A. (1934): Robinson's Economics of Imperfect Competition. In: Journal of Political Economy, Vol. 42 (1934), S. 249–257.
Schumpeter, J. A. (1939): Business Cycles. New York 1939.
Schumpeter, J. A. (1950): Kapitalismus, Sozialismus und Demokratie. 2. Aufl., Bern 1950.
Schumpeter, J. A. (1961): Konjunkturzyklen. Erster Band, Göttingen 1961.
Selten, R. (1993): Wirtschaftliche und kulturelle Evolution. In: Makro, Geld & Institutionen, hrsg. von U. Schlieper, D. Schmidtchen. Tübingen 1993, S. 38–55.
Shackle, G. L. S. (1972): Epistemics and Economics. Cambridge 1972.
von Stackelberg, H. (1947): Die Entwicklungsstufen der Werttheorie. In: Schweizerische Zeitschrift für Volkswirtschaft und Statistik, Jg. 83 (1947), S. 1–18.
Stein, L. (1852/1964): System der Staatswissenschaft. Erster Band: System der Statistik, der Populationistik und der Volkswirthschaftslehre (1852). Nachdruck Osnabrück 1964.
Streissler, E. (1986): Arma virumque cano. Friedrich von Wieser, der Sänger als Ökonom. In: Die Wiener Schule der Nationalökonomie, hrsg. von N. Leser. Wien-Köln-Graz 1986, S. 59–82.
Vanberg, V. (1994): Kulturelle Evolution und die Gestaltung von Regeln. Tübingen 1994, S. 8–28.
Veblen, T. (1899/1934): The Theory of the Leisure Class. New York 1899, Nachdruck New York 1934.
Walras, L. (1874/1926): Éléments d'Économie Politique Pure ou Théorie de la Richesse Sociale (1874). Zitiert nach: Édition definitive, 4. Aufl., Paris-Lausanne 1926.
Weber, M. (1922): Wirtschaft und Gesellschaft. Tübingen 1922.
Weber, M. (1972): Wirtschaft und Gesellschaft. 5. Aufl., (Studienausgabe), Tübingen 1972.
Wernerfelt, B. (1984): A Resource-based View of the Firm. In: Strategic Management Journal, Vol. 5 (1984), S. 171–180.
von Wieser, F. (1914): Theorie der gesellschaftlichen Wirtschaft. In: Grundriss der Sozialökonomik I. Tübingen 1914.
Williamson, O. E. (1989): Transaction Cost Economics. In: Handbook of Industrial Organization, ed. by R. Schmalensee, R. D. Willig. Amsterdam u.a. 1989, Vol. I, S. 135–182.
Winter, S. G. (1975): Optimization and Evolution in the Theory of the Firm. In: Adaptive Economic Models, ed. by R. H. Day, T. Groves. New York u.a. 1975, S. 73–118.

Der Unternehmer – eine Leerstelle in der Theorie der Unternehmung?

Zusammenfassung

Die Geschichte der Wirtschaftswissenschaft zeigt, daß der Unternehmer solange eine Leerstelle in der Theorie der Unternehmung bleibt, wie diese von einem Leitbild des Marktgleichgewichts als Ausfluß eines deterministischen Weltbildes ausgeht. Die klassische Britische Poltitische Ökonomie wählt dabei ein Denken in Faktorgruppen und abstrahiert so gänzlich von unternehmerischen Aufgaben. Die Neoklassik bietet lediglich eine hinter Formalismen verborgene Auferstehung dieses Produktions-Faktor-Klassendenkens.

Unternehmerische Aufgaben werden deutlich bei Cantillon genannt und ausgebaut im 19. Jahrhundert. Die neuere Betriebswirtschaftslehre entwickelt aus den früheren Äußerungen zu unternehmerischen Aufgaben eine Lehre der Unternehmerfunktionen. Da die Lehre von den Unternehmerfunktionen die Erfahrungssachverhalte der Unsicherheit und der ungleichen Wissensverteilung berücksichtigt, schafft sie Raum, die Leerstelle „Unternehmer" in einer Theorie der Unternehmung zu füllen.

Summary

History of economics teaches that entrepreneurs are missed so long in the theory of the firm as constructing economic theories starts with the idea of market equilibrium in a deterministic world. When the Classical British Political Economics uses the idea of factors of production it abstracts totally from the tasks for entrepreneurs. The Neoclassical Economics is only a formalistic revival of these thinking in factors and classes of production.

Functions for entrepreneurs are mentioned by Cantillon and developed in the 19th century. A new theory in Business Economics develops this approach further to a theory of entrepreneurial functions. Since the theory of entrepreneurial functions gives special attention to the empirical facts of uncertainty and asymmetric information, it leaves room for integrating the tasks of entrepreneurs in the theory of the firm.

10: Allgemeine Fragen der Unternehmenstheorie (JEL M10)

Nähe zum Endkunden: Voraussetzung für Strategien der Marktausschöpfung

Von Thorsten Broecker*

Überblick

- Viele Firmen verstehen das Such- und Kaufverhalten ihrer Endkunden nur unzureichend.
- Diese häufig strukturell bedingte mangelnde Nähe zum Endkunden ist ein unternehmerisches Defizit und verhindert eine wertsteigernde Marktausschöpfung.
- Gezielte Ansätze, die auf der Integration bestehender Vertriebskanäle oder dem Einsatz neuer Vertriebs- und „Informationskanäle" basieren, schaffen größere Kundennähe.
- Die Konsequenzen für die Unternehmen liegen in tiefgreifenden Maßnahmen zu Strukturen, Organisation und Anreizsystemen.
- Diese unternehmerischen Aufgaben liefern Anregungen für die praxisorientierte wissenschaftliche Arbeit.

Eingegangen: 5. April 2001

Dr. Thorsten Broecker ist Vice President der A.T. Kearney GmbH, Jan-Wellem-Platz 3, 40212 Düsseldorf und Mitglied der Financial Institutions Group sowie assoziiertes Mitglied der Strategy and Organization Practice von A.T. Kearney. Ferner ist er Professor an der Universität Maastricht in quantitativer Ökonomie.

© Gabler-Verlag 2001

A. Einführung

Die Beziehung zu ihren Endkunden ist für viele Unternehmen nicht transparent. So provokant diese These sein mag, so verstehen viele Firmen tatsächlich das Such- und Kaufverhalten ihrer Endkunden nur unzureichend. Dieses Defizit ist zu einem wesentlichen Teil strukturbedingt: Mehrstufige Vertriebsketten, wie sie zum Beispiel in der Automobilindustrie oder der Computerindustrie zu finden sind, schränken eine direkte Interaktion mit dem Endkunden ein. In der pharmazeutischen Industrie liegt eine zersplitterte Nachfrage vor, die sich – abhängig vom Produkt – auf Ärzte, Apotheken oder Patienten verteilt. Andere Unternehmen, wie Banken und Versicherungen, verfügen zwar in vielen Fällen über direkten Kundenkontakt, sehen aber als Einzelunternehmen nur einen kleinen Ausschnitt aus der relevanten Gesamtnachfrage eines Kunden.

Aller Marktforschung zum Trotz besteht daher ein beträchtlicher Abstand des Unternehmens zu seinen Endkunden. Die direkten Bedürfnisse der Endkunden, sein konkretes Such- und Kaufverhalten und die beeinflussenden kaufentscheidenden Faktoren sind dem Unternehmen entweder nicht zugänglich oder werden nicht sinnvoll verwertet. Eine Überwindung dieses Abstandes versetzt das Unternehmen dagegen in die Lage, die Interaktion entlang der verschiedenen Vertriebskanäle optimal auf den Endkunden abzustimmen. Damit ist auch der Weg für eine erfolgreiche Umsetzung von Strategien der Marktausschöpfung geebnet.

Um eine größere Nähe zum Endkunden zu erreichen, müssen die strukturell bedingten Informationsdefizite abgebaut und der unmittelbare Kontakt gesucht bzw. weiterreichende Informationen über die tatsächlichen Präferenzen des Kunden erhoben werden. Die Vertriebskanäle, wie sie durch die neuen Medien ermöglicht werden, können hierzu bedeutende Hilfestellung leisten. Vielleicht wird sich zeigen, dass sich in der heutigen Pionierzeit mehr Nutzen aus dem Informationszugewinn erzielen lässt als aus dem direkten Verkauf über diese Kanäle. Die Suche nach mehr Kundennähe verbindet sich mit organisatorischen Erfordernissen zur Informationsbeschaffung und ihrer Auswertung, zur Gestaltung neuer Vertriebskanäle oder zur Neugestaltung alter Vertriebskanäle sowie zu ihrer Integration.

An Hand einer Folge von Beispielen aus verschiedenen Industrien will dieser Artikel zeigen, dass Märkte – und insbesondere die Absatzmärkte – durchaus weiße Flecken auf den Landkarten für Unternehmen sind. Er basiert auf einem Einführungsvortrag anlässlich des 1. Symposiums zur ökonomischen Analyse der Unternehmung an der WHU Koblenz. Die hier skizzierten unternehmerischen Aufgaben liefern darüberhinaus Anregungen für die praxisorientierte Forschung.

In seinem ersten Teil skizziert der Artikel an Beispielen die mangelnde Nähe zum Endkunden als Defizit vieler Unternehmen und gibt einige Indizien für strukturelle Gründe an die Hand. In seinem zweiten Teil zeigt er – wiederum anhand von Beispielen – unterschiedliche Ansätze aus der Praxis, durch die eine größere Nähe insbesondere zum Endkunden hergestellt und das Interaktionsverhalten in der Vertriebskette besser verstanden wird. Hieraus ergeben sich erste Anhaltspunkte für mögliche Strategien der Marktausschöpfung, die in diesem Artikel allerdings weder erschöpfend noch systematisch dargestellt werden können. Er widmet sich dem, was als Grundlage für eine erfolgreiche Anwendung der Strategien verstanden wird: der Kundennähe. In seinem dritten Teil skizziert der Artikel die Konsequenzen, die sich für die Unternehmung ergeben, und formuliert im letzten Teil einige Themen und Fragen für eine praxisorientierte Forschung.

B. Mangelnde Nähe zum Endkunden – ein unternehmerisches Defizit

Eine Reihe von Beispielen macht deutlich, dass die Unternehmen von ihren Endkunden durch eine relativ große Distanz getrennt sind. Sie untermauern die eingangs aufgestellte These, dass die Unternehmen ihre Märkte und insbesondere ihre Endkunden und ihr Verhalten nicht hinreichend verstehen.

Ein Automobilhersteller mit einer unabhängigen Händlerorganisation gibt hier ein erstes Beispiel. So kennt der Hersteller in der Regel nicht die effektiven Verkaufspreise für Neuwagen an seine Endkunden. Die Gründe für zum Teil erhebliche Abweichungen des Transaktionspreises vom Listenpreis liegen darin, dass der Händler eine frei nutzbare Standard-Marge hat, die er für Verhandlungen mit den Kunden ausnutzen kann. Über verhandelte Preisnachlässe, kostenlose Zusatzausstattungen, Preiszugeständnisse bei Inzahlungnahme von Gebrauchtwagen oder angebotenen kostenlosen Service ist der Hersteller nur unzureichend informiert. Insgesamt bleibt ihm dadurch eine genaue Einschätzung seiner Markt- und Wettbewerbsposition verwehrt und zeigt entsprechende Auswirkungen auf die Preisfestlegung und das Kampagnenmanagement.

Ein Beispiel für die strukturellen Schwierigkeiten aus einer zersplitterten Nachfrage ist die Pharmaindustrie. Bei verschreibungspflichtigen Medikamenten, die vom Patienten nachgefragt werden können, ist die Interaktion zwischen dem Nachfrageverhalten des Patienten, seinem Einnahmeverhalten und dem Verschreibungsverhalten des Arztes im Detail kaum bekannt. Die Faktoren für eine Erstverschreibung und die Wiederverschreibung – Informationen, die für eine Marktinitiative relevant sind – können nur schwer in der optimalen Gewichtung genutzt werden. Bei OTC-Produkten, also nicht verschreibungspflichtigen Medikamenten, gilt ähnliches in Bezug auf das Zusammenspiel von Verkaufsverhalten der Apotheken und Nachfrageverhalten des Kunden. Die Vertriebskette der Pharmaindustrie bis hin zum Patienten führt dazu, dass eine Vielzahl von Umsatztreibern miteinander konkurrieren, die das Unternehmen kaum quantifizieren und priorisieren kann. Ohne diese Kenntnis können Wachstumsziele nicht mehr gezielt adressiert werden.

Im Finanzdienstleistungssektor liegt das Problem nicht notwendigerweise in mangelndem direkten Kundenkontakt. Der direkte Kontakt ist zwar vorhanden, ist aber sehr stark durch die Vertriebskanäle und Institute fragmentiert und vermittelt so ein nur ausschnittartiges Bild. Ein Kunde unterhält beispielsweise ein Girokonto bei einem Finanzdienstleister und nutzt dazu vielleicht die Möglichkeiten des Online-banking. Er fragt Kredite über denselben Kanal nach, oder aber er nutzt den Service der Filiale. Aktien dagegen handelt er über eine Direktbank, die nicht der Hausbank des Kunden angeschlossen sein muss. Lebensversicherungen werden über Versicherungsagenturen abgeschlossen oder mit einem Immobilienerwerb gekoppelt. Weiterhin können Unfall- oder Kfz- Versicherungen über ein Portal abgeschlossen werden. Der Kunde nutzt also eventuell eine Vielzahl von Anbietern und bei einem Anbieter eine Vielzahl von Vertriebskanälen. Im Umkehrschluss bedeutet dies, dass die Finanzinstitute nur kleine Ausschnitte aus der Gesamtportfolioentscheidung des Kunden kennen. Sie verstehen folglich die Dynamik seiner Entscheidungen nur ungenügend und können seine Risikoeinstellung nicht vollständig abschätzen. Individuelle Finanzentscheidungen, die von der Lebensphase des Kunden abhängen, können nicht gezielt adressiert werden. Anstatt Produkte für den jeweiligen Kunden optimal bündeln zu können, sind die Finanzdienstleister dem Selektionsverhalten und der vielleicht suboptimalen Suchstrategie des Kunden ausgeliefert.

Die zunächst sicherlich provokant anmutende These, dass Unternehmen ihre Märkte, die Mechanismen in ihren Vertriebskanälen und insbesondere ihre Endkunden nur unzureichend kennen und verstehen, erscheint vor diesem Hintergrund als gerechtfertigt. Die Informations- und Integrationsdefizite haben wie gezeigt oft strukturelle oder organisatorische Ursachen. Eine weitere Ursache ist, dass grundsätzlich vorhandene Kenntnisse über Kundensegmente nur unvollständig ausgewertet und ausgenutzt werden. So sind beispielsweise nur wenige Unternehmen in der Lage, die Profitabilität ihres Geschäfts mit ihren Kundengruppen oder Einzelkunden zu quantifizieren. Die Kostentreiber aus den Bestell- und Kaufprozessen der Kunden und die unternehmensseitigen Aufwendungen in Produktion, Marketing und Vertrieb sind häufig unbekannt und werden nicht quantifiziert. Die Prozesse im Unternehmen können nicht auf die verschiedenen Kundengruppen abgestimmt werden. Das bedeutet in der Konsequenz, dass das vorhandene Gewinn- und Wachstumspotenzial nicht ausgeschöpft werden kann.

Wie wirkt sich die Distanz des Unternehmens zu seinen Endkunden auf den Unternehmenserfolg, sprich den Unternehmenswert, aus? Der wichtigste Treiber für Wertsteigerung ist langfristiges Umsatzwachstum. Studien von A.T. Kearney haben gezeigt, dass der Faktor Kundennähe in den Wachstumsmöglichkeiten eines Unternehmens eine besonders signifikante Rolle spielt. Externen Wachstumstreibern wie zum Beispiel der Zusammensetzung der Wettbewerber, dem politischen Klima oder dem Einfluss der Shareholder kommt nur schwache Bedeutung zu: nur 13% der Nennungen erfolgreicher Unternehmen beziehen sich auf externe Werttreiber, 87% dagegen auf interne Treiber. Es sind interne Wachstumstreiber, denen eine tragende Rolle zugewiesen wird. Unter ihnen sind drei Faktoren besonders wichtig: die Interaktion mit dem Kunden, die Wachstumsvision und das entsprechende Ressourcen- und Kompetenzprofil.

Die „Interaktion mit Kunden", die als einzelner Faktor die größte Bedeutung hat, umfasst natürlich zunächst die Interaktion mit den unmittelbaren Kunden. Ist dieser unmittelbare Kunde jedoch eine Zwischenstufe hin zum Endkunden, so muss diese Interaktion mit Blick auf den Endkunden optimal gestaltet werden. Der Erfolg des Unternehmens wird letztlich von der Akzeptanz der Produkte und Dienstleistungen durch den Endkunden bestimmt. Das erfordert eine Ausrichtung des Unternehmens und der Vertriebsstufen auf den Endkunden. Wie an einem Beispiel aus der Automobilindustrie dargestellt werden wird, kann dies zu Ansätzen führen, in denen die Interaktion entlang der Vertriebskette aufgebrochen wird. Auch der Hersteller interagiert direkt mit dem Endkunden und stellt darüber hinaus dem Händler Unterstützung für dessen Interaktion mit dem Neuwagenkäufer bereit. In diesem Artikel sollen daher gerade die Implikationen aus der Fokussierung auf den Endkunden betrachtet werden.

Ob und wie ein Unternehmen wachsen und dadurch seinen Wert steigern kann, hängt also primär davon ab, wie nah sich die unternehmerische Tätigkeit am Endkunden orien-

Nähe zum Endkunden: Voraussetzung für Strategien der Marktausschöpfung

Abb. 1: Wachstumsfaktoren

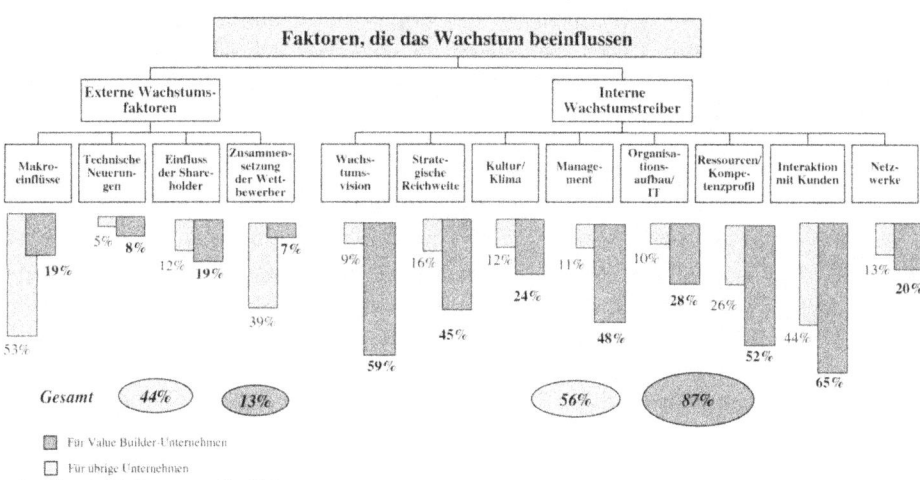

Quelle: A.T. Kearney GmbH

tiert, und wie sie diese Orientierung intern umzusetzen weiß. Die Tatsache, dass Unternehmen ihre Märkte und ihre Kunden oft nur unzureichend verstehen, stellt daher ein schwerwiegendes Defizit dar. Nur in und mit Kenntnis der Märkte kann das Unternehmen diese Märkte gezielt ausschöpft und damit wachsen.

Die für das Unternehmen dringlichste Frage ist demnach nicht mehr: „Wie reduziere ich meine Kosten?" oder „Wie verkürze ich meinen Produktentwicklungszyklus?", sondern die dringlichste Frage ist: „Wie erziele ich Nähe zu meinen Endkunden?" Das Unternehmen muss sich also fragen, wie es „dem richtigen Kunden zur richtigen Zeit über den richtigen Kanal das richtige Angebot machen kann". Kundennähe heißt also, den aktuellen und potentiellen Wert des Kunden zu kennen und zu wissen, welche allgemeinen und maßgeschneiderten Angebote Wert für ihn schaffen werden.

Ein erster Schritt auf dem Weg zur Kundennähe besteht in der Informationsbeschaffung, ein zweiter in der richtigen Integration der gewonnenen Information und ein dritter in der konsequenten Umsetzung der Ergebnisse, die aus den Informationen zu erschließen sind. Wir wollen im folgenden beispielhaft einige – zum Teil sehr unterschiedliche – Wege aufzeigen, mit denen Unternehmen sich so nah wie möglich am Endkunden orientieren, sich relevante Informationen über ihn beschaffen und mit diesen auch erfolgversprechend umgehen, kurz: wie sie bestehende Endkunden besser betreuen, stärker an sich binden und neue Kunden leichter gewinnen können.

C. Ansätze, die Nähe zum Endkunden zu intensivieren

Die folgenden Beispiele zeigen, wie Unternehmen auf ihre Situation zugeschnittene Ansätze nutzen, um trotz der diskutierten strukturellen Ursachen für Informationsdefizite eine größere Kundennähe zu erzielen. In manchen Fällen werden dabei neue Vertriebskanäle aufgebaut, der größte Nutzen besteht aber in der Informationsbeschaffung und der Möglichkeit, diese Informationen auszuwerten, wie das erste Beispiel zeigen wird. Auch wenn die Beispiele aus einzelnen Industrien stammen, so lassen sie sich häufig auf andere Industrien transferieren.

I. Customer Care Center in der Automobilindustrie

Die Etablierung und Nutzung eines Customer Care Centers ist ein Beispiel aus der Automobilindustrie dafür, wie Kundeninformationen sinnvoll gesammelt und verwertet werden können. Das Customer Care Center fasst die Kundenbetreuung zentral zusammen. Es bedient sich dazu eines Data Warehouses, in dem alle relevanten Informationen zu Fahrzeugen, Kunden und Händlern gesammelt werden – Informationen, die von den Händlern und den Herstellern bereit gestellt werden. So findet hier ein Zusammenspiel von Informationen über alle Kanäle und eine Informationsverbreitung an alle Kanäle statt. Damit wird von vornherein verhindert, dass wichtige Informationen zum Beispiel beim Händler unberücksichtigt bleiben. Der Vollständigkeit halber muss angemerkt werden, dass ein selbstständiger Händler rechtlich Eigentümer der Kundeninformation ist. Im Regelfall liegen dem Hersteller nur Informationen aus der Garantiezeit vor, da hier der Händler zum Datenaustausch verpflichtet ist, wenn er die Garantiearbeiten vom Hersteller ersetzt bekommen möchte. Wesentlich ist also, dass

Abb. 2: Gesamtstruktur der Kundenbetreuung

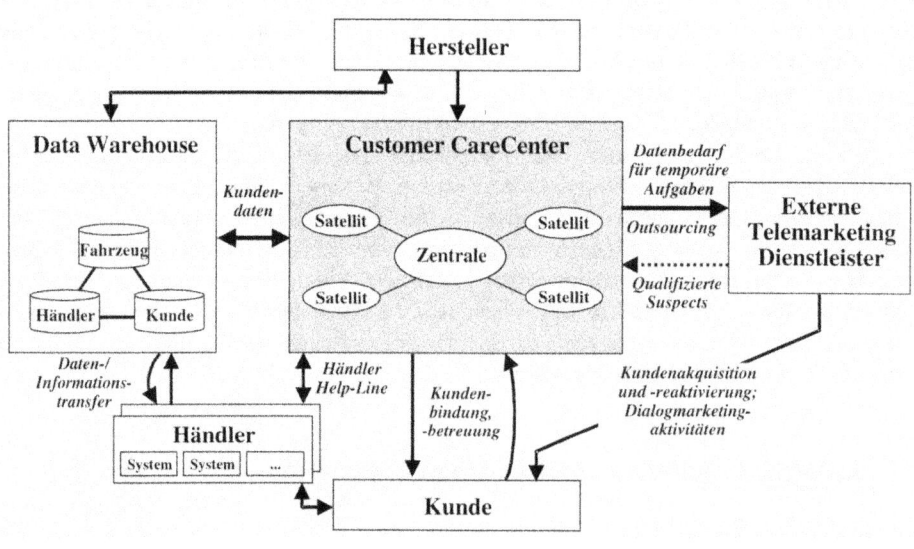

Quelle: A.T. Kearney GmbH

die Weitergabe der Kundeninformationen durch den Händler freiwillig ist. Die Bedeutung eines solchen zentralen Ortes, an dem im Idealfall alle Arten von Empfehlungen, Verbesserungsvorschlägen, aber auch alle Arten von Informationen über den Kunden, über sein Kaufverhalten, seine Lebenssituation, über den verkaufenden Händler, das erworbene Fahrzeug und vieles andere gebündelt werden, ist offensichtlich. Es verbindet Endkunde, Händler und Hersteller über einen integrierten Informations- und Kommunikationsfluss miteinander. Auf dieser Grundlage kann eine individuelle Kundenbeziehung sowohl durch den Hersteller als auch durch den Händler aufgebaut und vertieft werden.

II. Produktkonfiguration durch den Kunden in der Computerindustrie

Ein weiteres Beispiel, das einen anderen Ansatz zum Aufbau von Kundennähe zeigt, stammt aus der Computer-Industrie. Computer-Hersteller bieten dem Kunden nicht nur eine Auswahl von vorkonfigurierten Produkten an, sondern lassen den Kunden vermehrt selbst entscheiden, in welcher individuellen Konfiguration das Produkt gewünscht wird. Das Unternehmen schnürt die ‚Produktpakete' auf und fordert den Kunden auf, sein ‚Paket' selbst zusammenstellen. Diese Freiheit des Kunden, sein Produkt selbst erst zusammen zu stellen, setzt allerdings spezifische Kenntnisse voraus und kann deshalb nicht auf alle Kundensegmente angewendet werden. Dieser Ansatz eignet sich besonders für solche Produkte, die Konfigurationsmöglichkeiten zulassen, deren Elemente einzeln und in der Kombination klar unterscheidbaren subjektiven Nutzen für Kunden bieten. So wird die Möglichkeit zur individuellen Produktkonfiguration via Internet neben der Computerindustrie auch in der Automobilindustrie eingesetzt.

Der Entscheidungsprozess des Kunden wird bei diesem Modell für das Unternehmen transparent. Das Unternehmen kann ihm wichtige Informationen entnehmen: es kann ermitteln, mit welcher Komponente der Kunde anfängt, wie er weiter vorgeht, wann und wie oft er bereits getroffene Komponentenentscheidungen ändert, um welche Komponenten es sich dabei handelt, natürlich wie die gewünschte Endkonfiguration aussieht, und es erhält Einsichten, wie Budgetrestriktionen den Entscheidungsprozess beeinflussen.

Das so erhaltene Wissen ist äußerst detailliert und genau. Bis ins kleinste Produktdetail kann differenziert nachvollzogen werden, wie die Interessen, Wünsche und Vorstellungen der Endkunden beschaffen sind. Die Möglichkeiten dieses Ansatzes erschöpfen sich nicht in der online Produktkonfiguration. Der nächste Schritt könnte die unmittelbare Einbindung einer großen Anzahl von Kunden in den Produktentwicklungsprozess sein. Dieser Ansatz geht über eine persönliche und direkte Einbeziehung von persönlich bekannten Kunden über Product Clinics hinaus, wie sie schon heute insbesondere bei Nischenprodukten genutzt werden. Neben den damit schon heute zugänglichen Informationen, die für die Gestaltung des Einstiegselements und die wert-bezogene Preisgestaltung der Komponenten genutzt werden können, kann man eine neue Informationsebene erschließen, die auf zukünftige oder potenzielle Kundenbedarfe abhebt.

III. Strukturierte Experimente im Finanzdienstleistungssektor

Ein drittes Beispiel, in diesem Fall aus dem Kartengeschäft, zeigt, dass mit Hilfe von strukturierten Experimenten die tatsächlichen Bedürfnisse identifiziert und maßgeschneidert adressiert werden können. Der Ansatz eines Kreditkartenanbieters besteht darin, jedes Jahr mehrere zehntausend strukturierte Experimente für ihr Kreditkarten-Angebot, bezogen auf Faktoren wie Gebühren, zinsfreie Perioden, Gestaltung der Karte und Vertriebskanäle durchzuführen. Das Unternehmen hat Tausende von Kombinationen jederzeit im Angebot, wovon die Hälfte halbjährlich erneuert wird.

Dieser Ansatz, der so auch im Einzelhandel angewendet wird, ist sehr erfolgreich. Die Experimente haben das Unternehmen mit seinen Kartenvarianten so eng an den Kunden geführt, dass eine erfolgreiche Kundenorientierung erreicht werden konnte, die sich in einem herausragenden Wachstum niederschlägt. Es ist offensichtlich, dass sich dieses Unternehmen selbst durch ein hohes Maß an Flexibilität in allen Stufen ihrer Wertschöpfungskette auszeichnen muss.

IV. Bestimmung von Umsatztreibern in der Pharmaindustrie

Die Nutzung strukturierter Experimente zum besseren Verständnis von kaufentscheidenden Faktoren ist nur ein Beispiel für eine systematische Informationserhebung. In der Pharmaindustrie erhöht sich die Komplexität durch ein Zusammenspiel von Herstellern, Ärzten, Apotheken und Patienten. Market Research Daten sind häufig widersprüchlich oder zu wenig exakt. Vielfach ist nicht bekannt, welches die entscheidenden Hebel in der Interaktion sind. Um diese zu identifizieren setzen Unternehmen das alte aber immer noch machtvolle Instrument der Bestimmung von Umsatztreibern ein. Wichtig ist, dass diese Umsatztreiberbäume über die gesamte Vertriebskette bis hin zum Endverbraucher entwickelt werden.

Abb. 3: Umsatztreiberbaum

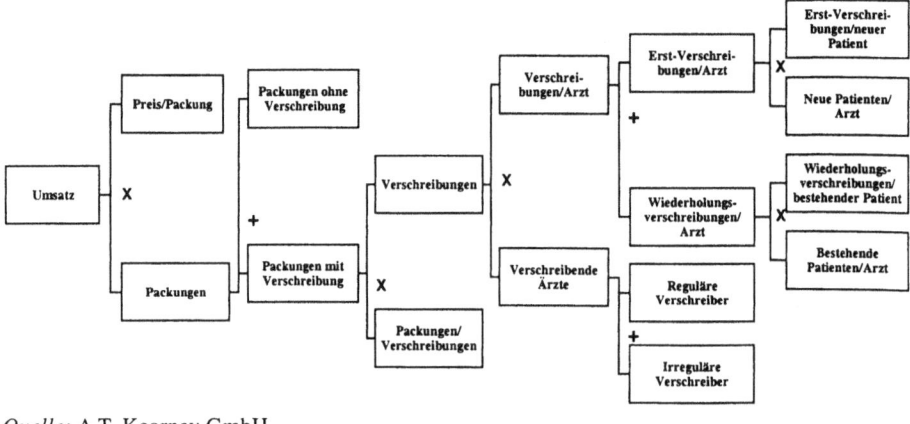

Quelle: A.T. Kearney GmbH

Das dargestellte Beispiel hebt insbesondere auf das Erst- und Wiederverschreibungsverhalten von Ärzten ab. Diese Umsatztreiber sind insesondere für solche Medikamente wichtig, die neu sind, die der Arzt noch nicht „in der Feder" hat. Auf dieser Basis können gezielt Market Research Daten erhoben werden, vorhandene Daten besser auf Detailgrad und interne Konsistenz abgeglichen und zusätzliche Informationen aus Customer Care Centern eingebracht werden, so wie sie auch in der pharmazeutischen Industrie genutzt werden. Pharmazeutische Unternehmen nutzen solche Customer Care Center beispielsweise, um den Informationsfluss über Produktinformationen zwischen Hersteller, Arzt, Apotheke und durchaus auch dem Patienten zu verbessern. Besorgnisse oder oft gestellt Fragen des Patienten über Produkteigenschaften und Indikationsgebiete geben Aufschluss über das Patientenverhalten und die Interaktion mit dem Arzt. Diese Informationen können dann proaktiv in Marketing und Produktdarstellungen und für den Außendienst genutzt werden. Insgesamt führt auch dies zu einem besseren Verständnis des Arzt- und Patientenverhaltens bei dem betrachteten Produkt.

V. Management des Nutzungsverhaltens in der Telekommunikationsindustrie

Das Beispiel aus der Pharmaindustrie zeigt, dass nicht nur das Kaufverhalten sondern auch das nachfolgende Nutzungsverhalten entscheidend ist und im Rahmen eines Customer Relationship Management adressiert werden muss. Nur kurz soll an dieser Stelle die Situation in der Telekommunikationsindustrie beleuchtet werden. Bei einem langjährigen Kunden stammen nur etwa 10% der Gesamtinformationen aus der Kaufsituation der SIM-Karte. Demgegenüber ist es beispielsweise entscheidend vorherzusagen, ob und wann ein Kunde wechselgefährdet ist, um einen möglichen Wechsel zu verhindern. Zu diesem Zweck werden im Customer Relationship Management Dialog-Marketing auf Mikrosegmentebene, Value-Added-Services und Loyalitätsprogramme auf der Basis von Informationen über das laufende Nutzungsverhalten eingesetzt.

Die beschriebenen Beispiele für Ansätze, um eine größere Nähe zum Kunden und ein besseres Verständnis seines Kaufverhaltens und seiner Interaktion mit Zwischenstufen im Vertrieb zu entwickeln, haben ein gemeinsames Ziel. Die gewonnenen Kenntnisse erlaubt dem Unternehmen, für identifizierte Kundensegmente eine spezielle Kundenansprache und maßgeschneiderte Produkte entwickelt zu können. Das Ziel ist die stärkere Bindung schon vorhandener Kunden und die leichtere Akquisition neuer Kunden. Die Beispiele haben auch gezeigt, dass die Ansätze ein integriertes Kommunikationssystem voraussetzen. Es müssen entweder neue Kommunikations- und Informationskanäle aufgebaut, schon bestehende Kommunikationswege zusammengeführt und über das gesamte Unternehmen hinweg integriert werden, oder aber es bedarf besonderer Anstrengungen, um besseres Verständnis der tatsächlichen Kundenpräferenzen zu erlangen.

Lösungsansätze sind zunächst industriespezifisch, da sie die besonderen Vertriebsstrukturen und das Verhalten der direkten Kunden bzw. Endkunden berücksichtigen müssen. Viele Ideen und Ansätze sind jedoch mit entsprechenden Adaptionen auf andere Industrien übertragbar – was in der Tat auch geschieht, wie an den einzelnen Beispielen gezeigt wurde.

D. Konsequenzen für die Unternehmung

Für das Unternehmen ist die angestrebte Kundennähe also auch mit entsprechenden organisatorischen, prozessualen und methodischen Maßnahmen verbunden. Den eingangs beschriebenen strukturell bedingten Defiziten wird mit einem organisatorischen Umbau oder Neu-Aufbau begegnet. Dessen Ziel ist es, die bestehenden Vertriebs- und Informationswege so zu integrieren, dass alle Kunden-, Produkt-, und Marktinformationen gebündelt werden können und nicht verstreut in den einzelnen Kanälen ungenutzt bleiben. Das gesamte Unternehmen wendet sich als Ganzes an den Kunden, kein einzelner Vertriebskanal eines Unternehmens agiert unabhängig von den anderen. Daraus ergeben sich Konsequenzen für eine kundenzentrierte Ausrichtung der gesamten Organisation, wie am Beispiel von Banken illustriert werden soll.

In der Situation, in der die einzelnen Vertriebskanäle als Profit Center fungieren, haben diese eine separate Kundenansprache. Kundenakquisition erfolgt im Wettbewerb gegeneinander. Koordination über die Kanäle hinweg ist auf ein Minimum beschränkt. Betrachtet man demgegenüber eine Struktur, in der die verschiedenen Zugangskanäle zusammengeführt werden, so kann eine abgestimmte Personalisierung aller Kontakte des Kunden mit dem Unternehmen erreicht werden. Die Kundenkontakte des Unternehmens verlieren sich nicht mehr in den Zugangskanälen, wie der Filiale, dem Call-Center, dem Internet Banking oder dem Beratungscenter. Durch ein integriertes Vertriebskanalmanagement werden die Informationen über den einzelnen Kunden gesammelt, d.h. das Institut lernt, den

Abb. 4: Unterschiedliche Modelle des Vertriebskanalmanagements

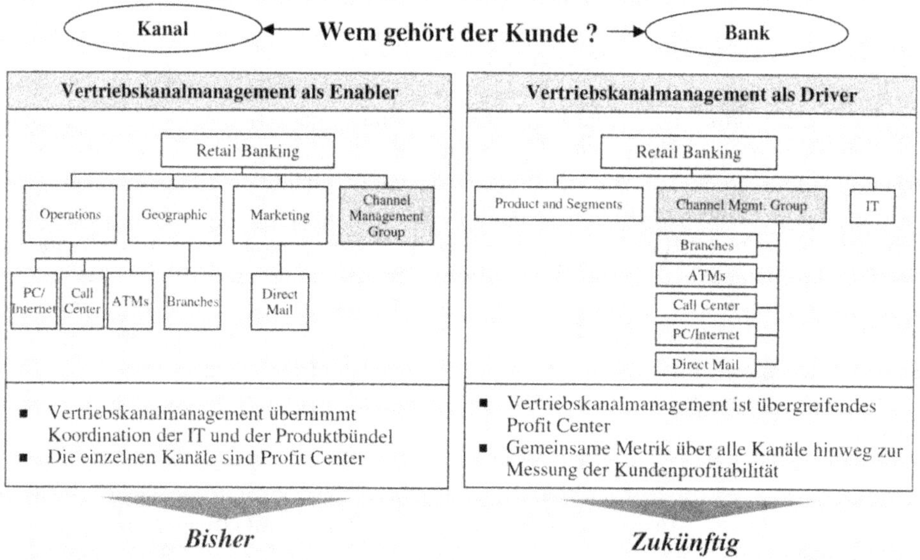

Quelle: A.T. Kearney GmbH

Abb. 5: Stages of Excellence im Vertriebskanalmanagement

	Stufe 1	Stufe 2	Stufe 3
Vision & Strategie 2010	• Produktfokus • Kostensenkung • Vorhersage der Response-Rate	• Senkung der Akquisitionskosten • Verbesserung der Bindungsrate • Produktfokus, aber erste Maßnahmen zur Koordination im Gange	• Sicherstellung der Kundenprofitabilität • Optimierung des Kundenwerts über gesamten Lebenszyklus • Personalisierung aller Kundenkontakte mit der Bank
Organisation • Aufbau • Kultur • Training • Incentive Systems	• Direct Mail-/Direct Marketing-Abteilung • Marketing	• Marketing-Abteilung • Verstärktes Training der Vertriebsmitarbeiter hinsichtlich Kampagnenmanagement • Keine strukturelle Kundenzuordnung	• Gesamtbankkultur durch gemeinsamen Kundenfokus geprägt • Cross-selling Incentives • Ausgiebiges Training aller Mitarbeiter mit Kundenkontakt
Technologie • Infrastruktur • Daten • Modellierungs-tools	• Name, Adresse • PCs, Mainframes • Flat Files • Geringe Technologieinvestition	• Transaktionsdaten • Data Warehousing • Statistische Methoden • Neuronale Netzwerke • Zunehmende Investitionen in Technologie	• Data Mining • Umfangreiche Tools • Informationsbereitstellung für die gesamte Organisation über alle Kunden-Interaktionen
Prozesse • Kundensegmentierung • Kampagnen	• Prozesse auf large-scale Direct Mail Kampagnen ausgerichtet • Unvollständige und inkonsistente Ergebnisüberwachung	• Prozesse auf mehrere Kanäle ausgerichtet • Segmentspezifische Kampagnen	• Optimierte Gesamtbankprozesse über alle Kanäle hinweg: Branding, Erfolgsmessung • Integriertes Kunden-Kontakt-Management • Integration aller Kanäle

Quelle: A.T. Kearney GmbH

Kunden zu verstehen und kann individuell auf ihn eingehen. Von hier können dann Marktausschöpfungsstrategien, wie z. B. Produktbündelungen und -kombinationen sowie auch eine auf die Lebensphase des Kunden zugeschnittene Beratung angesetzt werden. Diese Art der Unternehmensorganisation verhindert, dass den einzelnen Vertriebskanälen zwar Informationen zugänglich sind, die aber nicht in ein größeres Bild zusammengefügt werden können.

Eine konsequente Ausrichtung des Unternehmens auf den Kunden bedarf aber nicht nur einer veränderten Organisation. Die Vision bzw. Strategie des Unternehmens, seine Technologieausstattung, seine Anreizsysteme sowie auch seine Prozesse müssen an die gestärkte Kundenorientierung angepasst werden. Der Umorientierungsprozess kann grob drei Stages of Excellence zugeordnet werden, wie in der obigen Abbildung 5 dargestellt.

E. Anregungen für die praxisorientierte Forschung

Das mangelnde Verständnis des Endkunden, seines Suchverhaltens und seiner kaufentscheidenden Faktoren ist für viele Unternehmen ein beträchtliches Hemmnis für langfristiges Wachstum und Wertsteigerung und stellt mithin eine große Herausforderung an die unternehmerische Tätigkeit dar. Diese Managementaufgaben bieten daher auch interessante Ansätze für die praxisorientierte Forschung, die im Folgenden angerissen werden.

Bei mehrstufigen Vertriebskanälen stellt sich die Frage der optimalen Ausgestaltung von Anreizketten. Welche Einflussmöglichkeiten hat beispielsweise ein Automobilhersteller über die Händlermarge und andere finanzielle Anreize auf den zwischen Händler und Kunde ausgehandelten Transaktionspreis? Diese Frage ist insbesondere dann interessant, wenn es einen starken Wettbewerb zwischen den Händlern einer Marke gibt („intra-brand competition"). In der Praxis wurden hier individuelle Ansätze und Antworten entwickelt. Es wäre interessant zu sehen, welche robusten, d.h. von zu speziellen Annahmen unabhängige, Ergebnisse die Wirtschaftswissenschaften im Vergleich dazu erzielen können.

In solchen und ähnlichen Fällen ist der Wettbewerb zwischen den Unternehmen durch unvollständige Information gekennzeichnet. Die oben erwähnten Beispiele, in denen neue Medien genutzt werden, dienen zu einem erheblichen Teil dazu, die Informationssituation des Unternehmens zu verbessern. Damit ist die gleichwohl alte wie immer noch in der Praxis schwer zu beantwortende – und damit aktuelle – Frage nach dem Wert von Information verbunden: Was ist der „Return on Information"? In der Praxis gibt es sehr unterschiedliche Positionen – sicherlich auch bedingt durch die spezifische Situation des Unternehmens – im Hinblick auf den Nutzen einer Informationsintegration über alle Vertriebs- und Informationskanäle hinweg. Hier wäre eine wirtschaftswissenschaftliche Studie der Kriterien und bedeutenden Einflussfaktoren sehr aufschlussreich.

Nutzt ein Unternehmen mehrere als Profit Center operierende Vertriebskanäle, so ist die Untersuchung der Wirkung von Anreizstrukturen oder die Bestimmung minimaler Integrationsanforderungen von Interesse. Natürlich ist dies der Anfangspunkt eines Spektrums von organisatorischen Möglichkeiten, das bis zu einer vollständigen Integration der Vertriebs- und Informationskanäle führt. Welches sind die bestimmenden Faktoren für ein optimales Maß an Integration? Dabei wird es wieder wichtig sein, neben Faktoren wie der Möglichkeit zu Cross Selling die Synergien aus einer systematischen Informationsbeschaffung und -nutzung zu berücksichtigen.

Auch das Management bereits integrierter Vertriebskanäle selbst bietet ein weites Untersuchungsfeld: Anreizsysteme, Nutzen und Wirkung des Vertriebs von Wettbewerberprodukten, die relative Ressourcenausstattung der verschiedenen Vertriebs- und Informationskanäle, die Abstimmung ihrer Funktions- und Tätigkeitsprofile und ihrer Wertschöpfungstiefe, um nur Beispiele zu nennen.

Ein anderes Themenfeld für die Wirtschaftswissenschaften ist der Aufbau eines neuen Vertriebkanals: Ist die neue Einheit als New Venture zu gestalten? Welche Rolle spielt die zusätzlich gewonnene Information über den Kunden im Business Case für diesen neuen Vertriebskanal? Welche Übergangsorganisationsformen sind möglich? Wird eine Planung des Endzustandes der Organisation vorgenommen? Wie sehen die Möglichkeiten aus, einen Migrationspfad über verschiedene Phasen der Organisation zu planen? In welchem Umfang soll die Kannibalisierung bestehenden Geschäfts hingenommen werden? Welche Governance-Strukturen und Eskalationsmechanismen sind optimal? Wie viele Unternehmer verträgt eigentlich ein Unternehmen?

Und schließlich stellt sich die Frage nach den Vor- und Nachteilen des Outsourcing von Teilen des Vertriebskanals und der organisatorischen Einbindung dieser Teile in das Unternehmen.

Der Artikel hat aufgezeigt, dass die Behebung von Defiziten in der Kundennähe eine Herausforderung für die unternehmerische Praxis darstellt und zu bedeutenden und komplexen Themenstellungen für die Wirtschaftswissenschaften führt. Mit einer Reihe von Beispielen sollten Anregungen gegeben und weitere Überlegungen angestoßen werden. Damit eröffnet sich ein weites Feld für die Entwicklung solider und praxisnaher wirtschaftswissenschaftlicher Konzepte und die Erarbeitung detaillierter Fallstudien, von denen auch die Praxis profitieren würde.

Anmerkung

* Der Autor bedankt sich bei Rolf Adam, Matthias Braun, Cornelia Colsman, Dr. Petra Elgass, Dr. Hagen Götz Hastenteufel, Dr. Götz Oliver Klink, Dr. Fred Schneidereit, Dr. Thomas Schulz und Dirk Steingröver für ihre Unterstützung.

Zusammenfassung

Viele Unternehmen verstehen das Such- und Kaufverhalten ihrer Endkunden nur unzureichend. Diese häufig strukturell bedingte mangelnde Nähe zum Endkunden ist ein unternehmerisches Defizit. Es vermindert die Möglichkeit, Mehrwert für den Kunden zu schaffen und verhindert eine wertsteigernde Marktausschöpfung für die Unternehmen. Gezielte Ansätze, die auf der Integration bestehender Vertriebskanäle oder dem Einsatz neuer Vertriebs- und „Informationskanäle" basieren, schaffen eine größere Kundennähe mit allen Konsequenzen in Bezug auf Strukturen, Organisation und Anreizsysteme. In der Praxis wurden für diese unternehmerischen Aufgaben unterschiedliche Ansätze entwickelt, die Anregungen für die praxisorientierte wissenschaftliche Arbeit liefern.

Summary

Several companies do not have sufficient insight into their end consumers' searching and buying behaviour. Often induced by structural barriers, the lack of customer proximity is an entrepreneurial deficit. Inadequate customer proximity decreases the opportunity to create value-added for the end consumer and prevents the company from tapping into value-building market potentials. Targeted approaches based on integrating existing sales channels or on deploying new sales and information channels trigger enhanced customer proximity with all implications in terms of structures, the organization and incentive systems. A wide variety of strategies have been crafted for these managerial tasks which provide ideas for practice-oriented academic work.

61:   Absatz- und Marktforschung (JEL M31)

Eigentumsrechte, Nachverhandlungen und die Theorie der Unternehmung

Von Urs Schweizer*

Überblick

- In Anlehnung an den berühmten Aufsatz von Grossman und Hart (1986) wird eine Unternehmung als Bündel von Vermögensbestandteilen (assets) verstanden. Unterschiedliche Eigentumstrukturen generieren dabei unterschiedliche Investitionsanreize.

- Die Möglichkeiten von Ex-ante-Vereinbarungen werden aber im vorliegenden Aufsatz nicht auf die Festlegung der Eigentumstruktur begrenzt. Einzig einvernehmliche Nachverhandlungen sollen die Parteien ex ante nicht ausschließen können.

- Der Aufsatz untersucht, welche Investitionsanreize unter diesen Umständen gesetzt werden können und welche Form von Verträgen dazu erforderlich ist.

Eingegangen: 29. März 2001

Professor Dr. Urs Schweizer, Universität Bonn, Wirtschaftspolitische Abteilung, Adenauerallee 24, 53113 Bonn, schweizer@uni-bonn.de

© Gabler-Verlag 2001

A. Einleitung

Wenn es um die Allokation knapper Güter geht, sind Ökonomen in der Regel Befürworter marktwirtschaftlicher Mechanismen. Allerdings finden eine Vielzahl von Transaktionen innerhalb von Unternehmungen statt, wo sie den marktwirtschaftlichen Gesetzen entrückt sind. Darauf hat bereits Coase (1937) vor über sechs Jahrzehnten in einem seiner vielbeachteten Aufsätze hingewiesen. Er mutmaßte damals, dass Kosten eingespart werden, wenn gewisse Transaktionen innerhalb von Unternehmungen stattfinden. Allerdings gibt es offenbar auch Grenzen der Integration, denn sonst wären ja sämtliche Transaktionen in einer einzigen Superfirma abzuwickeln.

Zwar erscheint die Einrichtung einer solchen Superfirma als gänzlich unplausibel. Die Wirtschaftstheorie hat jedoch große Schwierigkeiten, die Grenzen der Integration theoretisch angemessen zu beschreiben. Die allgemeine Gleichgewichtstheorie beispielsweise identifiziert eine Unternehmung mit ihrer Produktionsfunktion bzw. ihrer Technologie. Nach einem Zusammenschluss erscheint deshalb die integrierte Unternehmung als Summe der Produktionsfunktionen oder Technologien der vormals getrennten Unternehmungen. Führt der Zusammenschluss zu keinerlei Marktmacht, so dass sich alle Unternehmungen vor und nach dem Zusammenschluss als Mengenanpasser verhalten, dann bleiben nach Vorstellung der Gleichgewichtstheorie die Allokation und die Gewinne der Unternehmungen vom Zusammenschluss völlig unberührt. Führt hingegen der Zusammenschluss zu Marktmacht, so wird die integrierte Unternehmung höhere Gewinne als ihre vormals unabhängigen Teile erzielen. Den insgesamt höchsten Gewinn würde folglich die oben erwähnte Superfirma erzielen. So gesehen liefert also aus Unternehmersicht die Gleichgewichtstheorie keine Begründung für Grenzen der Integration.

Die Gleichgewichtstheorie vermag die Frage von Coase begrifflich nicht zu fassen, weil sie von der internen Organisation einer Unternehmung abstrahiert. Der Prinzipal-Agent-Theorie kann man diesen Vorwurf nicht machen. Sie untersucht ja gerade vorrangig die Delegation von Aufgaben und Entscheidungsbefugnissen, wie sie innerhalb von Unternehmungen auftreten. Insbesondere geht es dabei um optimale Anreizstrukturen, mit denen man beobachtete interne Organisationsformen vergleichen möchte, um sie auf diese Weise besser zu verstehen. Optimale Anreizstrukturen lassen sich jedoch genau so gut als Verträge zwischen unabhängigen Partnern deuten, so dass auch die Prinzipal-Agent-Theorie die Grenzen der Integration nicht wirklich thematisieren kann.

Optimale Anreizstrukturen sind als vollständige Verträge zu deuten. In der Realität bleiben aber Verträge typischerweise unvollständig, so dass es zu Nachverhandlungen kommt. Tätigen unabhängige Partner beziehungsspezifische Investitionen, so kann der beim Scheitern von Nachverhandlungen drohende Partnerwechsel kostspielig werden. Williamson (1985) propagiert deshalb im Rahmen seiner Transaktionskostentheorie die Integration als Lösung für dieses „hold-up"-Problem, wie es zwischen unabhängigen Partnern vorkommt. Diese Theorie vermag gewisse Vorteile der Integration aufzuzeigen. Mit der Frage nach den Grenzen der Integration tut aber auch sie sich schwer.

Grossman und Hart (1986) erzielen demgegenüber einen vielbeachteten Fortschritt bei der Bewältigung des begrifflich so schwierigen Problems.[1] Sie verstehen die Unternehmung als Bündel von Vermögensbestandteilen („assets"). Der Eigentümer dieser Bestandteile kann über diese verfügen, soweit sie vertraglich nicht gebunden sind. Aufgrund

Eigentumsrechte, Nachverhandlungen und die Theorie der Unternehmung

der Unvollständigkeit der Verträge bleiben diese zumindest teilweise ungebunden und folglich verfügt der Eigentümer über Residualrechte hinsichtlich der Verwendung seiner Vermögensbestandteile. Ein Partnerwechsel ist allerdings weiterhin kostspielig, so dass mit der Ausübung der Residualrechte lediglich gedroht wird. Letztlich werden sich die Parteien verständigen, um die nur gemeinsam einzufahrenden Früchte ihrer beziehungsspezifischen Investitionen nicht zu gefährden. Die Eigentumstruktur bestimmt jedoch die Zuordnung der Residualrechte und damit die Verhandlungsmacht der betroffenen Parteien.

Mit diesem Ansatz können Vor- und Nachteile der Integration gleichermaßen sichtbar gemacht werden. Nachteile der Integration entstehen dabei folgendermaßen. Die übernommene Unternehmung und ihr Unternehmer verlieren ihre Residualrechte und gehen somit geschwächt in die Nachverhandlungen. Deshalb werden sie an den späteren Zugewinnen in geringerem Umfang beteiligt sein und folglich sinken auch ihre Anreize zu beziehungsspezifischen Investitionen. Die Investitionsanreize des Unternehmers, der zusätzliche Vermögensbestandteile übernimmt, steigen jedoch. In diesem Sinn entscheidet die Eigentumstruktur mittelbar über die Investitionsanreize und damit über den Gesamtertrag der Unternehmungen. Es treten in diesem Rahmen durchaus Situationen auf, in denen sich die Vereinigung aller Vermögensbestandteile in einer Hand auch aus Unternehmersicht als nachteilig erweist. So vermag die von Grossman und Hart entworfene Theorie, die von Eigentumsrechten an den Vermögensbestandteilen ausgeht, die Grenzen der Integration aufzuzeigen.

Kritik eingetragen hat dieser Theorie jedoch die Ad-hoc-Einschränkung der Ex-ante-Vereinbarungen auf die Festlegung der Eigentumstruktur. Zwar mag das Informationsumfeld die Möglichkeiten vertraglicher Vereinbarungen begrenzen. Aber weitergehende Vereinbarungen als die bloße Festlegung der Eigentumsrechte sind durchaus denkbar. Der vorliegende Aufsatz berichtet über einen vielversprechenden Versuch, der gegenüber Grossman und Hart vorgebrachten Kritik zu begegnen. Ex-ante-Vereinbarungen ganz allgemeiner Art sollen im Folgenden grundsätzlich möglich sein. Einzig einvernehmliche Nachverhandlungen können die Parteien annahmegemäß ex ante nicht ausschließen. Im übrigen aber fragen wir durchaus nach dem optimalen Anreizschema. Stellt sich dennoch heraus, dass unter Umständen eine einfache Ex-ante-Vereinbarung wie die bloße Festlegung auf getrenntes Eigentum ein optimales Anreizschema darstellt, so sind Grenzen der Integration aufgezeigt, ohne dass die vertraglichen Möglichkeiten ad hoc eingeschränkt werden müssen.

Als Wegbereiter der Idee gelten Che und Hausch (1999) und Maskin und Moore (1999), die allerdings das „hold-up"-Problem an sich und nicht so sehr die Theorie der Unternehmung im Blickfeld haben. Einen interessanten Beitrag liefert Roider (2000), der erstmalig den Ansatz von Che und Hausch mit der Frage nach der optimalen Eigentumstruktur konfrontiert und zu interessanten Ergebnissen gelangt. Der vorliegende Aufsatz beschäftigt sich mit einem vergleichbaren Ansatz. Dabei soll die begriffliche Klärung im Vordergrund stehen. Wir werden uns deshalb auf den analytisch einfachsten Fall beschränken.

Die Gliederung der Arbeit ist wie folgt. In Abschnitt B stellen wir eine einfache Version eines Modells mit beziehungsspezifischen Investitionen vor. Es gibt keine Unsicherheit und nur eine von zwei Parteien investiert. Abschnitt C rekapituliert die Bedeutung der Eigentumstruktur für die Investitionsanreize. In Abschnitt D wird die Klasse der zulässigen Ex-ante-Vereinbarungen vorgestellt. Zwar können die Parteien ex ante nicht vereinbaren, niemals nachzuverhandeln. Weitergehende Einschränkungen werden aber nicht gemacht. In Abschnitt E kommt das Revelationsprinzip zum Einsatz, um die Menge der realisierbaren Investitionsentscheidungen einzugrenzen. Abschnitt F enthält die Hauptresultate des Aufsatzes. Insbesondere werden zwei Bedingungen hergeleitet, von denen die eine notwendig und die andere hinreichend für die Realisierbarkeit einer Investitionsentscheidung ist. Unter zusätzlichen Annahmen stimmen die beiden Bedingungen überein. Abschließende Bemerkungen finden sich in Abschnitt G, gefolgt von Literaturhinweisen.

B. Beziehungsspezifische Investitionen

In diesem Abschnitt führen wir eine besonders einfache Version eines Modells beziehungsspezifischer Investitionen ein. Es kommen zwei Parteien vor, von denen aber nur eine investiert. Der Einfachheit halber nennen wir die Parteien Prinzipal und Agent. Allerdings soll dies nicht bedeuten, dass der Agent wie sonst üblich im Auftrag des Prinzipals handelt. Der Agent kann durchaus auf einer Stufe mit dem Prinzipal stehen. Den Agenten zeichnet lediglich aus, dass er es ist, der beziehungsspezifische Investitionen unternimmt. Seine *Investitionsentscheidung e* sei eindimensional und könne jeden Wert im Intervall $[0, \infty)$ annehmen. Die Kosten $k(e)$ der Investition trägt der Agent, der aber gemäß vertraglicher Vereinbarung vom Prinzipal dafür entschädigt wird.

Nach dieser Investitionsentscheidung muss eine *allokative Folgeentscheidung x* gefällt werden. Die Menge $X \subset \Re^n$ der möglichen Folgeentscheidungen mag mehrdimensional sein. Sie kann aus endlich vielen Punkten, einem Kontinuum von Punkten oder einer Kombination von beiden bestehen. In der Literatur wird diese allokative Entscheidung typischerweise als eindimensionale und stetige Mengenentscheidung modelliert. Die in der vorliegenden Arbeit zugelassene Verallgemeinerung erweist sich aber für die beabsichtigten Anwendungen als zentral.

Bei einer Investitionsentscheidung e und einer allokativen Entscheidung x betrage der Gewinn von Prinzipal und Agent $P(e, x)$ bzw. $A(e, x) - k(e)$. Der maximal mögliche *Handelsüberschuss* nach der Investitionsentscheidung e beträgt somit (ohne Berücksichtigung der Investitionskosten $k(e)$)

$$w(e) = \max_{x \in X} P(e, x) + A(e, x).$$

Die *Referenzlösung* („first best") erfordert die Investitionsentscheidung

$$e^* \in \arg\max_{e \in [0, \infty)} w(e) - k(e),$$

sowie anschließend die ex post effiziente allokative Entscheidung

$$x^* \in \arg\max_{x \in X} P(e^*, x) + A(e^*, x).$$

Die Investitionen sind beziehungsspezifisch in dem Sinn, als ihr Ertrag geringer ausfällt, wenn keine allokative Entscheidung innerhalb der Beziehung von Prinzipal und Agent folgt. Über den Wert der Investition in Außenbeziehungen werden wir im nächsten Abschnitt nähere Angaben machen.

C. Eigentumstrukturen

Wir stellen uns vor, für die im vorangehenden Abschnitt beschriebenen produktiven Prozesse werden gewisse Vermögensbestandteile („assets") benötigt. Die *Eigentumstruktur* legt dabei fest, welche dieser Bestandteile sich im Eigentum des Prinzipals bzw. des Agenten befinden. Verfügt eine Hand über alle Vermögensbestandteile, so liegt eine *integrierte Eigentumstruktur* vor. Andernfalls sprechen wir von *getrenntem Eigentum*. Die Menge der möglichen Eigentumstrukturen wird mit S bezeichnet. Sie braucht für unsere Zwecke nicht näher spezifiziert zu werden.

Mit der Eigentumstruktur steht auch die Zuordnung der *Residualrechte* fest (vgl. Einleitung). Sollten die Nachverhandlungen zwischen Prinzipal und Agent scheitern, hängt der Gewinn $P^s(e)$ bzw. $A^s(e) - k(e)$ von Prinzipal und Agent, den diese aufgrund der Residualrechte in einer Außenbeziehung erzielen könnten, von der Eigentumstruktur $s \in S$ und der bereits getroffenen Investitionsentscheidung e ab. Der Partnerwechsel soll aber kostspielig sein, so dass der Gewinn innerhalb der Partnerschaft höher als außerhalb ausfällt, d.h. es wird

(1) $\quad P^s(e) + A^s(e) < w(e)$

unterstellt.

Die Nachverhandlungen werden aber nicht scheitern. Die Gewinnmöglichkeiten außerhalb begründen lediglich die Verhandlungspositionen innerhalb der Beziehung. Der Einfachheit halber unterstellen wir, dass der Zugewinn der Nachverhandlungen in festen Proportionen $1 - \alpha$ bzw. α an Prinzipal und Agent gehen ($0 < \alpha < 1$)[2]. Nach Abschluss der Nachverhandlungen betragen deshalb der Gewinn von Prinzipal und Agent

(2) $\quad p^s(e) = P^s(e) + (1 - \alpha)[w(e) - P^s(e) - A^s(e)]$

bzw.

(3) $\quad a^s(e) = A^s(e) + \alpha[w(e) - P^s(e) - A^s(e)]$.

Das Ergebnis der Nachverhandlungen antizipierend, erfährt der Agent von der Eigentumstruktur s die Investitionsanreize

$$\hat{e}^s \in \arg\max_{e \in [0, \infty)} a^s(e) - k(e).$$

Die Parteien – so die Hypothese von Grossman und Hart (1986) – werden ex ante diejenige Eigentumstruktur vereinbaren, welche die für den Gesamtgewinn günstigsten Investitionsanreize setzt. Es ist dies die Eigentumstruktur

$$s^{opt} \in \arg\max_{s \in S} w(\hat{e}^s) - k(\hat{e}^s).$$

Bei Grossman und Hart (1986) und bei Hart (1995) finden sich zahlreiche Beispiele dafür, dass getrenntes Eigentum einen höheren Gesamtertrag als integriertes Eigentum abwerfen kann.[3] Die Beispiele sollen an dieser Stelle nicht reproduziert werden. Es genügt festzuhalten, dass die Theorie dem Grundsatz nach eine Grenze der Integration auch aus Sicht der Unternehmungen aufzuzeigen vermag.

Unbefriedigend bleibt jedoch, dass die Parteien ex ante per Ad-hoc-Annahme über die Festlegung der Eigentumstruktur hinaus keine weitergehenden Vereinbarungen in Betracht ziehen. Im folgenden Abschnitt werden wir jedoch weitergehende Vereinbarungen ausdrücklich zulassen.

D. Allgemeine Vereinbarungen

Welche vertraglichen Vereinbarungen möglich sind, hängt vom *Informationsumfeld* ab. Üblicherweise unterstellt die Literatur, dass der Prinzipal die Investitionsbemühungen e des Agenten zwar beobachten kann, dass diese aber im Konfliktfall vor Gericht nicht zu verifizieren sind. Deshalb sollte der Vertrag auch nicht direkt auf e Bezug nehmen. Annahmegemäß gibt es aber hinsichtlich der allokativen Entscheidung x keine vergleichbaren Probleme, d.h. x soll nicht nur beobachtbar, sondern auch vor Gericht verifizierbar sein. Für manche Anwendungen mag dieses Informationsumfeld durchaus plausibel sein. Ihm gilt jedenfalls im Folgenden unsere Aufmerksamkeit.

Das Informationsumfeld lässt sicherlich eine Ex-ante-Vereinbarung der folgenden Art zu: Prinzipal und Agent legen noch vor der Investitionsentscheidung die allokative Entscheidung x und die dann fällige Zahlung z des Prinzipals an den Agenten vertraglich fest. Nachdem die Investitionsentscheidung e gefallen ist, mag die ursprünglich vereinbarte Folgeentscheidung x nicht mehr sinnvoll sein, weil $P(e, x) + A(e, x) < w(e)$ gilt. In diesem Fall haben aber beide Parteien ein Interesse daran, Nachverhandlungen aufzunehmen und die vertraglich vereinbarte Entscheidung einvernehmlich zu korrigieren. Sie tun dies annahmegemäß nach den gleichen Prinzipien wie im vorangegangenen Abschnitt. Nach Abschluß der Nachverhandlungen beträgt somit der Gewinn von Prinzipal und Agent $p(e, x) - z$ bzw. $a(e, x) - k(e) + z$, wobei zur Abkürzung

(4) $\quad p(e, x) = P(e, x) + (1 - \alpha) [w(e) - P(e, x) - A(e, x)]$

und

(5) $\quad a(e, x) = A(e, x) + \alpha [w(e) - P(e, x) - A(e, x)]$

gesetzt wurde. Auch ein solcher Vertrag stiftet gewisse Investitionsanreize, möglicherweise sogar günstigere, als dies mit einer bloßen Festlegung der Eigentumstruktur möglich wäre. Des weiteren bleibt festzuhalten, dass

(6) $\quad p(e, x) + a(e, x) = w(e)$

für alle denkbaren allokativen Entscheidungen x gilt. Dies liegt daran, dass die Parteien nicht auf der vertraglich vereinbarten Entscheidung x bestehen, sondern die nach getätigten Investitionen möglichen Gewinne einvernehmlich realisieren.

Eine fixe allokative Entscheidung der obigen Art stellt eine wenig flexible Vereinbarung dar. Das Informationsumfeld lässt jedoch auch wesentlich flexiblere Verträge zu. Als Beispiel nennen wir den folgenden Optionsvertrag, der später noch eine wichtige Rolle spielen wird. Vertraglich legen die Parteien ex ante die Entscheidung x_H fest, räumen aber dem Prinzipal die Option auf die Entscheidung x_L ein. Der Ausübungspreis betrage π und der Ausübungszeitpunkt trete ein, sobald die Investitionsentscheidung e gefallen ist.

Formal lässt sich dieser Optionsvertrag in der Folgenden verallgemeinerungsfähigen Form darstellen. Es wird ein Raum $M = \{0, 1\}$ von möglichen Botschaften („messages") vereinbart, die der Prinzipal senden kann. Die Botschaft $m = 1$ steht für Ausüben, $m = 0$ für Nicht-Ausüben der Option. In Abhängigkeit der vom Prinzipal gewählten Botschaft $m \in M$ steht sodann die allokative Folgeentscheidung $x(m)$ und die vom Prinzipal an den Agenten zu leistende Zahlung $z(m)$ fest. Für den eben beschriebenen Optionsvertrag gilt also $x(0) = x_H$, $x(1) = x_L$, $z(0) = 0$ und $z(1) = \pi$.

In dieser Schreibweise drängen sich aber sofort Verallgemeinerungen der Vertragsform auf. Erstens kann der vereinbarte Raum M der möglichen Botschaften, die der Prinzipal senden darf, mehr als zwei Alternativen enthalten. Zweitens können die Parteien auch dem Agenten die Möglichkeit einräumen, gewisse Botschaften n aus einer vertraglich festgelegten Menge N zu senden. Ebenso gehört es zur Ex-ante-Vereinbarung, welche allokative Folgeentscheidung $x(m,n)$ und welche Zahlung $z(m,n)$ vorgesehen ist, nachdem die Botschaften m und n abgegeben worden sind. Ein *allgemeiner Vertrag* γ kann also formal durch die Elemente $\gamma = [M, N, x(m,n), z(m,n)]$ beschrieben werden, die – in der Sprache der Spieltheorie – eine *Spielform* bilden.

Je nach Investitionsentscheidung und gewählten Botschaften verfehlt die vertraglich vorgesehene allokative Entscheidung das Ziel der Ex-post-Effizienz immer noch, d. h. es gilt möglicherweise $P(e, x(m,n)) + A(e, x(m,n)) < w(e)$. In solchen Fällen gibt es Spielraum für einvernehmliche Nachverhandlungen, in Folge derer sich die endgültigen Gewinne von Prinzipal und Agent unter Verwendung der früher eingeführten Notation (siehe (4) und (5)) zu

(7) $p(e, x(m,n)) - z(m,n)$ bzw. $a(e, x(m,n)) + z(m,n) - k(e)$

berechnen lassen.

Verträge der allgemeinen Art nehmen keinen Bezug auf die nicht-verifizierbare Investitionsentscheidung. Aber annahmegemäß kennen die Parteien die Investitionsentscheidung und können bei der Wahl ihrer Botschaft von ihrem Wissen Gebrauch machen. Die Wahl der Botschaft von Prinzipal und Agent hängt außerdem von der Ex-ante-Vereinbarung γ ab. Sie wird deshalb im Folgenden mit $m^\gamma(e)$ bzw. $n^\gamma(e)$ bezeichnet. Diese Größen kommen wie folgt zustande. Zu vorgegebener Investitionsentscheidung betrachten wir das nicht-kooperative Spiel mit Strategienräumen M und N und Auszahlungsfunktionen (7) für Prinzipal und Agent. Bei diesem Spiel handelt es sich offensichtlich um ein Konstant-Summen-Spiel (vgl. (6)) mit den wohlbekannten Eigenschaften, dass alle Nash-Gleichgewichte (falls mehrere existieren) auszahlungsgleich sind und die Kombination beliebiger Gleichgewichtsstrategien selbst ein Nash-Gleichgewicht bildet. Ein rationaler Prinzipal und Agent werden also Botschaften $m^\gamma(e)$ bzw. $n^\gamma(e)$ auswählen, die ein Nash-Gleichgewicht des Konstant-Summen-Spiels mit Auszahlungsfunktionen (7) darstellen.

Von besonderem Interesse ist dabei der Gewinn $R^\gamma(e)$, den der Agent unter Vertrag γ bei einer Investitionsentscheidung e erwarten kann. Dabei wird wiederum unterstellt, dass er die im Nash-Gleichgewicht gewählten Botschaften antizipiert, so dass sein Gewinn

$$R^\gamma(e) = a(e, x(m^\gamma(e), n^\gamma(e))) + z(m^\gamma(e), n^\gamma(e))$$

beträgt. Eine Mehrdeutigkeit der Gleichgewichte schlägt sich dabei wie gesagt in der Höhe dieses Gewinns nicht nieder. Die vertragliche Ex-ante-Vereinbarung γ setzt dem Agenten den Anreiz, eine Investitionsentscheidung

(8) $\quad \hat{e} \in \arg \max\limits_{e \in [0, \infty)} R^\gamma(e) - k(e)$

zu treffen. Wenn es einen Vertrag γ gibt, der die Anreize zur Investitionsentscheidung gemäß (8) setzt, so nennen wir diese Investitionsentscheidung $\hat{e}$ *realisierbar*. Die Hauptresultate dieses Aufsatzes werden die Menge der in diesem Sinn realisierbaren Investitionsentscheidungen betreffen. Insbesondere werden wir uns für die Frage interessieren, unter welchen Umständen die Referenzlösung e^* realisierbar ist und welche Form von Verträgen dazu erforderlich ist.

Bevor wir uns nun aber diesen Fragen zuwenden, wollen wir die zulässige Form von Verträgen noch einmal erweitern. Wir haben bisher unterstellt, dass der Vertrag eine von Botschaften abhängige allokative Folgeentscheidung festlegt. Dies kann aber auch noch mit einer von Botschaften abhängigen Eigentumstruktur kombiniert werden. Durch künstliche Erweiterung der Menge von zulässigen allokativen Entscheidungen kann dieser Fall jedoch ohne große Schwierigkeiten in die bisherige Notation wie folgt eingegliedert werden. Jeder Eigentumstruktur $s \in S$ ordnen wir eine künstliche allokative Entscheidung x^s zu und erweitern die allokativen Entscheidungsmöglichkeiten zu $X^e = X \cup_{s \in S} \{x^s\}$. Für solchermaßen künstlich hinzugefügte Entscheidungen definieren wir unter Verwendung von (2) und (3) Gewinnfunktionen $p(e, x^s) := p^s(e)$ und $a(e, x^s) := a^s(e)$ für Prinzipal und Agent.

Unter einem *allgemeinen Vertrag* γ soll es jetzt zusätzlich möglich sein, dass je nach Botschaften die vertraglich vorgesehene Entscheidung $x(m, n)$ auch eine dieser künstlich hinzugefügten sein darf. Mit diesem Kunstgriff erreichen wir, dass von Botschaften abhängige Eigentumstrukturen (z.B. die Option auf Eigentum) miterfasst werden. Man beachte jedoch, dass ex post effiziente Entscheidungen immer in der ursprünglichen Menge X liegen, weil die Investitionen beziehungsspezifischer Natur sein sollen (vgl. (1)).

E. Realisierbare Investitionsentscheidungen

Im vorangehenden Abschnitt haben wir uns auf eine sehr allgemeine Klasse von Verträgen festgelegt. Jeder dieser vielen Verträge mag unterschiedliche Anreizwirkungen entfalten, so dass es auf den ersten Blick hoffnungslos erscheint, die Menge aller realisierbaren Investitionsentscheidungen zu erfassen. Mithilfe des *Revelationsprinzips* lässt sich jedoch die Analyse übersichtlich gestalten.

Wir haben unterstellt, dass die Investitionsentscheidung zwar von Prinzipal und Agent beobachtet, nicht aber vor Gericht verifiziert werden kann. Bei diesem Informationsumfeld führt das Revelationsprinzip zu folgendem Ergebnis.[4] Es genügt Verträge zu betrachten, in denen die Information, im vorliegenden Fall die beobachtete Investitionsentscheidung e direkt von beiden Parteien abgefragt wird und die Parteien bei ihrer Antwort keinen Anreiz haben, von der Wahrheit abzuweichen. Formal ausgedrückt bedeutet dies, dass die Mengen der zulässigen Botschaften für beide Parteien mit der Menge der möglichen Investitionsentscheidungen übereinstimmen, d. h. $M = N = [0, \infty)$ und dass unter dem Vertrag $x(e, e')$ und $z(e, e')$ die Wahrheit zu sagen ein Nash-Gleichgewicht des Konstant-Summen-Spiels hinsichtlich der Wald der Botschaften bildet. Wenn wir die Konvention treffen, dass das erste Argument die Antwort des Prinzipals, das zweite die des Agenten erfasst, so müssen insbesondere die folgenden *Anreizverträglichkeitsbedingungen* erfüllt sein.

Wenn beide die wahre Investitionsentscheidung e enthüllen, beträgt der Gewinn des Agenten (ohne Berücksichtigung der Investitionskosten) $R(e) = a(e, x(e, e)) + z(e, e)$. Eine Abweichung e' darf sich für den Agenten nicht lohnen, d. h. die Anreizverträglichkeitsbedingung

$$R(e) = a(e, x(e, e)) + z(e, e) \geq a(e, x(e, e')) + z(e, e')$$

muss erfüllt sein. Da es sich um ein Konstant-Summen-Spiel handelt, lässt sich die Nash-Bedingung auch als Sattelpunktbedingung formulieren. Eine Abweichung e' lohnt sich deshalb für den Prinzipal nicht, wenn die Anreizverträglichkeitsbedingung

$$R(e) = a(e, x(e, e)) + z(e, e) \leq a(e, x(e', e)) + z(e', e)$$

erfüllt ist. Bei diesen beiden Bedingungen wird unterstellt, dass e die tatsächliche Investitionsentscheidung, e' die unwahre Entscheidung darstellt. Entsprechende Anreizverträglichkeitsbedingungen müssen aber auch im umgekehrten Fall erfüllt sein. Durch elementare Umformungen der so gewonnenen vier Anreizverträglichkeitsbedingungen gelangt man zu den aus der Literatur bekannten Beziehungen[5]

(9) $a(e', x(e', e)) - a(e, x(e', e)) \leq R(e') - R(e) \leq a(e', x(e, e')) - a(e, x(e, e'))$,

die für je zwei Investitionsentscheidungen $e, e' \in [0, \infty)$ erfüllt sein müssen. Diese Beziehungen bilden den Schlüssel für die Hauptresultate. Sie liefern eine obere und untere Schranke für den Zuwachs des Gewinns des Agenten, wie er von einer Erhöhung der Investition von e auf e' ausgeht. Es ist dieser Zuwachs, der letzten Endes die Investitionsanreize unter dem Vertrag bestimmt. Aus diesem Grund bildet (9) den Schlüssel zur Menge der realisierbaren Investitionsentscheidungen.

F. Hauptresultate

Im Folgenden bezeichne e_L eine Investitionsentscheidung mit der Eigenschaft, dass der Nettogewinn $n(e, x) := a(e, x) - k(e)$ des Agenten im Interval $[0, e_L]$ eine streng monoton wachsende Funktion von e ist und zwar für alle allokativen Entscheidungen $x \in X^e$. Analog bezeichne e_H eine Investitionsentscheidung mit der Eigenschaft, dass der Nettogewinn $n(e, x)$ im Intervall $[e_H, \infty)$ eine streng monoton fallende Funktion von e ist und zwar wiederum für alle allokativen Entscheidungen $x \in X^e$. Mit $e_L^{\sup}$ bezeichnen wir das supremum all solcher Werte e_L und mit $e_H^{\inf}$ das infimum all solcher Werte e_H. Dann gilt das folgende Resultat:

Theorem 1: *Wenn die Investitionsentscheidung $\hat{e}$ realisierbar ist, so muss $e_L^{\sup} \leq \hat{e} \leq e_H^{\inf}$ gelten.*

Beweis: Der Beweis dieses Theorems ist überraschend einfach. Wir beweisen durch Kontraposition und unterstellen zunächst in Abweichung zur Behauptung, dass $\hat{e} > e_H^{\inf}$ gelte. Definitionsgemäß folgt daraus für alle x, dass $n(e_H^{\inf}, x) > n(\hat{e}, x)$ und damit

$$k(\hat{e}) - k(e_H^{\inf}) > a(\hat{e}, x) - a(e_H^{\inf}, x)$$

gelten muss.

Da $\hat{e}$ realisierbar ist, gibt es einen direkten Vertrag, der dem Agenten den Investitionsanreiz $\hat{e}$ ersetzt. Insbesondere gilt also für den Ertrag des Agenten $R(e) - k(e)$ unter diesem Vertrag

$$R(\hat{e}) - k(\hat{e}) \geq R(e_H^{\inf}) - k(e_H^{\inf}).$$

Schließlich folgt aus der Beziehung (9), dass für die allokative Entscheidung $x = x(e_H^{\inf}, \hat{e})$

$$R(\hat{e}) - R(e_H^{\inf}) \leq a(\hat{e}, x) - a(e_H^{\inf}, x)$$

gelten muss. Diese drei letzten Beziehungen sind aber in sich widersprüchlich, so dass die Beziehung $\hat{e} > e_H^{\inf}$ nicht richtig sein kann. Vielmehr muss $\hat{e} \leq e_H^{\inf}$ gelten. Damit ist der eine Teil der Behauptung bewiesen. Der andere Teil folgt analog.

Zur Veranschaulichung des Resultates wollen wir auf eine aus der Literatur bekannte Anwendung zurückgreifen. Dazu treffen wir die folgenden Annahmen:

Annahme 1: *Die Grenzkosten seien positiv und steigend, d.h. $k_e(e) > 0$ und $k_{ee}(e) > 0$. Der soziale Grenzertrag sei positiv aber fallend, d.h. $w_e(e) > 0$ und $w_{ee}(e) < 0$.*

Annahme 2: *Es gebe eine allokative Entscheidung $x^0 \in X^e$ mit der Eigenschaft, dass die Gewinne der beiden Parteien bei Scheitern der Nachverhandlungen unabhängig von der Höhe der Investitionen gleich Null wären, d.h. $A(e, x^0) = P(e, x^0) = 0$ für alle e.*

Wir unterstellen zunächst, die beiden Parteien vereinbaren ex ante vertraglich die allokative Entscheidung x^0, ohne dass eine Zahlung fällig wird, d.h. $z^0 = 0$. Unter dem Vertrag $[x^0, z^0 = 0]$ beträgt der Gewinn des Agenten nach erfolgreichen Nachverhandlungen $a(e, x^0) = \alpha w(e)$, wie unmittelbar aus (5) folgt. Dieser Vertrag stiftet somit den Anreiz zu Investitionen

$$e^0 = \arg \max_{e \in [0, \infty)} a(e, x^0) - k(e) = \arg \max_{e \in [0, \infty)} \alpha w(e) - k(e),$$

für die aufgrund von Annahme 1 $e^0 < e^*$ gilt, d.h. unter diesem wenig flexiblen Vertrag kommt es verglichen mit der Referenzlösung zur Unterinvestition. Im allgemeinen gibt es Verträge, die günstigere Investitionsanreize setzen. Che und Hausch (1999) haben allerdings eine Bedingung gefunden, unter der sich der unflexible Vertrag $[x^0, z^0 = 0]$ als optimal herausstellt.

Sie nennen die Investitionen des Agenten *kooperativ*, wenn der Grenzertrag einer zusätzlich investierten Einheit für den Prinzipal mindestens so gross wie der soziale Grenzertrag gewichtet mit seiner Verhandlungsmacht ist, d.h. wenn $p_e(e, x) \geq (1 - \alpha) w_e(e)$ gilt und zwar für alle allokativen Entscheidungen $x \in X$. Aufgrund der Konstant-Summen-Eigenschaft (6) muss dann natürlich für den Grenzertrag des Agenten $a_e(e, x) \leq \alpha w_e(e)$ gelten. Aus dieser Beziehung folgt, dass der Grenzertrag des Agenten rechts von e^0 überall geringer als seine Grenzkosten $k_e(e)$ ist und sein Nettoertrag $n(e, x)$ in diesem Bereich streng monoton fällt. Deshalb kann $e_H^{\inf}$ niemals größer als e^0 sein. Theorem 1 lässt somit die Schlussfolgerung zu, dass auch realisierbare Investitionsentscheidungen niemals rechts von e^0 liegen können.

Nun gibt es aber einen Vertrag, nämlich $[x^0, z^0]$, der die Investitionsanreize e^0 stiftet. Wenn die Investitionen des Agenten kooperativer Natur sind, so setzt nach der obigen Überlegung kein Vertrag höhere Investitionsanreize als der unflexible Vertrag $[x^0, z^0]$. Deshalb muss dieser Vertrag aufgrund von Annahme 1 optimal sein. Zwar wird die Referenzlösung verfehlt. Aber eine komplizierte Ex-ante-Vereinbarung schafft auch kein besseres Ergebnis. Auf dieses interessante Resultat haben erstmals Che und Hausch (1999) hingewiesen. Es zeigt, dass unter Umständen schon sehr einfache Verträge die optimalen Investitionsanreize herbeiführen.

Bei Che und Hausch betrifft die allokative Entscheidung eine eindimensionale Mengenentscheidung und die allokative Entscheidung x^0 aus Annahme 2 entspricht der Mengenentscheidung gleich Null. Roider (2000) greift die Idee auf und findet Situationen, bei denen es eine der künstlich hinzugefügten Entscheidungen ist, welche die optimalen Anreize setzt. Auf diese Weise liefert er Beispiele dafür, dass die Festlegung der geeigneten Eigentumstruktur ausreicht, um die optimalen Investitionsanreize zu setzen. Im Gegensatz zu Grossman und Hart muss er dabei die Menge der zulässigen Ex-ante-Vereinbarungen nicht ad hoc einschränken. Die einfache Vereinbarung bleibt optimal, auch wenn kompliziertere Vereinbarungen in Betracht gezogen werden.

Das Modell von Roider enthält Unsicherheit und sprengt deshalb den Rahmen unseres einfachen Modells. Dennoch kann die Logik seines Arguments auch in unserem Rahmen zur Darstellung gebracht werden. Es wird im wesentlichen die Existenz einer Eigentumstruktur s unterstellt, unter welcher der Grenzertrag größt möglich, aber geringer als der soziale Grenzertrag ausfällt, d.h. es gilt für alle $x \in X^e$ und alle $e \in [0, \infty)$

$$a_e(e, x) \leq a_e(e, x^s) < w_e(e).$$

Außerdem sei der Grenzertrag unter x^s positiv und sinkend, d.h. $a_e(e, x^s) > 0$ und $a_{ee}(e, x^s) < 0$. Dann kann mit einem analogen Argument wie oben gezeigt werden, dass der Nettoertrag $n(e, x)$ rechts von der optimalen Entscheidung

$$\hat{e}^s = \arg \max_{e \in [0, \infty)} a(e, x^s) - k(e)$$

des Agenten unter der Eigentumstruktur x^s für alle anderen x monoton fällt und somit $\hat{e}^s = e_H^{\inf}$ gelten muss. Dann aber folgt wiederum aus Theorem 1, dass die simple Festlegung der Eigentumstruktur s die günstigsten Investitionsanreize setzt und kompliziertere Ex-ante-Vereinbarungen entbehrlich sind. In solchen Fällen ist es also optimal, ex ante lediglich die Eigentumstruktur festzulegen.

Theorem 1 beinhaltet eine notwendige Bedingung für die Realisierbarkeit einer Investitionsentscheidung. Das nächste Resultat liefert eine Bedingung, die dafür hinreichend ist.

Theorem 2: *Es gebe Entscheidungen x_L und x_H aus X^e, so dass der Nettoertrag $n(e, x_L)$ des Agenten im Bereich $[\hat{e}, \infty)$ monoton fallend und der Nettoertrag $n(e, x_H)$ im Bereich $[0, \hat{e}]$ monoton steigend ist. Dann lässt sich die Investitionsentscheidung $\hat{e}$ mit Hilfe eines Optionsvertrags realisieren.*

Beweis: Ex ante werde die Entscheidung x_H vereinbart. Aber der Prinzipal erhält die Option auf die Entscheidung x_L zum Ausübungspreis $\pi = a(\hat{e}, x_H) - a(\hat{e}, x_L)$. Ausübungszeitpunkt ist im Anschluss an die Investitionsentscheidung des Agenten.

Der Prinzipal übt dann und nur dann aus, wenn $p(e, x_L) - \pi \geq p(e, x_H)$ gilt. Aufgrund der Konstant-Summen-Eigenschaft (6) ist diese Bedingungen äquivalent zu

$$\pi \leq a(e, x_H) - a(e, x_L) = n(e, x_H) - n(e, x_L).$$

Insbesondere übt der Prinzipal seine Option aus, wenn der Agent die Investitionsentscheidung $\hat{e}$ gefällt hat. Im Folgenden soll nun gezeigt werden, dass der Optionsvertrag tatsächlich die Anreize zur Investitionsentscheidung $\hat{e}$ setzt. Dazu betrachten wir die Partition der Investitionsentscheidungen $[0, \infty) = E^0 \cup E^1$, wobei E^1 die Menge der Investitionsentscheidungen bezeichnet, nach denen der Prinzipal seine Option ausübt. Nach $e \in E^0$ verzichtet er darauf.

Im Bereich $E^1 \cap [\hat{e}, \infty)$, zu dem auch $\hat{e}$ gehört, übt der Prinzipal seine Option aus und der Agent erzielt den Nettogewinn $n(e, x_L) + \pi$. Da der Nettogewinn in diesem Bereich monoton fallend ist, nimmt er hier sein Maximum sicherlich bei $\hat{e}$ an. Der Agent erzielt dabei

(10) $\quad n(\hat{e}, x_L) + \pi = n(\hat{e}, x_H).$

Im Bereich $E^0 \cap [\hat{e}, \infty)$ erzielt der Agent $n(e, x_H)$. Hier gilt aber $\pi > n(e, x_H) - n(e, x_L)$ und damit $n(e, x_H) < n(e, x_L) + \pi$, was weniger als (10) ist. Der Agent wird also keine Investitionsentscheidung in diesem Bereich treffen.

Im Bereich $E^1 \cap [0, \hat{e}]$ erzielt der Agent $n(e, x_L) + \pi$, was in diesem Bereich höchstens gleich $n(e, x_H)$ ist. Da $n(e, x_H)$ in diesem Bereich monoton wachsend ist, bildet $n(\hat{e}, x_H)$ sicherlich eine obere Schranke, d.h. mehr als (10) kann der Agent auch in diesem Bereich nicht erzielen.

Verbleibt der Bereich $E^0 \cap [0, \hat{e}]$. Hier erzielt der Agent $n(e, x_H)$ und wiederum bildet $n(\hat{e}, x_H)$ eine obere Schranke, d.h. mehr als (10) kann der Agent auch in diesem Bereich nicht erzielen. Insgesamt nimmt also der Nettogewinn des Agenten bei der Investitionsentscheidung $\hat{e}$ sein Maximum an, was zu beweisen war.

Im allgemeinen ist die hinreichende Bedingung von Theorem 2 restriktiver als die notwendige von Theorem 1, so dass die Realisierbarkeit gewisser Investitionsentscheidungen aufgrund der beiden Theoreme allein noch nicht entschieden werden kann. Unter einer zusätzlichen Annahme entsteht diese Lücke allerdings nicht. Wenn nämlich der Nettoertrag $n(e, x)$ des Agenten für alle allokativen Entscheidungen $x \in X$ eine konkave Funktion[6] der Investitionsentscheidung e ist, dann stimmt die notwendige Bedingung mit der hinreichenden überein. Um dies einzusehen, unterstellen wir, die notwendige Bedingung von Theorem 1 sei für die Investitionsentscheidung $\hat{e}$ erfüllt. Aufgrund der Definition von $e_H^{\inf}$ als infimum muss es eine allokative Entscheidung x_H geben, so dass der Nettoertrag $n(e, x_H)$ unmittelbar links von $e_H^{\inf}$ und damit wegen der Konkavität überall links davon,

Eigentumsrechte, Nachverhandlungen und die Theorie der Unternehmung

d.h. erst recht überall links von $\hat{e}$ mit e steigt. Analog folgt aus der Definition von $e_L^{\sup}$ als supremum die Existenz einer allokativen Entscheidung x_L, so dass $n(e, x_L)$ überall rechts von $\hat{e}$ mit e monoton fällt. Theorem 2 liefert jetzt unmittelbar das Ergebnis, dass $\hat{e}$ realisierbar ist, d.h. die notwendige Bedingung von Theorem 1 erweist sich auch als hinreichend, wenn der Nettoertrag des Agenten immer eine konkave Funktion der Investitionsentscheidung ist.

Ist er dies nicht, so entpuppt sich das Problem als schwieriger. Unter der folgenden Annahme gelingt jedoch die Lösung immer noch.

Annahme 3: *Die Gewinnfunktion $a(e, x)$ des Agenten und seine Kostenfunktion $k(e)$ seien differenzierbar bezüglich der Investitionsentscheidung e. Außerdem gebe es zwei allokative Entscheidungen x_L und x_H aus X^e, zu denen der Grenzertrag zusätzlicher Investitionen minimal bzw. maximal ist, d.h. es gelte*

$$a_e(e, x_L) \leq a_e(e, x) \leq a_e(e, x_H)$$

für alle e und x.

Unter einem gegebenen Vertrag betrage der Nettoertrag des Agenten in Abhängigkeit der Investitionsentscheidung $R(e) - k(e)$. Bedingung (9) impliziert dann unmittelbar, dass für den Grenzertrag

$$a_e(e, x_L) \leq R_e(e) \leq a_e(e, x_H)$$

gelten muss und dass deshalb die Investitionsentscheidung $\hat{e}$ höchstens dann realisierbar ist, wenn die Grenzkosten ebenfalls im Bereich

(11) $\quad a_e(\hat{e}, x_L) \leq k_e(e) \leq a_e(\hat{e}, x_H)$

liegen. Wenn der Nettoertrag $n(e, x) = a(e, x) - k(e)$ des Agenten für jede allokative Entscheidung x eine konkave Funktion der Investitionsentscheidung ist, dann stimmt die Bedingung (11) mit der Bedingung von Theorem 1 überein. Außerdem ist (11) in diesem Fall auch hinreichend für die Realisierbarkeit der Investitionsentscheidung $\hat{e}$, wie unmittelbar aus Theorem 2 folgt.

Ist jedoch die Konkavität verletzt, so braucht (11) nicht mehr hinreichend zu sein. In diesem Fall lässt sich jedoch die Realisierbarkeit von $\hat{e}$ wie folgt abklären. Durch Integration generieren wir eine (stetige) Funktion $R(e)$ mit der Eigenschaft

(12) $\quad R_e(e) = \begin{cases} a_e(e, x_H) & \text{falls} \quad e < \hat{e} \\ a_e(e, x_L) & \text{falls} \quad e > \hat{e} \end{cases}.$

Ausgehend von dieser Funktion konstruieren wir sodann einen Vertrag, der die Investitionsentscheidung direkt bei Prinzipal und Agent abfragt. Die zu vereinbarende Entscheidung $x(e, e)$, wenn beide übereinstimmend e enthüllen, ist beliebig. Wenn hingegen Prinzipal und Agent e und e' enthüllen ($e < e'$), dann lauten die vereinbarten Entscheidungen $x(e', e) = x_L$ und $x(e, e') = x_H$. Die Zahlung der Prinzipals an den Agenten beträgt $z(e, e) = R(e) - a(e, x(e, e))$, wenn beide e enthüllen. Schließlich sind Zahlungen $z(e', e)$ und $z(e, e')$ für $e \neq e'$ festzulegen, die den Anreizverträglichkeitsbedingungen genügen.

Dass dies möglich ist, hängt mit der speziellen Konstruktion der Funktion $R(e)$ zusammen. Insgesamt haben wir damit gezeigt, dass es einen Vertrag gibt, bei dem die wahre Investitionsentscheidung enthüllt wird und unter dem der Agent den Nettonutzen $R(e) - k(e)$ erzielt. Wenn dieser Vertrag den Anreiz zur Investitionsentscheidung $\hat{e}$ stiftet, so ist diese Entscheidung offensichtlich realisierbar. Andernfalls ist sie es nicht, denn die Funktion $R(e)$ stützt die vorgegebene Investitionsentscheidung aufgrund ihrer Konstruktion (12) noch am ehesten.

Unter Annahme 3 lässt sich also immer noch entscheiden, ob eine Investitionsentscheidung realisierbar ist oder nicht. Dabei stellt sich heraus, dass die Bedingung (11) dafür im Allgemeinen nicht hinreichend ist. Ferner braucht die Menge der realisierbaren Investitionsentscheidungen kein Intervall mehr zu sein, wenn man die Konkavität der Ertragsfunktion aufgibt. Schließlich sind zur Realisierung kompliziertere Verträge als in Theorem 2 erforderlich.

Ist auch Annahme 3 verletzt, so nimmt die Komplexität des Problems zu. In diesem Fall ist es bisher noch nicht geglückt, die Menge der realisierbaren Investitionsentscheidungen und der dabei erforderlichen Verträge vollständig zu bestimmen.

G. Abschließende Bemerkungen

Seit Grossman und Hart (1986) ist eine weitläufige Literatur über die Theorie der Unternehmung entstanden, in deren Zentrum die Unvollständigkeit von Verträgen steht.[7] Nach einer allgemein akzeptierten Definition von unvollständigen Verträgen sucht man dabei vergeblich. Für die meisten Anwendungen wird die Klasse der zulässigen Vereinbarungen ad hoc eingeschränkt. Im vorliegenden Aufsatz haben wir ein einfaches „hold-up"-Problem betrachtet und dabei auf Ad-hoc-Beschränkungen der Ex-ante-Vereinbarungen verzichtet. Als einzige Einschränkung bleibt bestehen, dass die Parteien einvernehmliche Nachverhandlungen ex ante niemals ausschließen können.

Ziel der Untersuchung war die Beschreibung der unter diesen Umständen realisierbaren Investitionsentscheidungen und der dafür erforderlichen Verträge. In Anlehnung an Che und Hausch (1999) haben wir argumentiert, warum es unter Umständen optimal sein kann, ex ante lediglich einfache Verträge abzuschließen. Insbesondere mag es optimal sein, nur die Eigentumstruktur festzulegen, um im übrigen auf die Nachverhandlungen zu vertrauen. Auf diese Weise erfährt die Theorie von Grossman und Hart eine Begründung, die ohne Ad-hoc-Einschränkung der zulässigen Verträge auskommt.

Der Aufsatz beschränkt sich auf ein Modell einseitiger beziehungsspezifischer Investitionen ohne Unsicherheit. Es stellt sich natürlich die Frage nach Verallgemeinerungen. Wenn die allokative Entscheidung eine stetige Mengenentscheidung betrifft oder wenn die Menge der allokativen Entscheidungen zusammenhängend ist, so gibt es weitergehende Resultate bei Che und Hausch (1999) und bei Segal und Whinston (1999). Wir haben aber begründet, warum der Ansatz von Grossman und Hart eine künstliche Erweiterung der Menge der allokativen Entscheidungen erfordert. Bei dieser Erweiterung kommen zwangsläufig isolierte Punkte hinzu, so dass die Menge nicht mehr zusammenhängend ist. Die im vorliegenden Aufsatz eingeführte Methodik lässt ebenfalls gewisse Verallgemeinerungen zu.[8] Das Problem konnte aber in seiner vollen Allgemeinheit bisher noch nicht bewältigt werden. Weitere Forschungsbemühungen in dieser Richtung sind deshalb angezeigt.

Anmerkungen

* Dieser Aufsatz beruht auf meinem Vortrag gehalten anlässlich des I. Symposiums zur ökonomischen Analyse der Unternehmung, welcher vom 5. bis 7. Oktober 2000 in Vallendar statt fand. Ich danke den Teilnehmern für nützliche Fragen und Kommentare.
1 Der Leser sei an dieser Stelle auch auf das Buch von Hart (1995) verwiesen, welches die Entwicklung der Theorie ausführlich schildert.
2 Der Fall $\alpha = 1/2$ entspricht dabei der kooperativen Verhandlungslösung von Nash.
3 Auch das Lehrbuch Schweizer (1999) enthält Beispiele dafür.
4 Einzelheiten dazu finden sich in Schweizer (1999).
5 Siehe Che und Hausch (1999) oder Maskin und Moore (1999)!
6 Es genügt, wenn der Nettoertrag eine eingipflige Funktion der Investitionsentscheidung ist (siehe Schweizer (2000)).
7 Für eine kritische Bestandsaufnahme sei der Leser auf Tirole (1999) verwiesen.
8 Siehe Schweizer (2000)!

Literatur

Che, Y.-C. and D. Hausch (1999): Cooperative investments and the value of contracting, American Economic Review (89), S. 125–147.
Coase, R. H. (1937): The nature of the firm, Economica (4), S. 386–405.
Grossman, S. J. and O. Hart (1986): The costs and benefits of ownership: a theory of vertical and lateral integration, Journal of Political Economy (94), S. 691–719.
Hart, O. (1995): Firms, Contracts, and Financial Structure, Clarendon Press, Oxford, U.K.
Maskin, E. and J. Moore (1999): Implementation and renegotiation, Review of Economic Studies (66), S. 39–56.
Roider, A. (2000): On the foundations of the property rights theory of the firm: cooperative investments and partial-enforcement contracts, Bonn Econ Discussion Paper 12/2000.
Schweizer, U. (1999): Vertragstheorie, Mohr Siebeck: Tübingen.
Schweizer, U. (2000): An elementary approach to the hold-up problem with renegotiation, Bonn Econ Discussion Paper 15/2000.
Segal, I. and M. D. Whinston (1999): The Mirrlees approach to mechanism design with renegotiation (with applications to hold-up and risk-sharing), Discussion Paper, Stanford University and Northwestern University.
Tirole, J. (1999): Incomplete contracts: Where do we stand? Econometrica 67, S. 741–781.
Williamson, O. E. (1985): The Economic Institutions of Capitalism, New York.

Zusammenfassung

Obwohl Coase (1937) seine provozierende Frage schon vor über sechs Jahrzehnten gestellt hat, bereitet es der Wirtschaftstheorie immer noch Mühe, die Grenzen der Integration angemessen zu thematisieren. Einen großen Fortschritt bei der Beantwortung einer offenbar schwierigen Frage haben Grossman und Hart (1986) erzielt. Diese Autoren sind jedoch kritisiert worden, weil sie die Parteien darauf verpflichten, ex ante lediglich die Eigentumsstruktur festzulegen. Weitergehende Vereinbarungen sind per Ad-hoc-Annahme verboten. Der vorliegenden Aufsatz berichtet über einen vielversprechenden Ansatz, dieser Kritik zu begegnen. Verträge von denkbar allgemeiner Gestalt werden zugelassen. Einzig einvernehmliche Nachverhandlungen sollen ex ante nicht auszuschließen sein. Es wird untersucht, welche Anreize zu beziehungsspezifischen Investitionen unter diese Umständen gesetzt werden können. Auch wenn komplizierte Vertragsformen zur Verfügung stehen, genügen oft schon sehr einfache Vereinbarungen, um optimale Anreize zu setzen.

Summary

More than sixty years ago, Coase (1937) asked his provocative question on the boundaries of the firm. Economic theory still has difficulties to provide satisfactory answers. Much progress has been made by Grossman and Hart (1986). Yet, their approach has been criticized for their ad-hoc-restriction of contractual arrangements. Ex ante, parties are only allowed to agree on the ownership structure. More sophisticated arrangements are ruled out by assumption. The present paper deals with a promising approach to overcome this criticism. Contracts of a very general class are admitted, the only restriction being that parties cannot ex ante commit never to renegotiate. It is investigated which incentives for relationship-specific investments can be generated under such circumstances. It turns out that, even if sophisticated schemes are available, very simple contracts are in many cases sufficient to provide optimal incentives.

10: Allgemeine Fragen der Unternehmenstheorie (JEL M10)

Zur Organisation zwischenbetrieblicher Beziehungen: Sind kurzfristige oder langfristige Vereinbarungen optimal?

Von Herbert Dawid und Michael Kopel*

Überblick

- In dieser Arbeit betrachten wir ein dynamisches Prinzipal-Agenten-Modell, das die Interaktion zwischen einem Hersteller (Prinzipal) und einem Zulieferer (Agent) abbildet. Die Situation ist gekennzeichnet durch 1) asymmetrische Information zwischen den Beteiligten: der Hersteller kann die Anstrengung, die der Zulieferer unternimmt um Kostenreduktionen zu erzielen, nicht beobachten (Moral Hazard); 2) symmetrische Unsicherheit beider Parteien: sie kennen die Höhe der Basiskosten des auszuführenden Projekts nicht. Hersteller und Zulieferer haben die gleiche a priori Einschätzung der Basiskosten und nutzen die eingehende Information, um ihre Einschätzungen zu revidieren.

- Wir gehen der Frage nach, ob der Hersteller in einer derartigen Situation kurzfristige Geschäftsbeziehungen mit wechselnden Zulieferern oder eine langfristige Geschäftsbeziehung mit einem Zulieferer eingehen soll. Weiters untersuchen wir, ob eine langfristige Geschäftsbeziehung mit einem Zulieferer durch einen langfristigen oder durch eine Abfolge von kurzfristigen Verträgen geregelt werden soll.

- Wir erhalten zunächst das überraschende Ergebnis, dass kurzfristige Geschäftsbeziehungen mit wechselnden Zulieferern von Vorteil sind. Wir diskutieren anschließend eine Situation, in der ein zusätzliches informatives Signal über die Höhe der Basiskosten verfügbar ist (z.B. aufgrund der Einbindung in ein Unternehmensnetzwerk). Die Vorteilhaftigkeit einer Vertragsvariante hängt in diesem erweiterten Fall von der Präzision des zur Verfügung stehenden zusätzlichen Signals ab. Da ein Zuliefererwechsel für den Hersteller i.d.R. mit Kosten verbunden ist, wird abschließend auch auf diese Modellerweiterung eingegangen.

Eingegangen: 29. März 2001

Dr. Herbert Dawid ist Associate Professor am Department of Economics der University of Southern California und Außerordentlicher Universitätsprofessor am Institut für Betriebswirtschaftslehre der Universität Wien. Seine Forschungsinteressen liegen in der dynamischen Modellierung und Analyse strategischen Firmenverhaltens, insbesondere unter Berücksichtigung von Lerneffekten. Los Angeles, USA.

Dr. Michael Kopel ist Außerordentlicher Universitätsprofessor am Institut für Betriebswissenschaften, Arbeitswissenschaft und Betriebswirtschaftslehre, Abteilung Industrielle Betriebswirtschaftslehre, der Technischen Universität Wien. Seine Forschungsinteressen liegen in der Formulierung und Analyse von Unternehmenstrategien im Wettbewerb und in der Analyse von optimalen Strategien bei Informationsasymmetrie, Theresianumgasse 27, A-1040 Wien.

© Gabler-Verlag 2001

A. Einleitung

In den letzten Jahren haben sich die Unternehmensgrenzen in vielen Industrien gehörig verändert. Unternehmungen konzentrieren sich in zunehmendem Ausmaß auf ihre jeweiligen Kernkompetenzen, und viele Aktivitäten in der Wertschöpfungskette, die vormals innerhalb einer Unternehmung durchgeführt wurden, werden nun von anderen Unternehmungen übernommen. Die Tendenz weg von der Eigenerstellung und hin zur Marktlösung ist in vielen Industrieländern und insbesondere bei Großunternehmen zu beobachten.[1] Aus transaktionskostentheoretischer Sicht ist das Organisationsproblem bei Fremdbezug jedoch noch nicht gelöst, da die entstehenden Zulieferbeziehungen zwischen Unternehmen unterschiedlichst organisiert werden können. Während die Beziehungen zwischen Hersteller und Zulieferer in manchen Branchen und Ländern oftmals vollständig vertikal desintegriert sind, benutzen andere Unternehmen hybride Koordinationsformen wie z.B. Kooperationen oder ähnliche Langzeitvereinbarungen. Die Leistungstiefenoptimierung vollzieht sich also in einem Kontinuum zwischen klassischem Markteinkauf und der vollständigen Eigenerstellung (vertikale Integration), immer mit dem Ziel, die konkreten Beziehungen transaktionskostenminimal zu gestalten.[2] Das wohl am häufigsten zitierte Beispiel unterschiedlicher Industrieorganisationen ist die Automobilproduktion in den USA und Japan.[3] US-amerikanische Produzenten setzen i.d.R. auf Wettbewerbsbedingungen und vergeben den Auftrag an jene Zulieferer, die den niedrigsten Preis bieten. Bei der Auftragsvergabe bleiben bisherige Leistungsergebnisse der Zulieferer unberücksichtigt. Üblicherweise werden nur kurzfristige Lieferverträge abgeschlossen und mit den häufig wechselnden Zulieferern nur die notwendigsten Informationen ausgetauscht. Japanische Produzenten hingegen binden sich länger an ihre Zulieferer. Sie bauen Unternehmensnetzwerke (keiretsus) auf, innerhalb derer sie mit Zulieferern langfristige Verträge abschließen und beide Partner intensiven Informationsaustausch betreiben.[4]

Aus den obigen Ausführungen lässt sich ableiten, dass die Beziehungen zwischen einem Abnehmer und den Zulieferern in der Unternehmenspraxis sowohl kurz- als auch langfristiger Natur sind. Sie sind durch zwei Dimensionen charakterisiert, nämlich einerseits durch (vertragliche) Bindung und andererseits durch Informationsaustausch. Ist die Beziehung kurzfristig, wird sie durch kurzfristige Verträge und geringe Kommunikation bestimmt (sogenannte ‚exit' relations). Ist die Beziehung jedoch längerfristig, dann ist sie zumeist durch Kooperation und intensive Kommunikation dominiert (‚voice' relations).[5] Dies wirft die folgenden Fragen auf, denen hier unter anderem nachgegangen werden soll: Unter welchen Umständen ist welcher der beiden Organisationsformen der Vorzug zu geben? Mit anderen Worten, wann soll ein Produzent mit einem Zulieferer kurzfristige, wann langfristige Geschäftsbeziehungen eingehen? Was sind die Schlüsselfaktoren, die für die eine oder andere Form sprechen? Welche Bedeutung haben die Entwicklungen der IuK-Technik auf die Vorteilhaftigkeit einer Organisationsform? Welchen Einfluss haben (Transaktions-)Kosten, die dem Produzent aufgrund eines Wechsels des Herstellers entstehen, auf die gewählte Form?

Insbesondere auf Basis der Transaktionskostentheorie wurde diesen Fragen nachgegangen. Mithilfe dieses Konzepts lassen sich Kriterien ableiten, unter welchen Umständen eine Marktlösung und wann eine Kooperationslösung vorzuziehen ist.[6] Handelt es sich um spezifische, unsichere und strategisch bedeutsame Austauschbeziehungen, dann werden sich die Tauschpartner längerfristig aneinander binden.[7] Werden derartige Transaktionen häufig durchgeführt, ist die Tendenz zur vertikalen Integration größer. Bei weniger komplexen, stabilen und strategisch unbedeutenden Standardleistungen ist eher der marktliche Koordinationsmodus vorzuziehen, während bei mittlerer Ausprägungen dieser Variablen die vielfältigen Hybridformen das geeignete Koordinationsmuster bilden. Hohe Kosten beim Wechsel der Zulieferer spielen insofern eine Rolle, als sie den Produzenten in ein Abhängigkeitsverhältnis mit dem Zulieferer versetzen. Empirische Untersuchungen belegen, dass mit zunehmenden Wechselkosten die Tendenz zur vertikalen Integration größer wird.[8] Letztlich untersuchen Picot und Reichwald (1994) den Einfluss der IuK-Technik auf die Kooperationsformen und zeigen, dass mit erhöhter Informationsaustausch- und Kommunikationsmöglichkeit die Grenzen der Unternehmung verschwimmen und Kooperationen zunehmend an Bedeutung gewinnen.[9]

Im Unterschied zu den oben zitierten Arbeiten wollen wir hier versuchen, die effiziente Form der Vereinbarung des Leistungsaustausches zwischen Zulieferer und Hersteller auf Grundlage der mit dieser gewählten Form verbundenen Anreize zu beschreiben. Unser Beitrag analysiert also den Zusammenhang zwischen der gewählten Organisationsform und den daraus resultierenden Leistungsanreizen für die Beteiligten. Damit lässt sich auch ableiten, welcher Organisationsmodus der effizientere ist. Die Zielrichtung unseres Beitrags ist damit eng verwandt mit Arbeiten zur Arbeitsorganisation, wobei dort u.a. die Frage gestellt wird, welche Arbeitsorganisations- und Entlohnungsform aus Sicht des Prinzipals vorteilhaft ist.[10] Wie diese neueren Arbeiten zeigen, ergeben sich in mehrperiodigen Beziehungen, in denen Informationsdefizite der Parteien bestehen, überraschende Effekte, welche im statischen Modell nicht auftreten. Dies lässt neue relevante Schlussfolgerungen zu. Es sei auch noch erwähnt, dass dynamische Agency-Modelle in der betriebswirtschaftlichen Literatur vermehrt herangezogen werden, um z.B. die Frage nach den optimalen Investitionsanreizen für Manager bei einer bestimmten Abschreibungspolitik zu beantworten[11] oder das Problem der optimalen Finanzierung von Venture-Projekten zu analysieren.[12]

B. Ein statisches Produzent-Zulieferer-Modell

Zunächst stellen wir ein statisches Prinzipal-Agenten-Modell vor[13], welches die Grundlage unseres dynamischen Modells bildet. Es beschreibt die Beziehung zwischen einem Produzenten (Prinzipal) und einem Zulieferer (Agent) und ist eine Variante des LEN-Modells.[14] Der risikoneutrale Hersteller P beauftragt den risikoaversen Zulieferer A mit der Ausführung eines Projekts. Die entstehenden Projektkosten können durch Einsatz des A reduziert werden und sind gegeben durch

(1) $\quad c = c^* + \omega - \xi$.

Dabei kennzeichnen c^* hier die Basiskosten des Projekts, ξ den Einsatz des A zur Kostenreduktion und ω einen stochastischen Störterm, der normalverteilt mit Mittelwert Null und Varianz σ^2 ist. Diese Beziehung ist sowohl dem A als auch dem P bekannt.[15] Die Problematik entsteht für den Prinzipal dadurch, dass er den Einsatz ξ des A nicht direkt beobachten kann[16], sondern nach Abschluss des Projektes nur die tatsächlichen entstandenen Kosten c erfährt. Durch den Einsatz zur Kostenreduktion entstehen dem A persönliche Kosten von

(2) $\quad h(\xi) = \dfrac{\xi^2}{2\delta}, \quad \delta > 0,$

wodurch ein Zielkonflikt zwischen P und A entsteht. Um das Moral Hazard Problem abzuschwächen, bietet P dem A ein Entlohnungsschema an.[17] Dieses ist als Anreizschema formuliert und gibt an, welchen Preis p der Hersteller in Abhängigkeit von den entstandenen Projektkosten zu zahlen bereit ist:

(3) $\quad p = b + \alpha(c - b).$

Dabei kennzeichnet b die von P und A ausverhandelten Zielkosten. Sind die tatsächlichen Kosten höher (niedriger) als die Zielkosten, so entsteht eine Kostenüberschreitung (Kostenunterschreitung) im Ausmaß von $c - b$. Der Parameter $\alpha \in [0, 1]$ bestimmt, wie diese zusätzlichen Kosten (bzw. eine Zielkostenunterschreitung) zwischen Hersteller und Zulieferer aufgeteilt wird. Ist $\alpha = 0$, dann sieht der Vertrag einen Fixpreis vor. Dem A wird das volle Risiko übertragen, die Motivationswirkung ist aber hoch, da Kostenunterschreitungen nur dem A nützen. Ist $\alpha = 1$, dann werden die entstandenen Projektkosten durch den Preis gedeckt. Der P trägt das volle Risiko, A ist aber nicht motiviert, hohen Einsatz zu zeigen. Aus diesem trade-off zwischen Risikoübertragung und Anreizwirkung ergibt sich, dass i.d.R. α zwischen 0 und 1 liegen wird. Das Nettoergebnis des A ist dann $p - c - h(\xi) = (1 - \alpha)(b - c) - h(\xi)$ und damit gibt die Anreizrate $(1 - \alpha)$ den Anteil des A an Über- oder Unterschreitungen der Zielkosten an. Die Nutzenfunktion des A sei durch konstante absolute Risikoaversion gekennzeichnet: $U(u) = (1 - e^{-\lambda u})/\lambda$, wobei $\lambda > 0$ den Grad der Risikoaversion angibt.

P versucht nun, die Werte von b und α so zu bestimmen, dass der erwartete Gesamtpreis $E(p) = (1 - \alpha) b + \alpha(c^* - \xi)$ minimal wird. Dabei hat P zwei Nebenbedingungen zu berücksichtigen: 1. A wird seinen Einsatz so wählen, dass sein Erwartungsnutzen bzw. das Sicherheitsäquivalent seines Vermögens maximiert wird (Anreizverträglichkeitsbedingung AVB); 2. damit A den angebotenen Vertrag auch akzeptiert, muss das Sicherheitsäquivalent zumindest so groß wie sein Reservationswert u_0 sein (Partizipationsbedingung PB).

Es ist leicht zu sehen, dass das Sicherheitsäquivalent des Nettoergebnisses von A gegeben ist durch

$$S\ddot{A} = (1 - \alpha)[b - c^* + \xi] - \dfrac{\xi^2}{2\delta} - \dfrac{\lambda}{2}(1 - \alpha)^2 \sigma^2,$$

und damit der optimale Einsatz von A durch

(4) $\quad \xi^* = \delta(1 - \alpha).$

Das Problem des Prinzipals kann somit geschrieben werden als

$\min_{(b,\,\alpha)} (1 - \alpha) b + \alpha(c^* - \xi)$
AVB: $\xi^* = \delta(1 - \alpha)$
PB: $S\ddot{A} \geq u_0$.

Berücksichtigt man, dass die Nebenbedingungen PB (aufgrund der höheren Verhandlungsmacht von P) als Gleichung erfüllt sein wird, dann lässt sich der konstante Term b

durch Substitution von $(1-\alpha)\,b$ eliminieren. Für die optimale Anreizrate ergibt sich dann unter Berücksichtigung der Anreizverträglichkeitsbedingung AVB

(5) $\quad (1-\alpha^*) = \dfrac{\delta}{\lambda\sigma^2 + \delta}.$

Der erwartete Preis ist damit

(6) $\quad \mathbb{E}p = u_0 + c^* - \dfrac{\delta^2}{2(\lambda\sigma^2 + \delta)}.$

Wie im LEN-Modell wird hier der trade-off zwischen Risikoverteilung und Anreizwirkung sichtbar. Die Anreizrate ist umso kleiner, je höher die Risikoaversion und die Streuung des Kostensignals ist. Im allgemeinen liegt die Anreizrate aber zwischen 0 und 1.[18]

Als Vergleichswert zu dieser Second Best-Lösung wird oft jener Preis herangezogen, den P zahlen würde, wenn er den kostenreduzierenden Einsatz von A beobachten könnte (First Best-Lösung). In einem solchen Fall würde P die Aktion $\xi = \delta$ vorschreiben. Erbringt der A den vorgeschriebenen Einsatz, lautet die Entlohnung $P = u_0 + c + \delta/2$, erbringt er sie jedoch nicht, dann wird er durch Nichtzahlung sanktioniert. Der vom P erwartete Preis ergibt sich dann zu

$$\mathbb{E}P = u_0 + c^* - \dfrac{\delta}{2}.$$

Die Differenz zwischen den erwarteten Preisen der First und der Second Best-Lösungen ergibt die Agency-Kosten:

$$AK = \mathbb{E}p - \mathbb{E}P = \dfrac{\delta\lambda\sigma^2}{2(\lambda\sigma^2 + \delta)}.$$

Wie im LEN-Modell nehmen die Agency-Kosten mit steigendem Ergebnisrisiko zu.[19] Die Ursache liegt hier in einer Übertragung eines Anteils des Risikos an den risikoaversen A, die eine Kompensationszahlung in Form einer Risikoprämie erfordert.

C. Ein Modell mit zwei Perioden und Bayesianischem Lernen

In der Realität treffen Hersteller und Zulieferer nicht nur einmal aufeinander, sondern der Hersteller vergibt wiederholt Aufträge an einen oder mehrere verschiedene Zulieferer. Um diesem Aspekt Rechnung zu tragen, erweitern wir das oben eingeführte statische Prinzipal-Agenten-Modell in zweierlei Hinsicht. *Zum einen* werden wir im Folgenden eine Situation betrachten, in der P in aufeinanderfolgenden Perioden einen Auftrag gleicher Komplexität an Zulieferer vergibt, wobei wir uns der Einfachheit halber auf zwei Perioden beschränken werden. Der Nutzen eines Zulieferers sei gegeben durch $U(u)$, wobei $u = u_1 + u_2$ der gesamten Nettoauszahlung des Zulieferers entspricht. Für den Fall, dass der Zulieferer keine Geschäftsbeziehung mit dem Hersteller eingeht, kann er den Reservationswert u_0 je Periode lukrieren. *Zum anderen* soll hier angenommen werden, dass die beiden Geschäftspartner, beispielsweise wegen des innovativen Charakters des Auftrags, die Höhe der Basiskosten nicht genau kennen, aufgrund ihrer Erfahrung aber eine a priori Einschätzung haben. Diese Einschätzung sei für beide als gleich angenommen: Zu Beginn der ersten Periode gehen P und A davon aus, dass das Basisniveau der Auftragskosten c^* normalverteilt mit Mittel $\bar{c}_1$ und Varianz $\sigma_{1,c}^2$ ist. Nach der ersten Periode – der erste Auftrag ist abgeschlossen und P und A beobachten die tatsächlichen entstandenen Kosten – können die Einschätzungen über c^* revidiert werden. Es soll hier davon ausgegangen werden, dass die Beteiligten dazu die Bayesianische Lernregel verwenden. In diesem Fall ist die a posteriori Einschätzung über c^* gegeben durch eine Normalverteilung mit folgendem Erwartungswert und Varianz[20]

(7) $\quad \bar{c}_2(\bar{c}_1, c_1 + \xi_1) = \dfrac{\sigma^2 \bar{c}_1 + \sigma_{1,c}^2 (c_1 + \xi_1)}{\sigma_{1,c}^2 + \sigma^2}$

(8) $\quad \sigma_{2,c}^2 = \dfrac{\sigma_{1,c}^2 \sigma^2}{\sigma_{1,c}^2 + \sigma^2}.$

Der Hersteller kann nun die zwei Perioden dauernde Geschäftsbeziehung zu den Zulieferern unterschiedlich gestalten. P kann in den beiden aufeinanderfolgenden Perioden verschiedene Zulieferer wählen (und jeweils einen kurzfristigen Vertrag abschließen). P kann aber auch eine langfristige Beziehung über beide Perioden mit demselben Zulieferer eingehen, wobei P dem A entweder einen beide Perioden umfassenden langfristigen Vertrag oder am Anfang jeder Periode einen kurzfristigen Vertrag anbieten kann.[21] In den nächsten beiden Abschnitten soll mithilfe dieses dynamischen Modells die Frage beantwortet werden, welche Organisationsform aus der Sicht des Prinzipals einen niedrigeren erwarteten Gesamtpreis bei Beauftragung von Zulieferern ergibt.[22] In den nachfolgenden Darstellungen soll dabei der Einfachheit halber auf eine Diskontierung verzichtet werden. Die Beweise zu den Resultaten werden am Ende des Aufsatzes in einem mathematischen Anhang geführt.

D. Kurzfristige Geschäftsbeziehungen zwischen Hersteller und Zulieferer

Wie soll ein kurzfristiger Vertrag aussehen, wenn sich beide Beteiligten nicht längerfristig binden? Dieser Frage wollen wir zuerst nachgehen. Die Zeitlinie für eine derartige Situation ist in Abbildung 1 wiedergegeben.

Abb. 1: Zeitliche Ereignissequenz bei kurzfristiger Beziehung zwischen Hersteller und Zulieferer

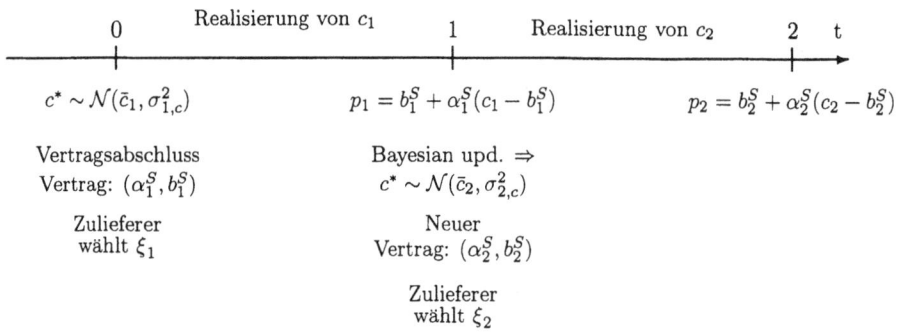

Der Hersteller bietet also in Periode i dem jeweiligen Zulieferer einen kurzfristigen Vertrag der Form

$$p_i = b_i^S + \alpha_i^S (c_i - b_i^S) \quad i = 1, 2$$

an. Damit reduziert sich aber das dynamische Prinzipal-Agent-Problem auf zwei statische Probleme, die dem zuvor eingeführten Ein-Perioden-Modell gleichen. Der einzige Unterschied besteht darin, dass die symmetrische Unsicherheit zwischen P und A noch berücksichtigt werden muss. Gegeben den Informationsstand der Beteiligten in Periode i, erscheinen die Kosten als stochastische Variable, die normalverteilt ist:

$$c_i \sim \mathcal{N}(\bar{c}_i - \xi_i, \sigma_{i,c}^2 + \sigma^2).$$

Damit lässt sich folgendes Resultat für kurzfristige Verträge herleiten:

Ergebnis 1: Schließt der Hersteller mit dem jeweiligen Zulieferer in Periode $i = 1, 2$ einen kurzfristigen Vertrag ab, so sollten die Anreizraten wie folgt angesetzt werden:

(9) $\quad 1 - \alpha_i^{S*} = \dfrac{\delta}{\lambda(\sigma_{i,c}^2 + \sigma^2) + \delta}.$

Dabei bezeichnen $\bar{c}_2$ und $\sigma_{2,c}^2$ den Mittelwert und die Varianz der a posteriori Einschätzung, die in (7) und (8) gegeben sind. Der vom Hersteller zu erwartende Preis in Periode i ist dann

(10) $\quad \mathbb{E}_i p_i = u_0 + \bar{c}_i - \dfrac{\delta^2}{2(\lambda(\sigma_{i,c}^2 + \sigma^2) + \delta)}.$

Es mag hier überraschen, dass die Anreizraten im optimalen Vertrag nicht vom Erwartungswert, sondern nur von der Varianz der Basiskosten abhängen. Dies liegt an der Annahme, dass die Nutzenfunktion des A konstante absolute Risikoaversion impliziert.[23] Da die Beteiligten aufgrund der eingehenden Information in der Lage sind, die tatsächliche Höhe der Basiskosten immer besser einzuschätzen (d.h. die Varianz von einer Periode zur nächsten abnimmt), können wir schließen, dass die Anreizraten über die Zeit zunehmen sollen.

E. Langfristige Geschäftsbeziehungen zwischen Hersteller und Zulieferer

Wir betrachten nun eine Situation, in der sich Hersteller und Zulieferer glaubhaft binden, eine langfristige Geschäftsbeziehung einzugehen. Wie schon zuvor erwähnt, kann die Beziehung durch einen langfristigen Vertrag oder durch zwei kurzfristige Verträge geregelt werden. Im letzteren Fall kann der Zulieferer bei Abschluss des ersten Vertrages davon ausgehen, dass P ihm einen zweiten Auftrag anbietet.

I. Abschluss von zwei kurzfristigen Verträgen

Diese Vereinbarung zwischen Hersteller und Zulieferer ist nicht vorteilhaft. Der Grund ist unmittelbar einsichtig. Da ein und derselbe Zulieferer für die Bearbeitung eines Auftrages in Anspruch genommen wird, entsteht eine unvorteilhafte Informationsverbindung zwischen den beiden Perioden.[24] Dies ist wie folgt einzusehen: Die Zielkosten in Periode 2, b_2, hängen vom Erwartungswert der Basiskosten c^* in Periode 2, $\bar{c}_2$, linear ab.[25] Dieser Erwartungswert hängt aber nun wiederum wegen der updating-Regel (7) von den realisierten Kosten der Periode 1, c_1, (ebenfalls linear) ab. Die Zielkosten der Periode 2 sind also von den realisierten Kosten der Periode 1 (linear) abhängig, $b_2(\bar{c}_2(c_1))$. Damit entsteht aber folgendes Problem: Da der Zulieferer davon ausgehen kann, dass er in Periode 2 wieder mit der Durchführung eines Projekts beauftragt wird, bezieht er die Entlohnung in der zweiten Periode, $(1-\alpha_2)b_2 + \alpha_2 c_2$, schon in Periode 1 in seine Überlegungen ein. Antizipiert A die Abhängigkeit der Zielkosten b_2 von c_1, dann erkennt er, dass mit höherer Anstrengung in der ersten Periode nicht nur die Kosten der Periode 1 niedriger werden, sondern auch der „Leistungsstandard" b_2 in der zweiten Periode (d.h. der zu erreichende Zielkostenwert) angepasst, und zwar niedriger angesetzt wird. Daraus ergibt sich, dass ein rationaler Zulieferer mit Leistungszurückhaltung antworten wird, d.h. weniger kostenreduzierenden Einsatz zeigt, um die Zielkosten der Periode 2 nicht noch weiter zu reduzieren. Dies wird auch offensichtlich, wenn man die effektive Anreizrate bei einer solchen Vereinbarung betrachtet. Der gesamte Anreizeffekt wird hier nämlich bestimmt aus den expliziten Anreizen aus dem Vertrag der Periode 1, $1-\alpha_1$, *und* den impliziten Anreizen aus Periode 2 (durch die Folgewirkung eines zu hohen Einsatzes), die sich aus der Entlohnungskomponente $(1-\alpha_2)b_2(\bar{c}_2(c_1))$ ergeben. Die effektive Anreizrate ist dann nicht mehr $1-\alpha_1$, sondern geringer, nämlich $1-\alpha_1 - \dfrac{(1-\alpha_2)\sigma_{1,c}^2}{\sigma_{1,c}^2 + \sigma^2}$, wie man sich leicht durch Einsetzen des Ausdrucks für $\bar{c}_2$ überzeugen kann.

Das soeben beschriebene Phänomen ist in der Literatur als ratchet effect bekannt geworden, wobei dieser Effekt und die daraus resultierenden impliziten Anreize im vorher behandelten Fall kurzfristiger Geschäftsbeziehungen mit jeweiligem Wechsel der Zulieferer nicht auftreten.[26] Die Verzerrungen aufgrund des ratchet-Effekts führen also zu einem höheren erwarteten Preis für den Hersteller.[27] Eine weitere Möglichkeit den ratchet effect zu vermeiden bietet sich dem Hersteller dadurch, dass er dem Zulieferer einen langfristigen, beide Perioden umfassenden, Vertrag anbieten könnte. Hier wird die Entlohnung für beide Perioden am Anfang der Periode 1 festgelegt und implizite Anreize werden damit ausgeschaltet. Im nächsten Unterabschnitt soll diese Möglichkeit auf ihre Vorteilhaftigkeit, insbesondere im Vergleich zu kurzfristigen Geschäftsbeziehungen, überprüft werden.

II. Abschluss eines langfristigen Vertrags

Beide Partner binden sich in diesem Fall glaubhaft an eine zweiperiodige Interaktion mittels eines beide Perioden umfassenden Vertrages.[28] Die Zeitlinie für eine langfristige Vertragslösung zeigt Abbildung 2.

Der Hersteller bietet dem Zulieferer einen Entlohnungskontrakt der Form

$$p = 2b^L + \alpha_1^L(c_1 - b^L) + \alpha_2^L - b^L).$$

an, wobei wir die Fixentlohnung im langfristigen Vertrag wegen der besseren Vergleichbarkeit zu den vorigen Ergebnissen als $2b^L$ schreiben. Akzeptiert A den Vertrag, dann hat

Abb. 2: Zeitliche Ereignissequenz bei langfristiger Beziehung zwischen Hersteller und Zulieferer und Abschluss eines langfristigen Vertrags

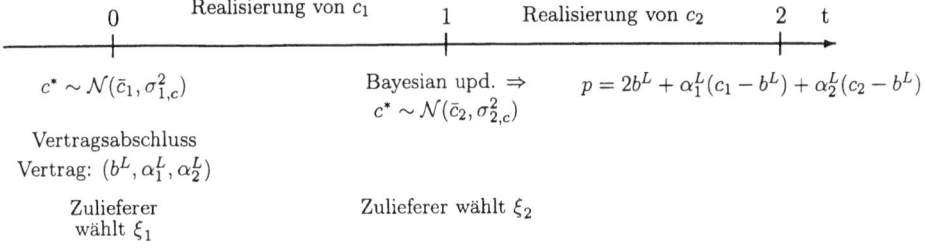

er zwei Aufträge auszuführen und erhält dafür die Entlohnung p. Ergebnis 2 charakterisiert einen solchen langfristigen Vertrag:

Ergebnis 2: Schließt der Hersteller mit einem Zulieferer für die zwei Perioden einen langfristigen Vertrag ab, so sollten die Anreizraten für beide Perioden gleich sein:

(11) $\quad (1-\alpha_1^{L*}) = (1-\alpha_2^{L*}) = \dfrac{\delta}{\lambda(2\sigma_{1,c}^2+\sigma^2)+\delta}$.

Der vom Hersteller zu erwartende Gesamtpreis beläuft sich auf

$$\mathbb{E}_1 p = 2u_0 + 2\bar{c}_1 - \dfrac{\delta^2}{\lambda(2\sigma_{1,c}^2+\sigma^2)+\delta}.$$

Auf den ersten Blick mag es überraschen, dass die optimalen Anreizraten in beiden Perioden gleich sind, obwohl der A die Information c_1 erhält, bevor er die Aktion in der zweiten Periode wählt. Die einzige Entscheidung, die der A in Periode 2 treffen kann, betrifft allerdings seinen optimalen Einsatz und dieser hängt ausschließlich von der gegebenen Anreizrate, nicht aber von seinen Erwartungen über c^* ab. Der A kann die Information c_1 verwenden, um seine Erwartung der Basiskosten anzupassen und den Erwartungsnutzen des Vertrages neu zu berechnen. Da er allerdings durch den langfristigen Vertrag gebunden ist, und aus diesem auch nicht aussteigen kann wenn dieser a posteriori erwartete Nutzen unter seinem Reservationswert liegt, ist eine derartige Berechnung und daher auch die Information c_1 für seine Aktion in Periode 2 irrelevant.

Da die Anreizraten für beide Perioden gleich sind, wird der Agent in beiden Perioden den gleichen Einsatz zur Kostenreduktion leisten. Ein Vergleich der obigen Anreizraten mit den Ausdrücken, die wir in Ergebnis 1 ermittelt haben zeigt zudem, dass die Anreizraten bei Abschluss eines langfristigen Vertrags in beiden Perioden kleiner (und damit die Eigenanteile α_i des P in beiden Perioden größer) sind. Dies ist insofern interessant, als Yun (1999) argumentiert, dass mit zunehmendem α (also mit zunehmendem Eigenanteil des P) das Interesse des P an einer effizienten Kostenreduktion zunehmen wird. P wird sich dazu außervertraglicher (Kontroll-)Mechanismen (wie z.B. Dual-sourcing) bedienen. Den Parameter α interpretiert Yun daher als Index der angibt, wie hoch die relationale Komponente im Vertrag ist.

Abb. 3a: Anreizraten der Periode 1 für (a) den kurzfristigen Vertrag $(1 - \alpha_1^{S*})$ [punktierte Linie] und für (b) den langfristigen Vertrag $(1 - \alpha_1^{L*})$ [ausgezogene Linie] in Abhängigkeit von der Varianz $\sigma_{1,c}^2 \in [0, 5]$. $(\delta = \lambda = \sigma^2 = 1)$

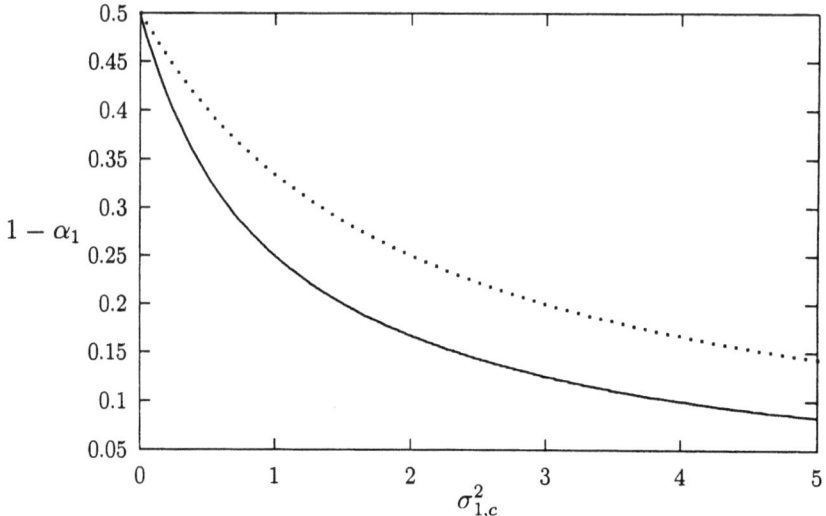

Abb. 3b: Anreizraten der Periode 2 für (a) den kurzfristigen Vertrag $(1 - \alpha_1^{S*})$ [punktierte Linie] und für (b) den langfristigen Vertrag $(1 - \alpha_2^{L*})$ [ausgezogene Linie] in Abhängigkeit von $\sigma_{1,c}^2 \in [0, 5]$

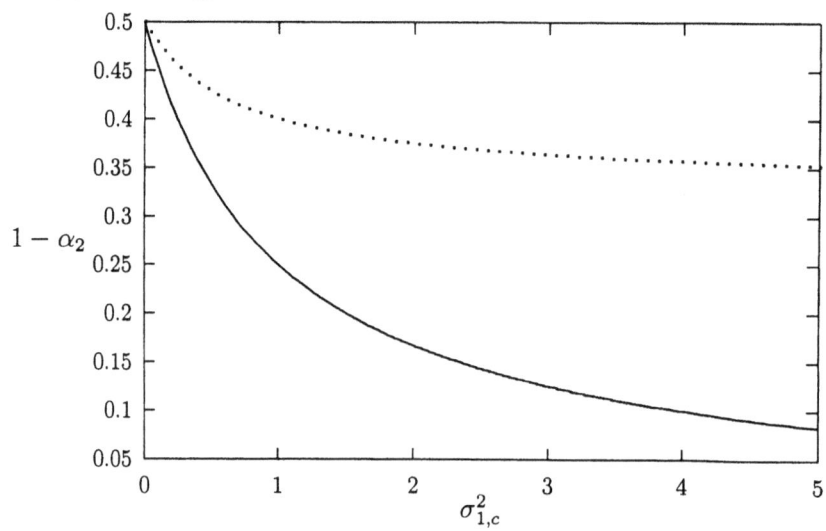

Je höher α (bzw. kleiner $(1-\alpha)$) umso größer ist die relationale Komponente im Vertrag (siehe Abbildungen 3a und 3b).

Um zu ermitteln, ob für den Prinzipal der Abschluss eines langfristigen Vertrages vorteilhaft ist, vergleichen wir den Ausdruck für den zu erwartenden Gesamtpreis aus Ergebnis 2 mit dem zu erwartenden Gesamtpreis bei Abschluss kurzfristiger Verträge und Zuliefererwechsel (vgl. Ergebnis 1)

$$\mathbb{E}_1(p_1 + p_2) = 2u_0 + 2\bar{c}_1 - \frac{\delta^2}{2(\lambda(\sigma_{1,c}^2 + \sigma^2) + \delta)} - \frac{\delta^2}{2(\lambda(\sigma_{2,c}^2 + \sigma^2) + \delta)}$$

wobei $\sigma_{2,c}^2$ wieder durch (8) gegeben ist. Durch einfache Abschätzung unter Berücksichtigung von $\sigma_{2,c}^2 < \sigma_{1,c}^2$ ist leicht zu sehen, dass $\mathbb{E}_1(p_1 + p_2) < \mathbb{E}_1 p$ gilt. Mit anderen Worten, der (ex ante) zu erwartende Preis ist für den Hersteller höher, wenn die Beziehung über einen langfristigen Vertrag organisiert wird. In Abbildung 3c zeigen wir den qualitativen Verlauf der zu erwartenden Preise in Abhängigkeit von der Varianz $\sigma_{1,c}^2$. Da es genügt, die von $\sigma_{1,c}^2$ abhängigen Ausdrücke zu vergleichen, wurde der konstante Term $2u_0 + 2\bar{c}_1$, der sowohl in $\mathbb{E}_1(p_1 + p_2)$ als auch in $\mathbb{E}_1 p$ auftritt, in der Abbildung gleich Null gesetzt.

Unser Ergebnis ist insbesondere im Lichte der Literatur zu dynamischen Prinzipal-Agenten-Modellen eigentlich überraschend. In früheren Arbeiten zu dynamischen Prinzipal-Agenten-Modellen wird die Vorteilhaftigkeit von langfristigen Verträgen demonstriert, wobei hier vor allem die Einkommens- bzw. Konsumglättung für den A die treibende Kraft ist.[29] Fudenberg et al. (1990) zeigen später, dass langfristige Verträge unter bestimmten Bedingungen (z.B. freier Zugang zum Kapitalmarkt für den A, keine Vermögenseffekte) gleich

Abb. 3c: Erwarteter Gesamtpreis des Herstellers bei Abschluss (a) eines kurzfristigen Vertrag [punktierte Linie] (b) eines langfristigen Vertrags [ausgezogene Linie]. In der Abbildung wurde $2u_0 + 2\bar{c}_1 = 0$ gesetzt

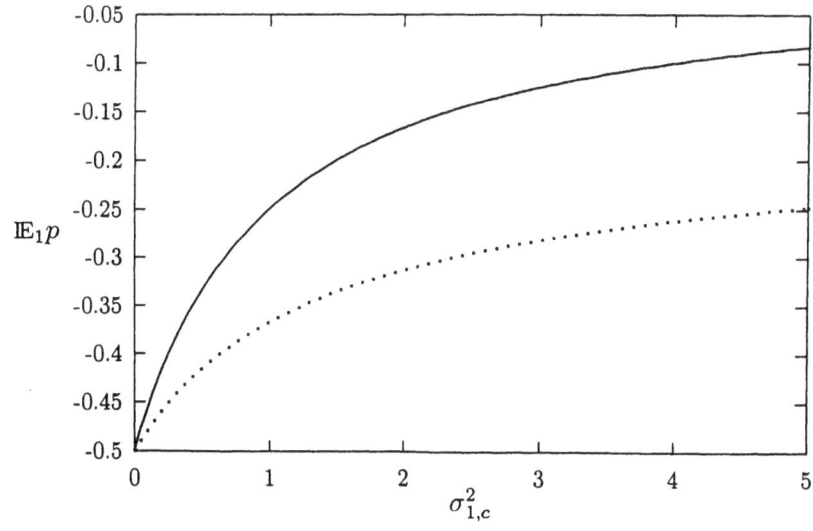

effizient wie eine Abfolge von kurzfristigen Verträgen sind. Aus diesen Ergebnissen folgt also, dass bei Verwendung von langfristigen Verträgen, wenn schon nicht eine höhere, dann zumindest eine gleich große Effizienz resultiert wie bei kurzfristigen Verträgen (dies schon alleine deshalb, weil mit langfristigen Verträgen weniger Nebenbedingungen zu berücksichtigen sind). Zu beachten ist allerdings, dass in diesen Arbeiten immer davon ausgegangen wird, dass es sich um eine langfristige Geschäftsbeziehung handelt und auch im Fall kurzfristiger Verträge der P den A nicht wechseln kann.

Unser Resultat demonstriert hingegen, dass, falls die Länge der Geschäftsbeziehung a priori nicht vorgegeben ist, auch das Gegenteil gültig sein kann. Das gilt insbesondere dann, wenn aufgrund von „informational linkages", also dem Zusammenhang zwischen den Perioden, der allein durch die Information der Beteiligten entsteht, unvorteilhafte Anreize entstehen. Diese Informationsverbindungen werden eben erst durch dauerhafte Beziehungen ermöglicht und verursachen auch Kosten. Welche Kosten sind das in unserem Modell? Nun, die beiden Kostenwerte c_1 und c_2 sind, von Beginn der Periode 1 aus gesehen, positiv korreliert. Daher ist ex ante die Gesamtvarianz der Nettoauszahlung des A bei Verwendung eines langfristigen Vertrages größer als die Varianz bei Verwendung von zwei kurzfristigen Verträgen (also zwei mal die Varianz von c_1). Dies impliziert jedoch, dass es für den Hersteller zu teuer wird (die Risikoprämien steigen in beiden Perioden), dem Zulieferer Risiko zu übertragen und optimalerweise werden daher die Anreizraten reduziert, um diesem Verteuerungseffekt entgegen zu wirken.

Der Schlüssel zu obigem Ergebnis, dass kurzfristige Geschäftsbeziehungen vorteilhafter sind als langfristige Verträge in dauerhaften Geschäftsbeziehungen, ist also die Korrelation zwischen den Kostensignalen der beiden aufeinanderfolgenden Perioden. Dies ist aus agencytheoretischer Sicht interessant, da es zeigt, dass die Kosten langfristiger Beziehungen den Nutzen kompensieren können. Aus empirischer Sicht bleibt jedoch eine Frage offen. Langfristige Geschäftsbeziehungen spielen offensichtlich in der Geschäftswelt eine Rolle und diese werden auch häufig durch langfristige Verträge organisiert. Unter welchen Bedingungen soll eine langfristige Vereinbarung zwischen Hersteller und Zulieferer gewählt werden? Um diese Frage endgültig beantworten zu können, soll im nächsten Abschnitt eine Erweiterung unseres Modells besprochen werden.

F. Zusätzliche informative Signale

Einen wichtigen Aspekt hatten wir bis jetzt außer Acht gelassen. Die Entwicklungen auf dem Gebiet der Informations- und Kommunikationstechnik haben auf die Organisation der Zusammenarbeit zwischen Unternehmen eine erhebliche Auswirkung.[30] Insbesondere in Unternehmensnetzwerken spielt Informationsaustausch zwischen den Mitgliedern eine wichtige Rolle.[31] In Geschäftsbeziehungen zwischen Hersteller und Zulieferern erfolgt dieser Informationsaustausch auf unterschiedlichste Art. Beispielsweise kann der Hersteller direkt die Produktionsanlagen des Zulieferers inspizieren und die Aufzeichnungen überprüfen, oder es können durch (wechselseitige) Kapitalbeteiligungen und Austausch von Arbeitskräften Bedingungen geschaffen werden, die Informationstransfer begünstigen.[32] Weiters besteht für den Hersteller die Möglichkeit des Multiple Sourcings, um im Wege der relativen Leistungsbemessung die Informationsasymmetrie zu reduzieren.[33]

In Dawid und Kopel (2000) wird nun der obige Modellrahmen um genau diesen Aspekt des zusätzlichen Informationsaustausches erweitert. Dazu wird davon ausgegangen, dass nach Ablauf der Periode 1 neben den realisierten Kosten für den ersten Auftrag für die Beteiligten auch noch ein zusätzliches informatives Signal $\hat{c}$ zu beobachten ist. Dieses Signal ist stochastisch, mit den (unbekannten) Basiskosten c^* korreliert und kann ebenfalls für eine bessere Einschätzung von c^* herangezogen werden. Das zusätzliche Signal kann als modellhafte Erfassung des Informationstransfers angesehen werden, wobei die Präzision des Signals die Qualität bzw. Intensität des Informationsaustausches darstellt. Im Fall kurzfristiger Geschäftsbeziehungen wird diese Zusatzinformation direkt über die Bayesianischen Updating-Regeln (vgl. (7) und (8)) zu einer Verbesserung der Einschätzung führen. Im Falle von langfristigen Geschäftsbeziehungen, die mittels langfristiger Verträge organisiert sind, kann dieses Signal Teil des Anreizschemas sein,

$$p = 2 b^L + \alpha_1^L (c_1 - b^L) + \alpha_2^L (c_2 - b^L) + \beta \hat{c},$$

wobei der Koeffizient β das relative Gewicht angibt, das dem zusätzlichen Signal im Vertrag beigemessen wird.[34] Der um die Existenz eines solchen informativen Zusatzsignals erweiterte Modellrahmen lässt im Vergleich zum Modell ohne Signal zusätzliche bedeutende Einsichten zu. Wir geben hier das Kernresultat aus Dawid und Kopel (2000) wieder:

Ergebnis 3 (Modell mit zusätzlichem Signal): Es existiert ein eindeutiger Wert ϕ^*, sodass Folgendes gilt: Ist die Präzision des Signals größer als ϕ^*, so ist es für den Hersteller vorteilhafter, eine langfristige Geschäftsbeziehung mit einem Zulieferer einzugehen und einen langfristigen Vertrag abzuschließen. Im umgekehrten Fall ist aus der Sicht des Herstellers eine Organisation der Hersteller-Zulieferer-Beziehung über kurzfristige Verträge mit wiederholtem Wechsel der Zulieferer besser.

Dieses Resultat zeigt, dass bei hoher Präzision der Zusatzinformation langfristige Geschäftsbeziehungen bzw. Verträge von Vorteil sind. Da z.B. in Unternehmensnetzwerken, wie oben erläutert, der Informationsfluss zwischen den Mitgliedern intensiv ist (hohe Präzision des Signals), erklärt Ergebnis 3 die empirische Evidenz von Langzeitbeziehungen. Im Sinne von Helper's ‚voice relations' besteht also tatsächlich eine Komplementarität zwischen Bindung und Informationsaustausch. Die Existenz eines derartigen Zusatzsignals lässt sich auch dahingehend interpretieren, dass z.B. durch Multiple Sourcing eine zusätzliche Informationsquelle existiert, die eine relative Leistungsbemessung zulässt (und damit eine Wettbewerbskomponente in die langfristige Geschäftsbeziehung einbringt). Es sei darauf hingewiesen, dass der positive Effekt dieser Zusatzinformation in einem langfristigen Vertrag auch in Periode 1 wirkt, wohingegen bei kurzfristigen Verträgen dieses Signal nur für die zweite Periode genutzt werden kann. Damit folgt aus obigem Ergebnis, dass folgender trade-off die Wahl der optimalen Organisationsform der Beziehung zwischen einem Hersteller und den Zulieferern bestimmt: Einerseits entstehen erhöhte Risikokosten bei Verwendung von langfristigen Verträgen aufgrund der im vorigen Abschnitt beschriebenen Informationsverbindungen zwischen den Perioden; andererseits kann im Falle der Existenz einer zusätzlichen Informationsquelle die eingehende Information in langfristigen Verträgen vorteilhafter genutzt werden (nämlich auch in Periode 1). Je nachdem, ob der Nutzen- oder der Kosteneffekt überwiegt, sind kurzfristige oder langfristige Beziehungen aus Sicht des Herstellers vorteilhafter. Zum Abschluss wollen wir nochmal auf dem Komplementaritätscharakter von Vertragsform und Informationsverhältnissen hinweisen. Gehen wir davon aus, dass die Geschäftsleitung die Qualität der Zusatzinformation durch die Entscheidung, innovative IuK-Techniken implementieren zu lassen, erheblich beeinflussen kann, dann zeigt obiges Ergebnis, dass langfristige Verträge und qualitativ hochwertige Information im Verbund auftreten, ebenso wie kurzfristige Verträge mit Signalen niedriger Präzision.[35]

G. Kosten bei Zuliefererwechsel

In der betrieblichen Praxis ist der Wechsel von Zulieferfirmen im allgemeinen mit nicht unerheblichen Transaktionskosten verbunden.[36] Die dadurch entstehenden Anreize können ebenfalls einen Grund für langfristige Geschäftsbeziehungen darstellen. Wenn wir zu dem ursprünglichen Modell ohne Signal zwischen den Perioden zurückkehren und annehmen, dass ein Zuliefererwechsel Kosten in der Höhe κ für den Produzenten verursachen, ergibt sich eine interessante Interaktion zwischen den Anreizen, die sich aus den Kosten κ ergeben, und dem oben diskutierten ratchet effect. Aus Platzgründen wollen wir hier auf eine detaillierte technische Präsentation verzichten und lediglich die wichtigsten Einsichten dieser Modellerweiterung diskutieren. Einerseits ist der Produzent in einem solchen Szenario interessiert, dass der Zulieferer unsicher darüber ist, ob er in der zweiten Periode wiederum mit einem Projekt beauftragt wird; eine derartige Unsicherheit verringert den ratchet effect in der ersten Periode. Andererseits möchte der Produzent Zuliefererwechsel möglichst vermeiden, um die daraus entstehenden Kosten κ zu sparen.

Es lässt sich nun zeigen, dass, falls die Kosten für einen Zuliefererwechsel über einem Schwellenwert κ_1 liegen, ein Nash-Gleichgewicht existiert, in dem die Entscheidung des Produzenten über einen Zuliefererwechsel am Beginn der zweiten Periode zufällig getroffen wird. Entscheidend hierfür ist allerdings, dass der Produzent sich am Beginn der ersten Periode verbindlich verpflichten kann, die Entscheidung darüber, ob der Vertrag des Zulieferers erneuert wird oder nicht, stochastisch vorzunehmen und die Wahrscheinlichkeit für einen Wechsel dem Zulieferer bekannt ist. In der Praxis könnte dies so implementiert werden, dass am Beginn der ersten Periode ein Grenzwert für die Kosten festgelegt wird und sich der Produzent verpflichtet, den Vertrag dann und nur dann zu erneuern, wenn das vorgegebene Kostenniveau unterschritten wird. Da die Kosten ein stochastisches Element beinhalten, wird dadurch die Entscheidung über einen Zulieferwechsel zufällig getroffen.[37] Die Wahrscheinlichkeit für einen Wechsel der Zulieferer wird dabei so gewählt, dass die beiden oben beschriebenen Effekte optimal ausgeglichen werden. In diesem Fall kann es also vorkommen, dass im Nash-Gleichgewicht langfristige Geschäftsbeziehungen zustande kommen, in denen jedoch kurzfristige Verträge geschrieben werden. Für steigende Werte von κ sinkt die Gleichgewichtswahrscheinlichkeit für einen Wechsel der Zulieferfirma, und ab einem zweiten Schwellenwert κ_2 ist es für den Produzenten optimal, sich gleich am Beginn der ersten Periode an einen Zulieferer zu binden und den erwarteten Preis durch die Verwendung des in E.II beschriebenen langfristigen Vertrages zu verringern.

In vielen Fällen mag es allerdings für den Produzenten schwierig sein, sich verbindlich zu verpflichten, den Zulieferer unter gewissen Umständen in der zweiten Periode nicht mehr zu berücksichtigen. Ist so eine verbindliche Zusage nicht möglich, so ist es klar, dass der Produzent am Beginn der zweiten Periode niemals einen Wechsel des Zulieferers vornehmen wird und es daher auch für minimale κ zu langfristigen Geschäftsbeziehungen kommt in denen optimalerweise langfristige Verträge geschrieben werden. Hier führt also der Übergang von $\kappa = 0$ zu einem positiven κ zu einem sprungweisen Anstieg des erwarteten minimalen Gesamtpreis, den der Produzent für beide Perioden bezahlt. Da ein Wechsel des Zulieferers unter diesen Umständen eine nicht glaubhafte Drohung ist, kann der ratchet-Effekt nur umgangen werden, indem ein langfristiger Vertrag in der ersten Periode geschrieben wird. Dadurch kommt aber der in Abschnitt E diskutierte Korrelationseffekt zu tragen und der erwartete Gesamtpreis der beiden Projekte steigt.

H. Zusammenfassung

In diesem Beitrag wurde der Zusammenhang zwischen Organisationsform und (davon ausgehenden) Anreizen analysiert. Es wurde gezeigt, dass bei der Organisation einer Beziehung zwischen Hersteller und Zulieferer die Fertigkeit der Beziehung und die Wahl der Vertragsform eine Rolle spielen. Sie bestimmen über die daraus resultierenden Anreizeffekte und Informationsverbindungen die zu erwartende Höhe des Preises für den Hersteller. In einem ersten Resultat wurde demonstriert, dass langfristige Verträge keinesfalls vorteilhaft sind, wenn derartige Informationsverbindungen zusätzliche (Entlohnungs-) Kosten verursachen. Stehen den Vertragsparteien jedoch zusätzliche Informationsquellen zur Verfügung, dann richtet sich die Vorteilhaftigkeit einer Vertragsform nach der Präzision des zusätzlichen Signals. Bei hoher Präzision des Signals überwiegen die positiven Effekte und ein langfristiger, beide Perioden umfassender, Vertrag ist optimal. Ist umgekehrt das Signal nicht sehr präzise, dann empfiehlt sich die Wahl von kurzfristigen Geschäftsbeziehungen mit Zuliefererwechsel. Diese Einsichten decken sich mit beobachtbaren Unternehmenspraktiken, insbesondere dem Vorgehen in Unternehmensnetzwerken. In einem letzten Punkt wurde dann gezeigt, dass die Vorteilhaftigkeit einer Vertragsform auch von Kosten eines Wechsels des Zulieferers abhängt. Klarerweise ist es bei hohen Wechselkosten vorteilhaft, den gleichen Zulieferer beizubehalten und den zu erwartenden Preis durch Abschluss eines langfristigen Vertrages zu minimieren.

Mathematischer Anhang

Beweis von Ergebnis 1: Akzeptiert der Zulieferer A einen Vertrag der Form (α_i^S, b_i^S), dann erhält A eine Auszahlung von

$$u_i = b_i^S + \alpha_i^S(c_i - b_i^S) - c_i - \frac{\xi_i^2}{2\delta} = (1 - \alpha_i^S)(b_i^S - c_i) - \frac{\xi_i^2}{2\delta}.$$

Das Sicherheitsäquivalent dieser Auszahlung ist

$$S\ddot{A}_i = (1 - \alpha_i^S)(b_i^S - \bar{c}_i + \xi_i) - \frac{\xi_i^2}{2\delta} - \frac{\lambda}{2}(1 - \alpha_i^S)^2(\sigma_{i,c}^2 + \sigma^2),$$

und es ist leicht zu sehen, dass dieser Ausdruck maximal wird für

(12) $\quad \xi_i^*(\alpha_i^S) = \delta(1 - \alpha_i^S) \quad i = 1, 2.$

Wir erhalten also die gleiche Reaktionsfunktion wie im statischen Fall; vgl. (4).

Analog zum statischen Fall ergibt sich das Optimierungsproblem des P: es soll der erwartete Preis minimiert werden, wobei die Partizipationsbedingung und die Anreizkompatibilitätsbedingung erfüllt ist. Da der P die gesamte Verhandlungsmacht besitzt, kann der Hersteller den Zulieferer auf seinen Reservationswert „drücken" (d.h. die Partizipationsbedingung für Periode i wird als Gleichung erfüllt sein):

$$(1-\alpha_i^S)(b_i^S - \bar{c}_i) + \frac{(1-\alpha_i^S)^2}{2}(\delta - \lambda(\sigma_{i,c}^2 + \sigma^2)) = u_0,$$

wobei hier schon berücksichtigt ist, welchen Einsatz der Zulieferer gemäß (12) wählen wird. Aus diesem Ausdruck lassen sich nun die ausverhandelten Zielkosten b_i^S als Funktion von α_i^S ausdrücken:

$$(13) \quad b_i^S = \frac{u_0}{1-\alpha_i^S} + \bar{c}_i + \frac{1-\alpha_i^S}{2}(\lambda(\sigma_{i,c}^2 + \sigma^2) - \delta).$$

Unter Zuhilfenahme dieser Ausdrücke reduziert sich das Optimierungsproblem des Herstellers auf:

$$\mathbb{E}_i p_i = (1-\alpha_i^S) b_i^S + \alpha_i^S \mathbb{E}_i c_i$$
$$= u_0 + \bar{c}_i + \frac{(1-\alpha_i^S)^2}{2}(\lambda(\sigma_{i,c}^2 + \sigma^2) + \delta) - \delta(1-\alpha_i^S),$$

wobei $\mathbb{E}_i$ den Erwartungswert unter Berücksichtigung des Informationsstandes der Beteiligten zu Beginn der Periode i bezeichnet. Aus den Bedingungen erster Ordnung folgt dann für die Anreizrate der Periode i

$$(1-\alpha_i^{S*}) = \frac{\delta}{\lambda(\sigma_{i,c}^2 + \sigma^2) + \delta}$$

und für den erwarteten Preis

$$(14) \quad \mathbb{E}_i p_i = u_0 + \bar{c}_i - \frac{\delta^2}{2(\lambda(\sigma_{i,c}^2 + \sigma^2) + \delta)}.$$

Beweis von Ergebnis 2: Die gesamte Nettoauszahlung des Agenten ergibt sich zu

$$p - c_1 - c_2 - \frac{\xi_1^2}{2\delta} - \frac{\xi_2^2}{2\delta} = (2-\alpha_1^L - \alpha_2^L)(b^L - c^*) + (1-\alpha_1^L)(\xi_1 - \omega_1)$$
$$+ (1-\alpha_2^L)(\xi_2 - \omega_2) - \frac{\xi_1^2}{2\delta} - \frac{\xi_2^2}{2\delta},$$

und das zugehörige Sicherheitsäquivalent ist (wobei die Erwartungswertbildung unter Zugrundelegung des Informationsstandes am Anfang der Periode 1 erfolgt)

$$S\ddot{A} = (2-\alpha_1^L - \alpha_2^L)(b^L - \bar{c}_1) + (1-\alpha_1^L)\xi_1 + (1-\alpha_2^L)\xi_2 - \frac{\xi_1^2}{2\delta} - \frac{\xi_2^2}{2\delta}$$
$$- (2-\alpha_1^L - \alpha_2^L)^2 \frac{\lambda \sigma_{1,c}^2}{2} - \frac{\lambda \sigma^2}{2}((1-\alpha_1^L)^2 + (1-\alpha_2^L)^2).$$

Der Einsatz ξ_i des Agenten in Periode i wird nun so festgelegt, dass dieser Ausdruck maximal wird. Es ist aus der Bedingung erster Ordnung leicht zu sehen, dass – wie im Fall kurzfristiger Geschäftsbeziehungen zwischen P und A – die Reaktionsfunktion durch $\xi_i^*(\alpha_i^L) = \delta(1-\alpha_i^L)$ $i = 1, 2$ gegeben ist. Abermals kann der P den A auf seinen Reservationswert drücken, sodass die Teilnahmebedingung bindend ist, d.h. $S\ddot{A} = 2\,u_0$ gilt. Daraus lassen sich die Zielkosten b^L in Abhängigkeit von α_1^L und α_2^L ermitteln. Damit ergibt sich der von P erwartet Gesamtpreis zu

$$(15) \quad \mathbb{E}_1 p = 2u_0 + 2\bar{c}_1 - \delta((1-\alpha_1^L)+(1-\alpha_2^L)) + \frac{(1-\alpha_1^L)^2+(1-\alpha_2^L)^2}{2} \cdot (\lambda(\sigma_{1,c}^2+\sigma^2)+\delta)+(1-\alpha_1^L)(1-\alpha_2^L)\lambda\sigma_{1,c}^2,$$

welcher für die Anreizraten

$$(16) \quad (1-\alpha_1^{L*}) = (1-\alpha_2^{L*}) = \frac{\delta}{\lambda(2\sigma_{1,c}^2+\sigma^2)+\delta}.$$

minimal wird. Einsetzen dieser Ausdrücke in (15) liefert den vom Hersteller erwarteten Gesamtpreis.

Anmerkungen

* Wir danken Matthias Kräkel und Peter-J. Jost für die kritische Durchsicht des vorliegenden Aufsatzes und für wertvolle Hinweise.
1 Vgl. z.B. Picot, Reichwald und Wigand (1998), Bogaschewsky (1995), Bühner und Tuschke (1997), McMillan (1990, 1995).
2 Vgl. Picot (1991).
3 Vgl. Dyer, Cho und Chun (1998), Taylor und Wiggins (1997). Zu Zuliefer-Abnehmer-Beziehungen in Japan vgl. Pfaffmann (1998). Dieses Beispiel ist insbesondere aus historischer Sicht relevant. Obwohl die Ergebnisse nicht völlig eindeutig sind, zeigen neuere Untersuchungen doch, dass sich tendenziell auch US-amerikanische Produzenten zunehmend einer Kooperationslösung bedienen, siehe Helper (1991), Helper und Sako (1995), McMillan (1990, 1995), Dyer (1996). Es sei jedoch zusätzlich angemerkt, dass die Entwicklung noch keinesfalls als abgeschlossen zu betrachten ist, da in neuerer Zeit auch über den Zusammenbruch von japanischen Keiretsu-Organisationen berichtet wird, vgl. Bremner, Thornton und Kunii (1999) und auch McMillan (1995).
4 In Deutschland hat ein beträchtlicher Teil der Unternehmen nach eigenen Angaben auch kurzfristige Transaktionsbeziehungen, ein Phänomen, das in Japan selten ist; vgl. Hemmert (1995) und die dort zitierte Literatur. Bemerkenswert ist jedoch, dass die japanische Kooperationslösung zwischen Kernunternehmen und Subkontraktoren aus Sicht der Transaktionskostentheorie suboptimal zu sein scheint: Die Zulieferer tätigen erhebliche spezifische Investitionen und setzen sich der Gefahr des hold-up durch den Produzenten aus. Die langfristige und wiederholte Interaktion zwischen den Partnern ermöglicht jedoch ein kooperatives Vorgehen. Für eine Diskussion dieses Aspekts sei verwiesen auf Holmström und Roberts (1998).
5 Vgl. Helper (1991), Bindung (commitment) bezieht sich dabei auf den Grad an Sicherheit auf Seiten des Zulieferers, dass der Produzent auch in Zukunft die Lieferungen bei ihm bezieht. Der Produzent kann sich z.B. durch einen langfristigen, durchsetzbaren Vertrag an den Zulieferer binden. Informationsaustausch bezieht sich auf den Grad des Informationsflusses zwischen den beiden Partnern. Auf höchstem Niveau werden hier auch Informationen z.B. über innovatives Designs oder Konstruktionsverbesserungen ausgetauscht. Vgl. dazu auch Dyer, Cho und Chun (1998). Zum Begriff der Kooperation, vgl. Picot, Dietl und Franck (1999).

6 Vgl. stellvertretend Picot (1991), Picot/Dietl/Franck (1999), Bogaschewsky (1995). Bühner und Tuschke (1997) greifen zusätzlich Elemente der Resource-based Theory auf, um die Outsourcing-Entscheidung zu analysieren, und versuchen eine Operationalisierung der Transaktionskosten mithilfe der Balanced Scorecard.

7 Vgl. Picot (1991), Picot, Dietl und Franck (1999). In diesem Zusammenhang sei auf auch die Diskussion zwischen Klein (1988) und Coase (1988) hingewiesen. Gemäß Coase löst eine langfristige vertragliche (und durchsetzbare) Vereinbarung das durch spezifische Investitionen entstehende hold-up Problem genausogut wie eine vertikale Integration, da opportunistisches Verhalten auf Seiten des Zulieferers durch Marktdisziplinierung ausgeschaltet wird. Klein zeigt jedoch anhand des bekannten Beispiels von General Motors und Fisher Body, dass in manchen Situationen das eigentliche hold-up Problem aber genau durch diese langfristige (und nicht alle Eventualitäten berücksichtigende) vertragliche Vereinbarung entsteht.

8 Vgl. Monteverde und Teece (1982).

9 Vgl. dazu auch McMillan (1995), der schreibt (S. 207): „Information technology, by lowering the transaction costs of the market, allows a reduction in vertically integrated production. It also lowers the cost of internal coordination, and so lowers the cost of vertical integration; but apparently the former effect is dominant."

10 Vgl. z.B. Meyer (1995), Meyer, Olsen und Torsvik (1996), Meyer und Vickers (1997). Zu einer Übersicht vgl. Kräkel (1999).

11 Vgl. Wagenhofer und Riegler (1999), Dutta und Reichelstein (1999).

12 Vgl. Bergeman und Hege (1998).

13 Vgl. Kawasaki und McMillan (1987).

14 Vgl. Spremann (1987), Kopel (1998).

15 Man wäre geneigt anzunehmen, dass der Zulieferer besser über die Kostenstruktur Bescheid weiß als der Hersteller und somit (auch) ein Problem der adversen Selektion besteht. Hier wird jedoch davon ausgegangen, dass sich der Hersteller sehr genau über die Kostenstruktur des Zulieferers informiert. McMillan (1990, S. 50) schreibt dazu: „In fact, Japanese procuring firms regularly inspect their suppliers' production lines and their accounts; and U.S. firms are beginning to do the same."

16 Zu diesem Rückschlussproblem bei Moral Hazard, vgl. z.B. Kräkel (1999).

17 Da typischerweise der Hersteller viel größer ist als seine Zulieferer, wird davon ausgegangen, dass P die größere Verhandlungsmacht besitzt und die Bedingungen für die Geschäftsbeziehung festlegen kann. Vgl. McMillan (1990).

18 Mithilfe dieses Modells wurde empirisch nachgewiesen, dass ein solcher trade-off in Vertragsbeziehungen zwischen Herstellern und Subkontraktoren in Japan und Korea tatsächlich existiert. Vgl. Kawasaki und McMillan (1987); Asanuma und Kikutani (1992); Yun (1999).

19 Vgl. Kräkel (1999).

20 Die Normalverteilung entstammt einer sogenannten konjugierten Verteilungsfamilie. Vgl. dazu De Groot (1970). Es mag hier verwundern, dass in der Formel für den a posteriori Erwartungswert der Basiskosten der Einsatz ξ des A zur Kostenreduktion auftritt, obwohl der Hersteller diesen Einsatz ja nicht direkt beobachten kann. Hier ist anzumerken, dass P von A eine gewisse Aktion erwartet. Korrekterweise müsste also $\xi_1^{(e)}$ für die erwartete Aktion geschrieben werden. Die erwartete Aktion stimmt aber mit der tatsächlichen Aktion des A im Gleichgewicht überein. Die Größe $c_1 + \xi_1$ stellt dann eine unverzerrte Schätzgröße für die Höhe der Basiskosten dar.

21 Die Unterscheidung zwischen Fristigkeit der Beziehung und vertraglicher Ausgestaltung ist aus vertragstheoretischer Sicht wichtig. In der Literatur wird jedoch oftmals von einer fixen Vertragsdauer ausgegangen, die mit der Dauer der Beziehung zwischen den Partnern übereinstimmt.

22 Es sei hier darauf hingewiesen, dass bei symmetrischer Sicherheit über die Basiskosten – Hersteller und Zulieferer kennen c^* – die Antwort auf diese Frage bekannt ist. Aus den Resultaten von Fudenberg et al. (1990) würde in einer derartigen Situation folgen, dass der optimale langfristige Vertrag gleich einer Wiederholung von aufeinanderfolgenden kurzfristigen Verträgen ist und damit diese beiden Möglichkeiten die gleiche Effizienz aufweisen. Bei symmetrischer Unsicherheit gilt dies jedoch nicht.

23 Damit werden sogenannte Vermögenseffekte ausgeschlossen. Vgl. z.B. Bamberg und Coenenberg (2000), Gibbons und Murphy (1992).

24 Zu solchen „informational linkages" vgl. Hart und Holmström (1987).
25 Vgl. dazu den Beweis von Ergebnis 1 im Anhang.
26 Vgl. Milgrom und Roberts (1992), Meyer (1995), Meyer, Olsen und Torsvik (1996), Meyer and Vickers (1997). Zu einem ähnlichen Ergebnis wie wir kommen auch Ickes und Samuelson (1987) in ihrer Studie zur *job rotation* in Organisationen. Obwohl beim Transfer von Beschäftigten einer Unternehmung in unterschiedlichen Positionen Humankapital verloren geht, kann dieses Vorgehen aufgrund der Vermeidung des ratchet effects trotzdem vorteilhaft sein. Die dortige Analyse basiert auf einem Modell mit unbeobachtbarer Aktion und unbeobachtbarer Information und unterscheidet sich daher aus informationsökonomischer Sicht vom hier behandelten Modell (vgl. dazu auch Kopel 1998). Verwandt mit dem ratchet effect sind Career Concerns-Effekte, die ebenfalls durch implizite Anreize erzeugt werden; vgl. zu einer Übersicht Kräkel (1999).
27 Die vollständigen Ausdrücke für den erwarteten Preis und die zusätzlichen Agency-Kosten sollen hier nicht angegeben werden, können aber aus den Resultaten in Dawid und Kopel (2000) für $\sigma_s^2 \to \infty$ hergeleitet werden.
28 Kann eine solche Bindung nicht vorausgesetzt werden, dann muss der Vertrag so gestaltet werden, dass er verhandlungssicher ist. Vgl. dazu Dawid und Kopel (2000).
29 Ein weiterer Nutzen durch den Abschluss eines langfristigen Vertrags entsteht dadurch, dass sich beispielsweise stochastische Einflüsse aufgrund des Gesetzes der großen Zahl im Durchschnitt ausgleichen.
30 Vgl. Picot, Reichwald und Wigand (1998), Picot und Reichwald (1994).
31 Vgl. z.B. Dyer, Cho und Chun (1998), Holmström und Roberts (1998). McMillan (1995) schreibt dazu: „The institutionalization of links among firms that is provided by the keiretsu system arguably serves as both an equilibrium selection device and an information-provision device" (S. 209). Weiters stellen Heide und Miner (1992) in einer empirischen Studie fest, dass kooperative Beziehungen durch eine hohe Bereitschaft zum Informationsaustausch gekennzeichnet sind.
32 Vgl. McMillan (1995), Dyer, Cho und Chun (1998), Tabeta (1998).
33 Vgl. Picot, Dietl und Franck (1999), McMillan (1990). Multiple Sourcing schwächt nicht nur das Moral-Hazard-Problem ab, sondern vermindert auch das Hold up-Risiko; vgl. dazu z.B. Picot, Dietl und Franck (1999).
34 Mit der Aufnahme des Zusatzsignals als linearer Bestandteil des Anreizvertrages wird der Vorgangsweise von Milgrom und Roberts (1992) gefolgt, die die Wirkung eines derartigen Signals in linearen (statischen) Anreizverträgen analysieren. Ähnlich gehen auch Picot, Dietl und Franck (1999) und Graßhoff und Schwalbach (1999) vor, wobei in der letztgenannten Arbeit noch Informationskosten berücksichtigt werden.
35 Vgl. auch Taylor und Wiggins (1998), McMillan (1995).
36 Vgl. Monteverde und Teece (1982).
37 Es sollte dabei beachtet werden, dass angenommen wird, dass im Fall eines Zuliefererwechsels der neue Agent identische Eigenschaften wie der vorherige Zulieferer besitzt, wodurch Probleme durch Lerneffekte über den Typ des Agenten vermieden werden.

Literatur

Asanuma, B.; Kikutani, T. (1992): Risk Absorption in Japanese Subcontracting: a Microeconomic Study of the Automobile Industry, Journal of the Japanese and International Economies 6, 1–29.

Bamberg, G.; Coenenberg, A. G. (2000): Betriebswirtschaftliche Entscheidungslehre, 10., überarbeitete Auflage, Verlag Vahlen.

Bergeman, D.; Hege, U. (1998): Venture Capital Financing, Moral Hazard, and Learning, Journal of Banking & Finance 22, 703–735.

Bogaschewsky, R. (1995): Vertikale Kooperation – Erklärungsansätze der Transaktionskostentheorie und des Beziehungsmarketing, Zeitschrift für betriebswirtschaftliche Forschung, Sonderheft 35, 159–177.

Bremner, R.; Thornton, E.; Kunii, I. M. (1999): Fall of a Keiretsu, Business Week, March 15, 35–40.

Bühner, R.; Tuschke, A. (1997): Outsourcing, Die Betriebswirtschaft 57, 20–30.

Coase, R. H. (1988): The Nature of the Firm: Influence, Journal of Law, Economics and Organization 4, 33–47.
Dawid, H.; Kopel, M. (2000): Commitment and Contract Design Under Common Uncertainty and Additional Information Signals, Arbeitspapier, University of Southern California.
De Groot, M. H. (1970): Optimal Statistical Decisions, New York, NY, McGraw-Hill.
Dutta, S.; Reichelstein, S. (1999): Performance Measurement in Multi-Period Agencies, Journal of Institutional and Theoretical Economics 155, 158–175.
Dyer, J. H. (1996): How Chrysler Created an American Keiretsu, Havard Business Review, July–August 1996, 42–56.
Dyer, J. H.; Cho, D. S.; Chun, W. (1998): Strategic Supplier Segmentation: The Next "Best Practice" in Supply Chain Management, California Management Review 40, 57–77.
Fudenberg, D.; Holmström, B.; Milgrom, P. (1990): Short-Term Contracts and Long-Term Agency Relationship, Journal of Economic Theory 15, 1–31.
Gibbons, R.; Murphy, K. J. (1992): Optimal Incentive Contracts in the Presence of Career Concerns: Theory and Evidence, Journal of Political Economy 100, 468–505.
Graßhoff, U.; Schwalbach, J. (1999): Agency-Theorie, Informationskosten und Managervergütung, Zeitschrift für betriebswirtschaftliche Forschung 51, 437–453.
Hart, O.; Holmström, B. (1987): The Theory of Contracts, in: Advances in Economic Theory, T. F. Bewley (Hrsg.), Cambridge University Press, 71–155.
Heide, J. B.; Miner, A. S. (1992): The Shadow of the Future: Effects of Anticipated Interaction and Frequency of Contact on Byer-Seller Cooperation, Academy of Management Journal 3, 265–291.
Helper, S. (1991): How Much Has Really Changed between U.S. Automakers and Their Suppliers? Sloan Management Review, Summer, 15–28.
Helper, S.; Sako, M. (1995): Supplier Relations in Japan and the United States: Are They Converging? Sloan Management Review, Spring, 77–84.
Hemmert, M. (1995): Merkmale der japanischen Industrieorganisation und ihre Bedeutung für den Zugang zum japanischen Markt, Zeitschrift für betriebswirtschaftliche Forschung 47, 425–455.
Holmström, B.; Roberts, J. (1998): The Boundaries of the Firm Revisited, Journal of Economic Perspectives 12, 73–94.
Ickes, B. W.; Samuelson, L. (1987): Job transfers and incentives in complex organizations: thwarting the ratchet effect, RAND Journal of Economics 18, 275–286.
Kawasaki, S.; McMillan, J. (1987): The Design of Contracts: Evidence from Japanese Subcontracting, Journal of the Japanese and International Economics 1, 327–349.
Klein, B. (1988): Vertical Integration as Organizational Ownership: The Fisher Body – General Motors Relationship Revisited, Journal of Law, Economics and Organization 4, 199–213.
Kopel, M. (1998): Zur verzerrten Performancemessung in Agency-Modellen, Zeitschrift für betriebswirtschaftliche Forschung 50, 531–550.
Kräkel, M. (1999): Organisation und Management, Mohr-Siebeck.
McMillan, J. (1990): Managing Suppliers: Incentive Systems in Japanese and U.S. Industry, California Management Review, Summer, 38–55.
McMillan, J. (1995): Reorganizing Vertical Supply Relationships, in: Trends in Business Organization: Do Participation and Cooperation Increase Competition? H. Siebert (Hrsg.), 203–222.
Meyer, M. A. (1995): Cooperation and Competition in Organizations: A Dynamic Perspective, European Economic Review 39, 709–722.
Meyer, A. M.; Olson, T. E.; Torsvik, G. (1996): Limited intertemporal commitment and job design, Journal of Economic Behavior and Organization 31, 401–417.
Meyer, A. M.; Vickers, J. (1997): Performance Comparisons and Dynamic Incentives, Journal of Political Economy 105, 547–581.
Milgrom, P.; Roberts, J. (1992): Economics, Organization and Management, Englewood, Cliffs, NJ., Prentice Hall.
Monteverde, K.; Teece, D. J. (1982): Supplier switching costs and vertical integration in the automobile industry, Bell Journal of Economics 13, 206–213.
Pfaffmann, E. (1998). Ein Modell der vertikalen Keiretsu, Die Betriebswirtschaft 58, 451–466.
Picot, A. (1991): Ein neuer Ansatz zur Gestaltung der Leistungstiefe, Zeitschrift für betriebswirtschaftliche Forschung 43, 336–357.

Picot, A.; Reichwald, R. (1994): Auflösung der Unternehmung? Vom Einfluß der IuK-Technik auf Organisationsstrukturen und Kooperationsformen, Zeitschrift für Betriebswirtschaft 64, 547–570.

Picot, A.; Reichwald, R.; Wigand, R. T. (1998): Die grenzenlose Unternehmung – Information, Organisation und Management, 3. Auflage, Gabler.

Picot, A.; Dietl, H.; Franck, E. (1999): Organisation – Eine ökonomische Perspektive, 2. Auflage, Schäffer-Poeschel Verlag.

Spremann, K. (1987): Agent and Principal, in: Agency Theory, Information, and Incentives, G. Bamberg, K. Spremann (Hrsg.), 3–37.

Tabeta, N. (1998): The Kigyo Keiretsu Organization and Opportunism in the Japanese Automobile Manufacturing Industry, Asia Pacific Journal of Management 15, 1–18.

Taylor, C. R.; Wiggins, S. N. (1997): Competition or Compensation: Supplier Incentives under the American and Japanese Subcontracting System, American Economic Review 87, 598–618.

Yun, M. (1999): Subcontracting relations in the Korean automotive industry: risk sharing and technological capability, International Journal of Industrial Organization 17, 81–108.

Wagenhofer, A.; Riegler, C. (1999): Gewinnabhängige Managemententlohnung und Investitionsanreize, Betriebswirtschaftliche Forschung und Praxis 1, 70–90.

Zusammenfassung

In diesem Aufsatz wird die Interaktion zwischen einem Hersteller (Prinzipal) und einem Zulieferer (Agent) mithilfe eines dynamischen Prinzipal-Agenten-Modells abgebildet. Zwei wesentliche Punkte charakterisieren das Modell: Moral Hazard (da der Hersteller die Anstrengung der Zulieferer zur Reduktion der Kosten nicht beobachten kann), und 2) symmetrische Unsicherheit (über die Höhe der Basiskosten des auszuführenden Projekts). Hersteller und Zulieferer können aus eingehender Information lernen und ihre Unsicherheit über die Basiskosten reduzieren. Es wird hier der Frage nachgegangen, ob kurzfristige Geschäftsbeziehungen mit wechselnden Zulieferern oder langfristige Geschäftsbeziehung mit einem Zulieferer vorteilhafter sind. Weiters wird untersucht, ob langfristige Geschäftsbeziehungen durch eine langfristigen oder durch eine Abfolge von kurzfristigen Verträgen geregelt werden soll. Es zeigt sich, dass kurzfristige Geschäftsbeziehungen mit Zuliefererwechsel vorteilhafter sind. Anhand von Erweiterungen des Modells wird auf den Einfluß von informativen Signalen (über die Höhe der Basiskosten, z.B. aufgrund der Einbindung in ein Unternehmensnetzwerk) und Kosten, die bei Zuliefererwechsel entstehen, eingegangen.

Summary

We consider a repeated interaction between a manufacturing firm and a subcontractor. The relationship between the two parties is characterized by moral hazard and by the fact that the they do not have perfect knowledge about the base cost level of the project carried out by a subcontractor (the parties only have identical a priori beliefs). We consider a two-period model where the players can update their estimate of the base cost level according to incoming information. Short term and long term relationships which are governed by short or long term contracts are compared in terms of the overall expected price of the projects. It is shown that in such a dynamic framework with common uncertainty short term contracts with supplier switching is preferable. We then analyze if this result still holds if both subcontractor and manufacturer have access to an additional signal about the base cost level. Furthermore, we study the impact of supplier switching costs.

40:   Beschaffung (JEL M51)
15:   Entscheidungstheorie (JEL D81)

Konsistenz und Wandlungsfähigkeit von Corporate Governance-Systemen

Von Peter Witt

Überblick

- Mit dem Begriff Corporate Governance wird das Problem der Organisation von Leitung und Kontrolle in Unternehmen bezeichnet. Ein Corporate Governance-System besteht aus einzelnen Elementen, die sich in ihrer Funktionsfähigkeit gegenseitig unterstützen, ergänzen oder beeinträchtigen können.

- Corporate Governance-Systeme unterliegen einem Systemwettbewerb, in dessen Verlauf sie fortbestehen, sich verändern oder untergehen können. Der Beitrag untersucht, welche Bedeutung die Konsistenz der Einzelelemente für die Entwicklung eines Corporate Governance-Systems hat.

- Es wird gezeigt, unter welchen Bedingungen sich auch konsistente Systeme erheblich verändern und in ganz andere, ebenfalls konsistente Systeme übergehen können. Die Ergebnisse stützen die Hypothese der Unwahrscheinlichkeit einer Konvergenz internationaler Corporate Governance-Systeme. Sie stützen aber auch die Hypothese der Dominanz eines Systems, konkret der US-amerikanischen Corporate Governance im Systemwettbewerb.

- Methodisch beruht der Beitrag auf der ökonomischen Theorie der Politik und der Wettbewerbstheorie. Er entwirft ein Modell der Entwicklung von Corporate Governance-Systemen durch politische und unternehmerische Einflüsse.

Eingegangen: 29. März 2001

Dr. Peter Witt, Lehrstuhl für Betriebswirtschaftslehre, insbesondere Unternehmertum und Existenzgründung, Wissenschaftliche Hochschule für Unternehmensführung (WHU), Burgplatz 2, 56179 Vallendar.

A. Zum Begriff der Corporate Governance

Unter dem Begriff der „Corporate Governance" wird in dieser Arbeit die Organisation der Leitung und Kontrolle eines Unternehmens mit dem Ziel des Interessenausgleichs zwischen den beteiligten Anspruchsgruppen verstanden. Andere deutsche Begriffe für den englischen Ausdruck „Corporate Governance" sind: Organisation der Leitung, Organisation der Unternehmensführung oder Leitungsstruktur eines Unternehmens. In diesem Beitrag wird durchweg der auch in der deutschen Literatur mittlerweile übliche englische Begriff „Corporate Governance" verwendet. Dieser Begriff ist trotz seiner Verbreitung noch vergleichsweise jung, er wird auch im englischsprachigen Schrifttum erst seit den 90er Jahren verwendet.[1]

In der Literatur finden sich vor allem wirtschaftswissenschaftliche, rechtswissenschaftliche und disziplinenübergreifende Beiträge zu Themen der Corporate Governance. Die ökonomischen Ansätze setzen sehr unterschiedliche Schwerpunkte und verwenden verschiedenartige Methoden: Traditionell große Bedeutung haben die Theorie der Firma, die Property Rights-Theorie, die Organisationstheorie, die Finanzierungstheorie, die Kapitalmarkttheorie und die Principal-Agent-Theorie. Daneben werden institutionenökonomische, vertragstheoretische und spieltheoretische Ansätze verfolgt. Die Beiträge der Rechtswissenschaften zum Thema der Corporate Governance stammen vornehmlich aus dem Gesellschaftsrecht, aber auch aus dem Wettbewerbs-, dem Steuer- und dem Arbeitsrecht. Auslöser für das gegenwärtig große wissenschaftliche Interesse an der Corporate Governance als Erfolgsfaktor von Unternehmen sind die Globalisierung der Märkte, die Verschärfung des internationalen Wettbewerbsdrucks, die Zunahme feindlicher Übernahmen und spektakuläre Unternehmenskrisen.

Eine zentrale Aufgabe der Corporate Governance besteht darin, den Stakeholdern durch verschiedene marktliche und institutionelle Elemente eine Kontrolle des Managements zu ermöglichen (vgl. Berle/Means 1932). Darüber hinaus regelt die Corporate Governance die Macht- und Einkommensverteilung zwischen den verschiedenen Interessengruppen des Unternehmens, also zwischen den Anteilseignern, den Fremdkapitalgebern, den Mitarbeitern und den Managern eines Unternehmens (vgl. Albach 1981 und Witt 2000).

Abschnitt B untersucht die einzelnen Elemente von Corporate Governance-Systemen. Abschnitt C behandelt den von *Schmidt* und Koautoren geprägten Begriff der Konsistenz von Governance-Systemen und die daraus abgeleitete Hypothese der Resistenz konsistenter Systeme gegen Veränderungen.[2] In Abschnitt D werden verschiedene Varianten eines politökonomischen Modells der Entwicklung von Corporate Governance-Systemen vorgestellt. Sie zeigen, dass eine Konvergenz verschiedener Systeme zu einem gemischten System in der Tat unwahrscheinlich ist, weil gemischte Systeme ineffizienter sind als „reine". Es wird aber auch gezeigt, dass es unter bestimmten Bedingungen einen Wechsel von einem konsistenten Corporate Governance-System zu einem ganz anderen, ebenfalls konsistenten Corporate Governance-System geben kann, selbst wenn im Verlauf des Änderungsprozesses Phasen der Inkonsistenz durchlaufen werden. Ursache eines solchen Wechsels ist die Dominanz eines Corporate Governance-Systems im internationalen Systemwettbewerb. Abschnitt E zieht die Schlussfolgerungen und weist auf weiteren Forschungsbedarf hin.

B. Elemente von Corporate Governance-Systemen

Eine zentrale Aufgabe der Corporate Governance besteht darin, eine Kontrolle der Unternehmensleitung durch die verschiedenen Interessengruppen des Unternehmens (Stakeholder) zu ermöglichen. Das Ziel besteht darin, zunächst einen maximalen Überschuss des Unternehmens zu erwirtschaften und dann anschließend geeignete Mechanismen der Verteilung dieses Überschusses auf die Stakeholder zu finden.

Die Kontrolle der Unternehmensleitung kann theoretisch als Principal-Agent-Problem behandelt werden. Um Moral Hazard-Risiken und Probleme der adversen Selektion zu verringern, müssen Informationsasymmetrien zwischen den Stakeholdern (Principal) und der Unternehmensleitung (Agent) abgebaut und Verhaltensweisen des Agent, die den Principal schädigen, begrenzt werden (vgl. Hart 1995b). Zu diesem Zweck können Verhaltens- und Ergebniskontrollen sowie Leistungsanreize benutzt werden. Verhaltenskontrollen reduzieren unmittelbar die Informationsasymmetrie. Eine Ergebniskontrolle durch den Principal erlaubt Rückschlüsse auf das Verhalten des Agent, wobei das Arbeitsergebnis typischerweise nicht nur von dessen Verhalten, sondern auch von stochastischen externen Umständen abhängt. Deshalb kann der Principal dem Agent auch einen Anreiz geben, sich für ein hohes Ergebnis einzusetzen, z.B. indem er ihn am Ergebnis beteiligt. Die folgenden Abschnitte stellen die möglichen Kontrollmechanismen einzeln vor.

Da eine Mehrheit der großen Kapitalgesellschaften in allen Corporate Governance-Systemen der Welt in der Rechtsform der Aktiengesellschaft geführt wird, stehen im folgenden die Aktiengesellschaften im Vordergrund der Betrachtung. Die Begriffe „Anteilseigner", „Eigenkapitalgeber", „Eigenkapitaleigentümer" und „Aktionär" werden der Einfachheit halber synonym gebraucht.

I. Kontrolle durch Stimmrechtsausübung

Den Anteilseignern eines Unternehmens stehen in allen Rechtsformen und in allen Ländern Stimmrechte aus ihrem Anteilsbesitz zu. Bei großen Kapitalgesellschaften findet mindestens einmal im Jahr eine Versammlung der Anteilseigner statt, auf der die Unternehmensleitung den Eigenkapitalgebern wichtige Beschlüsse zur Abstimmung vorlegt. Üblicherweise müssen die Mitglieder der Unternehmensleitung auch von den Anteilseignern entlastet werden, bzw. die Anteilseigner können die angestellten Manager bei Unzufriedenheit mit deren Leistungen abwählen und ein neues Management einstellen.

Die Kontrolle durch Stimmrechtsausübung setzt voraus, dass sich eine Mehrheit der Anteilseigner zusammenfindet, die Leistung des Managements kontrolliert und ihr Stimmrecht entsprechend ausübt. Das ist um so schwieriger, je weiter der Anteilsbesitz eines Unternehmens gestreut ist. Zudem ist die Stimmrechtsausübung mit beachtlichen Kosten für den Anteilseigner verbunden, z.B. durch Reisekosten zum Ort der Versammlung, Opportunitätskosten der aufgewendeten Zeit usw. Bei der direkten Kontrolle der Unternehmensleitung durch die Anteilseigner besteht folglich die Gefahr von Trittbrettfahrer-Effekten, d.h. für jeden einzelnen Anteilseigner ist es rational, sein Stimmrecht selbst nicht auszuüben, sondern kostenlos von der Kontrollausübung durch andere Kapitaleigentümer zu profitieren. Ein solches Verhalten der Eigentümern kleiner Unternehmensanteile wird empirisch durchweg bestätigt.[3]

Die Rationalität passiven Verhaltens gilt nur für Eigentümer kleiner Anteilspakete. Kapitaleigentümer, die über größere Anteile eines Unternehmens und damit über einen größeren Prozentsatz aller Stimmrechte verfügen, haben einen Anreiz zur aktiven Kontrolle der Manager eines Unternehmens und zur direkten Einflussnahme durch Stimmrechtsausübung oder andere Formen der Intervention. Institutionelle Anleger können zudem Größenvorteile bei der Kontrollausübung verwirklichen, da sich die typischen Managementstrategien und die mit ihnen verbundenen Probleme von Unternehmen zu Unternehmen nicht grundsätzlich unterscheiden (vgl. Shleifer/Vishny 1997 und Black 1997).

Im Sinne der Principal-Agent-Theorie müsste die Existenz eines oder mehrerer großer Kapitaleigentümer die Kosten des Monitoring und damit die Agency Costs senken. Empirisch lässt sich diese Hypothese höherer Werte für Unternehmen mit großen institutionellen Investoren jedoch nicht generell bestätigen (vgl. Lehmann/Weigand 2000).

II. Kontrolle durch Kapitalmärkte

1. Kontrolle durch Eigenkapital

Bei der Aufnahme zusätzlichen Kapitals muss die Unternehmensleitung versuchen, die Kapitalkosten niedrig zu halten. Der Wettbewerb mit anderen Unternehmen um die Gunst der Kapitalgeber schränkt dabei die Möglichkeiten des opportunistischen Verhaltens des Managements ein und übt eine kontrollierende Wirkung aus.

Insbesondere die Börsennotierung eines Unternehmens senkt die Agency Costs in der Principal-Agent-Beziehung zwischen den Anteilseigentümern und der Unternehmensleitung. Sie gibt den Eigentümern als Principal die Möglichkeit, ihre Unzufriedenheit mit dem Agent und seinem Verhalten durch Verkauf der Aktien oder durch Ausübung des mit dem Eigenkapitalanteil verbundenen Stimmrechts auszudrücken. Diese beiden Möglichkeiten, auf unerwünschtes Verhalten oder unzulängliche Leistungen des Managements zu reagieren, werden als „Voice" und „Exit" bezeichnet.[4]

Der Markt für Eigenkapital diszipliniert die Mitglieder der Unternehmensleitung, weil er den Aktionären die Wahl von „Exit" besonders leicht macht. Wenn genug Anteilseigner mit der Leistung des Managements unzufrieden sind, dann können sie ihre Anteile verkaufen, und der Börsenkurs des entsprechenden Unternehmens fällt. Die Gefahr nimmt dann zu, dass ein anderes Unternehmen die billig gewordenen Anteile aufkauft, das bestehende Management entlässt und mit einer neuen Unternehmensleitung Wertsteigerungen schafft, die durch das opportunistische Verhalten der bisherigen Manager nicht realisiert werden konnten. Bereits die Übernahmedrohung diszipliniert das Management. Der Markt für Unternehmensübernahmen wird aus diesen Gründen in der Literatur als „zentrale Komponente der externen Kontrolle" (vgl. Dufey/Hommel 1997, S. 192) angesehen.

Feindliche Übernahmen haben in der Praxis vor allem in den USA in den 80er Jahren in großem Umfang stattgefunden (vgl. Jensen 1986, S. 328). In Europa spielen sie bisher nur in Großbritannien eine größere Rolle (vgl. Franks/Mayer 1997). In Deutschland sind sie nach wie vor sehr selten, die feindliche Übernahme von Mannesmann durch Vodafone stellt einen der seltenen Fälle aus der jüngeren Geschichte dar.

2. Kontrolle durch Fremdkapital

Fremdkapital unterscheidet sich vornehmlich dadurch von Eigenkapital, dass es mit festen Tilgungs- und Verzinsungsansprüchen ausgestattet ist. Je höher die Verschuldung eines Unternehmens ist, desto größer sind die laufenden Auszahlungsverpflichtungen. Dieser vertraglich bindende, laufende Schuldendienst reduziert die Agency Costs, weil er der Unternehmensleitung Cash-Flows entzieht, die diese sonst für andere Zwecke ohne direkte Kontrollmöglichkeiten durch die Aktionäre hätte verwenden können (vgl. Jensen 1986, S. 324 und Hart 1995a, S. 10).

Ein hoher Verschuldungsgrad erleichtert auch die Kontrolle des Managements durch Kreditgeber bzw. Banken. Sie erhalten im Gegenzug zur Kreditgewährung typischerweise besondere Informations- und Einsichtsrechte oder sind sogar im Aufsichtsgremium des Unternehmens vertreten. Fremdkapitalgeber können sich darüber hinaus vor Schädigungen durch das Management schützen, indem sie Kredite nur kurzfristig zur Verfügung stellen. Damit ergibt sich für die Unternehmensleitung immer wieder die Notwendigkeit, neue Kredite zu beantragen und entsprechende Kreditwürdigkeitsprüfungen über sich ergehen zu lassen.

Eine hohe Verschuldung hat schließlich auch eine Signalwirkung auf die Kapitalmärkte. Sie deutet an, dass Banken oder andere Institutionen, welche die Geschäftspolitik des Unternehmens bei der Kreditgewährung zu prüfen haben und daher sehr gut kennen, das Unternehmen für kreditwürdig halten (vgl. Albach 1998, S. 69ff.). Allerdings führt ein hoher Verschuldungsgrad auch zu unerwünschten Auswirkungen: Er erhöht das Konkursrisiko, verringert die Flexibilität des Unternehmens, schnell auf neue Marktchancen zu reagieren, und verursacht dadurch höhere Kapitalkosten (vgl. Jensen/Meckling 1976, S. 339–342).

III. Kontrolle durch Produktmärkte

Unternehmen stehen unabhängig von ihrer Governance-Struktur mit anderen Unternehmen im Wettbewerb auf den Märkten für ihre Produkte. Dieser Wettbewerb wird über den Produktpreis, die Produktqualität, das Produktdesign und den mit dem Produkt angebotenen Service ausgetragen. Je schärfer der Wettbewerb auf den Produktmärkten, desto stärker ist auch der Effizienzdruck innerhalb der Unternehmen. Produktmärkte üben in der Principal-Agent-Beziehung zwischen Stakeholdern und Managern eines Unternehmens dadurch eine kontrollierende Wirkung aus, dass sie den Handlungsspielraum für opportunistisches Verhalten einengen (vgl. Hart 1983 und Schmidt 1997).

Bei vollkommenem Wettbewerb darf es theoretisch keine Agency Costs mehr geben. Der Wettbewerb auf den Produktmärkten unterbindet das eigennützige Verhalten angestellter Manager vollständig. In der Realität wird man einen vollkommenen Wettbewerb aber nur selten vorfinden. Wenn es bei allen Unternehmen opportunistisches Verhalten der Manager gibt, kann der Produktmarkt die Agency Costs nicht beseitigen (vgl. Jensen/

Meckling 1976, S. 330). In vielen Märkten ist der freie Wettbewerb durch Subventionen, Protektionismus, Kartellbildung usw. behindert. Wenn ein Unternehmen seine Produkte auf mehreren Märkten anbietet, von denen mindestens einer nicht dem vollkommenen Wettbewerb ausgesetzt ist, können Quersubventionen stattfinden, die den Effizienzdruck mindern. Das Management kann schließlich Phasen fehlenden Wettbewerbs, z.B. bei einer erfolgreichen Produktinnovation, ausnutzen, indem es Gewinne einbehält und Reserven anhäuft. Diese überschüssigen finanziellen Mittel können über eine längere Zeit opportunistisches Verhalten ermöglichen, auch wenn sich der Wettbewerb auf den Produktmärkten in der Zwischenzeit verschärft oder gar vervollkommnet hat.

IV. Kontrolle durch Arbeits- und Managermärkte

Manager stehen untereinander im Wettbewerb. Die Aktionäre eines Unternehmens können beispielsweise Management- bzw. Geschäftsführungsverträge mit ihnen geeignet erscheinenden Personen abschließen und diese auch wieder kündigen. Auf diese Weise entstehen Arbeits- oder Managermärkte.

Der Managermarkt vermindert die Agency Costs zunächst dadurch, dass sich die einzelnen Agents in einem Leitungsgremium gegenseitig überwachen (vgl. Fama 1980, S. 293). Darüber hinaus diszipliniert der Managermarkt auch unternehmensextern das Verhalten der Führungskräfte und senkt so die Agency Costs. Jeder Manager muss mit einer bestimmten Wahrscheinlichkeit damit rechnen, entlassen zu werden, oder auf eigenen Antrieb hin zu einem anderen Unternehmen zu wechseln. Die leistungsabhängige Vergütung, die der neue Principal ihm als Agent zahlen wird, richtet sich nach den Erfolgen, die der Manager an seinen bisherigen Wirkungsstätten vorzuweisen hat. Nur erfolgreiche Manager können höhere Gehälter bei den Vertragsverhandlungen mit einem neuen Arbeitgeber durchsetzen. Insofern hat jeder Manager einen Anreiz, eine gewinn- und wertsteigernde Geschäftspolitik zu betreiben, weil das seine Gehaltchancen auf dem Managermarkt erhöht.

In den USA kann der Managermarkt als vorhanden und funktionsfähig bezeichnet werden. Er ist groß und nur wenig reguliert. Die Mobilität der Arbeitskräfte ist sehr hoch. Zudem ist die Vergütung von Managern durch regelmäßige, vergleichende Veröffentlichungen von Managervergütungen außerordentlich transparent (vgl. Jensen/Murphy 1990 und Bernhardt/Witt 1997). Ob die Arbeits- und Managermärkte in anderen Ländern genauso funktionsfähig sind wie in den USA, ist zu bezweifeln. In Europa und Asien kommt der Loyalität zum Unternehmen größere Bedeutung zu, Manager wechseln generell seltener die Position (vgl. Kaplan 1994, S. 521). Zudem sind die Managermärkte außerhalb der USA tendenziell stärker reguliert und typischerweise auch enger, weil es weniger Unternehmen vergleichbarer Größe oder Branche gibt.

V. Kontrolle durch Publizität

Ein notwendiger Bestandteil jeder Principal-Agent-Beziehung sind Informationsasymmetrien. Die Stakeholder können detaillierte Informationen über das Unternehmen, wie sie dem Management vorliegen, entweder gar nicht oder nur mit hohem Kostenaufwand erhalten. Insofern besteht eine naheliegende Lösung zur Senkung der Agency Costs darin, die Informationsasymmetrie zwischen Principal und Agent abzubauen. Das kann durch eine Verminderung der gesetzlich vorgegebenen Bilanzierungs- und Bewertungswahlrechte, Segmentberichterstattung, Informationspflichten gegenüber Aufsichtsgremien und andere publizitätssteigernde Maßnahmen geschehen.

Der Angleichung der internationalen Bilanzierungsvorschriften kommt eine besondere Bedeutung zu. Sie erleichtert den Vergleich von Unternehmen aus verschiedenen Governance-Strukturen und verbessert dadurch die Funktionsfähigkeit der internationalen Kapitalmärkte. Die Anwendung der International Accounting Standards (IAS) oder sogar die Übernahme der US-amerikanischen Bilanzierungsvorschriften, der Generally Accepted Accounting Principles (US-GAAP) in anderen Ländern, auch in Deutschland, ist bereits Realität (vgl. Kirchner 2000 und Pellens/Tomaszewski 1999).

Auch die internationalen Rating-Agenturen tragen zu einer verbesserten Publizität bei, indem sie die Geschäfts- und Finanzpolitik der Unternehmen prüfen und anschließend ein Bonitätsurteil abgeben. Je besser das Rating ausfällt, desto niedriger sind die Kreditzinsen, die Banken von den betreffenden Unternehmen verlangen. Auch die Eigenkapitalkosten sinken, weil der Kapitalmarkt höhere Wertsteigerungen des Unternehmens erwartet. Insofern führen die Rating-Agenturen mit ihrer Arbeit eine Kontrolle der Unternehmensleitung durch, die ceteris paribus die Agency Costs senkt und die Transparenz der Kapitalmärkte verbessert.

Albach hat die These aufgestellt, dass erfolgreiche Unternehmen eine erweiterte Publizität als Instrument zur Senkung der Finanzierungskosten einschließlich der Transaktionskosten der Kapitalbeschaffung nutzen. Sie übten damit Druck auf die weniger erfolgreichen Unternehmen aus, ebenfalls weitgehende Publizität zu schaffen. Ansonsten würde die geringere Publizität am Kapitalmarkt als ein Signal für geringere Wettbewerbsfähigkeit aufgefasst (vgl. Albach 1997, S. 1274). Publizität erleichtert also die Funktionsfähigkeit marktlicher Kontrollmechanismen.

VI. Kontrolle durch Haftung

Die Stakeholder können die Mitglieder der Unternehmensleitung für betrügerisches oder eigennütziges Verhalten schadensersatzpflichtig machen und auf diese Weise Agency Costs senken: Die drohenden Sanktionen bei einem Fehlverhalten senken die Anreize für Manager, sich selbst auf Kosten des Principal zu bereichern. Wenn die Haftungssumme bei Fehlverhalten ausreichend groß ist, dann müsste selbst eine geringe Wahrscheinlichkeit der Aufdeckung von Fehlverhalten bereits das Verhalten der Mitglieder der Unternehmensleitung beeinflussen und das Moral Hazard-Risiko verringern. Schadensersatzpflichten bestehen in nahezu allen Corporate Governance-Systemen. Sie umfassen typischerweise nicht nur die Mitglieder der Unternehmensleitung, sondern auch die Mitglieder der Aufsichtsgremien (vgl. Theisen 1993).

An der Wirksamkeit einer Kontrolle der Unternehmensleitung durch Haftungsverpflichtungen sind in der Literatur erhebliche Zweifel geäußert worden, weil sie sich auf Fälle grob eigennützigen oder untreuen Verhaltens beschränkt: „Haftungsklagen gibt es durchweg nur in Extremfällen, nämlich wenn nicht mehr das Management regiert, sondern der Konkursverwalter" (Mertens 1996, S. 158). Selbst Haftungsregeln, die de lege lata bestehen, greifen in der Praxis nicht, weil zu große Voraussetzungen für die Zulässigkeit von Schadenersatzklagen bestehen, weil die Beweislast zu groß ist oder weil vorgebrachte Klagen von den Gerichten nicht durchgesetzt werden. Schließlich wird befürchtet, dass Haftungsbestimmungen qualifizierte Führungskräfte abschrecken und so die Anzahl möglicher Kandidaten verringern.

VII. Kontrolle durch Aufsichtsgremien

Die Unternehmensleitung kann durch unternehmensinterne Aufsichtsgremien oder Aufsichtspersonen kontrolliert werden. Solche Aufsichtsgremien werden typischerweise von den Anteilseignern des Unternehmens oder anderen Interessengruppen wie z.B. den Mitarbeitern gewählt, so dass deren Vertreter Mandate im Aufsichtsorgan übernehmen. Auch Fremdkapitalgeber sind in einigen Corporate Governance-Systemen mit Mandaten in den Aufsichtsgremien ihrer Kreditkunden vertreten. Die Mitglieder eines Aufsichtsgremiums haben die Aufgabe, die Verfolgung der Interessen der Stakeholder durch die Unternehmensleitung zu überwachen. Das Aufsichtsgremium ist aufgrund seiner geringen Größe und seines direkteren Kontakts mit der Unternehmensleitung besser als die verschiedenen Interessengruppen selbst in der Lage, opportunistisches Verhalten des Managements zu verhindern.

Durch die Einführung eines institutionalisierten Kontrollgremiums entsteht eine zweistufige Principal-Agent-Beziehung: Auf der ersten Stufe stehen die Anteilseigner als Principal dem Aufsichtsgremium als Agent gegenüber. Es bestehen Informationsasymmetrien und Interessenkonflikte: Die Mitglieder des Aufsichtsgremiums halten nicht notwendigerweise selbst Eigenkapital des Unternehmens und haben Anreize, mit der Unternehmensleitung zu kooperieren und sich damit auf Kosten der Aktionäre besser zu stellen: „Fazit: Der Aufsichtsrat ist – soweit er funktionell überhaupt etwas ist – ein die Verwaltung in seinem eigenen Interesse beeinflussendes Organ. Weiter nichts." (Steinitzer 1908, S. 157). Auf der zweiten Stufe steht das Aufsichtsgremium als Principal der Unternehmensleitung als Agent gegenüber. Auch in diesem Fall sind Informationsasymmetrie und Interessenkonflikte vorhanden.

Die Effektivität der internen Kontrolle der Unternehmensleitung durch Aufsichtsgremien ist in der Praxis bezweifelt worden, weil die Gefahr besteht, dass ihre Mitglieder Konflikte mit den ihnen persönlich meist gut bekannten Mitgliedern der Unternehmensleitung vermeiden (vgl. Hirata 1996 und Jensen 1993). Die Mitglieder des Aufsichtsgremiums erhalten ihre Informationen zudem von der Unternehmensleitung selbst, so dass eine wirkungsvolle Überwachung bereits durch Selektion und Manipulation der Informationsbasis vom Vorstand verhindert werden kann. Die Aufsichtspersonen haben schließlich nur geringe materielle Anreize, die Interessen der Anteilseigner nachdrücklich gegenüber der Unternehmensleitung zu vertreten, weil Aufsichtsräte bzw. Boardmitglieder häufig keine größeren Aktienpakete des Unternehmens besitzen (vgl. Theisen 1993 und Hess 1996).

VIII. Anreizverträgliche Vergütung

Das Problem des Interessenkonflikts in der Corporate Governance von Unternehmen lässt sich theoretisch dadurch lösen, dass bestehende Interessengegensätze durch Anreizmechanismen aufgehoben werden. Wenn es beispielsweise gelingt, die Interessen der Aktionäre und der Mitglieder der Unternehmensleitung zur Deckung zu bringen, dann entfällt das entsprechende Moral Hazard-Risiko, weil der Agent keinen Anreiz mehr hat, dem Principal zu schaden.

Ein wichtiges Instrument zur Herstellung gleicher Interessen von Principal und Agent ist die Festlegung einer anreizverträglichen Entlohnung für die an den Agent übertragene Aufgabe. Dabei wird unterstellt, dass sowohl die Anteilseigner als auch die Manager an Einkommen bzw. an Geld interessiert sind. Um richtige Verhaltensanreize zu setzen, müssen leistungsabhängige Vergütungen mit den Werten und Zielen des Unternehmens und seiner Anteilseigner übereinstimmen, sich eindeutig und unanfechtbar aus zeitnah verfügbaren Daten berechnen lassen, vom jeweiligen Manager beeinflussbar und für die Leistung verschiedener Einheiten eines Unternehmens relevant sein. Schließlich müssen die Leistungsmaßstäbe leicht erklärbar und verständlich sein (vgl. Bernhardt/Witt 1997, S. 87–88).

Es gibt mehrere Maßstäbe, welche die oben genannten Kriterien der Anreizverträglichkeit erfüllen können, z.B. die ausgeschüttete Dividende, das Betriebsergebnis oder der Börsenkurs. In der Literatur sind vor allem auf Zielvereinbarungen beruhende Bonussysteme, dividendenabhängige Tantieme oder direkte Gewinnbeteiligungen, Aktienbesitz, zu dem die Mitglieder der Unternehmensleitung verpflichtet werden, und Aktienoptionen untersucht worden. Viele dieser Maßstäbe eignen sich allerdings nur für die Mitglieder der obersten Leitungsebene eines Unternehmens. Nur bei diesen Personen kann unterstellt werden, dass sie wirklich Einfluss auf den Gewinn, die Dividende oder den Börsenkurs eines Unternehmens haben.

Eine interessante Variante der anreizverträglichen Vergütung ist ein erzwungener Aktienbesitz für Manager. Um allerdings nennenswert am Unternehmen beteiligt zu sein, müssen Manager große Anteile ihres Vermögens in Aktien des von ihnen geleiteten Unternehmens halten. Zudem hängt auch ihr laufendes Einkommen und der Fortbestand ihres Arbeitsplatzes vom Erfolg des Unternehmens ab, so dass sie insgesamt ineffizient viel Risiko tragen (vgl. Holmström 1979). Aktienoptionen gleichen diesen Nachteil aus, indem sie die Manager nur an positiven Wertentwicklungen teilhaben lassen. Um jedoch mit der Vergabe von Aktienoptionen nicht unerwünschte Anreize zu kurzfristigen Börsenkurssteigerungen und Gewinnmitnahmen zu setzen, müssen Aktienoptionsprogramme langfristig ausgelegt sein und in allen Vertragsbestandteilen sehr genau geregelt werden (vgl. Winter 1998 und Winter 1999).

Es ist auffällig, dass die meisten der aus theoretischen Principal-Agent-Modellen abgeleiteten optimalen Vergütungsverträge in der Realität nicht vorkommen, weil sie zu kompliziert sind (vgl. Holmström/Milgrom 1987, S. 303 und Arrow 1991, S. 48–49). Bei allen Formen der leistungsabhängigen Vergütung droht zudem die Gefahr, dass die intrinsische Motivation und Arbeitsfreude unterhöhlt und durch die extrinsische Motivation der leistungsabhängigen Vergütung verdrängt wird (vgl. Frey/Oberholzer-Gee 1997 und Osterloh/Frey/Frost 1999).

IX. Substitutionalität und Komplementarität der Kontrollmechanismen

Die beschriebenen Kontrollmechanismen kommen in den Governance-Strukturen verschiedener Unternehmen in unterschiedlichen Kombinationen und mit unterschiedlicher Gewichtung vor. Die Kombination der theoretisch verfügbaren Instrumente, mit denen die Stakeholder die Unternehmensleitung kontrollieren können, wird zunächst von den Gesetzen und Kapitalmarktordnungen des Landes bestimmt, in dem ein Unternehmen seinen Sitz hat. Nicht in allen Ländern stellen das Gesellschaftsrecht und die Kapitalmarktordnung alle Kontrollmechanismen gleichzeitig bereit. Fehlt beispielsweise ein funktionsfähiger Kapitalmarkt, greift die Kontrolle des Managements durch mögliche Übernahmen nicht. Wenn die Gerichte Schadensersatzansprüche von Aktionären gegenüber Managern nicht durchsetzen, dann nützen auch die entsprechenden gesetzlichen Haftungsregelungen nichts.

Viele Kontrollmechanismen sind nicht nur in Verbindung mit allen anderen, sondern auch jeweils für sich wirksam. Dann gilt eine Substitutionalität der einzelnen Kontrollmechanismen, d.h. sie können gegeneinander ausgetauscht werden. Beispiele sind:

– Wenn die Mitglieder der Unternehmensleitung für Missmanagement haften und Informationen zur Geschäftslage publizieren müssen, können die Eigentümer die Kontrolle der Unternehmensleitung tendenziell auch alleine, also ohne Rückgriff auf ein separates Aufsichtsgremium durchführen (vgl. Rediker/Seth 1995, S. 88).
– Wenn ein Unternehmen in besonders scharfem Wettbewerb steht, nehmen die Moral Hazard-Risiken auch ohne die Existenz anderer Kontrollmechanismen ab.
– Wenn es eine anreizverträgliche Vergütung für die Führungskräfte gibt, bedarf es keiner wirksamen Übernahmedrohung auf dem Markt für Eigenkapital.
– Wenn es wirksame Übernahmedrohungen gibt, können die Mitglieder eines Board sich eher auf Aufgaben der Unternehmensleitung als auf Aufgaben der Kontrolle der Unternehmensleitung konzentrieren.

Es gibt auch Kontrollmechanismen, die sich gegenseitig verstärken oder nur gemeinsam die erwünschte Wirkung zeigen. Sie sind zueinander komplementär, wie folgende Beispiele zeigen:

– Je höher ein Unternehmen verschuldet ist, desto geringer ist ceteris paribus das Eigenkapital, so dass die Kontrolle durch den Eigenkapitalmarkt oder durch institutionelle Investoren wirkungsvoller ist.
– Strikte Publizitätspflichten mit wenig Gestaltungsspielraum erleichtern die korrekte Bewertung eines Unternehmens durch den Kapitalmarkt und verstärken damit dessen Kontrollwirkung gegenüber dem Management.
– Je informationseffizienter der Kapitalmarkt ist, desto bessere Anreize setzen wertorientierte Vergütungssysteme für Manager.

C. Konsistenz von Corporate Governance-Systemen

Schmidt hat in mehreren Aufsätzen mit verschiedenen Koautoren die Hypothese aufgestellt, dass die bestehenden Corporate Governance-Systeme der führenden Industrielän-

Konsistenz und Wandlungsfähigkeit von Corporate Governance-Systemen

der der Welt in sich konsistent sind und daher auf absehbare Zeit nicht konvergieren werden (vgl. Schmidt/Tyrell 1997, Schmidt/Grohs 2000, Schmidt/Spindler 2001 und Hackethal/Schmidt 2001).

Ein System ist dann konsistent, wenn es aus einzelnen Elementen besteht, die zueinander komplementär sind, d.h. sich gegenseitig in ihren Auswirkungen hinsichtlich der Funktionsfähigkeit des Systems verstärken (vgl. Schmidt/Grohs 2000). Eine ähnliche Definition der Konsistenz durch die Komplementarität von Einzelelementen eines Systems liegt dem Begriff der Supermodularität zugrunde. „The (incremental) payoff to increasing any two or more of the variables together must be no less than the sum of the (incremental) payoffs from increasing each variable alone" (Milgrom/Roberts 1995, S. 245). Inkonsistente Systeme sind im Vergleich zu konsistenten Systemen ökonomisch ineffizienter und damit schlechter, selbst wenn sie möglicherweise bessere Einzelelemente enthalten.

Auf der Grundlage dieser Definition eines konsistenten Systems prüfen *Schmidt* und seine Koautoren u.a. das deutsche, das britische, das US-amerikanische und das japanische System der Corporate Governance. Sie kommen zu dem Ergebnis, dass zwei idealtypische Governance-Systeme zu unterscheiden sind: Das Outsider Control System (kapitalmarktdominiertes System) und das Insider Control System (bankdominiertes System). Großbritannien und die USA verwenden ein Outsider Control System, in dem anonyme Marktmechanismen die Hauptrolle spielen. Seine Elemente sind u.a. (vgl. Schmidt/Tyrell 1997 und Hackethal/Schmidt 2001):

- Unternehmensziel ist die Maximierung des Marktwerts (Shareholder Value).
- Die Leitung und die institutionelle Kontrolle der Unternehmensleitung erfolgen durch ein Gremium, den Board, dem „Inside" und „Outside Directors" angehören.
- Der Kapitalmarkt ist liquide, der Anteilsbesitz ist breit gestreut, es bestehen keine Stimmrechtsbeschränkungen.
- Es bestehen nur geringe wechselseitige Beteiligungen zwischen den Unternehmen.
- Die Rechnungslegung ist aktionärsorientiert.
- Externe Arbeitsmärkte und explizite Verträge sind wichtiger als interne Arbeitsmärkte.

In Deutschland und (mit einigen Modifikationen) auch in Japan findet man ein Insider Control System, in dem persönliche Beziehungen wichtiger sind als Marktmechanismen (vgl. Schmidt/Tyrell 1997; Maher/Andersson 1999, S. 24–30 und Hackethal/Schmidt 2001). Es enthält folgende Elemente:

- Unternehmensziel ist die gemeinsame Erfüllung der Interessen aller Stakeholder (Stakeholder Value).
- Die institutionelle Kontrolle des Managements erfolgt durch einen Aufsichtsrat, dem nur „Outside Directors" angehören.
- Der Kapitalmarkt ist gering entwickelt, relativ wenige Unternehmen sind börsennotiert, es gibt Mehrfach- und Höchststimmrechte.
- Die Unternehmen und Banken sind über Anteilsbesitz eng miteinander verflochten.
- Die Rechnungslegung ist gläubigerorientiert.
- Interne Arbeitsmärkte und implizite Verträge sind wichtiger als externe Arbeitsmärkte.

Nach Ansicht von *Schmidt* und seinen Koautoren sind beide Systeme in ihrer bestehenden Form konsistent, d.h. die Elemente passen zusammen und verstärken sich gegenseitig in ihrer Wirkung. Es lohne sich daher nicht, einzelne Elemente des jeweils anderen Systems zusätzlich zu übernehmen, weil sie für sich genommen wirkungslos oder überflüssig sind. Beide Systeme hätten typische Vor- und Nachteile, und könnten in ihrer bestehenden Form als lokale Optima gelten: Während das Insider Control System Produktionsformen begünstigt, bei denen langfristige Beziehungen und firmenspezifische Investitionen in Humankapital erforderlich sind, weist das Outsider Control System Vorteile bei der Flexibilität der Anpassung an Umweltänderungen auf (vgl. auch Bebchuk/Roe 1999 und Milgrom/Roberts 1995).

Auf der Grundlage dieser Überlegungen erwarten *Schmidt* und seine Koautoren keine Angleichung der bestehenden Systeme durch Systemwettbewerb (zum Begriff des Systemwettbewerbs vgl. Witt 2000). Alle Positionen zwischen einem Insider Control System und einem Outsider Control System seien inkonsistent und damit ökonomisch ineffizient. Wenn überhaupt eine Angleichung der Corporate Governance-Systeme stattfände, dann könne sie nur durch eine schwere Krise eines der beiden idealtypischen Systeme erfolgen und müsste in der vollständigen Übernahme aller Elemente des jeweils anderen Systems, also einem schlagartigen Systemwechsel bestehen. Für am wahrscheinlichsten wird der Fortbestand verschiedener konsistenter Systeme der Corporate Governance gehalten.

D. Ein politökonomisches Modell der Entwicklung von Corporate Governance-Systemen

I. Vorüberlegungen

In folgenden soll der Ansatz von *Schmidt* und seinen Koautoren modifiziert, erweitert und formalisiert werden. Dabei sind folgende Aspekte von Bedeutung:

1. In den Corporate Governance-Systemen der Welt sind keineswegs alle Elemente komplementär zueinander, unterstützen sich also gegenseitig in ihrer Funktionsweise. Im Gegenteil, manche Elemente lösen unabhängig voneinander dasselbe Problem und können sich theoretisch gegenseitig ersetzen, sie sind substitutional. Ein Corporate Governance-System mit teilweise komplementären und teilweise substitutionalen Elementen ist nicht a priori als inkonsistent zu bezeichnen.
2. Corporate Governance-Systeme liegen nicht immer nur in „reiner" Form vor. Wenn eine bestimmte Anzahl von Einzelelementen ein System konstituiert, und wenn diese Elemente verschiedene Ausprägungen annehmen können, dann können von einzelnen Elementen möglicherweise auch mehrere Ausprägungen parallel bestehen. Ein Corporate Governance-System muss nicht zwangsläufig ein „reines" System von Elementen mit jeweils nur einer von mehreren möglichen Ausprägungen sein, sondern es könnte „unrein" in dem Sinne sein, dass in ihm mehrere Ausprägungen eines Elements auf Dauer enthalten sind. *Schmidt* und *Spindler* (2001) weisen auf diese Möglichkeit selbst hin: „However, we should mention a risk inherent in overstating our case for consistency or systemic purity. To do so might serve to impede reforms which are useful even if they are not strictly compatible with the basic structure of the respective systems."

3. Der Prozess, durch den es zu Änderungen der Corporate Governance kommt, wird vom Gesetzgeber und von den Unternehmen bestimmt. Es handelt sich einmal um den politischen Prozess der Gesetzgebung, der von politischen „Fühlbarkeitsschwellen" und Zielsetzungen beeinflusst wird. Zum anderen handelt es sich um einen von den Unternehmen selbst bestimmten Prozess, weil die Unternehmen im Rahmen der geltenden Gesetze organisatorische Gestaltungsspielräume haben (vgl. Witt 2000).

Ausgangspunkt der Überlegungen seien Corporate Governance-Systeme, die aus abzählbar vielen Elementen bestehen. Jedes Element kann verschiedene Ausprägungen haben. Im stetigen Fall ergibt sich ein Kontinuum an möglichen Ausprägungen pro Element. Im diskreten Fall ergeben sich endlich viele mögliche Ausprägungen.

Es wird zunächst angenommen, alle Elemente $i = 1, ..., n$ müssten in jedem Corporate Governance-System in irgendeiner Ausprägungsform vorkommen. Weiter wird zur Vereinfachung der Darstellung angenommen, für die Funktionsfähigkeit eines Systems hätten alle Elemente dieselbe Bedeutung. Dadurch entfällt eine Gewichtung der Elemente, die im Modell jedoch ohne Probleme berücksichtigt werden könnte.

Im Modell wird von diskreten Elementausprägungen $j = 1, ..., m$ ausgegangen. Stetige Ausprägungen wären zwar formal ebenfalls darstellbar, werden aber zur Beschreibung von Corporate Governance-Systemen nicht benötigt. Durch eine geeignete Definition der einzelnen Elemente ist es sogar möglich, die Anzahl der möglichen Ausprägungen pro Element immer auf zwei zu beschränken. Man muss dazu nur jede denkbare Elementausprägung als Element definieren und die zwei Ausprägungen „liegt vor" oder „liegt nicht vor" verwenden.

Die Schreibweise e_j^i bezeichnet ein Element vom Typ i mit der Ausprägung j. Um die weiteren Ausführungen etwas anschaulicher zu machen, soll im weiteren Verlauf der Arbeit folgendes Beispiel benutzt werden (vgl. zu einer ähnlichen, aber viel detaillierteren Systematisierung: Hackethal/Schmidt 2001, Anhang 1):

- e^1 bezeichne die Form der variablen Managervergütung. Sie sei entweder kapitalmarktorientiert (e_1^1) oder gewinnorientiert (e_2^1).
- e^2 sei die Variable für die Rechnungslegung, die entweder kapitalmarktorientiert (e_1^2) oder gläubigerorientiert (e_2^2) sein kann.
- e^3 benenne die vorherrschende Form der Kontrolle des Managements, wobei eine Marktkontrolle (e_1^3) oder eine Insiderkontrolle (e_2^3) zur Wahl stehen.
- e^4 bezeichne die Organisation der betrieblichen Alterssicherung, sie ist kapitalmarktfinanziert (e_1^4) oder betrieblich finanziert (e_2^4).
- e^5 sei ein Anteilsbesitz von Banken an Industrieunternehmen, der vorkommt (e_1^5) oder nicht vorkommt (e_2^5).

II. Modellvariante 1: Corporate Governance-Systeme mit sich gegenseitig ausschließenden Ausprägungen pro Element

1. Modellierung der Inkonsistenz eines Corporate Governance-Systems

Allgemein ist ein System definiert als Vektor von i Elementen mit jeweils verschiedenen möglichen Ausprägungen. Es sei in Modellvariante 1 angenommen, es könne bei jedem

Element eine von j verschiedenen möglichen Ausprägungen geben:

(1) $\quad S = (e_j^i), \quad \text{mit} \quad i = 1, \ldots, n; \quad j \in (1, \ldots, m)$

Ein konsistentes System weist nur die typischen, zueinander komplementären Ausprägungen der Elemente auf. Im Beispielfall mit nur zwei möglichen Ausprägungen pro Element und insgesamt fünf Elementen lauten die zwei konsistenten Systeme: $S_1 = (e_1^1, e_1^2, e_1^3, e_1^4, e_1^5)$ und $S_2 = (e_2^1, e_2^2, e_2^3, e_2^4, e_2^5)$. Beide Systeme seien gleich effizient, d.h. es gilt: $S_1 \sim S_2$.

Der Grad der Inkonsistenz IK eines Systems wird bei sich gegenseitig ausschließenden Elementausprägungen mit Hilfe der maximalen Anzahl der Elementausprägungen, die sich von den anderen Elementausprägungen unterscheiden, gemessen:

(2) $\quad IK = \dfrac{n - (\max_j (\# e_j - \# e_{k \neq j}))}{n}, \quad j = 1, \ldots, m$

n bezeichnet dabei die Anzahl der berücksichtigten Elemente eines Corporate Governance-Systems, $\# e_j$ ist die Anzahl der Elemente mit der Ausprägung j. Der Ausdruck in der weiten Klammer des Zählers ist ein Maß dafür, wie heterogen die Ausprägung der Einzelelemente im System ist. Die Division durch die Anzahl der berücksichtigten Elemente n stellt sicher, dass $IK \in (0,1)$. Je höher der Wert für IK ausfällt, desto inkonsistenter und damit annahmegemäß ineffizienter ist das betreffende System.

Wenn es, wie im oben genannten Beispiel, fünf Elemente gibt und alle fünf Elemente die gleiche von zwei möglichen Ausprägungen haben, dann nimmt der weite Klammerausdruck im Zähler den Wert fünf und die Inkonsistenz den minimalen Wert null an. Wenn es vier Elemente der einen und ein Element der anderen Ausprägung gibt, entspricht der Grad der Inkonsistenz dem Wert 2/5. Wenn drei Elemente eines Ausprägungstyps auf zwei Elemente des anderen Ausprägungstyps treffen, beträgt der Klammerausdruck eins. Die Inkonsistenz hat den (in diesem speziellen Fall maximalen) Wert 4/5.

Das Corporate Governance-System eines Landes verändere sich im hier betrachteten Modell auf zwei Arten, die im folgenden näher modelliert und in ihrem Zusammenspiel untersucht werden:

1. *Politische Veränderungen:* Die Regierung formuliert zu bestimmten Zeitpunkten Gesetzentwürfe, die vom Parlament umgesetzt oder abgelehnt werden. Auf diese Weise werden in diskreten Zeitabständen neue Gesetze beschlossen, alte Gesetze abgeschafft oder bestehende Gesetze geändert.
2. *Unternehmerische Veränderungen*: Die Manager können laufend Wahl- und Organisationsentscheidungen innerhalb der gesetzlich vorgesehenen Spielräume des Rechts treffen und auf diese Weise kontinuierliche Veränderungen ihrer Corporate Governance bewirken. Es sei unterstellt, dass die Manager ihre Entscheidungen in den von Gesetz und Satzung vorgesehenen Fällen von der Hauptversammlung absegnen lassen. Für Hauptversammlungen gelte jedoch die angesprochene „rationale Passivität" der Aktionäre.

2. Modellierung des politischen Prozesses der Entwicklung von Corporate Governance-Systemen

Es sei angenommen, dass die Regierung eines Landes Wählerstimmenmaximierung betreibe. Jeder Bürger sei entweder Mitarbeiter, Manager, Anteilseigner oder Fremdkapi-

Konsistenz und Wandlungsfähigkeit von Corporate Governance-Systemen

talgeber. Es sei weiterhin angenommen, dass sich die Aktionäre, die Fremdkapitalgeber und die Mitarbeiter um so besser stehen, je effizienter das System der Corporate Governance ihres Landes ist, je besser also ein opportunistisches Verhalten des Managements begrenzt wird. Diese drei Wählergruppen bevorzugen konsistente Corporate Governance-Systeme. Die Manager haben andere Präferenzen, die noch zu erläutern sein werden, vgl. Gleichung (6). Manager sind jedoch im Vergleich zu Aktionären, Fremdkapitalgebern und Mitarbeitern in der Minderheit. Der mehrheitliche Druck der Wähler auf die Regierung und damit der politische Veränderungsdruck, der auf ein Corporate Governance-System wirkt, hängt folglich vom Grad der Inkonsistenz bzw. Ineffizienz des Systems ab.

Der politische Prozess der Veränderung von Corporate Governance-Systemen verläuft annahmegemäß diskret: Die Regierung kann jeweils nur einmal pro Periode, z.B. einmal im Jahr dem Parlament Gesetzentwürfe vorlegen. Es sei angenommen, dass die Regierung eine absolute Mehrheit der Sitze im Parlament habe, so dass alle Regierungsentwürfe immer sofort vom Parlament beschlossen und umgesetzt werden. Zum Entscheidungszeitpunkt können beliebig viele Gesetze, aber nur eine Elementausprägung der Corporate Governance geändert werden. Wenn die Mehrzahl der Elementausprägungen eines Systems zum Zeitpunkt der Erstellung der Gesetzentwürfe vom Typ j ist, dann werden diese darauf gerichtet sein, ein Element mit der Ausprägung $k \neq j$ zu einem Element mit der Ausprägung j zu verändern, um die Konsistenz des Systems zu erhöhen:

(3) $\quad \# e_j(t+1) \geq \# e_j(t), \quad$ wenn $\quad \# e_j(t) > \# e_{k \neq j}(t), \forall j, k = 1, \ldots, m$.

Zum eigentlichen Politikerverhalten können drei verschiedene Annahmen gemacht werden.

(i) „Kluge, sensibel reagierende Politiker"
Ein kluges und sensibles Politikerverhalten ist wie folgt spezifiziert: Politiker registrieren jede Inkonsistenz und beheben sie zum nächstmöglichen Gesetzgebungstermin. Der politische Veränderungsdruck VD ist bei einem solchen Verhalten eine monoton steigende und stetige Funktion von IK. Bei einem konsistenten System wird der Gesetzgeber nicht aktiv. Wenn mindestens eine Elementausprägung von den Ausprägungen der anderen Elemente abweicht, wird der politische Prozess diese Inkonsistenz nach Maßgabe von Gleichung (3) korrigieren.:

(4) $\quad VD = f(IK), \quad f(IK = 0) = 0, \quad f_{IK} > 0$.

Rein politisch veranlasste Systemwechsel sind so ausgeschlossen: Wenn man mit einem konsistenten System startet, kommt es nie zu einer Gesetzänderung. Wenn man mit einem inkonsistenten System startet, bewirken die politischen Reformen nach einer oder mehreren Perioden die Herstellung eines „reinen" bzw. konsistenten Systems.

(ii) „Kluge, dickfellige Politiker"
Man kann unterstellen, dass Politiker erst Gesetzreformen beschließen, wenn der politische Druck, der auf sie ausgeübt wird, ausreichend groß ist. Das sei als „Dickfelligkeit" bzw. als „Fühlbarkeitsschwelle" der Inkonsistenz, $IK°$, bezeichnet, unterhalb der Politiker nicht mit Gesetzentwürfen auf bestehende Ineffizienzen reagieren. Der Verände-

rungsdruck *VD* entspricht in diesem Fall einer nicht stetigen Funktion:

(5) $\quad VD = \begin{cases} 0, & \text{für } IK \leq IK° \\ g(IK), & \text{für } IK > IK°, g(IK = IK°) = 0, g_{IK} > 0 \end{cases}$

Eine Inkonsistenz unterhalb der Fühlbarkeitsschwelle führt nicht zu politischen Anpassungsprozessen bei der Corporate Governance, so dass moderat inkonsistente Systeme längerfristig Bestand haben können. Rein politisch veranlasste Systemwechsel sind aber nach wie vor ausgeschlossen. Selbst bei einem im Ausgangspunkt inkonsistenten System würde der politische Prozess immer die Elementausprägungen verändern, die in der „Minderheit" sind. Da der Gesamtcharakter eines Systems von den mehrheitlich vorkommenden Elementausprägungen bestimmt wird, bewirken „dickfellige" Politiker entweder eine größere „Reinheit" des bestehenden Systems oder lassen es so, wie es ist.

(iii) „Dumme Politiker"
Die dritte Alternative ist, dass Politiker „dumm" sind. Sie kennen die Wirkung von einzelnen Ausprägungen der Elemente der Corporate Governance nicht genau und beurteilen sie ab und zu falsch. Wenn man es mit dummen Politikern zu tun hat, dann genügt die Gesetzgebung möglicherweise nicht zu jedem Zeitpunkt, und vielleicht nicht einmal über viele Entscheidungszeitpunkte hinweg dem Konsistenzerfordernis. In einem solchen Fall kann es sein, dass die Regierung zu einem bestimmten Zeitpunkt der Gesetzgebung eine Änderung beschließt, welche die Inkonsistenz des bestehenden Corporate Governance-Systems erhöht und nicht verringert. Dieser „Fehler" kann, muss aber nicht zum nächsten Zeitpunkt der Gesetzgebung behoben werden. Es kann sogar sein, dass beim nächsten Gesetztermin ein weiterer „Fehler" ergänzt wird.

Hieraus ergibt sich ein wichtiges Ergebnis: Selbst wenn konsistente Systeme besser sind als inkonsistente, können dumme und dickfellige Politiker die grundsätzliche Ausrichtung eines im Ausgangspunkt konsistenten Corporate Governance-Systems ändern. Man benötigt dazu eine ausreichend große Anzahl an Politikfehlern bzw. politischen Fehleinschätzungen. Wenn beispielsweise alle vier Jahre Wahlen stattfinden und einmal jährlich Gesetze beschlossen werden, dann kann eine dumme und dickfellige Regierung vier mal hintereinander Elementausprägungen durchsetzen, die nicht zum bisherigen System passen. Bei $n < 8$ und zwei möglichen Ausprägungen pro Element entspricht das schon einem Systemwechsel. Nach den Wahlen würde eine neue Regierung, wenn sie nun aus klugen und sensibel reagierenden Politikern besteht, das Corporate Governance-System nicht dadurch konsistent machen, dass sie die Fehler der Vergangenheit rückgängig macht, sondern dadurch, dass sie die noch fehlenden Elementausprägungen des neuen Systems ergänzt.

3. Modellierung des unternehmerischen Prozesses der Entwicklung von Corporate Governance-Systemen

Die vorausgehenden Abschnitte haben gezeigt, dass nur ein dummes Politikerverhalten einen Systemwechsel durch politische Veränderungen der Corporate Governance möglich macht. Corporate Governance-Systeme werden jedoch nicht nur durch Politiker verändert, sondern auch durch die Unternehmen selbst bzw. ihre Manager. Die von Managern veranlassten Systemveränderungen werden im folgenden näher untersucht.

Konsistenz und Wandlungsfähigkeit von Corporate Governance-Systemen

Die Manager können im Rahmen der geltenden Gesetze Gestaltungs- und Wahlentscheidungen treffen, durch die sie die Corporate Governance ihres Unternehmens verändern. Diese Veränderungen können im Gegensatz zu den politischen Entscheidungen kontinuierlich bzw. stetig erfolgen. Zur Vereinfachung sei unterstellt, dass sich alle Manager identisch verhalten, so dass im weiteren von einem repräsentativen Management ausgegangen werden kann. Es sei angenommen, dass sich die Nutzenfunktion des Managements aus dem Nutzen $U1$ aus dem erwarteten Einkommen E sowie dem Nutzen $U2$ aus dem Prestige P und dem Arbeitsleid $U3$, das von der Höhe des Arbeitseinsatzes A abhängt, zusammensetzt:

(6) $\quad U = U1(E) + U2(P) + U3(A)$.

Die Grenznutzen aus Einkommen und Prestige seien positiv, aber abnehmend, der Nutzen aus dem Arbeitseinsatz negativ und zunehmend: $U1_E > 0$, $U1_{EE} < 0$, $U2_P > 0$, $U2_{PP} < 0$, $U3_A < 0$, $U3_{AA} > 0$. Die Arbeitsaversion und das Prestigestreben der Manager sind Gründe, warum die Stakeholder die in Abschnitt B beschriebenen Kontrollmechanismen als Elemente der Corporate Governance benötigen. Individuelles Einkommensstreben, Prestigestreben und Arbeitsaversion erklären auch, warum Manager überhaupt gewillt sein könnten, Elementausprägungen der Corporate Governance in ihren Unternehmen zu implementieren, die nicht zum bisherigen System passen und daher die Effizienz des Unternehmens verringern.

Einige Beispiele können das veranschaulichen: So können z.B. Stock Options wegen der Aussicht auf höhere Verdienste gegenüber gewinnabhängigen Tantiemen bevorzugt werden (vgl. Bernhardt 1999). Kapitalmarktkontrollen können von Managern gegenüber Insider-Kontrollen bevorzugt werden, solange der Kapitalmarkt z.B. wegen großer wechselseitiger Beteiligungen der Unternehmen untereinander nicht informationseffizient ist, so dass sich der Spielraum für opportunistisches Verhalten des Managements erhöht. Eine marktorientierte Rechnungslegung kann z.B. eingeführt werden, weil sie kurzfristig zu höheren Erfolgsausweisen führt (vgl. Schneider 2000, S. 24), oder weil das Management aus Prestigegründen die Aufnahme an einer US-amerikanischen Börse plant. Andere Einflüsse wie ausländische Berater, Management-Bestseller und Rating-Agenturen könnten das Management ebenfalls veranlassen, Gestaltungsspielräume der Corporate Governance so auszunutzen, dass die Inkonsistenz des Systems nicht sinkt, sondern steigt.

Durch solche unternehmerischen Veränderungen der Corporate Governance kann es auch bei klugen und sensibel reagierenden Politikern einen Wechsel von System S_j zu System $S_{k \neq j}$ geben. Das geschieht, wenn zwischen zwei politischen Entscheidungszeitpunkten durch Gestaltungs- und Organisationsentscheidungen der Manager so viele Ausprägungen von Einzelelementen geändert wurden, dass das System seinen Charakter geändert hat, dass also gilt: $\#e_j(t+1) < \#e_{k \neq j}(t+1)$.

Voraussetzung eines solchen von Managern vollzogenen Systemwechsels ist, dass es ausreichend viele Elemente der Corporate Governance gibt, deren Ausprägungen der Wahl- und Entscheidungsfreiheit der Unternehmen unterliegen, und dass diese zwischen zwei politischen Entscheidungszeitpunkten von den Managern entsprechend ausgeübt werden.

Systemwechsel werden bei klugem, aber dickfelligem Politikerverhalten vereinfacht, weil die unternehmerischen Gestaltungen, die ein System „kippen" lassen, über mehrere politische Entscheidungszeitpunkte hinweg akkumuliert werden können. Im Fall dummer

Politiker sind Systemwechsel durch Ausnutzung von Gestaltungsspielräumen noch leichter möglich, weil Organisationsentscheidungen der Manager durch Politikfehler unterstützt werden können, so dass es noch eher zu einem „Kippen" bzw. einem Systemwechsel kommt.

4. Ein Beispiel für den möglichen Ablauf eines Systemwechsels

Ein Beispiel soll die Bedeutung kontinuierlicher unternehmerischer Anpassungen im Zusammenspiel mit diskreten politischen Änderungsbeschlüssen für die Entwicklung von Corporate Governance-Systemen illustrieren:

Konkret sei angenommen, dass sich deutsche Unternehmen dafür entscheiden, ihren Vorstandsmitglieder Stock Options (e_1^1) zu geben und auf gewinnorientierte Tantieme (e_2^1) zu verzichten. Wegen der geringen Bedeutung des Kapitalmarkts, die sich als Ergebnis der gläubigerorientierten Rechnungslegung (e_2^2), der Insiderkontrolle (e_2^3), der betrieblichen Alterssicherung durch Pensionsrückstellungen (e_2^4) und der großen Konzentration des Anteilsbesitzes bei Banken (e_2^5) ergibt, sind Stock Options ein inkonsistentes Element im deutschen Corporate Governance-System. Sie passen nicht zu den anderen Elementen (vgl. Bernhardt/Witt 1997, Winter 1998, Bernhardt 1999 und Winter 1999). Das neue, inkonsistente System S_2' ist folglich schlechter als das bisherige, konsistente System S_2: $S_2' = (e_1^1, e_2^2, e_2^3, e_2^4, e_2^5) \prec S_2 = (e_2^1, e_2^2, e_2^3, e_2^4, e_2^5)$.

Es sei angenommen, der Gesetzgeber gäbe den Unternehmen die Möglichkeit, die Form der Rechnungslegung selbst zu wählen und diese entschieden sich für die Einführung einer aktionärsorientierten Rechnungslegung nach US-GAAP anstelle der Rechnungslegung nach HGB (e_1^2 statt e_2^2). Eine solche Entwicklung beruht im Sinne der Theorie der Effizienz konsistenter Systeme auf einem Fehler des Gesetzgebers („dumme Politiker"). Er vergrößert die Inkonsistenz und damit die Ineffizienz des Systems weiter: $S_2'' = (e_1^1, e_1^2, e_2^3, e_2^4, e_2^5) \prec S_2' = (e_1^1, e_2^2, e_2^3, e_2^4, e_2^5)$.

Nun ist es denkbar, dass im selben Zeitraum eine Änderung der Ausprägung eines dritten Elements der deutschen Corporate Governance vorgenommen wird, beispielsweise eine unternehmerisch initiierte Beendigung der Praxis wechselseitiger Verflechtungen von Banken und Industrieunternehmen (e_1^5 statt e_2^5). Damit ist das System genauso inkonsistent wie vorher: $S_2''' = (e_1^1, e_1^2, e_2^3, e_2^4, e_1^5) \sim S_2'' = (e_1^1, e_1^2, e_2^3, e_2^4, e_2^5)$. Es hat aber ein Systemwechsel stattgefunden, weil jetzt mehr Elemente mit Outsider Control-Ausprägung als Insider-Control-Ausprägung vorhanden sind. Von diesem Zeitpunkt der Entwicklung an bewirkt der politische Prozess, wenn er kluge, sensibel reagierende Politiker unterstellt, keine Rückkehr mehr zum alten System, sondern eine Übernahme weiterer Elemente des neuen Systems und damit eine Bestätigung des Systemwechsels.

III. Modellvariante 2: Corporate Governance-Systeme mit sich nicht gegenseitig ausschließenden Ausprägungen pro Element

1. Modellierung der Inkonsistenz eines Corporate Governance-Systems

Wenn man die Annahme sich gegenseitig ausschließender Elementausprägungen aufgibt, ergeben sich andere mögliche Entwicklungspfade für Corporate Governance-Systeme.

Konsistenz und Wandlungsfähigkeit von Corporate Governance-Systemen

Neue Ausprägungen von Elementen können in ein System aufgenommen werden, welche die bestehenden Ausprägungen nicht ersetzen, sondern ergänzen. So ist es beispielsweise vorstellbar, dass die Unternehmen sowohl eine gläubigerorientierte als auch eine aktionärsorientierte Rechnungslegung verwenden (vgl. Alberth 1998), oder dass eine private und eine betriebliche Finanzierung der Alterssicherung parallel bestehen.

Das Vorliegen von mehreren Ausprägungen eines Elements ist kein Zeichen von Inkonsistenz, sondern ein Zeichen der Wahlfreiheit zwischen parallel verfügbaren Mechanismen. Inkonsistenz kann nur bei Elementen mit sich gegenseitig ausschließenden Ausprägungen auftreten (e_j^{aus}), wenn diese Ausprägungen nicht zu denen anderer Elemente mit nur einer möglichen Ausprägung passen:

$$(7) \quad IK = \frac{\# e^{aus} - (\max_j(\# e_j^{aus} - \# e_{k \neq j}^{aus}))}{\# e^{aus}}, \quad j = 1, \ldots, m.$$

2. Modellierung des Prozesses der Entwicklung von Corporate Governance-Systemen

Je mehr Elemente mit parallel vorhandenen, verschiedenen Ausprägungen in einem Corporate Governance-System vorkommen, desto anfälliger ist dieses System für Systemwechsel. Parallel auftretende Elementausprägungen verringern die „Reinheit" des Systems. Sie reduzieren die Anzahl der erforderlichen Einzeländerungen, die für die Realisierung einer grundsätzlich anderen Ausrichtung des Systems durch politische oder durch unternehmerische Einflüsse erforderlich ist. Das liegt auch daran, dass mehr systemfremde Elementausprägungen vorhanden sind, welche die Aufnahme weiterer systemfremder und damit komplementärer Ausprägungen bei anderen Elementen unterstützen.

Es sei angenommen, dass sich politisch veranlasste und von Managern veranlasste Änderungen der Corporate Governance wie in Modellvariante 1 ergänzen. Weiterhin sei wie in Modellvariante 1 unterstellt, dass es drei verschiedene Typen von Politikern geben könne. Das Ergebnis der Einführung von sich nicht gegenseitig ausschließenden Ausprägungen pro Element in Modellvariante 2 lautet dann: Systemwechsel werden um so leichter möglich, je weniger Elemente der Corporate Governance nur je eine Ausprägung aufweisen können (bzw. je mehr Elemente in mehreren Ausprägungen gleichzeitig auftreten), je höher die Fühlbarkeitsschwellen der politischen Intervention liegen und je eher Politikfehler im Sinne eines „dummen Politikerverhaltens" zu erwarten sind.

3. Ein Beispiel für den möglichen Ablauf eines Systemwechsels

Zur Veranschaulichung wird eine weitere Variation des Beispiels betrachtet: Es sei angenommen, dass sich bei zwei der insgesamt fünf Elemente die Ausprägungen gegenseitig ausschließen. Das gilt einmal für die Beteiligung von Banken an Industrieunternehmen. Sie könne gesetzlich zulässig sein oder nicht, d.h. es liegt entweder e_1^5 oder e_2^5 vor. Und es gilt für die vorherrschende Form der Managerkontrolle, die entweder eine Insider-Kontrolle oder eine Outsider-Kontrolle sein kann, aber nicht beides gleichzeitig. Es gilt e_1^3 oder e_2^3.

Wenn Bankbeteiligungen zulässig sind, fördern bzw. erleichtern sie die Insider-Kontrolle des Managements, weil Bankenvertreter jetzt nicht nur Kreditwürdigkeitsprüfungen durchführen, sondern auch Mandate im Aufsichtsrat wahrnehmen können. Wäre die vorherrschende Form der Managerkontrolle dagegen eine Outsider-Kontrolle, dann ergäbe sich eine Inkonsistenz mit dem Element „Bankbeteiligungen an Industrieunternehmen", weil diese Beteiligungen den Handel mit der betreffenden Aktie weniger liquide, feindliche Übernahmen schwieriger und damit insgesamt die Kapitalmarktkontrolle weniger effizient machen. e_2^3 und e_2^5 sind folglich komplementäre Elementausprägungen.

Es sei weiter angenommen, bei den drei Elementen Managervergütung, Rechnungslegung und Alterssicherung könnten von den zwei möglichen Ausprägungen beide nebeneinander bestehen. Es entsteht ein „teilergänztes" Insider-Control-Systems mit zwei verschiedenen Rechnungslegungssystemen und zwei verschiedenen Systemen der Alterssicherung: $(e_1^1, e_2^1, e_1^2, e_2^2, e_2^3, e_1^4, e_2^4, e_2^5)$. Dieses Corporate Governance-System ist völlig konsistent, $IK = 0$, und unterliegt keinem politischen Veränderungsdruck. Jede Veränderung bei einem der beiden Elemente e^3 oder e^4 führt jedoch zu einer maximalen Inkonsistenz, $IK = 1$, bei ungewisser zukünftiger Entwicklungsrichtung.

Wenn bei allen Elementen der Corporate Governance alle möglichen Elementausprägungen nebeneinander bestehen können, dann wäre das entsprechende System vollkommen konsistent. Es wäre aber auch von seinem grundsätzlichen Charakter her unbestimmt, also weder vom Insider-Control- noch vom Outsider-Control-Typ. Mit nur einen politischen Änderung kann der Gesetzgeber in einem solchen Corporate Governance-System die Entwicklungsrichtung hin zu einem Insider-Control-System oder hin zu einem Outsider-Control-System bestimmen.

IV. Modellvariante 3: Corporate Governance-Systeme mit substitutionalen Elementen

In Corporate Governance-Systemen besteht möglicherweise nicht nur zwischen einzelnen Elementausprägungen eine substitutionale Beziehung, sondern auch zwischen Elementen. Es könnte sein, dass auf ein Element ganz verzichtet werden kann, weil ein anderes Element in einer bestimmten Ausprägung dieselbe Funktion gleich gut erfüllt. Beispielsweise könnte auf Managerkontrolle, sei sie nun kapitalmarkt- oder insiderorientiert, dann ganz verzichtet werden, wenn es effiziente, kapitalmarktorientierte Anreize durch die variable Vergütung der Manager gibt. In unserem Beispiel bedeutet das, dass Element e^3 ganz entfallen kann, wenn Element e^1 in der Ausprägung 1 vorliegt und optimal funktioniert: $S_2' = (e_1^1, e_2^2, e_2^4, e_2^5) \sim S_2 = (e_2^1, e_2^2, e_2^3, e_2^4, e_2^5)$.

Formal ist der Fall substitutionaler Elemente ein Spezialfall der zwei bisher vorgestellten Modellvarianten. Man muss nur, wie in Abschnitt D,I schon einmal erwähnt, jede Elementausprägung als einzelnes Element definieren und als mögliche Ausprägungen „Existenz im System" oder „Nicht-Existenz im System" vorsehen. In unserem Beispiel wäre e^{3a} etwa die kapitalmarktorientierte Managerkontrolle, e^{3b} die Managerkontrolle durch Insider. Ausprägung 1 besagt, dass das Element vorkommt, Ausprägung 2 besagt, dass es nicht vorkommt. Bei den anderen Elemente werde analog verfahren. Ein „reines" deutsches System sähe dann so aus: $S_2 = (e_2^{1a}, e_1^{1b}, e_2^{2a}, e_1^{2b}, e_2^{3a}, e_1^{3b}, e_2^{4a}, e_1^{4b}, e_2^{5a}, e_1^{5b})$.

Die Berücksichtigung substitutionaler Elemente führt dann zu denselben Ergebnissen wie die Modellvarianten 1 und 2: Systemwechsel geschehen durch das Zusammenspiel von Politikerentscheidungen, die zwar grundsätzlich auf Konsistenz bedacht, aber möglicherweise auch dickfellig oder dumm sind, und Managerentscheidungen, die eigene Interessen verfolgen und daher nicht immer zur Konsistenz des bestehenden Systems beitragen. Je mehr Wahlmöglichkeiten das Management hat und je dickfelliger oder dümmer die Politiker sind, desto eher ist ein Übergang von einem konsistenten (oder inkonsistenten) auf ein ganz anderes konsistentes Corporate Governance-System möglich. Die Verfügbarkeit mehrerer, parallel bestehender Elementausprägungen vereinfacht ebenfalls einen Systemwechsel.

E. Schlussfolgerungen und weiterer Forschungsbedarf

Die in dieser Arbeit vorgestellten politökonomischen Modelle des Systemwettbewerbs und der Entwicklung von Corporate Governance-Systemen haben folgende Ergebnisse gebracht:

– Auch inkonsistente Systeme können dauerhaft bestehen, wenn der politische Veränderungsprozess nur auf größere Ineffizienzen reagiert, also „Fühlbarkeitsschwellen" der politischen Intervention vorliegen.
– Corporate Governance-Systeme bewegen sich im Entwicklungsprozess nicht immer in Richtung auf mehr Konsistenz. Durch das Zusammenspiel von politischen und unternehmerischen Veränderungsprozessen können sie innerhalb eines bestimmten Zeitraums auch immer inkonsistenter werden und sich schließlich in ganz andere Systeme verwandeln. Systemwechsel werden also nicht nur durch Krisen, sondern auch durch graduelle Übergänge zu einem dominanten System ausgelöst. Politikfehler erleichtern diesen Prozess des Systemwechsels.
– Der Gesetzgeber kann Systemwechsel erschweren, indem er die Wahl- und Gestaltungsmöglichkeiten der Unternehmen einschränkt (vgl. Schneider 2000, S. 39). Er kann umgekehrt den landesinternen Systemwettbewerb und die Möglichkeiten eines Systemwechsels fördern, indem er den Unternehmen größere Wahl- und Gestaltungsmöglichkeiten zugesteht.
– Analog zu den Ergebnissen von *Schmidt* und seinen Koautoren erweist sich eine Konvergenz im Sinne einer Mischung der Elemente bzw. Elementausprägungen verschiedener internationaler Corporate Governance-Systeme als unwahrscheinlichster Ausgang des Systemwettbewerbs. Eine solche Mischung kann nur ökonomisch effizient sein, wenn sie insgesamt ein konsistentes System ergibt.
– Viel wichtiger als die Frage nach einer möglichen Konvergenz ist die Frage nach der möglichen Dominanz eines Corporate Governance-Systems im Systemwettbewerb (vgl. Witt 2000). Dominanz ist etwas ganz anderes als Konvergenz, weil sich ein System komplett an ein anderes Vorbild anpasst. Im Fall der Dominanz geht ein System zugunsten eines anderen, das sich nicht zu verändern braucht, unter. *Schmidt* und *Spindler* (2001) zeigen, dass das US-amerikanische Outsider Control-System der Corporate Governance einfacher ist und damit nach einer Systemkrise leichter wiederherstellbar wäre als ein stärker auf impliziten Verträgen, Vertrauen und stabilen Erwartungen beruhendes Insider Control-System. *Albach* (1999) hat darauf hingewiesen, dass das ka-

pitalmarktorientierte US-System im Systemwettbewerb den Vorteil hat, von dominanten Marktpartnern propagiert zu werden. Diese Arbeit hat dargelegt, dass es konkrete Managerinteressen gibt, in ein Insider Control-System Elemente eines Outsider Control-Systems aufzunehmen und dadurch einem Systemwechsel Vorschub zu leisten.

Die in diesem Beitrag vorgestellten Modelle dürfen nicht darüber hinwegtäuschen, dass die Entwicklung von Corporate Governance-Systemen im internationalen Systemwettbewerb ein sehr komplexer Prozess ist. Viele Aspekte dieses Prozesses müssen als noch nicht ausreichend erforscht gelten. Insbesondere die folgenden Fragen sind zur Erklärung und zur Prognose der Entwicklungen von Corporate Governance-Systemen von großer Bedeutung und bedürfen weiterer theoretischer und empirischer Forschungsarbeiten:

- Welche Elemente der Corporate Governance sind wirklich komplementär zueinander, welche sind ganz oder teilweise substitutional?
- Auf welche Elemente der Corporate Governance könnte ganz verzichtet werden, wenn die Funktionsfähigkeit anderer Elemente gesichert wäre?
- Von welchen Traditionen, Personen und Interessengruppen werden die Gesetze zur Corporate Governance in einzelnen Ländern beeinflusst?
- Sollten den Unternehmen größere Gestaltungsspielräume bei der Festlegung ihrer Corporate Governance eingeräumt werden als sie zur Zeit bestehen?
- Wie hoch ist die Auswirkung der Corporate Governance auf den Erfolg von Unternehmen empirisch?

Anmerkungen

1 Vgl. Feddersen/Hommelhoff/Schneider (1996), Conyon/Schwalbach (2000) und Dufey/Hommel (1997).
2 Vgl. Schmidt/Tyrell (1997), Schmidt/Grohs (2000), Schmidt/Spindler (2001) und Hackethal/Schmidt (2001).
3 Zu den geringen Hauptversammlungspräsenzen und dem Depotstimmrecht der Banken in Deutschland vgl. Wenger (1992) und Baums/Fraune (1995), S. 101–106. Vgl. die ähnlichen empirischen Befunde bei Franks/Mayer (1997) für England, bei Black (1997) für die USA und bei Aoki (1990) für Japan.
4 Die Unterscheidung der Reaktionsmöglichkeiten „Voice" (Protest, Kritik) und „Exit" (Wechsel des Leistungsanbieters) bei Unzufriedenheit mit einer Leistung geht zurück auf eine Arbeit von Hirschman (1970).

Literatur

Albach, Horst (1981): Verfassung folgt Verfassung. Ein organisationstheoretischer Beitrag zur Diskussion um die Unternehmensverfassung, in: Bohr, Kurt/Drukarczyk, Jochen/ Drumm, Hans-Jürgen/Scherrer, Gerhard (Hrsg.): Unternehmensverfassung als Problem der Betriebswirtschaftslehre, Berlin, S. 53–79.
Albach, Horst (Hrsg.) (1996): Corporate Governance, ZfB-Ergänzungsheft 3/1996, Wiesbaden.
Albach, Horst (1997): Gutenberg und die Zukunft der Betriebswirtschaftslehre, in: Zeitschrift für Betriebswirtschaft 67, S. 1257–1283.
Albach, Horst (1998): Corporate Governance, unveröffentlichtes Manuskript zu einer Vorlesung an der Humboldt-Universität zu Berlin, Berlin.

Albach, Horst (1999): Globalisierung und Organisationsstruktur mittelständischer Unternehmen. Eine Analyse aus europäischer Sicht, unveröffentlichtes Manuskript, Berlin.

Alberth, Markus R. (1998): US-amerikanische Gläubigerbilanzen durch Covenants in Verträgen, der Versuch einer weltweiten Kategorisierung der Rechnungslegung und Folgen für die internationale Harmonisierungsdiskussion, in: Zeitschrift für Betriebswirtschaft 68, S. 803–824.

Aoki, Masahiko (1990): Toward an Economic Model of the Japanese Firm, in: Journal of Economic Literature 28, S. 1–27.

Arrow, Kenneth J. (1991): The Economics of Agency, in: Pratt, John W./Zeckhauser, Richard J. (Hrsg.): Principals and Agents: The Structure of Business, Boston, S. 37–51.

Baums, Theodor/Fraune, Christian (1995): Institutionelle Anleger und Publikumsgesellschaft: Eine empirische Untersuchung, in: Die Aktiengesellschaft 40, S. 97–112.

Bebchuk, Lucian A./Roe, Mark J. (1999): A Theory of Path Dependence in Corporate Ownership and Governance, in: Stanford Law Review 52, S. 127–170.

Berle, Adolf A./Means, Gardiner C. (1932): The Modern Corporation and Private Property, New York.

Bernhardt, Wolfgang (1999): Stock Options For or Against Shareholder Value? – New compensation plans for top management and the interests of the shareholders, in: Corporate Governance 7, S. 123–135.

Bernhardt, Wolfgang/Witt, Peter (1997): Stock Options und Shareholder Value, in: Zeitschrift für Betriebswirtschaft 67, S. 85–101.

Black, Bernhard S. (1997): Institutional Investors and Corporate Governance: The Case for Institutional Voice, in: Chew, Donald H. (Hrsg.): Studies in International Corporate Finance and Governance Systems, New York/Oxford, S. 160–173.

Conyon, Martin J./Schwalbach, Joachim (1997): European differences in executive pay and corporate governance, in: Albach, Horst (Hrsg.): Corporate Governance, ZfB-Ergänzungsheft 1/2000, Wiesbaden, S. 97–114.

Dufey, Günter/Hommel, Ulrich (1997): Der Shareholder Value-Ansatz: U. S.-amerikanischer Kulturimport oder Diktat des globalen Marktes?, in: Engelhard, Johann (Hrsg.): Interkulturelles Management, Wiesbaden, S. 183–211.

Fama, Eugene F. (1980): Agency Problems and the Theory of the Firm, in: Journal of Political Economy 88, S. 288–307.

Feddersen, Dieter/Hommelhoff, Peter/Schneider, Uwe H. (Hrsg.) (1996): Corporate Governance, Köln.

Franks, Julian/Mayer, Colin (1997): Corporate Ownership and Control in the U. K., Germany, and France, in: Chew, Donald H. (Hrsg.): Studies in International Corporate Finance and Governance Systems, New York/Oxford, S. 281–296.

Frey, Bruno S./Oberholzer-Gee, Felix (1997): The Cost of Price Incentives: An Empirical Analysis of Motivation Crowding-out, in: American Economic Review 87, S. 746–755.

Hackethal, Andreas/Schmidt, Reinhard H. (2001): Finanzsystem und Komplementarität, erscheint in: Kredit & Kapital, Beiheft 15.

Hart, Oliver (1983): The market mechanism as an incentive scheme, in: Bell Journal of Economics 14, S. 366–382.

Hart, Oliver (1995a): Firms, Contracts, and Financial Structure, Oxford.

Hart, Oliver (1995b): Corporate Governance: Some Theory and Implications, in: The Economic Journal 105, S. 678–689.

Hess, Glen E. (1996): Corporate Governance – zum Stand der Diskussion in den Vereinigten Staaten, in: Feddersen, Dieter/Hommelhoff, Peter/Schneider, Uwe H. (Hrsg.): Corporate Governance, Köln, S. 9–24.

Hirata, Mitsuhiro (1996): Die japanische Torishimariyaku-kai. Eine rechtliche und betriebswirtschaftliche Analyse, in: Albach, Horst (Hrsg.): Corporate Governance, ZfB-Ergänzungsheft 3/1996, Wiesbaden, S. 1–27.

Hirschman, Albert O. (1970): Exit, Voice and Loyalty: Responses to the Decline in Firms, Organisations and States, Cambridge, Mass..

Holmström, Bengt (1979): Moral hazard and observability, in: Bell Journal of Economics 10, S. 74–91.

Holmström, Bengt/Milgrom, Paul R. (1987): Aggregation and Linearity in the Provision of Intertemporal Incentives, in: Econometrica 55, S. 303–328.
Jensen, Michael C. (1986): Agency Costs of Free Cash Flow, Corporate Finance, and Takeovers, in: American Economic Review 76, S. 323–329.
Jensen, Michael C. (1993): The Modern Industrial Revolution, Exit, and the Failure of Internal Control Systems, in: Journal of Finance 48, 1993, S. 831–880.
Jensen, Michael C./Meckling, William H. (1976): Theory of the firm: Managerial behavior, agency costs and ownership structure, in: Journal of Financial Economics 3, S. 305–360.
Jensen, Michael C./Murphy, Kevin (1990): Performance Pay and Top-Management Incentives, in: Journal of Political Economy 98, S. 225–264.
Kaplan, Steven N. (1994): Top Executive Rewards and Firm Performance: A Comparison of Japan and the United States, in: Journal of Political Economy 102, S. 510–546.
Kirchner, Christian (2000): Der Wettbewerbsfaktor „Entscheidungsnützlichkeit von Rechnungslegungsinformationen": eine institutionenökonomische Analyse, in: Zeitschrift für betriebswirtschaftliche Forschung, Sonderheft 45, S. 41–68.
Lehmann, Erik/Weigand, Jürgen (2000): Does the Governed Corporation Perform Better?, in: European Finance Review 4, S. 175–195.
Maher, Maria/Andersson, Thomas (1999): Corporate Governance: Effects on Firm Performance and Economic Growth, OECD-Paper, Paris.
Mertens, Hans-Joachim (1996): Organhaftung, in: Feddersen, Dieter/Hommelhoff, Peter/ Schneider, Uwe H. (Hrsg.): Corporate Governance, Köln, S. 155–164.
Milgrom, Paul/Roberts, John (1995): Continuous Adjustment and Fundamental Change in Business Strategy and Organization, in: Siebert, Horst (Hrsg.): Trends in Business Organization: Do Participation and Cooperation Increase Competitiveness?, Tübingen, S. 231–258.
Osterloh, Margit/Frey, Bruno S./Frost, Jetta (1999): Was kann das Unternehmen besser als der Markt?, in: Zeitschrift für Betriebswirtschaft 69, S. 1245–1262.
Pellens, Bernhard/Tomaszewski, Claude (1999): Kapitalmarktreaktionen auf den Rechnungslegungswechsel zu IAS bzw. US-GAAP, in: Gebhardt, Günther/Pellens, Bernhard (Hrsg.): Rechnungswesen und Kapitalmarkt, zfbf-Sonderheft 41, Düsseldorf/ Frankfurt, S. 199–228.
Rediker, Kenneth J./Seth, Anju (1995): Boards of Directors and Substitution Effects of Alternative Governance Mechanisms, in: Strategic Management Journal 16, S. 85–99.
Schmidt, Klaus M. (1997): Managerial Incentives and Product Market Competition, in: Review of Economic Studies 64, S. 191–213.
Schmidt, Reinhard H./Tyrell, Marcel (1997): Financial systems, corporate finance and corporate governance, in: European Financial Management 3, S. 333–361.
Schmidt, Reinhard H./Grohs, Stefanie (2000): Angleichung der Unternehmensverfassung in Europa – ein Forschungsprogramm, in: Grundmann, Stefan (Hrsg.): Systembildung und Systemlücken in Kerngebieten des Europäischen Privatrechts, Tübingen, S. 145–188.
Schmidt, Reinhart H./Spindler, Gerald (2001): Path Dependence, Complementarity and Corporate Governance, erscheint in: Gordon, Jeffrey/Roe, Mark (Hrsg.): Convergence and Persistence of Corporate Governance Systems, Chicago.
Schneider, Dieter (2000): Fördern internationale Rechnungslegungsstandards Wettbewerb als Verwertung von Wissen?, in: Zeitschrift für betriebswirtschaftliche Forschung, Sonderheft 45, S. 23–40.
Shleifer, Andrei/Vishny, Robert W. (1997): A Survey of Corporate Governance, in: Journal of Finance 52, S. 737–783.
Steinitzer, Erwin (1908): Ökonomische Theorie der Aktiengesellschaft, Leipzig.
Theisen, Manuel René (1993): Haftung und Haftungsrisiko des Aufsichtsrats, in: Die Betriebswirtschaft 53, S. 295–318.
Wenger, Ekkehard (1992): Universalbankensystem und Depotstimmrecht, in: Gröner, Helmut (Hrsg.): Der Markt für Unternehmenskontrollen, Berlin, S. 73–103.
Winter, Stefan (1998): Zur Eignung von Aktienoptionsplänen als Motivationsinstrument für Manager, in: Zeitschrift für betriebswirtschaftliche Forschung 50, S. 1120–1142.
Winter, Stefan (1999): Optionspläne als Instrument wertorientierter Managementvergütung, Frankfurt.
Witt, Peter (2000): Corporate Governance im Wandel, in: Zeitschrift Führung und Organisation 69, S. 159–163.

| Konsistenz und Wandlungsfähigkeit von Corporate Governance-Systemen |

Zusammenfassung

Corporate Governance bezeichnet die Organisation von Leitung und Kontrolle in Unternehmen. Sie besteht aus einzelnen Elementen, die sich in ihrer Funktionsfähigkeit gegenseitig unterstützen, ergänzen oder beeinträchtigen können. Corporate Governance-Systeme unterliegen einem Systemwettbewerb, in dessen Verlauf sie fortbestehen, sich verändern oder untergehen können. Der Beitrag untersucht, welche Bedeutung die Konsistenz der Einzelelemente für die Entwicklung eines Corporate Governance-Systems hat. Er zeigt, unter welchen Bedingungen sich auch konsistente Systeme erheblich verändern und zu ganz anderen, ebenfalls konsistenten Systemen werden können. Der Beitrag stützt anhand eines politökonomischen Modells der Entwicklung von Systemen die These von der Unwahrscheinlichkeit einer Konvergenz internationaler Corporate Governance-Systeme. Er weist aber auch auf die Möglichkeit hin, dass ein System, konkret die US-amerikanische Corporate Governance, sich als das dominante System erweist, das alle anderen Länder und Unternehmen im Laufe des Entwicklungsprozesses übernehmen.

Summary

The term corporate governance depicts the organization of management and control in companies. It consists of various elements which either support, or complete, or hinder each other in their functionality. International corporate governance systems compete against each other in a system competition in which they can continue to exist in their current form, change their form, or disappear. The paper analyses the role which the consistency of elements plays for the further development of corporate governance systems. It indicates under which conditions even consistent systems can change significantly and convert into completely different, but again consistent systems. The paper uses an economic-political model. It supports the hypothesis that a convergence of international corporate governance systems in the process of systems competition is unlikely. But it also points out that one system, especially the US system of corporate governance, may be the dominant system which all other countries and companies finally adapt to.

20: *Allgemeine Fragen der Organisationstheorie (JEL M60)*
21: *Unternehmensführung (JEL M61)*

Implikationen von Synergieeffekten für die Gestaltung von hierarchischen Entlohnungssystemen im wertorientierten Management

Von Christian Riegler*

Überblick

- Zur erfolgreichen Umsetzung von Konzepten des wertorientierten Management wird insbesondere der Einsatz von Anreizsystemen vorgeschlagen, die ein wertorientiertes Handeln von Mitarbeitern unterschiedlicher hierarchischer Ebenen motivieren.
- Der Beitrag analysiert in einem informationsökonomischen Modell ein wertorientiertes hierarchisches Anreizsystem in einer ausgewählten Organisationsform.
- Ziel des Beitrages ist es, vereinfachende Annahmen, wie sie auch in der Literatur zum wertorientierten Management getroffen werden, aufzuzeigen und zu erwartende Effekte zu beschreiben, falls diese Annahmen für ein Steuerungsproblem nicht erfüllt sind.
- Dementsprechend erfolgt die Modellanalyse eingebettet in die derzeit geführte Diskussion zur Ausgestaltung wertorientierter Anreizsysteme, indem sie mit dort auftretenden Sachverhalten verknüpft und zu deren Interpretation herangezogen wird.

Eingegangen: 29. März 2001

a.o. Univ.-Professor Dr. Christian Riegler, Karl-Franzens-Universität Graz, Institut für Controlling und Unternehmensführung, Universitätsstraße 15 F/3, A-8010 Graz, Österreich, christian.riegler@kfunigraz.ac.at. Forschungsschwerpunkte: Controlling, Interne Unternehmensrechnung, Wertorientiertes Management, Informationsökonomie.

© Gabler-Verlag 2001

A. Problemstellung

Konzepte der wertorientierten Unternehmensführung bzw. des wertorientierten Management werden in jüngster Zeit sowohl in der Literatur als auch in der betrieblichen Praxis intensiv diskutiert.[1] Die Unternehmensleitung hat in diesem Konzept die Aufgabe, alle Entscheidungen so zu treffen, dass der eigentümerbezogene Wert des Unternehmens gesteigert wird und für eine entsprechende Umsetzung dieser Entscheidungen zu sorgen.[2] Zu diesem Zweck werden zum einen umfangreiche Planungstools entworfen, die die Entscheidungsträger in der Evaluierung ihrer Strategien und Aktionen unterstützen. Zum anderen wird zur erfolgreichen Umsetzung der Einsatz von Anreizsystemen vorgeschlagen:[3] Das Konzept des wertorientierten Management gelangt insbesondere in dezentral organisierten Unternehmen wie Konzernen zum Einsatz, wo mit Interessengegensätzen zwischen den Akteuren zu rechnen ist. Es erfolgt die Unternehmensführung nicht durch die Eigentümer selbst, sondern „angestellte Manager" werden mit dieser Aufgabe betraut. Daraus ergeben sich bereits als klassisch bezeichnete Interessengegensätze. In dezentral organisierten Unternehmen ist aber auch davon auszugehen, dass sich Interessengegensätze in der Beziehung zwischen vorgesetzten und nachgeordneten Entscheidungseinheiten auf allen Ebenen der Unternehmenshierarchie ergeben können. Zur Charakterisierung dieser Interessengegensätze und Steuerungsprobleme wird dabei i.d.R. auf Prinzipal – Agenten Beziehungen, wie sie aus der agency theoretischen Forschung bekannt sind, zurückgegriffen.[4] Zur Lösung des agency Problems wird die Einführung geeigneter Anreizsysteme, hier insbesondere von Entlohnungssystemen, vorgeschlagen.[5] Die Entlohnung ist zu diesem Zweck in einen fixen und einen variablen Bestandteil zu trennen. Die Höhe der variablen Entlohnung ist abhängig von der Ausprägung bestimmter Maßgrößen festzulegen, die nach wertorientierten Gesichtspunkten definiert werden. Entlohnungen in Form von Beteiligungen am Unternehmen (z.B. in Form von Aktien oder Aktienoptionen) werden diskutiert, um die Interessengegensätze zwischen Eigentümern und Mitarbeitern zu mildern und aus diesen Eigentümer zu „machen".[6] Trotz der Betonung der Bedeutung von Anreizsystemen bleibt die Diskussion von Anreizsystemen in der Literatur zum wertorientierten Management lediglich von untergeordneter Bedeutung.[7] Der Schwerpunkt liegt eindeutig in der Entwicklung von Planungstools.

Einzelne Untersuchungen widmen sich ausgewählten Aspekten von Anreizsystemen im Zusammenhang mit dem Konzept des wertorientierten Management. So wird insbesondere in jüngster Zeit die Frage zeitkongruenter Beurteilungsgrößen, einem wichtigen Baustein des Anreizsystems, intensiv diskutiert. Das Konzept der Unternehmenswertsteigerung ist langfristig orientiert, die Beurteilungsperiode eines Managers ist häufig nicht identisch mit dem Zeitraum, in dem die von ihm gesetzten Maßnahmen auf die Zielgröße einwirken. Dementsprechend werden in informationsökonomischen Modellanalysen Eigenschaften von Beurteilungsgrößen analysiert, die trotz unterschiedlicher Zeithorizonte oder -präferenzen zwischen Eigentümern und Manager zu einer aus der Sicht der Eigentümer optimalen, am Unternehmenswert ausgerichteten Unternehmenspolitik und deren Umsetzung motivieren.[8] Eine weitere aktuelle Forschungsströmung beschäftigt sich mit der Gestaltung und Wirkung von Aktienoptionsprogrammen.[9] Trotz dieser Analysen bleibt eine Vielzahl von Problemen im Zusammenhang mit wertorientierten Anreizsystemen ungeklärt.

Implikationen von Synergieeffekten für die Gestaltung von Entlohnungssystemen

Eines davon betrifft den Kreis der Mitarbeiter, die in das Anreizsystem aufgenommen werden sollen. Obwohl in der Literatur die Bedeutung der Ausrichtung aller Aktivitäten aller Mitarbeiter am Ziel der Wertorientierung formuliert wird[10], ist in diesem Zusammenhang der Adressatenkreis des Anreizsystems nicht einheitlich definiert. Die Vorschläge reichen dabei von Anreizsystemen für die oberste Führungsebene bis hin zu Konzepten, die eine Beteiligung aller Mitarbeiter des Unternehmens an der Wertentwicklung des Unternehmens vorsehen. Analog zur Diskussion der Frage zeitkongruenter Beurteilungsgrößen stellt sich auch im Zusammenhang mit dem Problemfeld des hierarchischen „Downdrills" von Anreizen die Frage nach geeigneten Beurteilungsgrößen, aber auch nach der Gestaltung von Entlohnungsfunktionen.

Die Literatur zur wertorientierten Unternehmensführung stellt in diesem Zusammenhang zwar methodisch Verfahren zum „Herunterbrechen" des Unternehmenswertes über die gesamte Unternehmenshierarchie in Form von Werttreiberkonzepten zur Verfügung, diskutiert deren Implikationen allerdings nicht im Zusammenhang mit Anreizsystemen, die zur Umsetzung der Methodik vorgeschlagen werden. Damit verbleibt der Schwerpunkt der Ausführungen in der Literatur wiederum auf der Diskussion von Planungsproblemen, ohne explizite Berücksichtigung von Umsetzungsproblemen in diesem Zusammenhang.

Die bisher weitgehende Nichtberücksichtigung hierarchischer Aspekte von Anreizsystemen im Zusammenhang mit Fragen des wertorientierten Management ist der Ausgangspunkt für die folgende Untersuchung. Im Rahmen einer informationsökonomischen Analyse wird anhand eines konkreten Steuerungsproblems die optimale Wertproduktionspolitik ermittelt. Da die Wertproduktion in unterschiedlichen Organisationsformen stattfinden kann, deren Vorteilhaftigkeit zahlreiche modellexogene Größen beeinflussen, wird die Frage der Ermittlung der Vorteilhaftigkeit unterschiedlicher organisatorischer Designs ausgeklammert.[11] Stattdessen wird eine gegebene hierarchische Organisationsform betrachtet, in der die Entscheidungsfindung zur Steuerung der Unternehmenswertproduktion dezentral erfolgt. In diesem Kontext sollen insbesondere Fragen des verfügbaren bzw. notwendigen Informationsstandes jener Akteure, die mit der Aufgabe der Steuerung der Wertproduktion betraut sind, sowie Implikationen für die Wahl von Beurteilungsgrößen im Kontext des wertorientierten Management diskutiert werden. Durch den Einbezug eines Mehraktionenproblems und von Synergieeffekten ergeben sich Erkenntnisse bezüglich Situationen, in denen die vereinfachenden Annahmen, wie sie auch in der Literatur zum wertorientierten Management getroffen werden[12], nicht zutreffen. So kann gezeigt werden, dass unter Berücksichtigung von Synergieeffekten im Mehraktionenproblem eine differenzierte Behandlung der Wertbeiträge von Entscheidungsträgern nach ihren Entstehungsquellen im Entlohnungsvertrag erforderlich sein kann. Vorgeschlagene einfache Lösungen, wie sie beispielsweise von Vertretern des EVA[13] entwickelt und als notwendige Voraussetzung für erfolgreiche Anreizsysteme propagiert werden, können in diesem Kontext dysfunktionale Steuerungseffekte auslösen und dementsprechend im Modell zu einer suboptimalen Lösung führen. Dies ist insofern bemerkenswert, als im Modell von einem perfekten Maßstab für die Wertschaffung ausgegangen wird. Die Frage nach der zeitkongruenten Gestaltung von Beurteilungsgrößen wurde bereits in zahlreichen Beiträgen analysiert und wird daher in dieser Arbeit ausgeklammert, indem von einer „perfekten" zeitkongruenten Beurteilungsgröße ausgegangen wird. Die Modellanalyse erfolgt eingebettet in die derzeit geführte Diskussion zur Ausgestaltung wertorientierter Anreizsysteme, indem sie mit dort auftretenden Sachverhalten verknüpft wird. Im nächsten Abschnitt wird das Agency Modell mit seinen Annahmen vorgestellt und in Beziehung zur Literatur hierarchischer Anreizsysteme gesetzt.

B. Die Modellstruktur und Annahmen

In diesem Kapitel wird zur Analyse des eingangs formulierten Problems im Rahmen des wertorientierten Management die vereinfachte Darstellung einer Struktur mit drei Leistungsebenen in einem dezentral organisierten Unternehmen betrachtet. Ebene I repräsentiert die Geschäftsführung des Konzerns („CEO"), Ebene II die Geschäftsführung in einer Tochtergesellschaft („Bereichsmanager") und Ebene III einen Mitarbeiter in dieser Tochtergesellschaft in einer produktionsausführenden Funktion („operative Einheit"). Der CEO hat die Aufgabe, das Portfolio der Beteiligungen im Einklang mit den Eigentümerinteressen zu gestalten. Aus diesem Portfolio wird beispielhaft ein Bereich mit einer nachgeordneten hierarchischen Einheit herausgegriffen. Die anderen im Portfolio enthaltenen Bereiche werden aus der Analyse ausgeklammert. Diese Vorgangsweise ist dann gerechtfertigt, wenn keinerlei Verbundeffekte zwischen den Wertbeiträgen der Bereiche existieren. Dies ist eine Standardannahme in der Literatur zum wertorientierten Management.[14]

Der CEO verfolgt das Ziel der Eigentümer, die Optimierung des Unternehmenswertes. Wie im vorangegangenen Abschnitt ausgeführt, wird von einer bereits vorliegenden zeitkongruenten Beurteilungsgröße ausgegangen, um vom Problem der Mehrperiodigkeit, das bereits im Mittelpunkt zahlreicher Modellanalysen gestanden hat, zu abstrahieren. Es wird eine Beurteilungsperiode herausgegriffen, in der der CEO den Bereichsmanager mit der Aufgabe beauftragt, den Wertbeitrag seines Bereiches durch das Setzen von Aktivitäten zu gestalten. Vereinfachend wird davon ausgegangen, dass dem Bereichsmanager zur Wertgestaltung zwei unterschiedliche Aktivitätsarten, eine allgemeine und eine spezifische Managementaktivität, zur Verfügung stehen. Die allgemeine Managementaktivität beeinflußt den Wertbeitrag auf der Ebene des Bereiches. Sie setzt an der aktuellen Ausgangssituation, in Folge bezeichnet als Basiswertsituation des Bereiches, zur Wertgestaltung auf Bereichsebene an. Die Basiswertsituation umfasst beispielsweise die Ausstattung der Einheit mit materiellen Wirtschaftsgütern, das Know-How der Mitarbeiter, aber auch Informationen über den „Fit" des materiellen Vermögens mit diesem Intellectual Capital oder Informationen über (zukünftige) Marktentwicklungen. Die Basiswertsituation beeinflußt wesentlich das Ergebnis der Wertaktivitäten, wie Beispiele aus dem wertorientierten Management zeigen: Stewart[15] argumentiert, dass ein Manager mit seinen Aktivitäten drei Schlüsselgrößen des Wertbeitrages steuern kann: Die Aktivitäten können den Gewinn, den Kapitaleinsatz oder die Kosten des Kapitals verändern. Damit wird deutlich, dass eine bestimmte Ausgangssituation den Wertsteuerungsaktivitäten zu Grunde gelegt wird, die der Manager mit seinen Aktivitäten verändert. Eine ähnliche Sichtweise findet sich bei Rappaport (1998), S. 54 ff. Das Shareholder-Value Netzwerk zeigt dem Manager Einflußgrößen zur Erhöhung des Wertbeitrages, fokussiert wird die Veränderung von einzelnen Werttreibern und deren Auswirkung auf die Höhe des Unternehmenswertes. Damit wird als Ausgangsgröße analog zu Stewart

Implikationen von Synergieeffekten für die Gestaltung von Entlohnungssystemen

eine gegebene Ausgangssituation der Wertgenerierung unterstellt, die der Manager durch die Wahl seiner Aktivitäten verändern kann.

Allgemeine Managementaktivitäten setzen an der Basiswertsituation des Bereiches an. So kann der Bereichsmanager beispielsweise die Effizienz der Verwaltung erhöhen oder Serviceleistungen outsourcen, was z.B. den Gewinn und das investierte Kapital auf Bereichsebene verändert. Diese Maßnahmen bleiben aber i.d.R. ohne Wirkung auf den Wertbeitrag, den nachgeordnete operative Einheiten, die sich z.B. der Produktion widmen, für den Bereich liefern. Dieser wird im Modell durch die zweite Aktivitätsart des Bereichsmanagers, die spezifische Managementaktivität, beeinflußt, die eine Art „Nachsteuerung" der Leistungen der operativen Einheit ermöglicht. Der Mitarbeiter der operativen Einheit liefert einen Wertbeitrag zum Gesamtwertbeitrag des Bereiches. Auch er hat die Möglichkeit, durch seine Aktivitäten den Basiswertbeitrag der operativen Einheit, der analog anhand der oben angeführten Beispiele nach Rappaport und Stewart begründet werden kann, zu verändern. Ist der Mitarbeiter der operativen Einheit z.B. ein Kostenstellenleiter einer Produktionseinheit, so kann er durch verbesserte Maschineneinstellungen den Verbrauch an Rohstoffen oder durch eine bessere Ablaufplanung das Lager an Zwischenprodukten verringern und den Wertbeitrag im Vergleich zur Basiswertsituation verbessern. Die spezifische Managementaktivität des Bereichsmanagers setzt unmittelbar an der Aktivität des Mitarbeiters der operativen Einheit an und ermöglicht eine werterhöhende Einflußnahme des Bereichsmanagers basierend auf dessen Ergebnis. So kann beispielsweise die mengenmäßige Einsparung an Rohstoffen in der operativen Einheit den Wertbeitrag erhöhen, der Bereichsmanager kann diesen Effekt durch ein in Verhandlungen mit den Lieferanten erzieltes Senken des Rohstoffpreises noch verstärken.

Diese vereinfachte hierarchische Struktur wird der folgenden Modellanalyse zu Grunde gelegt. Die dabei vorgenommen Spezifikationen und die Eigenschaften und Kalküle der Akteure werden im folgenden charakterisiert.

I. Operativer Bereich

Der Wertbeitrag des operativen Bereiches ist abhängig von der allgemeinen Situation, in der der Mitarbeiter seine Aktivität setzt (Basiswertsituation), von der Aktivität des Mitarbeiters und von nicht steuerbaren, zufälligen Umwelteinflüssen. Dabei werden folgende Annahmen getroffen:

- α_i: Der allgemeine Wertparameter beschreibt die Basiswertsituation der operativen Einheit, der die Wirkung der Aktivitäten des Mitarbeiters beeinflußt. Betrachtet wird der Fall zweier möglicher Ausprägungen α_1 und α_2, mit $\alpha_2 > \alpha_1$ und $0 < \alpha_i < 1$, $i = 1,2$.[16] α_1 (α_2) können z.B. als Technologieparameter interpretiert werden. Je besser die Technologieposition des Bereiches und damit die Ausprägung des Technologieparameters, desto günstiger ist die Ausgangssituation zur Wertschaffung für den Mitarbeiter. Der Technologieparameter dient dazu, die unterschiedlichen Basiswertsituationen der operativen Einheit, die Ausgangspunkt der Wertaktivitäten des Mitarbeiters in der operativen Einheit zur Wertschaffung sind, im Modell abzubilden. In weiterer Folge werden die Bezeichnungen Technologieparameter und Basiswertparameter synonym verwendet.

- p_i: Lediglich der Mitarbeiter im operativen Bereich hat aufgrund seiner bisherigen Tätigkeit sichere Kenntnis über die vorliegende Basiswertsituation. Die übergeordneten hierarchischen Entscheidungsträger haben identische Erwartungen über das Vorliegen von α_1 (α_2), ausgedrückt über die Wahrscheinlichkeiten p_1 (p_2), sie können aber die tatsächliche Ausprägung des Technologieparameters weder vor noch nach Durchführung des Projektes beobachten. Diese Annahme der Nichtbeobachtbarkeit der Basiswertsituation entspricht einer Standardannahme in adverse selection Problemen.
- a_i: bezeichnet die Aktivität des Mitarbeiters im operativen Bereich. Es gelte für die Menge der realisierbaren Aktivitäten: $a_i \in A = R_+$.
- BW_{III}: Der Bruttowertbeitrag der betrachteten operativen Einheit ergibt sich aus der Aktivität des Mitarbeiters a_i in Abhängigkeit von der vorliegenden Ausprägung des allgemeinen Wertparameters. Es gilt:[17]

$$BW_{III} = \alpha_i \cdot a_i \tag{1}$$

- $K_{III}(a_i)$: Die Kosten der Durchführung der Aktivität werden in Anlehnung an die Standard agency Literatur festgelegt mit[18]

$$K_{III}(a_i) = 0{,}5\, a_i^2. \tag{2}$$

- NW_{III}: Der Nettowertbeitrag des operativen Bereiches ergibt sich aus dem Bruttowertbeitrag sowie einer Entgeltzahlung an den Mitarbeiter:

$$NW_{III} = BW_{III} - t_{III}(\cdot). \tag{3}$$

- U_{III}: Der Mitarbeiter im operativen Bereich ist eigennutzorientiert und maximiert die eigene Nutzenerreichung bei der Durchführung der Aktivität. Diese ergibt sich aus der Transferzahlung $t_{III}(\cdot)$, die eine hierarchisch übergeordnete Ebene für den Wertbeitrag des operativen Bereiches leistet, und den Kosten der Aktivität:

$$U_{III} = t_{III}(\cdot) - K_{III}(a_i) \tag{4}$$

- $\underline{U}_{III}$: bezeichnet den Reservationsnutzen des Mitarbeiters im operativen Bereich, der vereinfachend mit 0 angesetzt wird. Der Mitarbeiter erbringt die Aktivität, wenn die entstehenden Kosten von einer hierarchisch übergeordneten Entscheidungseinheit ersetzt werden. Diese Annahme kann ohne Beschränkung der Allgemeinheit getroffen werden. Der Reservationsnutzen wird durch alternative Beschäftigungsmöglichkeiten des Mitarbeiters außerhalb des Unternehmens bestimmt. Dies bewirkt, dass der CEO die ganze Verhandlungsmacht in der Vertragsgestaltung besitzt und die residualen Vorteile aus dem Vertrag erhält. Ein Setzen des Reservationsnutzens ungleich null führt zu keinen qualitativen Änderungen der Ergebnisse der Modellanalyse. Es ergibt sich lediglich eine Veränderung der zur Teilnahme notwendigen (fixen) Entlohnung des Mitarbeiters und der absoluten Höhe der residualen Vorteile für den CEO.
- Der Mitarbeiter im operativen Bereich ist risikoneutral. Diese Annahme beeinflußt wesentlich die in der Modellanalyse gewonnenen Erkenntnisse, da der Mitarbeiter bereit ist, kostenlos Risiko bei der Bemessung der Entlohnung zu übernehmen. Die Annahme erfolgt, um in der folgenden Analyse Motivationsgesichtspunkte unter Vernachlässigung von Risikoteilungsaspekten zu fokussieren und eine Interpretation der Ergebnisse

ohne gegenseitige Überlagerung dieser beiden Einflußgrößen auf die Gestaltung des Anreizsystems zu ermöglichen. Diese Annahme wird getroffen, da auch die Annahme eines risikoaversen Mitarbeiters in der Literatur nicht unumstritten ist.[19] Die Konsequenz einer Aufgabe der Annahme der Risikoneutralität ist es, dass die in der folgenden Analyse als optimal ermittelten Anreizverträge für risikoaverse Mitarbeiter nicht weiter optimal bleiben. Dann erfolgt im Vergleich zu risikoneutralen Mitarbeitern eine Reduktion der Motivationswirkung des Entlohnungsvertrages, i.d.R. ausgedrückt durch die Höhe des Beteiligungsparameters am erzielten Erfolg, um die Risikoprämie, die für die Übernahme des Risikos in der Entlohnung zu berücksichtigen ist, zu senken. Der optimale Entlohnungsvertrag sorgt dann für eine optimale Balance zwischen Motivationswirkung und Kosten der Risikoübernahme.

II. Bereichsmanager

Dem Bereichsmanager stehen zwei unterschiedliche Aktivitäten zur Verfügung. In Abhängigkeit von einem allgemeinen Basiswertparameter auf Bereichsebene kann der Manager durch eine Aktivität, die die allgemeinen Managementaktivitäten repräsentiert, zur Werterhöhung im Bereich beitragen. Die zweite Aktivität repräsentiert spezifische Managementaktivitäten, die ausschließlich die Maßnahmen des operativen Bereiches unterstützen. Gemeinsam mit der Aktivität des operativen Bereiches ergibt sich daraus eine weitere Quelle der Werterhöhung auf der Ebene des Bereichsmanagers. Folgende Annahmen spezifizieren diese Zusammenhänge in der Modellsituation:

- β_j: bezeichnet den allgemeinen Basiswertparameter auf Bereichsebene. Analog zu α_i beeinflußt dieser die Wirkung der allgemeinen Managementaktivität des Bereichsmanagers. Wie auch im Fall des operativen Bereiches und des Wertparameters α_i wird auch auf Bereichsebene der Fall zweier möglicher Ausprägungen β_1 und β_2, mit $\beta_2 > \beta_1$ und $0 < \beta_j < 1$, $j = 1, 2$ betrachtet. Die tatsächliche Ausprägung dieses allgemeinen Wertparameters ist lediglich dem Bereichsmanager bekannt und kann von den anderen Akteuren auch ex post nicht beobachtet werden.
- f_j: bezeichnet die Aktivitäten des Bereichsmanagers im Rahmen der allgemeinen Managementaktivität. Es gelte für die Menge der realisierbaren Aktivitäten: $f_j \in F = R_+$.
- q_j: Die Basiswertsituation des jeweiligen Bereiches ist lediglich dem jeweiligen Bereichsmanager bekannt. Die Ebene der hierarchisch übergeordneten Konzerngeschäftsführung wie auch der Mitarbeiter im operativen Bereich haben lediglich Erwartungen über die vorliegende Ausprägung des Wertparameters. q_1 (q_2) bezeichnet die Wahrscheinlichkeit, dass im Bereich der Wertparameter β_1 (β_2) vorliegt. p_i, die Wahrscheinlichkeit des Vorliegens der Wertsituation α_i im operativen Bereich, und q_j sind stochastisch unabhängig.
- e_j: bezeichnet die Aktivitäten des Bereichsmanagers im Rahmen seiner spezifischen Managementaktivität. Setzt der Manager keine spezifische Managementaktivität, wird der Wertbeitrag des operativen Bereiches ohne Veränderung in den Wertbeitrag des Bereiches übernommen. Wird die spezifische Managementaktivität ausgeführt, werden dadurch die Aktivitäten des operativen Bereiches unterstützt, was zu einer Erhöhung des

Wertbeitrages der operativen Einheit auf Bereichsebene führt.[20] Es gelte für die Menge der realisierbaren Aktivitäten:

$e_j \in E = \mathbb{R}_+$.

- **BW_{II}**: Der Bruttowertbeitrag des Bereiches ergibt sich aus den Aktivitäten des Bereichsmanagers und aus dem Bruttowertbeitrag der operativen Einheit, der durch die spezifische Managementaktivität des Bereichsmanagers verbessert werden kann, in Abhängigkeit der jeweils vorliegenden Basiswertsituation. Es gelte folgender Funktionalzusammenhang:

$$BW_{II} = (1 + e_j + \theta_{II}^s) \cdot BW_{III} + \beta_j \cdot f_j + \theta_{II}^a \tag{5}$$

θ_{II}^a (θ_{II}^s) ist die Sammelgröße aller zufälligen, vom Bereichsmanager nicht steuerbaren Einflüsse mit Erwartungswert $E(\theta_{II}^a) = E(\theta_{II}^s) = 0$ und Varianz $\sigma_{\theta_{II}^a}^2$ ($\sigma_{\theta_{II}^s}^2$), die das Ergebnis der allgemeinen (spezifischen) Managementaktivität beeinflussen. Dabei wird die Annahme getroffen, dass θ_{II}^a und θ_{II}^s stochastisch unabhängig sind. Im Gegensatz zum Bruttowertbeitrag der operativen Einheit wirken auf BW_{II} auch nicht kontrollierbare Einflußgrößen. Diese Struktur wurde gewählt, um die unterschiedlichen Implikationen dieser beiden Annahmen auf die Steuerung der Wertaktivitäten durch den CEO über das Anreizsystem untersuchen zu können. Auf die ausgelösten Effekte wird an späterer Stelle noch ausführlich eingegangen.

- **$K_{II}(f_j, e_j)$**: Die Kosten der Durchführung der beiden Managementaktivitäten sind additiv separierbar in den beiden Aktionskomponenten.

$$K_{II}(f_j, e_j) = 0{,}5 \, (f_j^2 + e_j^2). \tag{6}$$

- **NW_{II}**: Der gesamte Nettowertbeitrag des Bereiches unter Berücksichtigung der Leistung der eingegliederten operativen Einheit ergibt sich dementsprechend aus dem Bruttowertbeitrag abzüglich der jeweiligen Transferzahlungen an den Bereichsmanager und an den Mitarbeiter im operativen Bereich:

$$NW_{II} = BW_{II} - t_{II}(\cdot) - t_{III}(\cdot). \tag{7}$$

- **U_{II}**: Der Nutzen des risikoneutralen Bereichsmanagers enthält die Komponenten Transferzahlung und Kosten der Durchführung der Managementaktivitäten.

$$U_{II} = t_{II}(\cdot) - K_{II}(f_j, e_j). \tag{8}$$

- **$\underline{U}_{II}$**: Der Reservationsnutzen des Bereichsmanagers wird vereinfachend mit 0 angenommen. Die Managementaktivitäten werden ausgeführt, wenn zumindest die Kosten ersetzt werden.

III. Konzerngeschäftsführung

Die Konzerngeschäftsführung repräsentiert im Modell perfekt die Zielsetzungen der Eigentümer. Bei der Portfoliosteuerung nimmt der CEO darauf bedacht, dass durch die Aktivitäten der Mitarbeiter nachgeordneter hierarchischer Einheiten der Wertbeitrag für das

Gesamtunternehmen optimal gestaltet wird. Die Nutzenfunktion der Konzerngeschäftsführung wird spezifiziert mit:

- U_I: Der Nutzen des risikoneutralen CEO enthält die Komponente Nettowertbeitrag des Bereiches:

$$U_I = NW_{II}. \tag{9}$$

IV. Weitere Vorgehensweise und Bezug zur Literatur zu hierarchischen Anreizsystemen

In weiterer Folge steht die Ermittlung der aus Konzernsicht nutzenmaximalen Wertproduktionspolitik bei dezentraler Entscheidungsfindung im Mittelpunkt. Die Planung der Wertproduktion erfolgt dezentral, wobei die Steuerung der operativen Einheit dem Bereichsmanager übertragen wird und der CEO als vorgesetzte Instanz des Bereichsmanagers wirkt. Dadurch wird ein organisatorisches Design realisiert, das eine Analyse eines spezifischen hierarchischen Anreizsystems erlaubt. Ausgehend von der Lösung dieser Untersuchung wird ein Zusammenhang mit Aspekten des wertorientierten Management hergestellt. So wird gezeigt, dass eine Aufnahme des Bereichsmanager in den Adressatenkreis des Anreizsystems erforderlich wird. Die Steuerung der operativen Einheit mit der Fixierung der Entlohnung wie auch die Festlegung der Aktivitäten im eigenen Bereich werden vom CEO an den Bereichsmanager delegiert, der an dem von ihm geschaffenen Wert beteiligt wird. In diesem Zusammenhang wird geklärt, wie das Anreizsystem für das betrachtete Steuerungsproblem zu konzipieren und welche Anforderungen an die Wahl der Beurteilungsgrößen zu stellen ist. So ist z.B. die Wahl mehrerer Beurteilungsgrößen in Form einer getrennten Berücksichtigung des Wertbeitrages der spezifischen und der allgemeinen Managementaktivität über den Einsatz einer Beurteilungsgröße, die auf die unterschiedlichen Ausgangssituationen der Wertaktivitäten des Bereichsmanagers in Abhängigkeit der vorliegenden Technologiesituation Rücksicht nimmt, bis hin zu einer undifferenzierten Beteiligung am erzielten Wertbeitrag des Bereiches möglich. Diese Festlegung beeinflußt zum einen die Kosten des Anreizsystems, indem zur Ermittlung der Beurteilungsgröße sukzessive weniger Informationen benötigt werden. Zum anderen können sich aber auch Konsequenzen auf die Festlegung der Aktivitäten und damit auf den erwarteten Wertbeitrag ergeben.

Die Untersuchung erfolgt in Anlehnung an die allgemeine Analyse hierarchischer einperiodiger Agency Beziehungen in Mookherjee und Reichelstein (1997), Melumad, Mookherjee und Reichelstein (1995) und Melumad, Mookherjee und Reichelstein (1992). Im Gegensatz zur folgenden Untersuchung, die die Implikationen einer dezentralen Organisationsform auf die Gestaltung hierarchischer wertorientierter Entlohnungsverträge fokussiert und deren Umsetzungsmöglichkeiten über wertorientierte Unternehmenssteuerungsinstrumente diskutiert, steht im Mittelpunkt der oben genannten Arbeiten allgemein die Frage der Vorteilhaftigkeit der Delegation von Entscheidungen und damit die Effizienz von Organisationsformen. Die beiden letztgenannten Arbeiten untersuchen, ob eine zentrale Steuerung von zwei Agenten durch den Prinzipal, die lediglich zwei Hierarchieebenen erfordert, einer Delegationslösung, in der der Prinzipal die Steuerung des einen Agenten an den anderen Agenten überträgt und eine dreistufige Hierarchie erfordert, effizienter ist. Intuitiv ist im Fall der Delegation mit höheren Agency Kosten zu rechnen, da ein weiteres Agency Problem im Vergleich zur zentralen Lösung entsteht.[21] Die beiden Beiträge zeigen, dass bei Erfüllung bestimmter Informationserfordernisse die optimale zentrale Lösung, für deren Ermittlung die Annahmen des Revelation Principles erfüllt sind, im Rahmen der dezentralen Lösung zumindest nachgebildet werden kann. Eine Verbesserung ist allerdings nicht möglich. Mookherjee und Reichelstein (1997) zeigen auf diese Arbeiten aufbauend, dass die Nichterfüllung der Annahmen des Revelation Principles zur Überlegenheit der dezentralen Lösung führen kann. Im Rahmen der folgenden Modellanalyse wird der Struktur dieser Beiträge gefolgt. Dabei steht allerdings nicht die Frage der Vorteilhaftigkeit unterschiedlicher organisatorischer Designs im Mittelpunkt. Vielmehr sollen die Frage des notwendigen Informationsstandes jener Akteure, die mit der Aufgabe der Steuerung der Wertproduktion betraut sind, sowie Implikationen für die Wahl von Beurteilungsgrößen diskutiert werden. Ein weiterer Unterschied zu diesen genannten Arbeiten besteht in der Modellierung eines Synergieeffektes zwischen Bereich und operativer Einheit in Form der spezifischen Managementaktivität, der sich durch die Berücksichtigung einer Multi-Task-Situation[22] im Rahmen der hierarchischen Beziehungen ergibt. Dadurch ergeben sich weitere Implikationen für die Steuerung der Wertproduktion.

C. Die Benchmarklösung

Als Benchmark für den Vergleich mit der nachfolgenden Lösung wird von der Annahme der asymmetrischen Informationsverteilung bezüglich der jeweils vorliegenden Basiswertsituationen und der Nichtbeobachtbarkeit des Arbeitseinsatzes abgegangen. Dadurch wird die Verwendung inputorientierter Beurteilungsgrößen möglich. Die Steuerung der Wertproduktionsaktivitäten kann in diesem Fall direkt vom CEO über die Vorgabe zu erfüllender Aktivitätsniveaus erfolgen. Aufgrund des mit null normierten Reservationsnutzens des Bereichsmanagers bzw. des Mitarbeiters der operativen Einheit ist die Teilnahme gesichert, wenn eine Entlohnung exakt in Höhe der Kosten der Aktivitäten erfolgt. Dementsprechend lautet das Kalkül des CEO in Abhängigkeit der im Zeitpunkt der Optimierung bekannten Wertparameter (10):[23]

$$\text{Max } U_I^{FB}: \max_{a_{ij}, e_{ij}, f_{ij}} (1 + e_{ij} + E(\theta_{II}^s)) \cdot (\alpha_i \cdot a_{ij}) + \beta_j \cdot f_{ij} + E(\theta_{II}^a) - 0{,}5\,(a_{ij}^2 + e_{ij}^2 + f_{ij}^2)$$

$\forall\ i = 1,2;\ j = 1,2.$

Die optimale Lösung ergibt sich aus den Bedingungen:

$$\frac{\partial U_I^{FB}}{\partial a_{ij}} = (1 + e_{ij}) \cdot \alpha_i - a_{ij} = 0 \tag{10.1}$$

$$\frac{\partial U_I^{FB}}{\partial e_{ij}} = \alpha_i \cdot a_{ij} - e_{ij} = 0 \tag{10.2}$$

$$\frac{\partial U_I^{FB}}{\partial f_{ij}} = \beta_j - f_{ij} = 0. \tag{10.3}$$

Das Ergebnis zeigt, dass im Fall der Beobachtbarkeit der Aktivitäten die Festlegung des zu erzielenden Wertbeitrages wie auch die Transferzahlungen an den Bereichsmanager und den Mitarbeiter der operativen Einheit unmittelbar an die vorliegende Technologiesituation anknüpfen. Über einen forcing contract werden die gemäß den Bedingungen (10.1) bis (10.3) ermittelten Vorgaben vertraglich vereinbart und deren Umsetzung überwacht. Die Entlohnung erfolgt in Form einer fixen Transferzahlung in Abhängigkeit des induzierten Aktivitätsniveaus. Die Höhe der Transferzahlung entspricht exakt den Kosten der Aktivitätserbringung. Die folgende *Tabelle 1* fasst die jeweiligen first best Aktivitäten zusammen:

Tab. 1: First best Aktivitäten:

	α_1,β_1	α_1,β_2	α_2,β_1	α_2,β_2
f_{ij}^{FB}	β_1	β_2	β_1	β_2
e_{ij}^{FB}	$\dfrac{\alpha_1^2}{1-\alpha_1^2}$	$\dfrac{\alpha_1^2}{1-\alpha_1^2}$	$\dfrac{\alpha_2^2}{1-\alpha_2^2}$	$\dfrac{\alpha_2^2}{1-\alpha_2^2}$
a_{ij}^{FB}	$\dfrac{\alpha_1}{1-\alpha_1^2}$	$\dfrac{\alpha_1}{1-\alpha_1^2}$	$\dfrac{\alpha_2}{1-\alpha_2^2}$	$\dfrac{\alpha_2}{1-\alpha_2^2}$

Die first best Lösung ermöglicht bereits zwei wertvolle Einblicke in die Lösungsstruktur des Problems. Beide betreffen den Synergieeffekt zwischen der spezifischen Managementaktivität des Bereichsmanagers und der Aktivität des Mitarbeiters der operativen Einheit.

1) Ohne Vorliegen eines Synergieeffektes wäre es für den CEO optimal, dem Mitarbeiter der operativen Einheit ein niedrigeres first best Aktivitätsniveau vorzugeben. Z.B. ist für die Basiswertsituation α_2 dann ein Aktivitätsniveau $a_2^{FB'} = \alpha_2$ optimal. Aufgrund des Synergieeffektes beträgt das optimale Aktivitätsniveau $a_2^{FB} = \dfrac{\alpha_2}{1-\alpha_2^2}$. Da $\alpha_2 < 1$, folgt daraus, dass $a_2^{FB} > a_2^{FB'}$. Analoges gilt für das Aktivitätsniveau von a_1.

2) Die Aktivitätswahl des Mitarbeiters der operativen Einheit wird lediglich beeinflußt von der Basiswertsituation der operativen Einheit. Das Aktivitätsniveau des Bereichsmanagers wird hingegen beeinflußt sowohl von der Basiswertsituation des Bereiches als auch von der Basiswertsituation der operativen Einheit. Die sich daraus ergebenden Implikationen für die Entlohnung sind, das gilt: $t_{III}(\cdot) = t_{III}(\alpha_i)$ und $t_{II}(\cdot) = t_{II}(\alpha_i, \beta_j)$.

D. Die „second best" Lösung des hierarchischen Steuerungsproblems

Im Fall der Entscheidungsdelegation und hierarchischen Steuerung der Wertproduktion wird der Bereichsmanager mit der Steuerung der Wertaktivitäten in der operative Einheit wie auch mit der Festlegung der Aktivitäten im eigenen Bereich betraut. Der Bereichsmanager übernimmt die Rolle einer vorgesetzten Stelle für den Mitarbeiter der operativen Einheit. Dabei benötigt der Bereichsmanager für die Planung der optimalen Wertproduktion Informationen über die vorliegende Basiswertsituation in der operativen Einheit. Der besser informierte Mitarbeiter in der operativen Einheit hat nun aber einen Anreiz, diese Informationsweitergabe zur Verbesserung der eigenen Nutzenerreichung zu manipulieren. Der Bereichsmanager kann daher nicht a priori davon ausgehen, dass die Informationsübermittlung wahrheitsgemäß erfolgt, vielmehr hat er über die Festlegung der Entlohnung für den Mitarbeiter in der operativen Einheit ein entsprechendes Berichtsverhalten zu motivieren. In Abhängigkeit der berichteten Größe legt der Bereichsmanager die zu erzielenden Wertbeiträge und Transferzahlungen für die hierarchisch nachgeordnete Einheit fest und beeinflußt damit indirekt das zu erbringenden Aktivitätsniveau. Die Transferzahlungen dienen zum einen dazu, den Mitarbeitern die jeweiligen nutzenrelevanten Kosten, die mit der Durchführung der Aktivitäten verbunden sind, zu ersetzen und sie damit zur Teilnahme zu motivieren. Zum anderen wird über die Entlohnung die Motivation eines wahrheitsgemäßen Informationstransfers wie auch eine Aktionswahl im Sinne der Zielsetzung des Bereichsmanagers angestrebt.[24]

Der CEO greift in diese Steuerungsaktivitäten des Bereichsmanagers nicht ein, seine Aufgabe ist es, den Entlohnungsvertrag für den Bereichsmanager festzulegen, der eine aus Sicht des Gesamtunternehmens optimale Wertproduktion sicherstellt. Indem der Bereichsmanager am geschaffenen Wert beteiligt wird, erfolgt eine Anlehnung an die in der Literatur zur wertorientierten Unternehmenssteuerung getroffene Gestaltungsempfehlung, eines „making managers into owners" Ansatzes.[25] Dadurch findet das Ziel des CEO, die Wert Schaffung, über die Entlohnung Eingang in die Nutzenfunktion des Bereichsmanagers und gewährleistet eine entsprechende Berücksichtigung im eigennutzorietierten Kalkül des Bereichsmanagers. Dabei wird von der Annahme eines linearen Verlaufes der Entlohnungsfunktion ausgegangen[26], es gilt: $t_{II}(\cdot) = \underline{s}_{II}(\cdot) + s_{II}(\cdot) \cdot (BW_{II} - t_{III}(\cdot))$. Als Performancemaß wird der Bruttowertbeitrag II vermindert um die Kosten der Entlohnung des Mitarbeiters der operativen Einheit verwendet. Diese Beurteilungsgröße wird in Folge noch weiter spezifiziert, um die Auswirkungen einer unterschiedlichen Gestaltung des Informations- und Berichtssystem auf die Zielerreichung aufzuzeigen. Fragen der Kollusion zwischen dem Bereichsmanager und dem Mitarbeiter der operativen Einheit werden in Folge ausgeklammert. Ausgangspunkt ist die Ermittlung des optimalen Entlohnungsvertrages für die Situation, in der die Wertbeiträge der spezifischen und allgemeinen Managementaktivität nebeneinander als Beurteilungsgrößen für das Anreizsystem zur Verfügung stehen. Die erzielten Wertbeiträge werden im Informationssystem der Unternehmung getrennt nach Bereich und operativer Einheit sowie auf Bereichsebene getrennt nach Aktivitäten erfasst und können nach erfolgter Produktion separiert von allen Akteuren beobachtet werden. Dadurch ergibt sich für die Gestaltung der Entlohnungsfunktion die Möglichkeit der Differenzierung der Beteiligungsparameter. Es kann, da zwei Beurteilungsgrößen zur Verfügung stehen, ein unterschiedliches Beteiligungsausmaß des Bereichsmanagers an den einzelnen Wertbeiträgen festgelegt werden.

Abbildung 1 fasst für die betrachtete Situation die zeitliche Struktur der Handlungen der Akteure zusammen:

Implikationen von Synergieeffekten für die Gestaltung von Entlohnungssystemen

Abb. 1: Handlungssequenz bei second best Situation

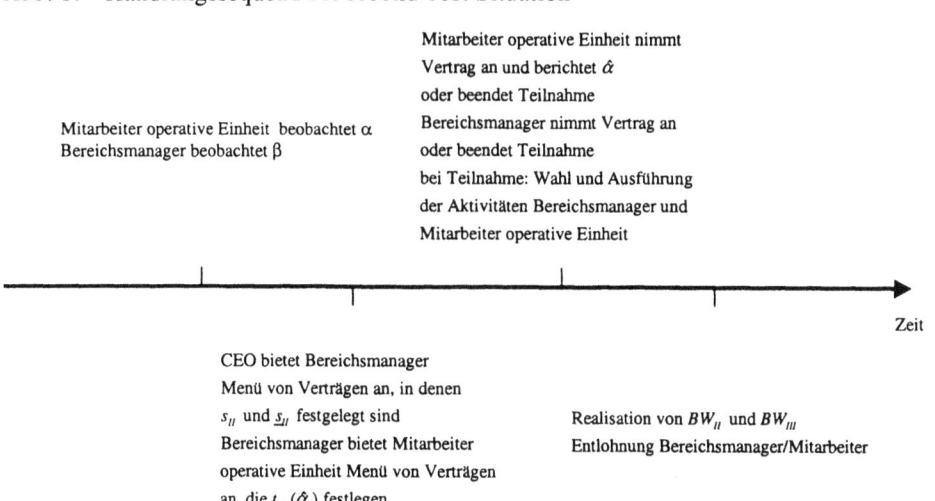

Zur Ermittlung der für den CEO optimalen Lösung ist es notwendig, in einem ersten Schritt die Aktionswahl des Bereichsmanagers bzw. jene des Mitarbeiters der operativen Einheit zu analysieren.

I. Das Kalkül des Bereichsmanagers

Der Bereichsmanager kennt die Wertsituation des eigenen Bereiches mit Sicherheit, bezüglich der Basiswertsituation in der operativen Einheit hat er lediglich Erwartungen, ausgedrückt über die Wahrscheinlichkeiten p_i. Die Vorgabe an die operative Einheit wie auch die Wahl der eigenen Aktivitätsniveaus erfolgt, um die eigene Nutzenerreichung optimal zu gestalten. Da die Struktur des Optimierungsproblems identisch für alle möglichen Basiswertsituation des Bereiches ist, wird in weiterer Folge die Bezeichnung $(\cdot \,|\, \beta_j)$ gewählt. Das Kalkül des Bereichsmanagers gegeben die Basiswertsituation β_j kann formalisiert werden über das Problem (11):

$Max\, E(U_{II}^{SB} | \beta_j):$

$$\max_{e_{ij}, f_{ij}, a_{ij}} \underline{s}_{II}^{\hat{\beta}_j} + \sum_{i=1}^{2} p_i (s_{II}^{\alpha|\hat{\beta}_j} \cdot ((1 + e_{ij} + E(\theta_{II}^s)) \cdot \alpha_i \cdot a_{ij} - t_{III}(\hat{\alpha}_i))$$

$$+ s_{II}^{\hat{\beta}_j} \cdot (\beta_j \cdot f_{ij} + E(\theta_{II}^a)) - 0.5 \cdot (e_{ij}^2 + f_{ij}^2))$$

$u.d.B:$

$(AB_{III1} | \beta_j):$

$t_{III}(\hat{\alpha}_1) - 0.5 \cdot a_{1j}^2 \geq t_{III}(\hat{\alpha}_2) - 0.5 \cdot \tilde{a}_{2j}^2 \quad \forall \tilde{a}_{2j} | \beta_j \in A$

$(AB_{III2}|\beta_j)$:

$$t_{III}(\hat{\alpha}_2) - 0,5 \cdot a_{2j}^2 \geq t_{III}(\hat{\alpha}_1) - 0,5 \cdot \tilde{a}_{1j}^2 \quad \forall \tilde{a}_{1j}|\beta_j \in A$$

$(TB_{III}|\beta_j)$:

$$t_{III}(\hat{\alpha}_i) - 0,5 \cdot a_{ij}^2 \geq 0 \quad \forall \alpha_i|\beta_j.$$

Die Restriktionen $(AB_{III1}|\beta_j)$ und $(AB_{III2}|\beta_j)$ beschreiben das Kalkül der Berichtswahl des Mitarbeiters in der operativen Einheit und stellen sicher, dass der Mitarbeiter Informationen über die Basiswertsituation der Einheit wahrheitsgemäß an den Bereichsmanager weitergibt. (TB_{III}) ist die Teilnahmebedingung des Mitarbeiters, die verlangt, dass der Mitarbeiter der operativen Einheit gegeben den Typ des Bereichsmangers das Reservationsnutzenniveau erreichen muss.

Lemma:
Gemäß (11) ergibt sich die optimale Lösung für den Bereichsmanager, die einen wahrheitsgemäßen Informationstransfer sicherstellt und zur größtmöglichen erwarteten eigenen Nutzenerreichung führt über die folgende Aktivitätswahl:

- auf Ebene der operativen Einheit:

$$a_{1j}^{SB} = \frac{p_1 \cdot \alpha_1}{p_1 + p_2 \cdot \eta \alpha - s_{II}^{\alpha|\hat{\beta}_j} \cdot p_1 \cdot \alpha_1^2}$$

$$a_{2j}^{SB} = \frac{\alpha_2}{1 - s_{II}^{\alpha|\hat{\beta}_j} \cdot \alpha_2^2}$$

- Auf Ebene des Bereichsmanagers:

$$e_{1j}^{SB} = \frac{s_{II}^{\alpha|\hat{\beta}_j} \cdot p_1 \cdot \alpha_1^2}{p_1 + p_2 \cdot \eta \alpha - s_{II}^{\alpha|\hat{\beta}_j} \cdot p_1 \cdot \alpha_1^2}$$

$$e_{2j}^{SB} = \frac{s_{II}^{\alpha|\hat{\beta}_j} \cdot \alpha_2^2}{1 - s_{II}^{\alpha|\hat{\beta}_j} \cdot \alpha_2^2}$$

$$f_{ij}^{SB} = s_{II}^{\hat{\beta}_j} \cdot \beta_j.$$

Der Beweis der Ermittlung der optimalen Aktivitäten erfolgt im Anhang.

Da der Bereichsmanager die nicht beobachtbare Aktivität der operativen Einheit nicht kontrahieren kann, setzt er diese indirekt über den Funktionalzusammenhang von (1) in Form des zu erzielenden Bruttowertbeitrages BW_{III} durch. Die Festlegung der Aktivitätshöhen gemäß Lemma determinieren die bei Entscheidungsdelegation für den Bereichsmanager optimale Aktionswahl. Sie bestimmen damit die Reaktionsfunktionen des Bereichsmanagers respektive des Mitarbeiters der operativen Einheit, die der CEO in der nachfolgenden Stufe des Steuerproblems bei der optimalen Gestaltung der Parameter des Entlohnungsvertrages zur Optimierung seiner eigenen Zielerreichung zu berücksichtigen hat.

II. Das Kalkül des CEO

Der CEO kennt den Basiswertparameter des Bereiches nicht, er hat Erwartungen, repräsentiert durch die Wahrscheinlichkeiten q_j. Zielsetzung ist es, den Nettowertbeitrag aller Wertaktivitäten optimal zu gestalten, ohne direkten Einfluß auf die Festlegung der Aktivitätshöhen und der Transferzahlungen an die operative Einheit nehmen zu können. Die Bestimmung dieser Größen erfolgte bereits durch den Bereichsmanager. Das Kalkül des CEO bei der Festlegung der fixen Transferzahlung und der Wertbeteiligungsparameter lautet (12):

$$Max\ E(U_I^{SB}):$$

$$\max_{\underline{s}_{II}(\hat{\beta}_j), s_{II}^{\hat{\beta}_j}, s_{II}^{\alpha|\hat{\beta}_j}} \sum_{j=1}^{2} \sum_{i=1}^{2} q_j \cdot p_i \cdot ((1 - s_{II}^{\hat{\beta}_j}) \cdot (\beta_j \cdot f_{ij} + E(\theta_{II}^a)) + (1 - s_{II}^{\alpha|\hat{\beta}_j})$$

$$\cdot ((1 + e_{ij} + E(\theta_{II}^s)) \cdot \alpha_i \cdot a_{ij} - t_{III}(\hat{\alpha}_i))) - \sum_{j=1}^{2} q_j \cdot \underline{s}_{II}(\hat{\beta}_j)$$

u.d.B:

(AB_{II1}):

Festlegung a_{ij}, e_{ij}, f_{ij} gemäß Lemma

(AB_{II2}): $\forall \tilde{f}_{i1} \in F, \tilde{e}_{i1} \in E$

$$\underline{s}_{II}(\hat{\beta}_2) + \sum_{i=1}^{2} p_i \cdot (s_{II}^{\hat{\beta}_2} \cdot (\beta_2 \cdot f_{i2} + E(\theta_{II}^a)) + s_{II}^{\alpha|\hat{\beta}_2} \cdot ((1 + e_{i2} + E(\theta_{II}^s))$$

$$\cdot \alpha_i \cdot a_{i2} - t_{III}(\hat{\alpha}_i)) - 0,5 \cdot (f_{i2}^2 + e_{i2}^2))$$

$$\geq \underline{s}_{II}(\hat{\beta}_1) + \sum_{i=1}^{2} p_i \cdot (s_{II}^{\hat{\beta}_1} \cdot (\beta_1 \cdot \tilde{f}_{i1} + E(\theta_{II}^a)) + s_{II}^{\alpha|\hat{\beta}_1} \cdot ((1 + \tilde{e}_{i1} + E(\theta_{II}^s))$$

$$\cdot \alpha_i \cdot a_{i1} - t_{III}(\hat{\alpha}_i)) - 0,5 \cdot (\tilde{f}_{i1}^2 + \tilde{e}_{i1}^2))$$

(TB_{II}):

$$\underline{s}_{II}(\hat{\beta}_1) + \sum_{i=1}^{2} p_i \cdot (s_{II}^{\hat{\beta}_1} \cdot (\beta_1 \cdot f_{i1} + E(\theta_{II}^a)) + s_{II}^{\alpha|\hat{\beta}_1} \cdot ((1 + e_{i1} + E(\theta_{II}^s))$$

$$\cdot \alpha_i \cdot a_{i1} - t_{III}(\hat{\alpha}_i)) - 0,5 \cdot (f_{i1}^2 + e_{i1}^2)) \geq 0.$$

Im Vergleich zur Lösung unter I. bestehen die selben Vereinfachungsmöglichkeiten des Optimierungsproblems: (AB_{II2}) sichert die wahrheitsgemäße Informationsweitergabe über die vorliegende Wertsituation im Bereich an den CEO durch den Bereichsmanager, (TB_{II}) garantiert die Teilnahme des Bereichsmanagers.

Satz:

Die optimale Lösung des Problems (12) führt zur optimalen Zielerreichung des CEO mit der folgenden Festlegung der Parameter des Entlohnungsvertrages für den Bereichsmanager:

Die optimalen fixen Entlohnungszahlungen lauten:

$$\underline{s}_{II}(\hat{\beta}_1) = \sum_{i=1}^{2} 0{,}5 \cdot p_i \cdot (f_{i1}^{SB^2} + e_{i1}^{SB^2}) - \sum_{i=1}^{2} p_i \cdot (s_{II}^{\hat{\beta}_1} \cdot (\beta_1 \cdot f_{i1}^{SB} + E(\theta_{II}^a))$$
$$+ s_{II}^{\alpha|\hat{\beta}_1} \cdot ((1 + e_{i1}^{SB} + E(\theta_{II}^s)) \cdot \alpha_i \cdot a_{i1}^{SB} - t_{III}(\hat{\alpha}_i)))$$

$$\underline{s}_{II}(\hat{\beta}_2) = \sum_{i=1}^{2} 0{,}5 \cdot p_i \cdot (f_{i2}^{SB^2} + e_{i2}^{SB^2} + f_{i1}^{SB^2} \cdot \eta \beta) - \sum_{i=1}^{2} p_i \cdot (s_{II}^{\hat{\beta}_2} \cdot (\beta_2 \cdot f_{i2}^{SB} + E(\theta_{II}^a))$$
$$+ s_{II}^{\alpha|\hat{\beta}_2} \cdot ((1 + e_{i2}^{SB} + E(\theta_{II}^s)) \cdot \alpha_i \cdot a_{i2}^{SB} - t_{III}(\hat{\alpha}_i)))$$

Die optimalen Erfolgsbeteiligungsparameter des Bereichsmanagers lauten:

$$s_{II}^{\hat{\beta}_1} = \frac{q_1}{q_1 + q_2 \cdot \eta \beta}$$

$$s_{II}^{\hat{\beta}_2} = 1$$

$$s_{II}^{\alpha|\hat{\beta}_1} = s_{II}^{\alpha|\hat{\beta}_2} = 1.$$

Der Beweis erfolgt im Anhang

III. Ergebnisinterpretation

Die Erfolgsbeteiligungsparameter in der optimalen Lösung zeigen, dass die Konzernleitung eine unterschiedliche Beteiligung des Bereichsmanagers am Wertbeitrag seiner spezifischen und allgemeinen Managementaktivität vornimmt. Die Begründung für diese Differenzierung liegt in einer für den CEO optimalen Steuerung der Kosten der Informationsrenten, die auf Grund des adverse selection Problems sowohl auf der Ebene der operativen Einheit als auch auf Bereichsebene auftreten. Im Kalkül des Bereichsmanagers ist die Transferzahlung an den Mitarbeiter des operativen Bereiches enthalten. Diese Transferzahlung wird vom Bereichsmanager bereits so festgelegt, dass die Teilnahme der operativen Einheit und eine wahrheitsgemäße Informationsweitergabe über die Basiswertsituation α_i zu geringsten Kosten erfolgt. Damit wird diese Informationsrentengenerierung des Mitarbeiters der operativen Einheit aus der Sicht des CEO bereits optimal gesteuert. Gleichzeitig wird über diesen Entlohnungsvertrag auch der Synergieeffekt zwischen Bereich und operativer Einheit bereits vom Bereichsmanager optimal gestaltet. Der CEO würde durch eine Veränderung dieser Steuerung über den Wertbeteiligungsparameter $s_{II}^{\alpha|\hat{\beta}_j}$ lediglich eine Verzerrung mit der Konsequenz einer Verschlechterung der eigenen Nutzenerreichung bewirken. Aus diesem Grund wird, um die größtmögliche Motivationswirkung über diesen Beteiligungsparameter zu erreichen, $s_{II}^{\alpha|\hat{\beta}_j}$ gleich eins fixiert und eine Verpachtungslösung der spezifischen Wertproduktionspolitik innerhalb des Unternehmens und damit der „making manager into owners" Ansatz des wertorientierten Management realisiert. Diese Lösung wird ermöglicht durch die risikoneutrale Einstellung des Bereichsmanagers, der Beteiligungsparameter sorgt für die bestmögliche Lösung des moral hazard problems im Rahmen der spezifischen Managementaktivität für den CEO. Würde

Implikationen von Synergieeffekten für die Gestaltung von Entlohnungssystemen

auch im Zusammenhang mit der spezifischen Managementaktivität ein zusätzliches adverse selection Problem auftreten, würde die Verpachtungslösung zur Steuerung der dann zusätzlich auftretenden Informationsrentenerzielungsmöglichkeit für den Bereichsmanager nicht mehr in jedem Umweltzustand optimal sein. Die Lösungsstruktur für dieses Problem erlaubt allerdings auf Grund sich überlagernder Effekte keine tiefergehende Interpretation. Da sich die Implikationen für das wertorientierte Management, die im folgenden Abschnitt ausführlich diskutiert werden, bereits anhand der einfacheren Struktur zeigen lassen, wird auf eine Modellierung in diesem Beitrag verzichtet, zumal der Einfluss des adverse selection Problems an Hand der allgemeinen Managementaktivität Eingang in die Modellierung findet. Bei Festlegung des Beteiligungsparameters am geschaffenen Wert dieser allgemeinen Managementaktivität ist zu berücksichtigen, dass im Nutzenkalkül des mit der Steuerung der Wertaktivitäten betrauten Bereichsmanagers die für den CEO optimale Informationsrenten-Kosten-Nutzen-Balance bezüglich seiner eigenen adverse selection Aktivität natürlich gänzlich fehlt. Dies zeigt deutlich die Aktivitätswahl f_{i1} des Bereichsmanagers in Lemma. Wird der Beteiligungsparamter $s_{II}^{\hat{\beta}_1}$ vom CEO mit 1 festgelegt, resultiert daraus die first best Aktivität. In der Literatur wird ausführlich dargelegt, dass diese Aktivitätshöhe in der second best Situation suboptimal ist.[27] Aus diesem Grund ist für den CEO ein Beteiligungsparameter $s_{II}^{\hat{\beta}_1} < 1$ optimal, um der fehlenden Berücksichtigung der, aus der Sicht des CEO optimalen Steuerung des Rentenerzielungsverhaltens im Kalkül des Bereichsmanagers entgegenzuwirken.

Dementsprechend wird dieser Beteiligungsparameter festgesetzt mit: $s_{II}^{\hat{\beta}_1} = \dfrac{q_1}{q_1 + q_2 \cdot \eta \beta}$.

Da beide Ausdrücke im Nenner des Bruches positiv sind, folgt daraus, dass der Zähler des Bruches kleiner ist als der Nenner und $s_{II}^{\hat{\beta}_1} < 1$. Für die Wahl der Aktivitätshöhen f_{i2} ist das Rentenkalkül unbeachtlich. Da dieses im Nutzenkalkül des Bereichsmanagers nicht enthalten ist, erfolgt über den Beteiligungsparameter $s_{II}^{\hat{\beta}_2} = 1$ eine aus der Sicht des CEO optimale unverzerrte Steuerung der Aktivitäten in der günstigen Wertsituation im Bereich.

Aufgrund der Risikoneutralität der beteiligten Akteure ist keine Risikoprämie im Entscheidungskalkül zu berücksichtigen, die intuitiv zu erwartende optimale Lösung ist eine gesamte Verpachtung des Bereiches an den Bereichsmanager. Dies wäre die stärkste Form des Prinzips, Manager in Eigentümer zu „verwandeln". Diese Verpachtungslösung würde allerdings zu einer suboptimalen Lösung für die Konzernleitung führen. Der Grund dafür, dass keine Verpachtungslösung vom CEO angestrebt wird, liegt darin, dass diese Lösung nicht in jeder Basiswertsituation zur bestmöglichen Konzernzielerreichung führt. Eine Verpachtung im Fall des Vorliegens der ungünstigen Wertsituation im Bereich bedeutet $s_{II}^{\hat{\beta}_1} = 1$. Wie bereits ausgeführt, ist diese Festlegung mit einer für den CEO suboptimalen Aktionswahl verbunden. Insgesamt müßte bei einer Verpachtungslösung auf die optimale Steuerung der Informationsrente des Bereichsmanagers verzichtet werden, so dass die erwartete Zielerreichung des CEO sinkt.[28]

Die Beurteilungsgrößen des Anreizvertrages müssen zur Umsetzung dieser Lösung gesonderte Informationen über die Wertaktivitäten des Bereichsmanagers bereitstellen. Ist es z.B. nicht möglich, eine Zuordnung von Wertbeiträgen auf die allgemeine und spezifische Managementaktivität des Bereichsmanagers vorzunehmen, muss die Differenzierung der Wertbeteiligungsparameter, wie sie oben erfolgt ist, aufgegeben werden. Für den Fall, dass ein Bericht über die Basiswertsituation des Bereiches erfolgt, ist eine Differenzierung der Beteiligung lediglich nach dem Berichtsinhalt möglich, es kommt ein Beteiligungsparameter der Form $s_{II}^{\hat{\beta}'_j}$ anstelle der differenzierten Beteiligungsparameter $s_{II}^{\hat{\beta}_j}$ und $s_{II}^{\alpha|\hat{\beta}_j}$ zum Einsatz. Dabei sind folgende Effekte zu erwarten: Dadurch, dass über einen Beteiligungsparameter $s_{II}^{\hat{\beta}'_j}$ sowohl die allgemeine als auch die spezifische Managementaktivität des Bereichsmanagers gesteuert wird, kommt es zu einer Verzerrung der für den CEO optimalen Aktionswahl. Setzt man $s_{II}^{\hat{\beta}'_j} = s_{II}^{\hat{\beta}_j}$ und $s_{II}^{\alpha|\hat{\beta}_j} = s_{II}^{\hat{\beta}'_j}$, so zeigt Lemma, dass der Beteiligungsparameter nun Eingang in die Bestimmungsgleichungen aller Aktivitäten nimmt. Die Steuerung der Informationsrente des Bereichsmanagers durch den CEO bedingt damit auch eine Verzerrung der Aktivitäten a_{ij} und e_{ij}. Eine Verringerung von f_{i1} über den Wertbeteiligungsparameter $s_{II}^{\hat{\beta}'_j}$ verändert nun den Kosten-Nutzen-Trade-Off der Rentensteuerung im Kalkül des CEO. Eine im Vergleich zur Lösung im Satz ceteris paribus vorgenommene Verringerung von f_{i1} über ein Setzen von $s_{II}^{\hat{\beta}'_j} < 1$ führt zwar zum selben Nutzen, indem die erwartete Informationsrente des Bereichsmanagers im selben Ausmaß sinkt. Allerdings steht dieser Nutzen nun höheren Kosten gegenüber, da auch eine Verringerung der Aktivitäten e_{i1} und a_{i1} erfolgt. Dadurch kommt es neben einer Verringerung des Bruttowertbeitrages der allgemeinen Managementaktivität nun darüber hinaus auch zu einer Verminderung des mit der spezifischen Managementaktivität erzielten Bruttowertbeitrages. Daraus folgt, dass eine im gleichen Ausmaß vorgenommene optimale Verringerung der Aktion f_{i1}, wie sie über die Entlohnung im Satz induziert wird, in der betrachteten Situation zu einer suboptimalen Lösung führt, weil nun derselbe Nutzen für den CEO aus der Verringerung der Rentenzahlung an den Bereichsmanager höhere Kosten verursacht. Unter der gegebenen Einschränkung der zur Verfügung stehenden Beurteilungsgrößen wird sich die erwartete Nutzenerreichung des CEO im Vergleich zur oben dargestellten Lösung jedenfalls verschlechtern.

Eine weitere Verschlechterung tritt ein, wenn auch diese Differenzierung nach den Basiswertwertsituationen aufgrund der zur Verfügung stehenden Beurteilungsgrößen nicht mehr möglich ist und lediglich ein einheitlicher Beteiligungsparameter $s_{II}^{\hat{\beta}}$ für den Entlohnungsvertrag zur Verfügung steht.[29]

E. Resüme: Implikationen für das wertorientierte Management

Die Analyse von hierarchischen Anreizsystemen im wertorientierten Management wurde in der vorliegenden Arbeit anhand einer konkreten Leistungsbeziehung zwischen drei Hierarchieebenen vorgenommen. Dies ermöglicht die explizite Ermittlung von Lösungen, die einen guten Einblick in die Lösungsstruktur geben. Dadurch ist es möglich, Einflußgrößen auf das Zustandekommen der optimalen Lösung zu identifizieren und gegenseitige Abhängigkeiten aufzuzeigen. Dabei wurde darauf bedacht genommen, eine Modellsituation zu Grunde zu legen, die eine Analyse von Motivationsaspekten bei der Wahl von Wert schaffenden Aktivitäten der Mitarbeiter erlaubt und gleichzeitig eine Überlagerung mit anderen Effekten, wie z.B. Risikoteilungsaspekten oder unterschiedlicher Zeitpräferenzen, vermeidet. Durch die Verwendung des spezifischen Modells können allerdings keine allgemein gültigen Aussagen zur Gestaltung wertorientierter hierarchischer Anreizsysteme zur Lösung von Anreizproblemen in agency Beziehungen getroffen werden. Die folgenden Ausführungen diskutieren daher die Implikationen für das wertorientierte

| Implikationen von Synergieeffekten für die Gestaltung von Entlohnungssystemen |

Management vor dem Hintergrund des anhand von Beispielen in der Literatur zum wertorientierten Management entwickelten Steuerungsproblems.

Es zeigt sich, dass insbesondere die Informationserfordernisse und die Gestaltung der Informationsversorgung entscheidend für die optimale Wertproduktionspolitik sind. Die Modellanalyse verdeutlicht, dass sich aus der Sicht der Konzernleitung weitreichende Informationsbedarfe ergeben. So ist es für den CEO nicht möglich, nur über die Vorgabe eines zu erzielenden (pauschalen) Mindestwertbeitrages an den Bereichsmanager optimale Aktivitäten zur Steigerung des Unternehmenswertes auszulösen. Benötigt werden zur Umsetzung einer optimalen Konzernpolitik Informationen über das Zustandekommen dieses Wertbeitrages in Form einer Aufteilung auf unterschiedliche „Wertquellen" auf Bereichsebene, im Modell berücksichtigt als unterschiedliche Aktivitäten des Bereichsmanagers. Diese Information wird sowohl ex ante benötigt, um zum einen eine Planung zu ermöglichen, zum anderen aber auch, um über die aufgrund dieser Planung erstellten Vorgaben den Bereichsmanager entsprechend zur Erbringung der intendierten Aktivitäten zu motivieren. Ex post, am Ende der Beurteilungsperiode, sind diese Informationen Basis für die Beurteilung des Bereichsmanagers und werden zur Messung der Istausprägung der Beurteilungsgröße zur Bemessung der Belohnungshöhe herangezogen. Die Konzernleitung benötigt daher ein Instrument, das sowohl den Anforderungen nach einer standardisierten Kommunikation als auch der Planung des Ressourceneinsatzes gerecht werden kann. Ein Instrument der internen Unternehmensrechnung, das diese beiden Aufgaben erfüllen kann und das in der betrieblichen Praxis vielfach eingesetzt wird, ist die Budgetierung. Der Einsatz von Budgetierungsverfahren wird auch im Zusammenhang mit dem wertorientierten Management vorgeschlagen, allerdings mit unterschiedlichen Zielsetzungen.

So zeigt Günther[30] die Einsatzmöglichkeiten einer unternehmenswertorientierten Budgetierungsmethode im Rahmen der Planung der Aktivitäten. Zahlreiche Autoren[31] betonen mögliche Dysfunktionalitäten für das wertorientierte Management, wenn „traditionelle" Budgetierungsverfahren eingesetzt werden. Dabei zeigt sich aber, dass in erster Linie die Budgetierungspraxis in Unternehmen, z.B. das jährliche Fortschreiben von Budgets oder die lineare Kürzung bei Kostensenkungsprogrammen, und nicht die Methode an sich Gegenstand der Kritik ist. Im Mittelpunkt dieser kritischen Beiträge steht allerdings auch der Planungsaspekt. Wenig Beachtung findet in dieser Diskussion der Aspekt der Informationsgenerierung für die Konzernleitung bei Vorliegen asymmetrischer Informationsverteilung.

Zur Interpretation der Modellergebnisse ist als Ausgangspunkt zur Klärung der Bedeutung von Budgetierungsverfahren in der wertorientierten Unternehmensführung der Kommunikationsaspekt zu wählen.[32] Liegt asymmetrische Informationsverteilung zwischen CEO und Bereichsmanager vor, so ist die Ursache dieser bedeutsam für die Ausgestaltung des Berichtssystems. In der Modellanalyse wurde davon ausgegangen, dass der Manager über die Basiswertsituation, das heißt über die Ausgangssituation für die Wertaktivitäten des Managers, besser informiert ist als die Konzernleitung. Diese kann nun den Ablauf des Budgetierungsprozesses so gestalten, dass vom Bereichsmanager Informationen über diese Basiswertsituation an die Konzernleitung erfolgen und so das Informationspotenzial des Bereichsmanagers und des Mitarbeiters der operativen Einheit genutzt werden.

Eine Interaktion zwischen den beteiligten Akteuren, die der Konzernleitung eine Verbesserung erlaubt, ist eine dem Gegenstromverfahren entsprechende Budgetierungsmethode.[33] Als Ausgangspunkt des Budgetierungsprozesses dient eine top down[34] Komponente, die ex ante eine wahrheitsgemäße Berichterstattung motiviert. Dies kann beispielsweise dadurch erreicht werden, dass für unterschiedliche berichtete Basiswertsituationen unterschiedliche Entlohnungen, z.B. in Form von unterschiedlichen Beteiligungsparametern zur Bestimmung der variablen Entlohnung, vorgesehen sind. Der Bereichsmanager bestimmt dann mit seinem Bericht auch den anzuwendenden Entlohnungsvertrag. Diese Vorgangsweise folgt dem informationsökonomischen Erkenntnis des Revelation Principles.[35]

Die folgende bottom up Komponente des Budgetierungsverfahrens sieht einen Bericht des Managers über diese Basiswertsituation vor, der der Konzernleitung als Grundlage für die Ermittlung des Vorgabewertes an den Bereichsmanager dient. Da die Qualität der Berichterstattung in diesem Zusammenhang nun entscheidend ist für die Qualität der erstellten Vorgabe, wird die Bedeutung der zuvor eingesetzten top down Komponente deutlich. Der Manager hat Anreize zur wahrheitsgemäßen Informationsweitergabe, indem, wie in der Modellanalyse gezeigt wurde, seine Entlohnung mit dem Bericht verknüpft wird. Dies bedeutet zwar, dass in weiterer Folge der Weg gewählt wird, den tatsächlich realisierten Wertbeitrag mit dem berichteten Wertbeitrag des Bereiches zu vergleichen, und die Entlohnung daran auszurichten. Diese Vorgangsweise wird in der Literatur zum wertorientierten Management zum Teil heftig kritisiert.[36] Dieser Kritik wird in der Modellanalyse und den daraus abgeleiteten Vorschlägen begegnet, indem der Manager mit seinem Bericht nicht nur die Festlegung der Planausprägung des zu erzielenden Wertbeitrages, und damit die Messlatte der Beurteilungsgröße, beeinflußt, sondern auch unter verschiedenen Entlohnungsverträgen wählt, die im ersten Schritt von der Konzernleitung angeboten werden und die den unterschiedlichen Wertsituationen der Bereiche Rechnung tragen. Damit steht der Konzernleitung die Möglichkeit offen, eine unverzerrte Informationsweitergabe zu motivieren. Der häufig in der Kritik angesprochene Beispielfall einer Unterschätzung der Wertsituation im Bericht des Managers führt dann nicht nur zu einem entsprechend geringeren Vorgabewert, den der Bereichsmanager zwar dann leichter erreichen kann, sondern auch zu anderen Parametern im Entlohnungsvertrag. So ist es dem CEO möglich in Abhängigkeit vom Bericht fixe Entlohnungszahlungen und Beteiligungsparameter am geschaffenen Wert in unterschiedlicher Höhe festzulegen und den Manager zwischen unterschiedlichen Entlohnungsverträgen wählen zu lassen. Dadurch findet nicht nur das Kalkül der Planerreichung, sondern auch die Konsequenzen unterschiedlicher erwarteter Entlohnungen bei unterschiedlichen Planvorgaben Eingang in das Nutzenkalkül des Managers. Bei entsprechender Gestaltung dieser Verträge kann eine Situation geschaffen werden, in der eine nicht wahrheitsgemäße Informationsweitergabe zu keiner höheren Nutzenerreichung für den Manager führt. Die Konzernleitung erhält dann über das Budgetierungsverfahren die für die weitere Planung notwendigen Informationen unverzerrt. Im Rahmen der Literatur zur wertorientierten Unternehmensführung werden die Einsatzmöglichkeiten von Budgets insbesondere von Stewart diskutiert.[37] Dabei wird von Stewart die oben vorgeschlagene Methode des Gegenstromverfahrens abgelehnt. Informationen zur Budgeterstellung, die gleichzeitig zur Ermittlung von Vorgabewerten dienen, werden nicht wahrheitsgemäß von nachgeordneten Managern an die Unternehmensleitung weitergegeben, die den möglichen Wertbeitrag ihrer Entscheidungseinheit zu niedrig angeben werden. Die daraus resultierenden niedrigeren Vorgabewerte sind für den Manager leichter erreichbar, damit steigt auch die Wahrscheinlichkeit, das Budget einzuhalten und eine Belohnung zu erhalten.

Anstelle einer partizipativen Budgetierung zur Generierung von Vorgabewerten schlägt Stewart eine top down Methode vor, die einer vorab zu spezifizierenden Funktion folgt. Als Beispiel dient das Modell der adaptierten Erwartungen, in dem jährlich der Vorgabewert neu festgelegt wird. Dieser wird aus dem Vorgabewert des Vorjahres verändert um einen bestimmten Anteil der Abweichung vom Vorgabewert im Vorjahr abgeleitet. Dadurch soll im Zeitablauf ein objektiver Vorgabewert, der die Basiswertsituation des Bereiches widerspiegelt, erhalten werden, ohne dass dazu ein Einbeziehen der Bereichsmanager notwendig ist. Unklar ist, wie Änderungen in der Umweltsituation, die eine Veränderung der Basiswertsituation bewirken oder Interdependenzen zwischen Perioden bei dieser Vorgangsweise berücksichtigt werden können. Unklar bleibt auch, wie der wichtige erste Vorgabewert der Kette ermittelt wird. Konzepte des wertorientierten Management und entsprechend konzipierte Anreizsysteme werden zur Zeit in den Unternehmen neu eingeführt, es stehen damit kaum für Planungszwecke geeignete Erfahrungswerte zur Verfügung. Gerade der Ausgangsvorgabewert sollte die Basiswertsituation des Bereiches, in der die Wert gestaltenden Aktivitäten des Managers erfolgen, adäquat abbilden. Unterstellt man analog zu den obigen Ausführungen asymmetrische Informationsverteilung, so erfolgt die Festlegung ohne Information durch die Bereichsmanager per Zufall. Die Qualität des Ausgangswertes bestimmt wesentlich die Effizienz der vorgeschlagenen Methode, ob im Zeitablauf durch das Modell der adaptierten Erwartungen eine Bewegung hin zur tatsächlich optimalen Lösung oder eine Bewegung weg vom Optimum erfolgt, bleibt offen. Damit bleiben aber wesentliche Möglichkeiten, die Budgetierungsverfahren anbieten, in dieser Diskussion ungenützt: Die Gestaltung der Kommunikation zwischen den Akteuren im Budgetierungsprozess und Möglichkeiten der Motivation wahrheitsgemäßer Informationsweitergabe. Die Betonung dieser Aspekte erscheint auch vor dem Hintergrund der Einschränkung der Analyse auf ein spezifisches Problem im Kontext des wertorientierten Management als gerechtfertigt. Nicht in die Diskussion aufgenommen wurden die Kosten des Informationssystems. Da diese Kosten modellexogen festgelegt werden, beeinflußt deren Berücksichtigung nicht die Ermittlung der optimalen Entlohnungsverträge. Zur Beurteilung der Vorteilhaftigkeit einer Organisationsform sind sie einzubeziehen, allerdings werden dazu wiederum spezifische Modellannahmen notwendig.

Anhang

Beweis von Lemma:

Das in (11) formulierte Problem kann durch Eliminierung nicht bindender Restriktionen vereinfacht werden. Dazu wird in einem ersten Schritt das Kalkül des Mitarbeiters der operativen Einheit bei der Berichtswahl betrachtet:[38]

Ausgangspunkt der Überlegung ist, dass die Entlohnungshöhe des Mitarbeiters der operativen Einheit in Anlehnung an die first best Situation die Kosten der Aktivitätserbringung ersetzen soll. (AB_{III1}) verlangt, dass bei Vorliegen des Basiswertparameters α_1 im operativen

Bereich die Nutzenerreichung des Mitarbeiters durch einen Bericht $\hat{\alpha}_2$ nicht verbessert werden kann. Um die Vorgabe des $BW_{III}(\alpha_2)$ zu imitieren, gilt aufgrund der durch (1) gegebenen Zusammenhänge $\alpha_2 \cdot a_2 = \alpha_1 \cdot \tilde{a}_2 \Leftrightarrow \tilde{a}_2 = \frac{\alpha_2}{\alpha_1} \cdot a_2$ und da $\alpha_2 > \alpha_1$, folgt $\frac{\alpha_2}{\alpha_1} > 1$. Das Imitationsverhalten führt zu einem höheren Aktivitätsniveau verbunden mit höheren Aktivitätskosten und ist ökonomisch nicht sinnvoll: $t_{III}(\hat{\alpha}_2) = K_{III}(a_2(\alpha_2)) = 0{,}5\, a_2^2 < K_{III}(\tilde{a}_2(\alpha_1)) = 0{,}5\, \tilde{a}_2^2$. Da $\tilde{a}_2 > a_2$, folgt $K_{III}(\tilde{a}_2(\alpha_1)) > t_{III}(\hat{\alpha}_2)$.

Ein konträres Bild zeigt (AB_{III2}): Es folgt analog aus (1) $\alpha_1 \cdot a_1 = \alpha_2 \cdot \tilde{a}_1 \Leftrightarrow \tilde{a}_1 = \frac{\alpha_1}{\alpha_2} \cdot a_1$ und da $\alpha_2 > \alpha_1$, folgt $\frac{\alpha_1}{\alpha_2} < 1$. Das Imitationsverhalten ist ökonomisch sinnvoll, da $t_{III}(\hat{\alpha}_1)$ = $K_{III}(a_1(\alpha_1)) = 0{,}5\, a_1^2 > K_{III}(\tilde{a}_1(\alpha_1)) = 0{,}5\, \tilde{a}_1^2$. Durch dieses Verhalten kann der Mitarbeiter eine Informationsrente in Höhe von $0{,}5\, a_1^2 \cdot \left(1 - \left(\frac{\alpha_1}{\alpha_2}\right)^2\right)$ generieren und durch nicht wahrheitsgemäße Berichterstattung seine Nutzenerreichung verbessern. Daraus ergeben sich die folgenden Entgeltzahlungen: $t_{III}(\hat{\alpha}_1) = 0{,}5\, a_1^2$ und $t_{III}(\hat{\alpha}_2) = 0{,}5 \cdot (a_2^2 + a_1^2 \cdot \eta\alpha)$, mit $\eta\alpha = \left(1 - \left(\frac{\alpha_1}{\alpha_2}\right)^2\right)$. Dementsprechend gilt für die Teilnahmebedingungen, dass lediglich jene für das Vorliegen der Basiswertsituation α_1 bindet. Dadurch kann das Problem (11) umgeformt werden zu (11'):

$Max\, E(U_{II}^{SB}|\beta_j):$

$$\max_{e_{ij}, f_{ij}, a_{ij}} \underline{s}_{II}(\hat{\beta}_j) + \sum_{i=1}^{2} p_i(s_{II}^{\hat{\beta}_j} \cdot (\beta_j \cdot f_{ij} + E(\theta_{II}^a)) + s_{II}^{\alpha|\hat{\beta}_j}((1 + e_{ij} + E(\theta_{II}^s))$$

$$\cdot \alpha_i \cdot a_{ij} - 0{,}5 \cdot a_{ij}^2) - 0{,}5 \cdot (e_{ij}^2 + f_{ij}^2)) - 0{,}5 \cdot s_{II}^{\alpha|\hat{\beta}_j} \cdot p_2 \cdot a_{1j}^2 \cdot \eta\alpha.$$

Die Optimalitätsbedingungen lauten:

$$\frac{\partial E(U_{II}^{SB}|\beta_j))}{\partial a_{1j}} = p_1 \cdot s_{II}^{\alpha|\hat{\beta}_j} \cdot ((1 + e_{1j}) \cdot \alpha_1 - a_{1j}) - p_2 \cdot s_{II}^{\alpha|\hat{\beta}_j} \cdot a_{1j} \cdot \eta\alpha = 0 \qquad (11.1')$$

$$\frac{\partial E(U_{II}^{SB}|\beta_j)}{\partial a_{2j}} = p_2 \cdot s_{II}^{\alpha|\hat{\beta}_j} \cdot ((1 - e_{2j}) \cdot \alpha_2 - a_{2j}) = 0 \qquad (11.2')$$

$$\frac{\partial E(U_{II}^{SB}|\beta_j)}{\partial e_{1j}} = p_1 \cdot (s_{II}^{\alpha|\hat{\beta}_j} \cdot \alpha_1 \cdot a_{1j} - e_{1j}) = 0 \qquad (11.3')$$

$$\frac{\partial E(U_{II}^{SB}|\beta_j)}{\partial e_{2j}} = p_2 \cdot (s_{II}^{\alpha|\hat{\beta}_j} \cdot \alpha_2 \cdot a_{2j} - e_{2j}) = 0 \qquad (11.4')$$

$$\frac{\partial E(U_{II}^{SB}|\beta_j)}{\partial f_{1j}} = p_1 \cdot (s_{II}^{\hat{\beta}_j} \cdot \beta_j - f_{1j}) = 0 \qquad (11.5')$$

$$\frac{\partial E(U_{II}^{SB}|\beta_j)}{\partial f_{2j}} = p_2 \cdot (s_{II}^{\hat{\beta}_j} \cdot \beta_j - f_{2j}) = 0. \qquad (11.6')$$

| Implikationen von Synergieeffekten für die Gestaltung von Entlohnungssystemen |

Die optimalen Aktivitätshöhen gemäß Lemma ergeben sich aus der eindeutigen Lösung des Gleichungssystems (11.1′) bis (11.6′). Die entsprechenden partiellen zweiten Ableitungen sind negativ, das Ergebnis ist ein Maximum.

Beweis des Satzes:

Die fixen Entgeltzahlungen an den Bereichsmanager können analog zum Beweis von Lemma aus den entsprechenden Restriktionen, $\underline{s}_{II}(\hat{\beta}_2)$ aus (AB_{II2}) und $\underline{s}_{II}(\hat{\beta}_1)$ aus (TB_{II}) abgeleitet werden. Diese Entgeltzahlungen und die Aktionswahl gemäß Lemma in die Zielfunktion eingesetzt, führt zum äquivalenten Problem (12′):

$Max\, E(U_I^{SB})$:

$$\max_{s_{II}^{\hat{\beta}_j},\, s_{II}^{\alpha|\hat{\beta}_j}} \sum_{j=1}^{2}\sum_{i=1}^{2} (q_j \cdot p_i \cdot (\beta_j \cdot f_{ij}^{SB} + E(\theta_{II}^a)) + (1 + e_{ij}^{SB} + E(\theta_{II}^s))$$

$$\cdot \alpha_i \cdot a_{ij}^{SB} - 0{,}5 \cdot (a_{ij}^{SB^2} + e_{ij}^{SB^2} + f_{ij}^{SB^2}))$$

$$- p_2 \cdot \sum_{j=1}^{2} q_j \cdot 0{,}5 \cdot a_{1j}^{SB^2} \cdot \eta\alpha - q_2 \cdot \sum_{i=1}^{2} p_i \cdot 0{,}5 \cdot f_{i1}^{SB^2} \cdot \eta\beta.$$

Die Optimalitätsbedingungen lauten nach einigen Umformungen und Vereinfachungen:

(12′.1):

$$\frac{\partial E(U_I^{SB})}{\partial s_{II}^{\alpha|\hat{\beta}_1}} = q_1 \cdot (s_{II}^{\alpha|\hat{\beta}_1} - 1) \cdot \left(\frac{p_1^3 \cdot \alpha_1^4 \cdot (p_1 + \eta\alpha - p_1 \cdot \eta\alpha)}{(p_1 \cdot (s_{II}^{\alpha|\hat{\beta}_1} \cdot \alpha_1^2 + \eta\alpha - 1) - \eta\alpha)^3} - \frac{\alpha_2^4 \cdot (p_1 - 1)}{(s_{II}^{\alpha|\hat{\beta}_1} \cdot \alpha_2^2 - 1)^3} \right) = 0.$$

Es existiert keine eindeutige Lösung dieses Polynoms höheren Grades. Es kann aber gezeigt werden, dass $s_{II}^{\alpha|\hat{\beta}_1} = 1$ zur Menge der optimalen Lösungen gehört. In diesem Fall wird der erste Klammerausdruck von (12′.1) gleich null, wodurch der gesamte Ausdruck den Wert null annimmt.

(12′.2):

$$\frac{\partial E(U_I^{SB})}{\partial s_{II}^{\alpha|\hat{\beta}_2}} = q_2 \cdot (s_{II}^{\alpha|\hat{\beta}_2} - 1) \cdot \left(\frac{p_1^3 \cdot \alpha_1^4 \cdot (p_1 + \eta\alpha - p_1 \cdot \eta\alpha)}{(p_1 \cdot (s_{II}^{\alpha|\hat{\beta}_2} \cdot \alpha_1^2 + \eta\alpha - 1) - \eta\alpha)^3} - \frac{\alpha_2^4 \cdot (p_1 - 1)}{(s_{II}^{\alpha|\hat{\beta}_2} \cdot \alpha_2^2 - 1)^3} \right) = 0.$$

Analoges gilt für (12′.2). Es existieren mehrere optimale Lösungen, wobei $s_{II}^{\alpha|\hat{\beta}_2} = 1$ zur Menge dieser optimalen Lösungen gehört.

(12′.3):

$$\frac{\partial E(U_I^{SB})}{\partial s_{II}^{\hat{\beta}_1}} = q_1 \cdot (\beta_1^2 - s_{II}^{\hat{\beta}_1} \cdot \beta_1^2) - q_2 \cdot s_{II}^{\hat{\beta}_1} \cdot \beta_1^2 \cdot \eta\beta = 0.$$

Aus (12′.3) ergibt sich durch Umformen die eindeutige Lösung mit:

$$s_{II}^{\hat{\beta}_1} = \frac{q_1}{q_1 + q_2 \cdot \eta\beta}.$$

(12'.4):

$$\frac{\partial E(U_I^{SB})}{\partial s_{II}^{\hat{\beta}_2}} = q_2 \cdot (\beta_2^2 - s_{II}^{\hat{\beta}_2} \cdot \beta_2^2) = 0.$$

Aus (12'.4) ergibt sich die eindeutige Lösung mit $s_{II}^{\hat{\beta}_2} = 1$.

Anmerkungen

* Für wertvolle Hinweise danke ich einem anonymen Gutachter, Herrn Dr. Jörg Budde, Prof. Alfred Wagenhofer sowie Teilnehmern am I. Symposium zur ökonomischen Analyse der Unternehmung an der WHU in Vallendar.
1 Vgl. z.B. die Sammelbände Wagenhofer und Hrebicek, 2000, oder Bühner und Sulzbach, 1999.
2 Vgl. z.B. Pfaff, 1998, S. 491ff oder Arbeitskreis „Finanzierung" der Schmalenbach-Gesellschaft, 1996, S. 545.
3 Vgl. z.B. Stewart, 1991, S. 221ff, Rappaport, 1998, S. 112ff oder Copeland, Koller und Murrin, 1998, S. 140ff.
4 Vgl. z.B. Günther, 1997, S. 41, Hostettler, 1997, S. 276ff, Herter, 1994, S. 145.
5 Vgl. z.B. Picot und Böhme, 1999, S. 33ff, Rappaport, 1998, S. 112ff, Stewart, 1991, S. 223ff.
6 So die Bezeichnung des der Diskussion von Anreizsystemen gewidmeten Kapitels 6 bei Stewart, 1991.
7 Vgl. dazu die Übersichtstabellen bei Hachmeister, 1997, S. 825f.
8 Beispiele für diese Analysen sind z.B. Pfeiffer, 2000, Pfaff und Bärtl, 1999, Wagenhofer und Riegler, 1999, Reichelstein, 1997, oder Rogerson, 1997.
9 Vgl. z.B. Weilenmann, 1999 oder Pellens, Crasselt und Rockholtz, 1998.
10 So z.B. Copeland, Koller und Murrin, 1998, S. 142.
11 Insbesondere auf Grund beschränkter Informtionsverarbeitungskapazitäten entstehen in Organisationen, die einen größeren Zentralisierungsgrad aufweisen, höhere Organisationskosten. Vgl. zu einem Überblick über diese Frage Radner, 1993.
12 So geht das wertorientierte Management i.d.R von der Standardannahme aus, dass die Wertbeiträge einzelner Einheiten additiv verknüpft sind und damit keine Synergieeffekte vorliegen. Vgl. zu dieser Annahme und Kritik z.B. Zimmerman, 1997 oder Günther, 1997, S. 97ff.
13 Vgl. z.B. Stewart, 1991, S. 223ff.
14 Vgl. z.B. Günther, 1997, S. 97ff.
15 Vgl. Stewart, 1991, S. 225ff und Hostettler, 1997, S. 302.
16 Eine Einschränkung auf den zwei Typen Fall stellt eine restriktive Annahme dar. Sie kann z.B. erweitert werden, indem der allgemeine Wertparameter nicht mit Sicherheit die Ausprägung α_1 oder α_2 annehmen muß. Die folgende Analyse gilt auch für den Fall zweier möglicher Situationen, innerhalb derer der Wertparameter eine Zufallsgröße ist. α_1 (α_2) ist dann der entsprechende Erwartungswert des Basiswertparameters im betrachteten operativen Bereich. Vgl. zB. Mas-Colell, Whinston und Green, 1995, S. 438.
17 Im operativen Bereich wird eine deterministische Wertproduktionsfunktion unterstellt. Z.B. ist der Mitarbeiter der operativen Einheit mit der Steuerung eines Produktionsprozesses ohne Unsicherheit betraut, ohne die Verwertung der Erzeugnisse am Markt selbst vorzunehmen. Als einzige Einflußgröße neben der Wertproduktionsaktivität auf die Wertproduktion der Einheit sei das Qualifizierungspotential des Mitarbeiters ausschlaggebend, das lediglich der Mitarbeiter selbst kennt. Diese Annahme wird getroffen, um die Auswirkungen deterministischer und stochastischer Produktionsfunktionen auf die Gestaltung der Entlohnungsverträge besser herausarbeiten zu können, indem die Produktionsfunktion des Bereichsmanagers nachfolgend als stochastisch angenommen wird. Die Annahme der deterministischen Produktionsfunktion für den Mitarbeiter in der operativen Einheit hat keinen Einfluß auf die erwartete Entlohnungshöhe und damit auf die erwartete Zielerreichung des CEO in den einzelnen nachfolgend ermittelten Lösungen.

18 Vgl. zB. Prendergast, 1999, S. 12, für einen Überblick über diese Annahme.
19 Vgl. z.B. Gibbons, 1999, der anhand von Beobachtungen in Literatur und Praxis ausführt, dass in den bisherigen Modellen der Risikoaversion häufig zu viel Beachtung gewidmet wurde und diese nicht notwendigerweise Voraussetzung für die Erklärung von anreizkompatiblen Entlohnungsverträgen in Unternehmen ist.
20 Erfolgt z.b. der Einkauf von Rohstoffen zentral durch den Bereichsmanager, der diese dann zu fixierten Planpreisen an die operativen Einheiten weitergibt und führen Preis- oder Rabattverhandlungen des Bereichsmanagers (spezifische Managementaktivität) zu einem Senken der Rohstoffpreise, verbessert die Aktivität den von der Einheit erzielten Wertbeitrag auf Bereichsebene. Dieses Beispiel könnte auch auf die Vermarktung des von der operativen Einheit erstellten Produktes übertragen werden. Dieses wird zu einem Planpreis an den Bereichsmanager geliefert, der für die Vermarktung sorgt. Durch Verhandlungen mit dem Kunden können die Preis oder Zahlungskonditionen gegenüber dem Planpreis verbessert werden.
21 Im Zusammenhang mit dem Themenfeld „Vertical Control" werden in der mikroökonomischen Literatur vergleichbare Probleme diskutiert. Aufgrund des mehrfachen Anfalles von Informationsrenten umschreibt Tirole, 1988, S. 175, kurz und prägnant diese Intuition: „What is worse than a monopoly? A chain of monopolies."
22 Vgl. dazu allgemein Feltham und Xie, 1994, und Wagenhofer, 1996.
23 Dabei wurde das zu Grunde liegende Optimierungsproblem des CEO, das von den Teilnahmebedingungen der beiden Manager beschränkt wird, bereits vereinfacht und umgeformt.
24 Vgl zum diesem Kalkül zu Grunde liegenden Revelation Principle Myerson, 1979.
25 Vgl. z.B. Stewart, 1991 oder Ehrbar, 1999.
26 Die Annahme einer linearen Entlohnungsfunktion ist in diesem Fall nicht einschränkend, da die bestmögliche, in der second best Situation erzielbare Lösung für den CEO erreicht werden kann. Die lineare Entlohnungsfunktion gehört daher zur Klasse optimaler Entlohnungsfunktionen. Diese Annahme schließt nicht aus, dass weitere optimale Entlohnungsverträge anderer Form existieren.
27 Vgl. z.B. Sappington, 1983, oder Laffont und Tirole, 1993, S. 59ff.
28 Vgl. zu einer analogen Argumentation Melumad, Mookherjee und Reichelstein, 1995, S. 662.
29 Vgl. zu einer ausführlichen Analyse der Implikationen dieser Beschränkungen in der Wahl von Beutreilungsgrößen Riegler, 2000, S. 155ff.
30 Vgl. Günther, 1997, S. 297.
31 Vgl. Lewis, 1994, S. 77f, Stewart, 1994, S. 67f oder Stewart, 1991, S. 242.
32 Vgl. zu dieser Aufgabe z.B. Atkinson, Banker, Kaplan und Young, 1997, S. 407.
33 Vgl. Busse van Colbe, 1989, Sp. 180.
34 Vgl. zu den Begriffen „top down" und „bottom up" im Zusammenhang mit Budgetierungsverfahren Göpfert, 1993, Sp. 598.
35 Vgl. Myerson, 1979.
36 Vgl. zur Kritik an dieser Vorgangsweise z.B. Stewart, 1991, S. 242ff. Die Begründung liegt darin, dass die Möglichkeit einer Motivation eines wahrheitsgemäßen Informationstransfers bezweifelt wird.
37 Vgl. Stewart, 1991, S. 242ff.
38 Vgl. Laffont und Tirole, 1993, S. 55ff.

Literatur

Arbeitskreis „Finanzierung" der Schmalenbach-Gesellschaft Deutsche Gesellschaft für Betriebswirtschaft e.V.: Wertorientierte Unternehmenssteuerung mit differenzierten Kapitalkosten, Zeitschrift für betriebswirtschaftliche Forschung, 48. Jg., 1996, S. 543–578.
Atkinson, Anthony A., Rajiv D. Banker, Robert S. Kaplan und S. Mark Young: Management Accounting, 2. Auflage, New Jersey 1997.
Bühner, Rolf und Klaus Sulzbach (Hrsg.): Wertorientierte Steuerungs- und Führungssysteme, Stuttgart 1999.

Busse van Colbe, Walther: Budgetierung und Planung, in: Szyperski, Norbert (Hrsg.): Handwörterbuch der Planung, Stuttgart 1989, Sp. 176–182.

Copeland, Tom, Tim Koller und Jack Murrin: Unternehmenswert, 2. Auflage, Frankfurt/New York 1998.

Ehrbar, Al: EVA Economic Value Added : der Schlüssel zur wertsteigernden Unternehmensführung, Wiesbaden 1999.

Feltham, Gerald. A. und J. Xie: Performance Measure Congruity and Diversity in multi-task principal/agent relations, The Accounting Review, 69 Jg., 1994, S. 429–453.

Gibbons, Robert: Incentives in Organizations, Journal of Economic Perspectives, 12. Jg., Nr. 4, 1999, S. 115–132.

Göpfert, Ingrid: Budgetierung, in: Wittmann, Waldemar, Klaus von Wysocki, Werner Kern, Richard Köhler und Hans-Ulrich Küpper (Hrsg.): Handwörterbuch der Betriebswirtschaft, 5. Auflage, Stuttgart 1993, Sp. 589–602.

Günther, Thomas: Unternehmenswertorientiertes Controlling, München 1997.

Hachmeister, Dirk: Shareholder Value, Die Betriebswirtschaft, 57. Jg., 1997, S. 823–839.

Herter, Ronald N.: Unternehmenswertorientiertes Management, München 1994.

Hostettler, Stephan: Economic Value Added (EVA), Bern et al. 1997.

Laffont, Jean-Jacques und Jean Tirole: A Theory of Incentives in Procurement and Regulation, Cambridge, MA, 1993.

Lewis, Thomas G.: Steigerung des Unternehmenswertes – Total Value Management, Landsberg am Lech 1994.

Mas-Colell, Andreu, Michael D. Whinston und Jerry R. Green: Microeconomic Theory, New York und Oxford 1995.

Melumad Nahum D., Dilip Mookherjee und Stefan Reichelstein: Hierarchical decentralization of incentive contracts, RAND Journal of Economics, 26 Jg., 1995, S. 654–672.

Melumad Nahum D., Dilip Mookherjee und Stefan Reichelstein: A Theory of Responsibility Centers, Journal of Accounting and Economics, 15 Jg., 1992, S. 445–484.

Mookherjee, Dilip und Stefan Reichelstein: Budgeting and Hierarchical Control, Journal of Accounting Research, 35 Jg., 1997, S. 129–155.

Myerson, Roger B.: Incentive Compitability and the Bargaining Problem, Econometrica, 47. Jg., 1979, S. 61–73.

Pellens, Bernhard, Nils Crasselt und Carsten Rockholtz: Wertorientierte Entlohnungssysteme für Führungskräfte – Anforderungen und empirische Evidenz –, in: Pellens, Bernhard (Hrsg.): Unternehmenswertorientierte Entlohnungssysteme, Stuttgart 1998, S. 1–28.

Pfaff, Dieter und Oliver Bärtl: Wertorientierte Unternehmenssteuerung–ein kritischer Vergleich ausgewählter Konzepte, Zeitschrift für betriebswirtschaftliche Forschung und Praxis, Sonderheft 41, 1999, S. 85–115.

Pfeiffer, Thomas: Good and Bad News for the Implementation of Shareholder-Value Concepts in decentralizied organizations, Schmalenbach Business Review, 52. Jg., 2000, S. 68–92.

Picot, Arnold und Markus Böhme: Controlling in dezentralen Unternehmensstrukturen, München 1999.

Prendergast, Canice: The Provision of Incentives in Firms, Journal of Economic Literature, 36. Jg., März 1999, S. 7–63.

Radner, Roy: the Economics of Managing, Journal of Economic Literature, 30. Jg., 1993, S. 1382–1415.

Rappaport, Alfred: Creating Shareholder Value, 2. Auflage, New York et al. 1998.

Reichelstein, Stefan: Investment Decisions and Managerial Performance Evaluation, Review of Accounting Studies, 2. Jg., 1997, S. 157-180.

Riegler , Christian: Hierarchische Anreizsysteme im wertorientierten Management, Stuttgart 2000.

Rogerson, William P.: Intertemporal Cost Allocation and Managerial Investment Incentives: A Theory Explaining the Use of Economic Value Added as a Performance Measure, Journal of Political Economy, 105 Jg., 1997, S. 770–795.

Sappington, David: Limited Liability Contracts between Principal and Agent, Journal of Economic Theory, 14. Jg., 1983, S. 1–21.

Schiller, Ulf: Informationsmanagement in dezentralisierten Unternehmen, Habilitationsschrift, Köln 1999.

Stewart III, G. Bennett: EVA^{TM}: Fact and Fantasy, Journal of Applied Corporate Finance, 7. Jg., Nr. 2, 1994, S. 71–87.

Stewart III, G. Bennett: The Quest for Value, New York 1991.

Tirole, Jean: The Theory of Industrial Organization, Cambridge, MA, 1988.

Wagenhofer, Alfred: Anreizkompatible Gestaltung des Rechnungswesens, in: Bühler, Wolfgang und Theo Siegert (Hrsg.): Unternehmenssteuerung und Anreizsysteme, Stuttgart 1999, S. 183–205.

Wagenhofer, Alfred: Anreizsysteme in Agency-Modellen mit mehreren Aktionen, Die Betriebswirtschaft, 56. Jg., 1996, S. 155–165.

Wagenhofer, Alfred und Gerhard Hrebicek (Hrsg.): Implementierung des wertorientierten Management, Stuttgart 2000.

Wagenhofer, Alfred und Christian Riegler: Gewinnabhängige Managemententlohnung und Investitionsanreize Betriebswirtschaftliche Forschung und Praxis, 51. Jg., 1999, S. 70–90.

Weilenmann, Rolf: Value Based Compensation Plans, Bern et al. 1999.

Zimmerman, Jerold L.: EVA and Divisional Performance Measurement: Captering Synergies and Other Issues, Journal of Applied Corporate Finance, 10. Jg., Nr. 2, 1997, S. 98–107.

Zusammenfassung

Der Beitrag analysiert in einem informationsökonomischen Modell die Frage der Gestaltung eines hierarchischen, wertorientierten Entlohnungssystems in einer ausgewählten Organisationsform. Dabei stehen insbesondere Fragen des notwendigen Informationsstandes sowie Implikationen für die Wahl von Beurteilungsgrößen im Mittelpunkt. Die Modellanalyse erfolgt vor dem Hintergrund dieser Diskussion in der Literatur zum wertorientierten Management und stellt eine Verbindung zu den dort vorgeschlagenen Vorgehensweisen her.

Summary

Value based management emphasises the importance of incentive systems to motivate share holder value based behaviour of managers of different hierarchical levels. An agency model is used to describe a specific situation of a hierarchical value production process and the characteristics of the compensation contracts are analysed. The insights gained by the analysis are compared to the suggestions made in the literature of value based management according to the design of incentive systems.

31: *Entlohnung und Erfolgsbeteiligung (JEL J31)*
21: *Unternehmensführung (JEL M61)*

Bilanzpolitik und Vertragstheorie

Von Max Haas*

Überblick

- Im Anwendungsbereich optimaler Verträge verbessern zusätzliche Entscheidungsspielräume (etwa beim Gewinnausweis), die Gegenstand von *Moral Hazard* sind, niemals die Wohlfahrt.

- Eine Wohlfahrtsverbesserung als Folge eines zusätzlichen Entscheidungsspielraums bei *Moral Hazard* wird auf ein suboptimales Vertragssetting zurückgeführt. In ein dynamisches Principal-Agent-Modell mit zumindest beschränktem Kapitalmarktzugang wird als zusätzlicher Spielraum die Bilanzpolitik eingeführt. Die Intuition ist, daß der Agent eine Strategie der Gewinnglättung verfolgt und daher die Kosten der Arbeitsmotivation sinken.

- Relevanz der Ergebnisse auch deshalb, weil in realen wirtschaftlichen Beziehungen häufig schon aus Gründen der einfacheren Handhabbarkeit Verträge gewählt werden, die nicht den theoretisch besten entsprechen.

Eingegangen: 29. März 2001

Dr. Max Haas, Institut für Unternehmensführung der Karl-Franzens-Universität Graz, z.Zt. Krossener Straße 3, 10245 Berlin, Max_haas@yahoo.de. Hauptarbeitsgebiete: Theorie asymmetrischer Information, Rechnungswesen, Unternehmensbesteuerung.

A. Einführung

In der Principal-Agent-Theorie wurde und wird vielfach immer noch das Leitbild optimaler Verträge hervorgehoben. Bei *Moral Hazard* zahlt es sich für den Eigner (Principal) dann niemals aus, dem Manager (Agent) zusätzliche Entscheidungsspielräume (etwa beim Gewinnausweis[1]) einzuräumen. Wenn vor diesem Hintergrund Manager über derartige Spielräume verfügen, muß dies wesentlich auf die Unmöglichkeit ihrer Beschränkung zurückzuführen sein. Verläßt man den Bereich optimaler Verträge, so können sich Konstellationen ergeben, in denen es sich für den Principal lohnt, dem Agent zusätzliche Entscheidungskompetenz einzuräumen, obwohl dieser den Spielraum auch dazu verwendet, den eigenen Nutzen zu maximieren. Das Anliegen dieser Untersuchung liegt in der Charakterisierung einer derartigen Konstellation, wobei der Freiheitsgrad als Bilanzpolitik interpretiert wird. Die Abhängigkeit des Ergebnisses von den Rahmenbedingungen (Qualität des Kapitalmarktzugangs) wird verdeutlicht.

Das wesentliche Ergebnis dieser Untersuchung wird in einem Bereich erzielt, in dem dynamische Verträge – d.h. Verträge, in denen sich die Parteien über mehrere Perioden binden – deshalb nicht optimal sind, weil sie die *Memory-Eigenschaft* nicht erfüllen. *Memory* bedeutet, daß die Entlohnung des Agent in irgendeiner Periode auch von den Bemessungsgrundlagen der vorhergehenden Perioden bestimmt wird. Der für den Principal beste *memorylose* Vertrag, der also nur auf die Bemessungsgrundlage der laufenden Periode Bezug nimmt und durchaus nichtlinear sein kann, liegt dem Hauptergebnis in Abschnitt B.III zugrunde. Gegenüber den auf Cash Flows basierenden Standardmodellen wird ein zusätzlicher Freiheitsgrad beim Gewinnausweis der ersten Periode eingeführt. Da in der zweiten Periode der Umkehreffekt berücksichtigt wird, erfolgt eine Deutung als Bilanzpolitik. Zentral ist die Einsicht, daß in diesem suboptimalen Vertragssetting Bilanzpolitik auch bei *Moral Hazard* Auslöser einer Wohlfahrtsverbesserung sein kann. Die Intuition ist, daß der Agent mittels der im Eigeninteresse betriebenen Bilanzpolitik Gewinnglättung betreibt und daher die Kosten der Arbeitsmotivation sinken. Voraussetzung ist, daß der Kapitalmarktzugang des Agent hinreichend beschränkt ist. Eine explizite Lösung mit linearem Vertrag (LEN-Modell) verdeutlicht die Ergebnisse.

Jede theoretische Erklärung von Bilanzpolitik muß das *Revelation Principle* beachten, das besagt, daß ein *Mechanismus* (hier: ein *Vertrag*) konstruiert werden kann, der Anreize bereitstellt, private Information wahrheitsgemäß zu übermitteln. Bilanzpolitik ist daher an die Voraussetzung gebunden, daß das *Revelation Principle* nicht gilt. Als Ansatzpunkte hierfür kommen alle drei Voraussetzungen des *Revelation Principle* in Betracht: erstens die Bindung an den vertraglich vereinbarten Gebrauch der übermittelten Information, zweitens ein optimaler Vertrag und drittens die Möglichkeit, alle Dimensionen der privaten Information kostenlos übermitteln zu können.[2] Vorliegende Untersuchung bezieht sich auf die dritte Voraussetzung. Da von Kosten der Bilanzpolitik abstrahiert und auch kein bilanzpolitischer Spielraum modelliert wird, ist der Zahlungsüberschuß der ersten Periode einzige private Information des Agent. Um vom *Revelation Principle* abstrahieren zu können, muß angenommen werden, daß die Weitergabe dieser Information prohibitive Kosten verursacht.

Die Gemeinsamkeiten in der Modellformulierung sind am größten mit Evans/Sridhar.[3] Deren Modell ist allgemeiner, als die Bilanzpolitik in beiden Perioden gewissen Beschränkungen unterliegt, so daß sich der Umkehreffekt u. U. nicht oder nicht vollständig realisieren kann. Verbunden ist dies mit mathematisch schwierigerer Handhabbarkeit. Die Zielrichtung von Evans/Sridhar besteht darin, Bedingungen herauszuarbeiten, unter denen es sich für den Principal auszahlt, Anreize zu wahrheitsgemäßer Berichterstattung bereitzustellen. Demgegenüber wird in diesem Beitrag ein Vergleich zwischen der Bilanzpolitik unterliegenden Gewinnen und unflexiblen Cash Flows angestellt.

B. Bilanzpolitik im dynamischen Modell ohne Zugang zum Kapitalmarkt

I. Das Modell

Folgende Principal-Agent-Beziehung wird betrachtet: Der Principal bietet dem Agent einen sich über zwei Perioden erstreckenden Vertrag an, der keine der Parteien zur Neuverhandlung berechtigen soll. Im Falle einer Übereinstimmung hat der Agent zu Beginn einer jeden Periode eine produktive Aktion a_t (für $t = 1, 2$) zu erbringen, die er jeweils aus einem Intervall $\Gamma_t = [\underline{a}_t, \bar{a}_t]$ wählen kann. Hiermit bestimmt er die Dichte- und Verteilungsfunktionen der Produktion beider Perioden $f_t(x_t/a_t)$ und $F_t(x_t/a_t)$ mit $x_t \in \Lambda_t = [\underline{x}_t, \bar{x}_t]$ für $t = 1, 2$. Die Eigenschaften *Stationary Support* ($f_t(x_t/a_t) > 0$) und *stochastische Dominanz von Verteilungen größerer Aktivität* ($\partial F_t(x_t/a_t)/\partial a_t \leq 0$) werden vorausgesetzt.

Es liege im Interesse des Principal, daß der Agent einen höheren als den minimal möglichen Arbeitseinsatz $\underline{a}_t$ entfaltet. Zu diesem Zweck nutzt er die Entlohnungsfunktionen. Die Vergütung kann nicht auf die produktiven Aktionen beider Perioden, a_1 und a_2, Bezug nehmen, da der Principal diese nicht beobachten kann. Im als Referenz herangezogenen dynamischen Standardmodell kann an die physischen Outputs beider Perioden, x_1 und x_2, die mit den Zahlungsüberschüssen übereinstimmen, angeknüpft werden. In der Modellwelt mit Bilanzpolitik sind die periodigen Zahlungsüberschüsse demgegenüber private Information des Agent und kommen daher nicht als Bemessungsgrundlage für die Entlohnung in Betracht. Gleichwohl hat der Principal ein Signal zur Verfügung, das informativ hinsichtlich der Arbeitseinsätze ist: Er erfährt am Ende der Vertragsbeziehung den kumulierten Überschuß x mit

(1) $\quad x = x_1 + x_2$.

Dem Agent ist es daher nicht möglich, seine Entlohnung dadurch zu maximieren, daß er dem Principal mehr Produktion bzw. Zahlungsüberschuß vortäuscht, als tatsächlich insgesamt erzielt wurde.[4] Der Agent hat jedoch am Ende der ersten Periode die Option, Bilanzpolitik zu betreiben. Da der Grundsatz der Totalgewinnidentität gewahrt werden kann, muß sich jede Abweichung vom realisierten x_1 umkehren. Die *Gewinne nach Bilanzpolitik*, $\ddot{u}_1$ und $\ddot{u}_2$, lassen sich dann folgendermaßen definieren:

(2) $\quad \ddot{u}_1 = x_1 + B$

(3) $\quad \ddot{u}_2 = x_2 - B$.

B bezeichnet die in Periode 1 vom Agent durchgeführte – gewinnerhöhende (B positiv) oder gewinnsenkende (B negativ) – Bilanzpolitik. Die Bilanzpolitik soll keinen Beschränkungen unterliegen. Diese Annahme stellt zwar eine erhebliche Abstraktion dar, läßt die Ergebnisse, sofern man eine nicht zufallsabhängige Flexibilität annimmt, unbeeinflußt und verbessert die mathematische Handhabbarkeit erheblich. Im folgenden repräsentieren daher Gewinne ein interperiodig vollkommen flexibles Rechnungssystem, wogegen Cash Flows völlig unflexibel sind. Da B einzige Abweichung zwischen Zahlungsüberschuß und Gewinn ist, wird von der Frage nach einer optimalen Rechnungslegung abstrahiert[5] und es erfolgt eine Konzentration auf die Anreizwirkungen unterschiedlich flexibler Rechnungssysteme.

Eine Entlohnung auf Basis von Gewinnen kann dann $l_1(ü_1) = l_1(x_1 + B)$ und $l_2(ü_1, ü_2) = l_2(x_1 + B, x_2 - B)$ sein, bei Zahlungsüberschüssen $(l_1(x_1), l_2(x_1, x_2))$. Für die zweite Periode wird zunächst eine Formulierung mit *Memory* gewählt. Dies kennzeichnet die Tatsache, daß der Lohn der zweiten Periode l_2 auch vom Zahlungsüberschuß x_1 oder Gewinn $ü_1$ der Vorperiode bestimmt wird.[6] Mehrere Gründe kommen dafür in Betracht, daß ein im Vergleich dazu inferiorer Vertrag ohne *Memory*, der den Lohn der zweiten Periode l_2 ausschließlich an die Überschusse $ü_2$ bzw. x_2 knüpft, in Zentrum der Analyse steht. Erstens legt die empirische Relevanz derartiger Verträge eine ökonomische Analyse nahe, zweitens sprechen bei manchen Anwendungen auch Praktikabilitätserwägungen dafür, und drittens eröffnet die Gegenüberstellung von Verträgen mit und ohne *Memory* weitere Einsichten.

Die Perioden-Nutzenfunktion des Agent in Periode t ist in eine Einkommenskomponente U_t und eine Anstrengungskomponente V_t separabel:

$$(4) \quad H = \sum_{t=1}^{2} \frac{1}{\alpha^{t-1}} [U_t(l_t) - V_t(a_t)].$$

Die Zeitpräferenz wird durch Abzinsung der Perioden-Nutzen berücksichtigt. $\beta = 1 + i_p$, $\alpha = 1 + i_A$ und i_p bzw. i_A kennzeichnen die für Principal bzw. Agent relevanten Zeitpräferenzraten. Sparen bzw. Kreditaufnahme – per definitionem nur über den Kapitalmarkt möglich – wird zunächst ausgeschlossen. Die Präferenzen des Agent sind durch abnehmenden Grenznutzen des Geldes gekennzeichnet: $U_t'(l_t) > 0$ und $U_t''(l_t) < 0$. Das Arbeitsleid wächst mit einer steigenden Rate: $V_t'(a_t) > 0$ und $V_t''(a_t) > 0$. Der Principal ist risikoneutral. Im Szenario mit Bilanzpolitik muß darüber hinaus unterstellt werden, daß er ausschließlich am Ende der Vertragsbeziehung konsumiert.[7] Anderenfalls soll er zum Zeitpunkt t_1 zwar einerseits x_1 nicht beobachten können, andererseits jedoch in der Lage sein, das Residuum $x_1 - l_1$ zu konsumieren.[8] Um von der Modellierung einer Ausschüttungs- und Investitionspolitik absehen zu können, wird von einer verzinslichen Anlage von $x_1 - l_1$ zu i_p ausgegangen. Im Interesse einer Abstraktion von Rückwirkungen auf den Agent soll dieser an den Erträgnissen von $x_1 - l_1$ nicht partizipieren, die Anlage erfolgt quasi auf einem dem Unternehmen zuzuordnenden Konto zugunsten des Principal. Speziell soll vermieden werden, daß das als Folge von Gewinnbeteiligungen zu konstatierende agency-theoretische Überinvestitionsproblem Untersuchungsgegenstand wird. Am Ende der Agency-Beziehung wird die Summe der Residuen ausgeschüttet:

$$(5) \quad \beta(x_1 - l_1(ü_1)) + x_2 - l_2(\cdot, ü_2).$$

Die zeitlichen Abläufe unter beiden Szenarien lassen sich mit Hilfe nachstehender Zeitstrahlen verdeutlichen:

Welt mit Bilanzpolitik (BP):

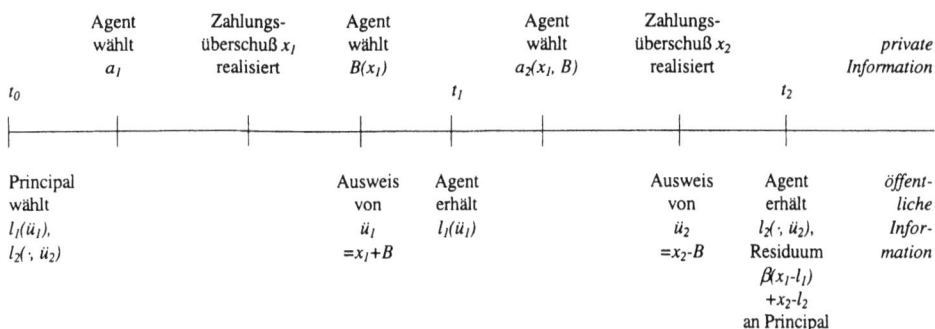

Welt ohne Bilanzpolitik (ZÜ):

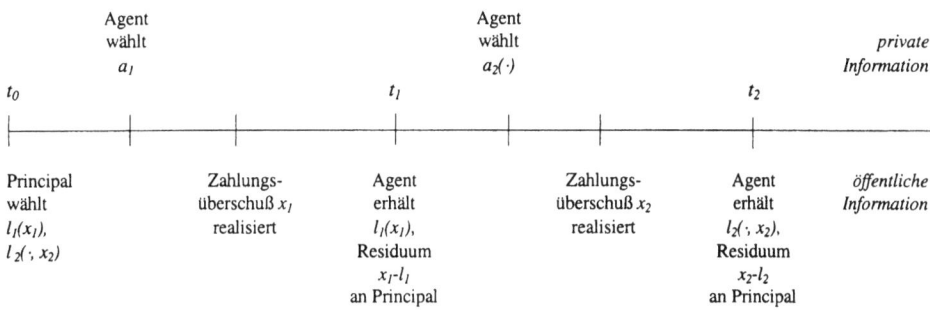

In formaler Schreibweise lassen sich daraus folgende Programme, jeweils in der Version ohne *Memory*, entwickeln:

Problem BP:

(BP1) $\int_{\underline{x_1}}^{\overline{x_1}} \left\{ x_1 - l_1(x_1 + B) + \frac{1}{\beta} \int_{\underline{x_2}}^{\overline{x_2}} [x_2 - l_2(x_2 - B)] f_2(x_2 / a_2(x_1, B)) \, dx_2 \right\}$
$\cdot f_1(x_1 / a_1) \, dx_1 \to \underset{l_1(\cdot), l_2(\cdot), a_1, a_2(\cdot), B(\cdot)}{\text{Max!}}$

u.d.N.:

$E[H^0] =$

(BP2) $\int_{\underline{x_1}}^{\overline{x_1}} \left\{ U_1[l_1(x_1 + B)] + \frac{1}{\alpha} \int_{\underline{x_2}}^{\overline{x_2}} U_2[l_2(x_2 - B)] f_2(x_2 / a_2(x_1, B)) \, dx_2 - \frac{1}{\alpha} V_2[a_2(x_1, B)] \right\}$
$\cdot f_1(x_1 / a_1) \, dx_1 - V_1(a_1) \geq 0$

(BP3) $a_1 \in \underset{\hat{a}_1}{\arg\max} \; E[H^0]$

$B \in \underset{\hat{B}}{\arg\max}$

(BP4) $\left\{ U_1[l_1(x_1 + \hat{B})] + \dfrac{1}{\alpha} \int\limits_{\underline{x_2}}^{\overline{x_2}} U_2[l_2(x_2 - \hat{B})] f_2(x_2/a_2(x_1, \hat{B})) \, dx_2 - \dfrac{1}{\alpha} V_2[a_2(x_1, \hat{B})] \right\}$

für alle $x_1 \in \Lambda_1$

(BP5) $a_2 \in \underset{\hat{a}_2}{\arg\max} \left\{ \int\limits_{\underline{x_2}}^{\overline{x_2}} U_2[l_2(x_2 - B)] f_2(x_2/\hat{a}_2(x_1, B)) \, dx_2 - V_2[\hat{a}_2(x_1, B)] \right\}$

für alle $x_1 \in \Lambda_1$ und $B \in \Xi(x_1)$.

Der risikoneutrale Principal maximiert den Erwartungswert seines Residuum-Barwertes (BP1). Er hat zu beachten, daß der Agent einen (auf null normalisierten) Reservationsnutzen fordert (Partizipationsbedingung (BP2)). Er muß darüber hinaus die drei Anreizbedingungen (BP3) bis (BP5) in seine Überlegungen einbeziehen: Der Agent wählt a_1, B und a_2 jeweils derart, daß sein Erwartungsnutzen vom Zeitpunkt der jeweiligen Entscheidung bis zum Ende der Agency-Beziehung maximal wird. (BP4) bildet die Bilanzpolitik ab und besagt, daß der Agent mittels B den Nutzen der Periode 1 zuzüglich des Erwartungsnutzens der Periode 2 unter Beachtung der optimalen Strategie für a_2 maximiert.

Wie ausgeführt werden Untersuchungsgegenstand auch Verträge mit *Memory* (*Problem BP-M (mit Memory)*) sein. Es kommt dann eine Referenz von l_2 auf $ü_1$ hinzu; die in der Programmformulierung BP bereits enthaltene Bezugnahme von a_2 auf x_1 und B verdeutlicht, daß sich derartige Dependenzen als Folge von Bilanzpolitik modellendogen ergeben können.

Als Referenz wird ein zahlungsüberschußbasiertes Modell herangezogen. In der Version ohne *Memory* unterscheidet es sich von der einfachen Wiederholung statischer Verträge nur dadurch, daß sich beide Parteien über zwei Perioden binden, was durch den gemeinsamen Reservationsnutzen für beide Perioden verdeutlicht wird. Da additive Separabilität und Risikoaversion des Agent unterstellt werden, ist der Vertrag nicht optimal.[9]

Problem ZÜ:

(ZÜ1) $\int\limits_{\underline{x_1}}^{\overline{x_1}} \left\{ x_1 - l_1(x_1) + \dfrac{1}{\beta} \int\limits_{\underline{x_2}}^{\overline{x_2}} [x_2 - l_2(x_2)] f_2(x_2/a_2) \, dx_2 \right\} \cdot f_1(x_1/a_1) \, dx_1 \rightarrow \underset{l_1(\cdot), l_2(\cdot), a_1, a_2}{Max!}$

(ZÜ2) $\int\limits_{\underline{x_1}}^{\overline{x_1}} \left\{ U_1[l_1(x_1)] + \dfrac{1}{\alpha} \int\limits_{\underline{x_2}}^{\overline{x_2}} U_2[l_2(x_2)] f_2(x_2/a_2) \, dx_2 - \dfrac{1}{\alpha} V_2[a_2] \right\}$

$\cdot f_1(x_1/a_1) \, dx_1 - V_1(a_1) \geq 0$

$$\text{(ZÜ3)} \quad a_1^* \in \underset{\hat{a}_1}{\arg\max} \left\{ \int_{\underline{x_1}}^{\overline{x_1}} \left\{ U_1[l_1(x_1)] + \frac{1}{\alpha} \left[\int_{\underline{x_2}}^{\overline{x_2}} U_2[l_2(x_2)] f_2(x_2/a_2^*) \, dx_2 - V_2[a_2^*] \right] \right\} f_1(x_1/\hat{a}_1) \, dx_1 - V_1(\hat{a}_1) \right\}$$

$$\text{(ZÜ4)} \quad a_2^* \in \underset{\hat{a}_2}{\arg\max} \left\{ \int_{\underline{x_2}}^{\overline{x_2}} U_2[l_2(x_2)] f_2(x_2/\hat{a}_2) \, dx_2 - V_2(\hat{a}_2) \right\}.$$

Die Version mit *Memory* (ZÜ-M) enthält zusätzlich Bezüge von l_2 und a_2 auf x_1.

II. Das bilanzpolitische Verhalten

Um die Wohlfahrtseffekte bilanzpolitischer Spielräume in Abschnitt III übersichtlich darstellen zu können, sollen vorab deren Verhaltenswirkungen geklärt werden. Zunächst sei ein Vertrag auf Gewinnbasis und ohne *Memory* betrachtet (Problem BP). Es läßt sich zeigen, daß der Agent am Ende der ersten Periode systematisch Bilanzpolitik betreibt.[10] Er wendet gewinnerhöhende oder -senkende Bilanzpolitik an, um den Grenznutzen der ersten Periode mit dem erwarteten Grenznutzen der Folgeperiode auszugleichen. Da diese intertemporale Gewinnglättung von zentraler Bedeutung ist, soll eine nähere Charakterisierung erfolgen:

Proposition 1:

Es sei ein Vertrag ohne *Memory* auf der Basis von Gewinnen (($l_1(\ddot{u}_1), l_2(\ddot{u}_2)) = (l_1(x_1 + B), l_2(x_2 - B))$)) vereinbart. Bilanzpolitik B ist eine streng monoton fallende Funktion der Produktion der ersten Periode x_1, sofern

(i) $U_t''[l_t(\ddot{u}_t)] \cdot [l_t'(\ddot{u}_t)]^2 + U_t'[l_t(\ddot{u}_t)] \cdot l_t''(\ddot{u}_t) < 0$ für $t = 1, 2$ und

(ii) der Agent risikoavers mit $U_t'' < 0$ und zweifach stetig differenzierbaren Nutzenfunktionen U_t ist.

Darüber hinaus wird angenommen, daß die Bedingung zweiter Ordnung für die Entscheidung über die Bilanzpolitik negativ ist.

Ein Beweis findet sich im Anhang. Voraussetzung (i) der Proposition erschließt sich durch Gegenüberstellung mit

(i') $l_t''(\ddot{u}_t) < 0$.

(i') macht sich die leicht einzusehende Eigenschaft zunutze, daß (i) immer erfüllt ist, wenn l_t konkav in der Bemessungsgrundlage $\ddot{u}_t$ ist. (i) ist allgemeiner, als sie auch für konvexe Entlohnungsfunktionen gültig sein kann.[11] Eine wünschenswerte Übertragung der Bedingungen (i) und (i') auf die Ebene der Produktions- und Nutzenfunktionen kann nicht geleistet werden, da sich die das Problem des Principal repräsentierende Lagrange-Funktion nicht lösen läßt.

Auch ein Vertrag mit *Memory* (Problem BP-M) stellt Anreize zur Bilanzpolitik bereit. Aufgrund der spezifischen Ausgestaltung des Vertrages wirkt ein *Memory-Effekt* dahingehend, am Ende der ersten Periode gewinnsenkende Bilanzpolitik zu betreiben. Zwei weitere Determinanten bestimmen das Verhalten des Agent mit: die Steigerung der Entlohnungsfunktionen beider Perioden und die Zeitpräferenz des Principal.[12] Im Gegensatz zum stets im Sinne eines Sparanreizes wirksamen *Memory-Effekt* bei einem Vertrag mit Zugang zum Kapitalmarkt[13] können diese den *Memory-Effekt* ausgleichen oder sogar überkompensieren.

III. Vergleich anhand des Pareto-Kriteriums

Die folgenden Pareto-Vergleiche erlauben die Lösung der die Untersuchung leitenden Fragestellung, unter welchen Bedingungen der Principal von der Einräumung bilanzpolitischer Spielräume profitiert. Es ist zwischen Verträgen mit und ohne *Memory* zu differenzieren.

Proposition 2 (Verträge ohne Memory):

$(l_1(ü_1), l_2(ü_2))$ sei der optimale Vertrag ohne *Memory* auf der Basis von Gewinnen im Programm BP, $(l_1(x_1), l_2(x_2))$ sei die optimale Lösung für das zahlungsüberschußbasierte, *memorylose* Modell ZÜ. Unter folgenden hinreichenden Bedingungen dominiert der Vertrag $(l_1(ü_1), l_2(ü_2))$ den Vertrag $(l_1(x_1), l_2(x_2))$ strikt im Sinne des Pareto-Kriteriums:

(i) die Dichte- bzw. Verteilungsfunktionen beider Perioden erfüllen die streng monotone *Likelihood-Quotient-Eigenschaft* und die konvexe Verteilungsfunktion-Eigenschaft[14],
(ii) $B(x_1)$ ist eine in x_1 streng monoton fallende Funktion (s. hierzu Proposition 1),
(iii) der Principal ist risikoneutral und
(iv) der Agent ist risikoavers, seine periodigen Nutzenfunktionen U_t sind zweifach stetig differenzierbar, seine Zeitpräferenz ist null.

Für einen Beweis wird auf den Anhang verwiesen. Proposition 2 ist insofern kontraintuitiv, als der Agent mit der Bilanzpolitik einen Freiheitsgrad hat, seinen eigenen Nutzen zu maximieren. Schlüssel zum Verständnis ist zum einen die Inferiorität des Vertrages $(l_1(x_1), l_2(x_2))$ im Vergleich zu einem *Memory-Vertrag* und zum anderen die Bilanzpolitik, die sich als fallende Funktion von x_1 kennzeichnen läßt und folglich zu einer intertemporalen Glättung der Gewinne im Vergleich zu den Zahlungsüberschüssen führt. Interpretiert man die Glättung als Diversifikation des aus Umwelteinflüssen resultierenden Risikos der ersten Periode über die Vertragslaufzeit, so läßt sich eine risikomindernde Wirkung der Bilanzpolitik konstatieren.

Die Essenz von Proposition 2 erschließt sich am besten mittels folgender Überlegung: Man gehe davon aus, der Principal wolle, unabhängig davon, ob dem Agent die Möglichkeit zur Bilanzpolitik offensteht, das Aktionenpaar (a_1, a_2) implementieren. Für den Fall, daß der Agent Bilanzpolitik betreiben kann, glättet er die Gewinne und damit seinen Lohn und kann dadurch den Lohn besser ausnutzen – sein Erwartungsnutzen, vom Ende der ersten Periode an gerechnet, erhöht sich c. p. (BP 4). Der Principal wiederum kann dieses Verhalten für seine Zwecke instrumentalisieren, den Agent quasi *an eine kürzere Leine nehmen*, indem er das von ihm gewünschte Aktionenpaar (a_1, a_2) mit geringerem Lohnaufwand implementiert (BP 1), ohne deshalb die Partizipationsbedingung (BP 2) zu verletzen. Das *Moral-Hazard-Problem* wird somit abgemildert, obwohl der Agent mittels Bilanzpolitik seinen Erwartungsnutzen maximiert. Proposition 2 sollte dabei nicht in dem Sinne verstanden werden, gewinnabhängige Verträge stellten bessere Verhaltensanreize zur Verfügung als zahlungsüberschußabhängige, denn, wie erläutert, beruht die Pareto-Verbesserung auf verbesserter Risikoteilung.

Die risikomindernde Wirkung kann sich nur in Periode 1 entfallen, denn nur am Ende dieser Periode kann der Agent den Zahlungsüberschuß seinen Zielsetzungen entsprechend in einen Gewinn nach Bilanzpolitik transformieren. In Periode 2 hat er dagegen ausschließlich den Umkehreffekt hinzunehmen, infolgedessen sogar Risiko von der ersten in die zweite Periode übertragen wird. Proposition 2 läßt sich dann so deuten, daß die Erhöhung der Risikoprämie für die zweite Periode – als Folge der „Übertragung" zufälliger Ergebnisse der ersten in die zweite Periode –, durch die Möglichkeit der Absenkung der Risikoprämie für die erste Periode überkompensiert wird. Anders formuliert heißt dies: Einerseits führt der zusätzliche *Moral Hazard* zu einer Verzerrung des Performancemaßes der zweiten Periode und somit zu einer Verschlechterung der Informationsbasis, die dem Principal für den (stochastischen) Rückschluß auf die Arbeitsleistung zur Verfügung steht. Andererseits ermöglicht die bilanzpolitische Strategie der intertemporalen Gewinnglättung eine Herabsetzung der Risikoprämie für die erste Periode. Im hier zugrundegelegten mehrperiodigen Vertrag ohne *Memory* wird erstgenannter negativer Effekt von der zuletzt genannten positiven Wirkung überkompensiert.

Proposition 2 läßt sich auch bilanztheoretisch deuten. *B* wird als *Accrual* aufgefaßt, also als Abweichung zwischen dem Zahlungsüberschuß und dem durch bilanzpolitische Maßnahmen noch nicht beeinflußten Gewinn. Jedes Rechnungswesen, das die Voraussetzungen von Proposition 2 erfüllt, dominiert dann Cash Flows für Anreizzwecke.

Die Beweisführung setzt voraus, daß der Erwartungsnutzen des Agent in der zweiten Periode nicht abgezinst wird. Die Intuition erlaubt eine Ausdehnung auch für positive Zeitpräferenzen des Agent, wird das Ergebnis doch von der intertemporalen Glättung und nicht von einem Zinseffekt getrieben.

Wie ändert sich die Wohlfahrt durch Bilanzpolitik, wenn der Principal Verträge mit *Memory* anbietet? Beim an Zahlungsüberschüsse geknüpften Vertrag mit *Memory* ist das Risiko der ersten Periode bereits optimal über die beiden Vertragsperioden gestreut. *Memory* bringt ja gerade zum Ausdruck, wie der Principal den Vertrag ausgestalten sollte, wenn er den zur Implementierung von (a_1, a_2) aufzuwendenden Lohnerwartungswert minimieren möchte.[15] Bilanzpolitik ermöglicht dem Agent im Gegenzug, die Bemessungsgrundlage im Eigeninteresse zu beeinflussen und damit von der Risikoverteilung des *Memory-Vertrages* abzuweichen. Als Konsequenz dieser Überlegungen ergibt sich:

Proposition 3 (Verträge mit Memory):

Es seien $(l_1(x_1), l_2(x_1, x_2))$ der optimale zahlungsüberschußbasierte Vertrag mit *Memory* und $(l_1(ü_1), l_2(ü_1, ü_2))$ der entsprechende gewinnbezogene Vertrag mit *Moral Hazard* bezüglich des Ausweises von $ü_1$. Der Grundsatz der Totalgewinnidentität kann durchgesetzt werden. Dann dominiert der Vertrag $(l_1(x_1), l_2(x_1, x_2))$ den Vertrag $(l_1(ü_1), l_2(ü_1, ü_2))$ strikt im Sinne des Pareto-Kriteriums.

Sofern der Agent einen bilanzpolitischen Spielraum hat, wird vom Pareto-Optimum des *Memory-Vertrages* $(l_1(x_1), l_2(x_1, x_2))$ abgewichen.[16] Wie bereits angedeutet, vermindert Bilanzpolitik die Qualität der Information über die Aktivitätsniveaus des Agent. Anders als bei den Proposition 2 zugrundeliegenden Verträgen ohne *Memory* kann das nicht durch einen Effekt erster Ordnung aus Konsumglättung überkompensiert werden. Sofern der Agent die Möglichkeit zur Bilanzpolitik hat, muß der Principal deshalb zur Arbeitsmotivation einen höheren Lohn aufwenden als ein Principal, der die erzielten Zahlungsüberschüsse kennt.

Eine Gegenüberstellung von Proposition 2 und Proposition 3 verdeutlicht, daß zusätzliche Entscheidungsspielräume allenfalls dann eine Wohlfahrtssteigerung bewirken können, wenn Bezugsbasis ein inferiorer Vertrag – wie der dynamische, zahlungsüberschußbasierte Vertrag ohne *Memory* – ist. Pareto-Verbesserungen sind auch dann nur zu erwarten, wenn der Principal die vom Agent aus der erweiterten Entscheidungsfreiheit gezogenen Vorteile für seine eigenen Zwecke instrumentalisieren kann. Man führe sich den tragenden Gedanken von Proposition 2 vor Augen: Der Agent kann die mit der Bilanzpolitik verfolgte Strategie, weniger arbeiten zu müssen, letztlich nicht verwirklichen, weil er den glätteren Lohn zwar besser „ausnutzen" kann, der Principal das Vergütungssystem jedoch in geeigneter Weise anpaßt.

Die bisher erzielten Ergebnisse ändern sich bei einer Beschränkung auf lineare Verträge nicht, und die dann möglichen expliziten Lösungen sind einer Illustration dienlich. Dazu werden die Programme BP und CF durch die zusätzlichen Annahmen des LEN-Modells spezifiziert. Der risikoneutrale Principal steht einem Agent gegenüber, dessen periodenbezogener Nutzen sich durch eine CARA-Nutzenfunktion mit $H_t(l_t, a_t) = -\exp[-\gamma(l_t - a_t^2)]$ kennzeichnen läßt mit γ als *Pratt-Arrow-Maß* der absoluten Risikoaversion. Die Nutzen beider Perioden sind additiv-separabel, eine Zeitpräferenz wird nicht berücksichtigt. Der Reservationsnutzen beträgt H^{min}. Die stochastische Produktionstechnologie $f_t(x_t/a_t)$ ist normalverteilt mit Erwartungswerten a_t und Varianz $\sigma^2 > 0$. Es erfolgt eine Beschränkung auf lineare Verträge mit Fixum $m_ü$ (bzw. m_x im Modell ZÜ) und Lohnsatz $n_ü$ (bzw. n_x). Die gewinnbasierte Entlohnung ist dann $l_t(ü_t) = m_ü + n_ü ü_t$, die zahlungsüberschußbasierte $l_t(x_t) = m_x + n_x x_t$. Die zentrale Proposition 2 kann verdeutlicht werden, da die Verträge mangels *Memory* und der Vorgabe ihrer Linearität nicht optimal sind. Wesentliche Ergebnisse sind:[17]

Der Lohnsatz und damit die Aktivitäten in beiden Perioden sind bei der Bemessungsgrundlage *Gewinn* größer:

$$(6) \quad n_ü = \frac{1}{1 + \frac{3}{2}\gamma\sigma^2} > \frac{1}{1 + 2\gamma\sigma^2} = n_x,$$

die Bilanzpolitik ist, wie in Proposition 1 gefordert, eine fallende Funktion von x_1:

$$(7) \quad B = \frac{1 - \gamma\sigma^2}{4\left(1 + \frac{3}{2}\gamma\sigma^2\right)} - \frac{1}{2}x_1.$$

Vergleicht man nun die Erwartungsnutzen des Principal in beiden Szenarien, so kann man eine strikte Pareto-Verbesserung dadurch konstatieren, daß der Agent die Möglichkeit zur Bilanzpolitik hat:

$$(8) \quad E[W_{\ddot{u}}] = \frac{1}{2\left(1+\frac{3}{2}\gamma\sigma^2\right)} + \frac{2}{\gamma}\ln\left(-\frac{H^{\min}}{2}\right) > \frac{1}{2(1+2\gamma\sigma^2)} + \frac{2}{\gamma}\ln\left(-\frac{H^{\min}}{2}\right) = E[W_x].$$

$E[W_{\ddot{u}}]$ bzw. $E[W_x]$ ist der vom Principal über beide Perioden erzielbare Erwartungsnutzen bei einer Entlohnung auf Gewinn- bzw. Zahlungsüberschußbasis. Der Agent erhält jeweils den Reservationsnutzen $H^{\min}$.

C. Bilanzpolitik im dynamischen Modell mit Zugang zum Kapitalmarkt

Die Analyse von Bilanzpolitik in dynamischen Principal-Agent-Modellen findet ihren Abschluß mit der Berücksichtigung des Kapitalmarktzugangs. Um Wiederholungen zu vermeiden, wird hinsichtlich der Prämissen auf Abschnitt B.I verwiesen. An dieser Stelle erfolgt eine Erweiterung um die Möglichkeit, auf einem vollkommenen Kapitalmarkt zu sparen oder Kredit aufzunehmen. Die Ergebnisse werden in keiner Weise beeinflußt durch die vereinfachende Annahme der Zeitpräferenzen und Zinssätze von null. Bezeichnet man den Konsum des Agent in der ersten Periode mit c_1, läßt sich der Konsum der zweiten Periode c_2 folgendermaßen ausdrücken:

$$(9) \quad c_2 = l_2(x_2 - B) + l_1(x_1 + B) - c_1.$$

Wie bisher kennt der Principal die bilanzpolitische Entscheidung des Agent nicht. Er ist des weiteren nicht in der Lage, Sparen oder Kreditaufnahme des Agent zu beobachten. Dem Agent ist es daher am Ende der ersten Periode möglich, seinen Erwartungsnutzen von diesem Zeitpunkt an bis zum Ende der Vertragsbeziehung über die Wahl der Bilanzpolitik B und des Konsums c_1 zu maximieren:

$$(10) \quad c_1, B \in \arg\max_{\hat{c}_1, \hat{B}} \left\{ U_1(\hat{c}_1) + \int_{\underline{x_2}}^{\overline{x_2}} U_2[l_2(x_2-\hat{B}) + l_1(x_1+\hat{B}) - \hat{c}_1] f_2(x_2/a_2(\cdot))\, dx_2 - V_2(a_2(\cdot)) \right\}.$$

Als Eintrag in die Nutzenfunktion U_2 wird der Konsum c_2 in der Fassung (9) gewählt. Dies ermöglicht eine aussagekräftige Interpretation der nachstehenden Bedingungen erster Ordnung:

$$(11) \quad U_1'(c_1) - \int_{\underline{x_2}}^{\overline{x_2}} U_2'[l_2(\cdot) + l_1(\cdot) - c_1] f_2(x_2/a_2(\cdot))\, dx_2 \stackrel{!}{=} 0$$

$$(12) \quad \int_{\underline{x_2}}^{\overline{x_2}} U_2'[l_2(\cdot) + l_1(\cdot) - c_1][l_1'(x_1 + B(\cdot)) - l_2'(x_2 - B(\cdot))] f_2(x_2/a_2(\cdot))\, dx_2 \stackrel{!}{=} 0.$$

Die zweite Gleichung (12) bedeutet, daß der Agent seine insgesamt erzielbare *Vergütung* mittels Bilanzpolitik maximiert. Dagegen maximiert er gemäß der ersten Gleichung (11) seinen insgesamt erzielbaren *Nutzen* mittels einer Kapitalmarkttransaktion. Folglich splittet der Agent seine Strategie: Er nutzt den Kapitalmarkt zur Konsumglättung und betreibt mittels Bilanzpolitik ausschließlich Entlohnungsmaximierung.[18] Damit wird deutlich, daß kein Raum ist für die in der zentralen Proposition 2 beschriebene Pareto-Verbesserung, die auf intertemporale Glättung durch Bilanzpolitik zurückgeführt wurde.

Proposition 4:

$(l_{1KM}(x_1), l_{2KM}(\cdot, x_2))$ sei der optimale Vertrag bei einer Entlohnung auf Zahlungsüberschußbasis, $(l_{1KM}(\ddot{u}_1), l_{2KM}(\cdot, \ddot{u}_2))$ wiederum sei der optimale Vertrag unter der Voraussetzung einer Entlohnung auf Gewinnbasis. Es bestehe Kapitalmarktzugang. Beide Rechnungssysteme führen zum identischen Totalgewinn, der Gewinn der ersten Periode $\ddot{u}_1$ unterliegt jedoch bei seinem Ausweis dem bilanzpolitischen Einfluß des Agent. Dann dominiert der Vertrag $(l_{1KM}(x_1), l_{2KM}(\cdot, x_2))$ den Vertrag $(l_{1KM}(\ddot{u}_1), l_{2KM}(\cdot, \ddot{u}_2))$ strikt i. S. v. Pareto-Superiorität.

In den Voraussetzungen der Proposition wird bewußt offengelassen, ob Verträge mit oder ohne *Memory* Gegenstand des Pareto-Vergleiches sind. Es kommt auch nicht auf diese Differenzierung, sondern darauf an, daß nur optimale Verträge miteinander verglichen werden. Dann kann es sich für den Principal nicht auszahlen, dem Agent zusätzliche Entscheidungsspielräume einzuräumen.[19] Entscheidend ist dafür zum einen, daß Bilanzpolitik die Qualität der Information über die Aktivitätsniveaus des Agent vermindert. Entscheidend ist zum anderen, daß dieser informationelle Nachteil nicht wie bei Verträgen ohne *Memory* und ohne Zugang zum Kapitalmarkt (Proposition 2) durch einen Effekt erster Ordnung aus Konsumglättung überkompensiert werden kann. Daher verschärft sich das Anreizproblem.

Bisher wurden im Sinne einer Schwarz-Weiß-Betrachtung totaler Ausschluß vom und vollkommen freier Zugang zum Kapitalmarkt gegenübergestellt. In der wirtschaftlichen Realität werden die Agents auf dem Kontinuum zwischen beiden Polen angesiedelt sein. Insbesondere werden für die meisten Agents irgendwann Kreditaufnahmebeschränkungen greifen. Soweit diese wirksam werden, behielte Bilanzpolitik ihre Glättungsfunktion und würde unverändert die Wohlfahrt des Principal fördern (Gedanke von Proposition 2). Ein entgegengesetzter Wohlfahrtseffekt ist entsprechend Proposition 4 für die Bereiche zu verzeichnen, in denen der Agent den Kapitalmarkt in Anspruch nehmen kann. Es werden sich also durchaus Fälle identifizieren lassen, in denen eine – eher unrealistische – Beschränkung der Kapitalanlage für einen positiven Gesamteffekt nicht notwendig ist, sondern Kreditaufnahmebeschränkungen genügen („hinreichende Kapitalmarktbeschränkung"). Allgemeine Aussagen sind nicht möglich, es ist auf den Einzelfall abzustellen.

D. Würdigung

Es wird ein Beitrag zur Lösung des *Compensation Puzzle* geleistet, als ein Erklärungsversuch dafür vorgestellt wird, daß in realen wirtschaftlichen Beziehungen flexible und unflexible Vergütungsgrundlagen beobachtet werden. Die Ergebnisse sollten nicht derart interpretiert werden, daß bilanzpolitische Wahlrechte jedenfalls bei Kapitalmarktzugang Wohlfahrtsverluste mit sich brächten. Die Analyse verdeutlicht vielmehr, daß für eine letztlich positive Wirkung der Bilanzpolitik die Verzerrung des Performancemaßes durch positive Effekte überkompensiert werden muß. Die Stärke dieser Untersuchung liegt darin, daß in Proposition 2 mit der Strategie der Gewinnglättung ein modellendogen erwachsender Mechanismus charakterisiert werden kann. Alternativ kann sich das auch durch äußere Ursachen ergeben. Dann kann sich eine Wohlfahrtsverbesserung durch Bilanzpolitik auch in optimalen Verträgen ergeben und ist nicht mehr an die Annahme hinreichender Kapitalmarktbeschränkungen gebunden. Man denke etwa an den Fall, daß der Agent nur dann Bilanzpolitik betreiben kann, wenn er ein bestimmtes Aktivitätsniveau überschreitet.[20] Dies läßt sich mit sachverhaltsabhängigen Wahlrechen illustrieren. In diesem Fall wird der Zugang zur Bilanzpolitik mit härterer Arbeit erkauft und dem Principal die Arbeitsmotivation erleichtert. Es kann auch an die Übertragung von Information durch Bilanzpolitik gedacht werden.

Die Untersuchung bezieht sich auch auf die gegenwärtige Praktikerdiskussion. Bekanntermaßen bietet das deutsche Bilanzrecht eine Vielzahl bilanzpolitischer Instrumente mit zum Teil erheblicher Manövriermasse. Mit verschiedenen Argumenten wird vom Gesetzgeber deren Einschränkung gefordert. Küting[21] etwa rekurriert auf die Bilanzwahrheit, Hoffmann (1995) bemüht die Generalnorm des § 264 Abs. 2 HGB. Als vorliegende Untersuchung eine Gewinnermittlung nicht für Informationszwecke, sondern zum Zwecke einer anreizkompatiblen Entlohnung des Managements thematisiert, wird zumindest einer pauschalen Verurteilung von Wahlrechten bei Gewinnermittlungen eine Absage erteilt.

Für praktische Anwendungen kommt es entscheidend darauf an, daß der Agent am Umkehreffekt teilhat. Dies gilt insbesondere für die wohlfahrtsfördernde Wirkung der Bilanzpolitik bei Ausschluß des Kapitalmarktzugangs. Plant der Agent nämlich, vorher auszuscheiden, liegt faktisch eine statische Betrachtung ohne Umkehreffekt zugrunde, und er wird immer Gewinnerhöhung betreiben. Daher ist der Zeitraum, über den sich der Manager an die Unternehmung bindet, der Fristigkeit der bilanzpolitischen Instrumente gegenüberzustellen.

Charakteristisch für die Anreiztheorie erfolgt eine Konzentration auf die sich ändernden Lohnzahlungen. Unter vielen gängigen Steuersystemen und vertraglichen Gestaltungen wird sich als Konsequenz der Bilanzpolitik auch die Steuerlast von Principal, Agent und ihrer als Unternehmung interpretierbaren Beziehungen ändern. Auch von einer möglichen Ausschüttungsbemessungsfunktion des Gewinnes wird abstrahiert. Um diesen Einwendungen Rechnung zu tragen, kann man die dieser Untersuchung zugrundeliegende Gewinngröße als nach US-GAAP oder IAS deuten, auf deren Basis die Agent-Entlohnung erfolgt, während die Unternehmung in Erfüllung gesetzlicher Verpflichtungen einen handelsrechtlichen Jahresabschluß erstellt, der für eine Steuerbilanz maßgeblich sein kann. Besser noch geht man von einem speziell für Anreizzwecke definierten Überschuß aus, sind die o.a. Rechenwerke doch beispielsweise an Informationsbedürfnissen der Eigner ausgerichtet und zur Arbeitsmotivation eher ungeeignet.[22] Die steuerliche und ausschüttungspolitische Brisanz entschärft sich dann. Sofern man Bedenken hat, derartige, in jüngerer Zeit intensiv diskutierte Rechenwerke würden am Kostenaspekt scheitern, führe man sich ein Prozedere vor Augen, bei dem – vergleichbar einer sog. „Überleitungsrechnung von der Handels- zur Steuerbilanz" – nur die Posten neu bilanziert werden, für die Abweichungen zu gesetzlich vorgeschriebenen Rechenwerken anzuraten sind.

Anhang

Beweis von Proposition 1:

Es wird die Funktion I definiert mit

(13) $\quad I(x_1, B) = U_1'[l_1(x_1 + B)] \cdot l_1'(x_1 + B) - \frac{1}{\alpha} \int_{x_2}^{\overline{x_2}} U_2'[l_2(x_2 - B)]$

$\cdot l_2'(x_2 - B) \cdot f_2[x_2/a_2(\cdot)] dx_2.$

Da I stetig partiell differenzierbar in x_1 und B ist, wird B durch $I(x_1, B) \equiv 0$ implizit in Abhängigkeit von x_1 definiert. I ist fraglos null, da sie mit der Bedingung erster Ordnung für Bilanzpolitik B übereinstimmt. Das Theorem für implizite Funktionen ver-langt:

(14) $\quad \frac{\partial B}{\partial x_1} = -\frac{\partial I / \partial x_1}{\partial I / \partial B} \stackrel{!}{<} 0.$

$\partial I / \partial B$, die Bedingung zweiter Ordnung für Bilanzpolitik B, könnte bei einem nach dem Erwartungsnutzenprinzip entscheidenden Agent als negativ angenommen werden. Mindestvoraussetzungen hierfür sind die Annahmen (i) und (ii) der Proposition. Die Setzung $\partial I / \partial x_1 \stackrel{!}{<} 0$ verlangt nach den Annahmen (i) und (ii) für Periode 1. Q. e. d.

Beweis von Proposition 2:

Durch die Wahl einer geeigneten Variation wird das Vergleichsmodell BP aus dem Referenzmodell ZÜ entwickelt. Mittels Approximationen durch *Taylor-Polynome* können daraus optimale Lösungen für das Vergleichsmodell BP hergeleitet werden, die eine Reihung mit dem Optimum für das Referenzmodell ZÜ zulassen. Ausgangspunkt des Beweises ist der optimale Vertrag $(l_1(x_1), l_2(x_2))$ für das Referenzmodell ZÜ. Auf dieser Grundlage werden Variationen der Form

(15) $\quad l_1[\ddot{u}_1] = l_1\left[x_1 + \varepsilon \frac{B(x_1)}{U_1' l_1'}\right]$

(16) $\quad l_2[\ddot{u}_2] = l_2\left[x_2 - \varepsilon \frac{B(x_1)}{U_2' l_2'}\right]$

definiert. ε ist eine hinreichend kleine, positive Konstante, $B(x_1)$ symbolisiert die Bilanzpolitik. Die Variationen stehen für die Fähigkeit des Agent, vom Optimum des Referenzmodells $(l_1(x_1), l_2(x_2))$ ausgehend, Bilanzpolitik marginalen Ausmaßes zu betreiben. Es läßt sich zeigen, daß der Agent als Folge der Variationen seine Aktivitäten a_1 und a_2 gegenüber dem Referenzmodell ZÜ unverändert läßt und konsequenterweise seine Partizipationsbedingung erfüllt bleibt. Nachgewiesen wird hier, daß der Principal seine Nutzenposition verbessert.

Die Zielfunktion des Principal, somit sein Erwartungsnutzen über beide Perioden $E[W_0]$, stellt sich unter Substitution der Variationen (15) und (16) folgendermaßen dar:

$$(17) \quad E[W_0] = \int_{\underline{x_1}}^{\overline{x_1}} \left[x_1 - l_1\left(x_1 + \frac{\varepsilon B(x_1)}{U_1' l_1'}\right) \right] f_1(x_1/a_1)\, dx_1$$

$$+ \frac{1}{\beta} \int_{\underline{x_1}}^{\overline{x_1}} \int_{\underline{x_2}}^{\overline{x_2}} \left[x_2 - l_2\left(x_2 - \frac{\varepsilon B(x_1)}{U_2' l_2'}\right) \right] f_2(x_2/a_2)\, f_1(x_1/a_1)\, dx_2 dx_1.$$

Approximation durch *Taylor-Polynome* ersten Grades an den Stellen x_1 und x_2 für l_1 und l_2 führt auf:

$$(18) \quad E[W_0] = \int_{\underline{x_1}}^{\overline{x_1}} \left[x_1 - l_1(x_1) - l_1' \frac{\varepsilon B(x_1)}{U_1' l_1'} \right] f_1(x_1/a_1)\, dx_1$$

$$+ \frac{1}{\beta} \int_{\underline{x_1}}^{\overline{x_1}} \int_{\underline{x_2}}^{\overline{x_2}} \left[x_2 - l_2(x_2) + l_2' \frac{\varepsilon B(x_1)}{U_2' l_2'} \right] f_2(x_2/a_2)\, f_1(x_1/a_1)\, dx_2 dx_1.$$

Um die Veränderung des Erwartungsnutzens des Principal durch die Bilanzpolitik des Agent, verkörpert durch die Variationen (15) und (16), zu quantifizieren, wird $E[W_0]$ an der Stelle $\varepsilon = 0$ nach ε abgeleitet:

$$(19) \quad \left. \frac{\partial E[W_0]}{\partial \varepsilon} \right|_{\varepsilon = 0} = \int_{\underline{x_1}}^{\overline{x_1}} B(x_1)$$

$$\cdot \left\{ -\frac{1}{U_1'(l_1(x_1))} + \frac{1}{\beta} \int_{\underline{x_2}}^{\overline{x_2}} \frac{1}{U_2'(l_2(x_2))} f_2(x_2/a_2)\, dx_2 \right\} f_1(x_1/a_1)\, dx_1.$$

Es ist zu zeigen, daß vorstehende Erwartungsnutzenänderung größer als null ist. Hierzu wird folgende Eigenschaft der optimalen Verträge $(l_1(x_1), l_2(x_2))$ für das Referenzmodell ZÜ herangezogen:

$$(20) \quad E_{x_2}\left[\frac{1}{U_1'(l_1(x_1))} \mid x_1 \right] = \frac{1}{U_1'(l_1(x_1))} = \lambda + \mu_1 \frac{\partial f_1(x_1/a_1)/\partial a_1}{f_1(x_1/a_1)}$$

$$(21) \quad \frac{1}{\beta} E_{x_2}\left[\frac{1}{U_2'(l_2(x_2))} \mid x_1 \right] = \int_{\underline{x_2}}^{\overline{x_2}} \left\{ \lambda + \mu_2 \frac{\partial f_2(x_2/a_2)/\partial a_2}{f_2(x_2/a_2)} \right\} f_2(x_2/a_2)\, dx_2 = \lambda.$$

λ und μ_1 bzw. μ_2 bezeichnen die Lagrange-Multiplikatoren für die Partizipationsbedingung (ZÜ 2) und die Anreizbedingungen für die Aktivitätsniveaus der ersten bzw. zweiten Periode (ZÜ 3) bzw. (ZÜ 4) im Referenzmodell ZÜ.

Substitution von (20) und (21) in (19) und Umordnung ergeben:

(22) $\left. \dfrac{\partial E[W_0]}{\partial \varepsilon} \right|_{\varepsilon=0} = -\mu_1 \int\limits_{\underline{x}_1}^{\overline{x}_1} B(x_1) \, \dfrac{\partial f_1(x_1/a_1)/\partial a_1}{f_1(x_1/a_1)} \, f_1(x_1/a_1) \, dx_1 \overset{!}{>} 0 .$

Vorstehende Ungleichung ist erfüllt, sofern bei positivem μ_1[23]

(P 1) $\dfrac{\partial f_1(x_1/a_1)/\partial a_1}{f_1(x_1/a_1)}$ eine streng monoton steigende Funktion von x_1 ist (streng monotone *Likelihood-Quotient-Eigenschaft*) und

(P 2) $B(x_1)$ in x_1 streng monoton fällt (s. hierzu Proposition 1).

Nachstehendes Schaubild verdeutlicht den Zusammenhang:[24]
Die Graphen lassen sich so interpretieren, daß der *Likelihood-Quotient* die fallende Funktion B gewichtet, so daß das Integral in (22) immer negativ wird. Q. e. d.

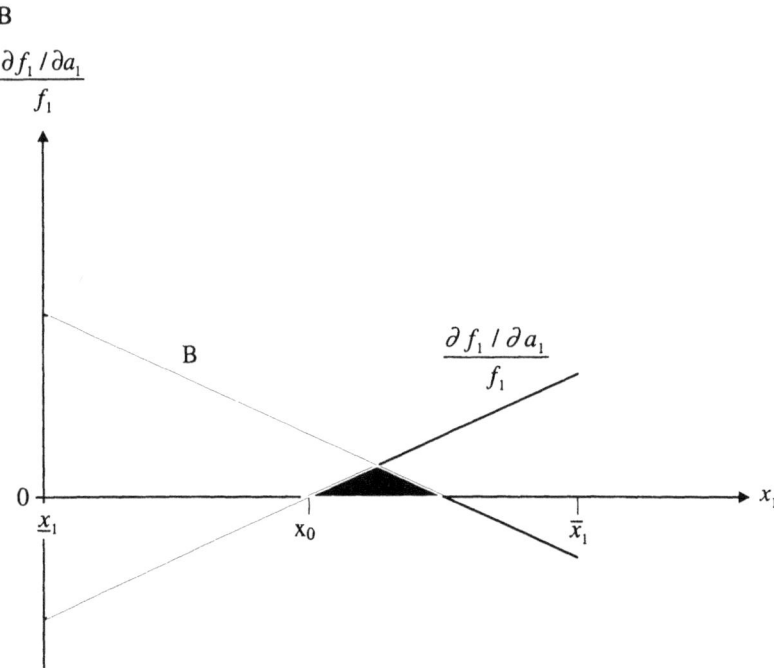

Anmerkungen

* Der Verf. dankt Teilnehmern am 1. Symposium zur ökonomischen Analyse der Unternehmung und einem anonymen Gutachter für wertvolle Hinweise.
1 Alternativ kann man an Transaktionen am Kapitalmarkt denken, zu denen der Manager sonst keinen Zugang hätte (z.B. Kreditgewährung, falls Kreditaufnahmebeschränkungen wirksam werden).

2 S. Arya/Glover/Sunder (1998), S. 10f.
3 S. Evans/Sridhar (1996), S. 53ff.
4 Zu den Konsequenzen Evans/Sridhar (1996), S. 54f.
5 Dazu z.B. Dutta/Reichelstein (1999), Wagenhofer/Riegler (1999).
6 Vgl. Lambert (1983), Rogerson (1985), S. 70–72.
7 Sofern man befürchtet, daß der Principal zwischenzeitlich seine Existenzbedürfnisse nicht zu decken in der Lage ist, kann man annehmen, daß er sich am Kapitalmarkt die entsprechenden Beträge leihen kann. Für die Analyse ist nämlich lediglich relevant, daß der Agent keinen Kapitalmarktzugang besitzt.
8 Würde man eine Ausschüttungsbemessungsfunktion der Gewinnermittlung unterstellen, käme eine Bezugnahme auf $\ddot{u}_1 - l_1$ in Betracht.
9 Vgl. Fellingham/Newman/Suh (1985), S. 348, Proposition 3 (1) im Umkehrschluß.
10 S. Haas (2000), S. 78–81.
11 Man könnte diese als nicht „zu konvex" in ihrer Bemessungsgrundlage kennzeichnen, so daß im Effekt U_2 konkav in $\ddot{u}_2$ ist.
12 Dazu Haas (2000), S. 81–83.
13 Vgl. Rogerson (1985), S. 74.
14 $\dfrac{\partial f_t(x_t/a_t)/\partial a_t}{f_t(x_t/a_t)}$ wächst streng monoton in x_t bzw. $\partial^2 F_t(x_t/a_t)/\partial^2 a_t^2 \geq 0$.
15 Vgl. Rogerson (1985), S. 70–72. Der Agent muß von der Möglichkeit zur Bilanzpolitik auch Gebrauch machen. Dies wurde in Abschnitt B.II erläutert.
16 Entsprechend Rogerson (1985), S. 74.
17 Eine Herleitung und detaillierte Kommentierung findet sich in Haas (2000), S. 111ff.
18 Das Ergebnis und seine Herleitung weichen ab von Tzur/Yaari (1994), S. 60.
19 Dazu auch Braverman/Stiglitz (1982), S. 704 und 707. Mit Bezug zur Bilanzpolitik auch Demski (1998), S. 23 (Beweis zu Proposition 3).
20 S. Demski (1998).
21 Küting (1997), S. 91.
22 Beispielhaft sollen bestimmte handelsrechtliche Abschreibungsverfahren genannt werden, s. z.B. Wagenhofer/Riegler (1999).
23 Verwiesen wird unmittelbar auf Holmström (1979), S. 78, Proposition 1, denn die Lösung des Referenzmodells ist die Abfolge zweier optimaler statischer Verträge.
24 Ein Beweis von (22) erfolgt in Haas (2000), Anhang 1.

Literatur

Arya, A./Glover, J./Sunder. S. (1998): Earnings Management and the Revelation Principle in: Review of Accounting Studies, S. 7.
Braverman, A./Stiglitz, J. E. (1982): Sharecropping and the Interlinking of Agrarian Markets, The American Economic Review, S. 695ff.
Demski, J. S. (1998): Performance Measure Manipulation, Working Paper, University of Florida, April 1998.
Dutta, S./Reichelstein, S. (1999): Asset Valuation and Performance Measurement in a Dynamic Agency Context, Review of Accounting Studies, S. 235ff.
Evans III, J. H./Sridhar, S. S. (1996): Multiple Control Systems, Accrual Accounting, and Earnings Management, in: Journal of Accounting Research, S. 45ff.
Fellingham, J. C./Newman, D. P./Suh, Y. S. (1985): Contracts without Memory in Multiperiod Agency Models, in : Journal of Economic Theory, S. 340ff.
Haas, M. (2000): Bilanzpolitik in dynamischen Modellen der ökonomischen Agency-Theorie, Moderne Betriebswirtschaftslehre, Band 4, Stuttgart.
Hoffmann, M. K. (1995): Jahresabschlußpolitik und die Generalnorm des § 264 Abs. 2 HGB, in: Der Betrieb, S. 1821ff.
Holmström, B (1979): Moral Hazard and Observability, in: The Bell Journal of Economics, S. 74ff.

Küting, K. (1997): Der Wahrheitsgehalt deutscher Bilanzen, in: Deutsches Steuerrecht, S. 84 ff.
Lambert, R. A. (1983): Long-Term Contracts and Moral Hazard, in: The Bell Journal of Economics, S. 441 ff.
Rogerson, W. P. (1985): Repeated Moral Hazard, in: Econometrica, S. 69 ff.
Tzur, J./Yaari, V. (1994): Management's Reporting Strategy and Imperfection of the Capital Market, in: Managerial and Decision Economics, S. 57 ff.
Wagenhofer, A./Riegler, C. (1999): Gewinnabhängige Managemententlohnung und Investitionsanreize, Betriebswirtschaftliche Forschung und Praxis, S. 70 ff.

Zusammenfassung

Eine Konstellation wird charakterisiert, in der es sich bei *Moral Hazard* für den Principal lohnt, dem Agent zusätzliche Entscheidungsspielräume (etwa beim Gewinnausweis) zu gewähren. Es wird argumentiert, daß Mindestvoraussetzung hierfür ein suboptimales Vertragssetting ist. In einem zweiperiodigen Principal-Agent-Modell wird ein zusätzlicher Freiheitsgrad beim Gewinnausweis der ersten Periode eingeführt. Da in der zweiten Periode der Umkehreffekt berücksichtigt wird, erfolgt eine Deutung als Bilanzpolitik. Die Intuition ist, daß der Agent mittels der im Eigeninteresse betriebenen Bilanzpolitik Gewinnglättung betreibt und daher die Kosten der Arbeitsmotivation sinken. Der Kapitalmarktzugang des Agent muß dafür hinreichend beschränkt sein.

Summary

This paper derives conditions under which principals benefit from offering additional discretion to agents. A two-period principal-agent model is introduced in which the agent is allowed to manage earnings in period 1; in period 2 there is the reverse effect resulting from the "clean surplus" or "tidiness" property of accrual accounting. It will be proven that at least in a setting without the agent's access to capital markets, earnings-based contracts strictly Pareto-dominate cash flow-based memoryless contracts even if the agent has discretion to manage earnings to maximize her own utility. The interpretation for the result is that earnings management enables the agent to smooth consumption over time. Thus the (risk-neutral) principal can lower the expected wage payment to implement the optimal action pair without violating the agent's reservation utility. Consequently the agency is strictly better off. A brief analysis of earnings management in a dynamic principal-agent setting with free access to capital markets concludes.

80: Allgemeine Fragen des Rechnungswesens (JEL M40)
15: Entscheidungstheorie (JEL D81)

Wie wirken Anreizverträge?

Von Simon Gächter, Ernst Fehr und Beatrice Zanella

Überblick

- Leistungslöhne finden immer weitere Verbreitung. Dessen ungeachtet gilt wohl für die meisten Arbeitsbeziehungen, dass sie vertraglich unvollständig geregelt sind und dass deshalb „freiwillige Kooperation" („Arbeitsmoral", „Loyalität", „Einsatzbereitschaft", „Initiative" etc.) für eine effiziente Ausgestaltung der Arbeitsbeziehung wichtig sind.

- In dieser Arbeit untersuchen wir die Wechselwirkungen von materiellen Leistungsanreizen mit „freiwilliger Kooperationsbereitschaft". Da diese Fragestellung nur schwer mit Felddaten beantwortbar ist, haben wir kontrollierte Laborexperimente durchgeführt, welche es uns erlauben, die Interaktionseffekte genau zu isolieren.

- Unsere Untersuchung zeigt, dass materielle Anreize zu einer Verdrängung „freiwilliger Kooperation" führen können. Allerdings hängt der Verdrängungseffekt von der „Darstellung" der Anreize ab. Unsere Arbeit leistet damit einen Beitrag zur Diskussion um die Wirksamkeit und Nützlichkeit von expliziten Leistungsanreizen.[1]

Eingegangen: 29. März 2001

Professor Dr. Simon Gächter, Universität St. Gallen, FEW-HSG, Varnbüelstrasse 14, CH-9000 St. Gallen, Schweiz, simon.gaechter@unisg.ch.
Professor Dr. Ernst Fehr, Universität Zürich, Institut für Empirische Wirtschaftsforschung, Blümlisalpstrasse 10, CH-8006 Zürich, Schweiz, efehr@iew.unizh.ch.
lic. oec. publ. Beatrice Zanella, Zürcher Kantonalbank, Bahnhofstrasse 9, CH-8001 Zürich, Schweiz, beatrice.zanella@zkb.ch.

Simon Gächter, Ernst Fehr und Beatrice Zanella

A. Einleitung

> "A thorough understanding of internal incentive structures
> is critical [...], since these incentives determine to a large extent
> how individuals inside an organization behave."
> Baker, Jensen and Murphy (1988, S. 593)

Leistungsorientierte Anreizverträge sind in den letzten Jahren in vielen Beschäftigungsverhältnissen populär geworden. Dementsprechend werden die Nutzen und Nachteile von expliziten Leistungsanreizen auch vermehrt in einer breiten Öffentlichkeit diskutiert.[2] Doch wie wirken Anreizverträge überhaupt? Diese Frage ist zweifellos von eminenter Bedeutung für das Funktionieren von Organisationen und deren Personalpolitik. Die ökonomische Theorie hat in den letzten Jahren beachtliche Fortschritte in der Beantwortung dieser Frage gemacht, wie beispielsweise die Überblicksaufsätze von Gibbons (1998, S. 115) und Prendergast (1999, S. 7) sowie die Arbeiten in Backes-Gellner, Kräkel und Grund (1999) deutlich machen. Allerdings stellt Prendergast (1999, S. 7) über die Bedeutung von Anreizen fest: „Despite many wide-ranging claims about their supposed importance, there has been little empirical assessment of incentive provision for workers".[3]

Der Zweck dieser Arbeit ist es, zu einem besseren empirischen Verständnis von Anreizverträgen beizutragen. Wir konzentrieren uns dabei in dieser Arbeit insbesondere auf das Wechselspiel von „freiwilliger Kooperationsbereitschaft" und materiellen Anreizen. Die Bedeutung *freiwilliger Kooperationsbereitschaft* ergibt sich aus der Tatsache, dass die meisten Arbeitsbeziehungen durch einen hohen Grad an *Unvollständigkeit* gekennzeichnet sind. Häufig wird in einem Arbeitsvertrag nur die Lohnzahlung festgelegt und viele Details und Verpflichtungen, welche die tatsächliche Arbeitsleistung bestimmen, bleiben ungeregelt. Unter den Voraussetzungen von unvollständig geregelten Verpflichtungen und in Abwesenheit von expliziten Leistungsanreizen ist die Arbeitseinstellung („Arbeitsmoral", „Kreativität", „Eigeninitiative", „Engagement", „Loyalität") eines Agenten von entscheidender Bedeutung für die tatsächliche Erfüllung des Arbeitsvertrages – ein Faktum auf das auch Ökonomen wie Williamson (1985), Simon (1997) und andere hingewiesen haben. In der Organisationspsychologie werden diese Einstellungen unter dem Stichwort „organizational citizenship behavior" zusammengefasst (z.B. Organ (1988)). Ohne eine „kooperative Arbeitseinstellung" wird ein Agent nur die minimal notwendige (von Gerichten durchsetzbare) Arbeitsleistung erbringen und „Dienst nach Vorschrift" machen. Damit gehen für die Beteiligten Effizienzgewinne verloren.

Wenn nun „freiwillige Kooperationsbereitschaft" von entscheidender Bedeutung ist, dann stellt sich die Frage, wie *explizite finanzielle Anreize* diese Kooperationsbereitschaft beeinflussen. Dies ist das Thema dieser Arbeit. Da diese Fragestellung inhärent nur schwerlich schlüssig mit Hilfe von Felddaten beantwortet werden kann, haben wir einen – zu Feldforschung und Fallstudien komplementären – experimentellen Ansatz gewählt.[4]

Im nächsten Abschnitt entwickeln wir deshalb ein einfaches, stilisiertes Modell, in dem wir experimentell die Wechselwirkung von freiwilliger Kooperationsbereitschaft und finanziellen Anreizen studieren können. Wir untersuchen zunächst die Bedeutung von reziprozitätsbasierter freiwilliger Kooperation in einem sogenannten „Vertrauenstreatment", in dem nur Fixlohnzahlungen möglich sind und ansonsten keine materiellen Leistungsanreize gegeben sind. In unserer Hauptversuchsanordnung, die wir „Sanktionstreatment" nennen, studieren wir den Einfluss eines Anreizsystems, das einen „Lohnabzug" im Falle einer nachweisbaren Minderleistung vorsieht. Der Vergleich der Verhaltensweisen der Agenten in den beiden Versuchsanordnungen gibt uns die Antwort auf unsere Fragestellung.

In Kapitel 3 berichten wir die Resultate der Experimente. Es zeigt sich, dass die von Personalchefs (siehe z.B. die Interviewstudie von Bewley (1999)) betonte Rolle von „Arbeitsmoral", „Good will", „intrinsischer Motivation" und „freiwilliger Kooperation" auch in kontrollierten Laborexperimenten beobachtet werden kann. Je grosszügiger die Prinzipale gegenüber ihren Agenten waren, desto stärker haben die Agenten auch bei Fixlohnverträgen ohne materielle Leistungsanreize freiwillig kooperatives Verhalten gezeigt. Dieses Ergebnis gilt nicht mehr, wenn explizite Leistungsanreize in der Form einer Strafzahlung möglich sind. Die bei Fixlohnzahlungen robust beobachtete Reziprozität bricht im Sanktionstreatment fast völlig zusammen. In diesem Sinne kann man davon sprechen, dass finanzielle Anreize reziprokes Verhalten und freiwillige Kooperation „verdrängen".

Ist dieser „Verdrängungseffekt" eine Folge materieller Leistungsanreize *per se*, oder kommt es auf die psychologische Ausgestaltung, d.h. die „Verpackung" der Anreizverträge an? Wenn ersteres gelten würde, dann hätten Anreizverträge wohl in den meisten Fällen „verborgene Kosten" in Form einer nicht mehr verfügbaren freiwilligen Kooperationsbereitschaft. Wenn hingegen durch die entsprechende psychologische Ausgestaltung der Anreizverträge freiwillige Kooperation nicht zerstört würde, hätten Anreizverträge in diesem Sinne auch keine „verborgenen Kosten". Ein besseres Verständnis dieser Zusammenhänge ist deshalb von enormer praktischer Bedeutung.

Um eine erste Antwort auf diese Frage zu geben, stellen wir im vierten Abschnitt weitere Experimente vor, in denen die „Darstellung" der Anreize, nicht aber die materielle Anreizwirkung geändert wurde. Die Ergebnisse dieser Experimente legen nahe, dass es nicht die Anreize *per se* sind, die den Verdrängungseffekt hervorrufen, sondern dass es dabei durchaus auf die von Anreizverträgen implizit mitgelieferte psychologische Botschaft ankommt.

Unsere Resultate leisten auch einen Beitrag zur aktuellen Debatte über die Rolle von „intrinsischer Motivation" und deren Beeinflussung durch Anreizverträge (siehe z.B. Frey (1997, 2000); Frey und Osterloh (1997, S. 307); Sprenger (1997); Kunz und Pfaff (2001); Gerecke (1999)). Im letzten Abschnitt diskutieren wir deshalb Parallelen und Unterschiede dieser Literatur zu unseren Ergebnissen.

B. Vertrauen und finanzielle Anreize in unvollständigen Verträgen – eine experimentelle Versuchsanordnung

I. Ein einfaches Modell eines Anreizvertrages

In diesem Abschnitt präsentieren wir ein Modell einer Vertragsbeziehung, welches uns erlaubt, unsere Hauptfragestellung – die Auswirkungen von finanziellen Leistungsanreizen auf die „freiwillige Kooperationsbereitschaft" – zu untersuchen. Die Grundidee ist, einen

Anreizvertrag zu untersuchen, welcher trotz Leistungsanreizen noch Platz für effizienzerhöhende freiwillige Kooperation über das anreizkompatible Leistungsniveau hinaus bietet.

Wir betrachten zu diesem Zweck eine zweistufige Prinzipal-Agenten-Beziehung in welcher der Prinzipal auf der 1. Stufe seinem Agenten einen Vertrag $(w, s, \hat{e})$ anbietet, wobei w einen Fixlohn bezeichnet, der unabhängig von der tatsächlichen Leistung e des Agenten bezahlt wird; s ist eine vertraglich vorgesehene Sanktion in Form eines Lohnabzugs, den der Agent hinnehmen muss, falls (vor Gericht) nachgewiesen werden kann, dass der Agent den Vertrag nicht erfüllt hat; $\hat{e} \in [e^{min}, e^{max}]$ bezeichnet eine *gewünschte* Arbeitsleistung. Der Agent hat nun die Möglichkeit den Vertrag anzunehmen oder abzulehnen. Wenn der Agent den Vertrag ablehnt, verdienen beide nichts. Wenn hingegen der Agent den Vertrag angenommen hat, wählt er auf der 2. Stufe seine *tatsächliche* Leistung $e \in [e^{min}, e^{max}]$ mit welcher der Agent einen Erlös ve produziert. Dem Agenten fallen dabei Kosten („Arbeitsleid") in Höhe von $c(e)$ an; diese Kosten sind konvex und steigend in e. Wir nehmen weiter an, dass der Prinzipal vom Agenten eine gerichtlich durchsetzbare Mindestarbeitsleistung im Umfang von $e^{min} > 0$ verlangen kann, die vereinfachend für den Agenten mit keinen Kosten verbunden ist (d.h. $c(e^{min}) = 0$). Darüber hinausgehend liegt es aber in der Diskretion des Agenten seine tatsächliche Arbeitsleistung $e \geq e^{min}$ festzulegen. Allerdings hat der Prinzipal die Möglichkeit, eine eventuelle Minderleistung $(e < \hat{e})$ mit einer Wahrscheinlichkeit $p < 1$ zu entdecken und (vor Gericht) zu verifizieren.[5] Im Fall der Verifikation der Minderleistung ist der Lohnabzug s fällig. Mit der Wahrscheinlichkeit $(1 - p)$ kann die Minderleistung nicht verifiziert und der Lohnabzug deshalb nicht durchgesetzt werden; in diesem Fall muss der Prinzipal dem Agenten den vereinbarten Fixlohn bezahlen. Damit ergibt sich für den Prinzipal die folgende erwartete Auszahlung:

(1) $\pi = \begin{cases} ve - w & \text{wenn Vertrag angenommen und } e \geq \hat{e} \\ ve - w + ps & \text{wenn Vertrag angenommen und } e < \hat{e} \\ 0 & \text{wenn Vertrag abgelehnt.} \end{cases}$

Ein Agent verdient bei diesem Vertrag im Erwartungswert

(2) $u = \begin{cases} w - c(e) & \text{wenn Vertrag angenommen und } e \geq \hat{e} \\ w - c(e) - ps & \text{wenn Vertrag angenommen und } e < \hat{e} \\ 0 & \text{wenn Vertrag abgelehnt.} \end{cases}$

Ein Agent der risikoneutral, rational und eigennützig ist, wird die gewünschte Arbeitsleistung erbringen (d.h. $e = \hat{e}$), falls die folgende Bedingung („Anreizkompatibilitätsbedingung") gilt:

(3) $w - c(\hat{e}) \geq w - ps$.

Die linke Seite der Ungleichung (3) ist der Nutzen des Agenten bei Vertragseinhaltung. Die rechte Seite ist dementsprechend der Nutzen der sich aus der Minderleistung ergibt, wenn man annimmt, dass ein rationaler und eigennütziger Agent $e = e^{min}$ wählt und die Kosten für den Agenten ja für diesen Fall Null betragen.[6] Eine einfache Umformung führt zur Vertragseinhaltungsbedingung: Ein Agent wird den Vertrag einhalten wenn die erwartete Strafe im Falle einer nachweisbaren Minderleistung grösser ist, als die Kosten der Vertragseinhaltung, d.h. wenn gilt:

(4) $\quad ps \geq c(\hat{e})$.

(Da der Fixlohn w nur eine Transferzahlung zwischen Prinzipal und Agent ist, ist die Vertragseinhaltungsbedingung (4) vom Lohnsatz w unabhängig.) Allgemein gilt, dass ein risikoneutraler, rationaler und eigennütziger Agent seine optimale Arbeitsleistung e^* gemäss den durch p, s, $\hat{e}$ und durch (4) gegebenen Anreizen wählen wird. Es gilt also:

(5) $\quad e^* = \begin{cases} e^{min} & \text{für alle } p, s, \hat{e}: \ ps < c(\hat{e}) \\ \hat{e} & \text{für alle } p, s, \hat{e}: \ ps \geq c(\hat{e}) \end{cases}$.

Die Beziehung (5) erlaubt uns nun auch eine präzise Definition von „freiwilliger Kooperation": Wir bezeichnen jedes Leistungsniveau e welches das individuell optimale Niveau e^* überschreitet, als „freiwillige Kooperation" des Agenten. Wenn der Lohnabzug s unbeschränkt wäre, könnte der Prinzipal, wie aus (4) und (5) ersichtlich ist, *jedes* Leistungsniveau $\hat{e}$ durchsetzen so lange s positiv ist. Insbesondere könnte der Prinzipal die Wahl von $e^* = \hat{e} = e^{max}$ erreichen, wobei e^{max} das maximale Leistungsniveau des Agenten bezeichnet. In diesem Fall könnte mit dem Anreizvertrag die „erstbeste" Lösung erreicht werden; der Agent muss nicht über „freiwillige Kooperation" zu einer höheren Arbeitsleistung motiviert werden. Wir nehmen aber realistischerweise an, dass die Sanktionsmöglichkeit s beschränkt ist.[7] Wir bezeichnen den maximal möglichen Lohnabzug mit s^{max}. In diesem Fall wird ein profitmaximierender Prinzipal die maximal mögliche Sanktion s^{max} verlangen, um dadurch für den Agenten den Anreiz, eine möglichst hohe Arbeitsleistung zu erzielen, zu maximieren (siehe (4)). Wir nehmen an, dass mit s^{max} gemäss der Vertragseinhaltungsbedingung $\hat{e} = e^{max} = e^*$ nicht durchgesetzt werden kann. Mit anderen Worten, unter Berücksichtigung von (5) ist die maximale Arbeitsleistung $\hat{e}^*$, die durch die maximale Sanktion s^{max} durchgesetzt werden kann, $e^{max} > \hat{e}^* > e^{min}$. Um den Agenten zur Vertragsannahme zu bewegen, wird ein profitmaximierender Prinzipal daher dem Agenten eine Lohnzahlung von $w = c(\hat{e}^*)$ anbieten, die genau das Arbeitsleid bei Vertragseinhaltung abdeckt.

Der Hauptzweck dieses Modells ist die Untersuchung von möglichen Wechselwirkungen von materiellen Leistungsanreizen und „freiwilliger Kooperation" des Agenten. (Wir werden weiter unten noch auf die bisherige Evidenz zu „freiwilliger Kooperation" eingehen.) Um mögliche Wechselwirkungen überhaupt zweifelsfrei studieren zu können, ist es nötig, das Ausmass an „freiwilliger Kooperation" auch *ohne* jegliche materielle Anreize zu untersuchen. Zu diesem Zweck haben wir als *„Kontrollmodell"* das obige Modell mit $s = p = 0$ implementiert. Mit anderen Worten, Prinzipale können nur Fixlohnverträge der Form $(w, \hat{e})$ anbieten. Ein Prinzipal kann eine Minderleistung zwar beobachten, aber nicht verifizieren (weil $p = 0$) und deshalb auch nicht sanktionieren ($s = 0$). Für den Fall der Vertragsannahme ergeben sich daher die folgenden Auszahlungsfunktionen (eine Ablehnung führt wiederum zu keinen Auszahlungen):

(6) $\quad \pi = ve - w$

(7) $\quad u = w - c(e)$.

Aus (7) bzw. (5) ergibt sich deshalb, dass ein rationaler und eigennütziger Agent jedenfalls den Anreiz hat $e = e^* = e^{min}$ zu wählen; e^{min} ist das einzig erreichbare Leistungsniveau, wenn Agenten nicht „freiwillig kooperativ" sind.

II. Ablauf und Parameter

Das experimentelle Design implementiert die beiden Modelle, d.h. wir haben zwei Versuchsanordnungen (im folgenden oft „Treatments" genannt) mit denen die beiden soeben besprochenen Vertragstypen („Sanktionsvertrag" bzw. „Fixlohn"- oder „Vertrauensvertrag") implementiert wurden. Wir bezeichnen die beiden Versuchsanordnungen im folgenden als „Sanktions-Treatment" (ST) bzw. als „Vertrauens-Treatment" (VT).

Insgesamt haben 126 Studentinnen und Studenten verschiedenster Fachgebiete (mit Ausnahme von Wirtschaftswissenschaften) der Universität bzw. der ETH Zürich an unseren Experimenten teilgenommen. Die Experimente fanden an der Universität Zürich statt. Sie wurden alle manuell durchgeführt. Um die Wahrscheinlichkeit zu minimieren, dass die Subjekte sich kennen und deshalb ihr Verhalten durch vom Experimentator unkontrollierbare soziale Faktoren beeinflusst wird, haben wir die Teilnehmer und Teilnehmerinnen telefonisch aus einer grossen Datenbank von potentiellen Interessenten rekrutiert.[8]

Für die Teilnahme wurden 15 Franken bezahlt. Während des Experimentes wurde nicht in Franken, sondern in „Punkten" gerechnet. Ein Punkt war 8 Rappen wert. Da im Experiment im Prinzip Verluste auftreten können, haben wir den Subjekten zu Beginn noch eine Ausstattung von 9 Franken gegeben. Verluste mussten aus dieser Gesamtausstattung abgedeckt werden bzw. aus den Verdiensten, die während des Experimentes dazukamen. Die Bezahlung erfolgte in bar unmittelbar im Anschluss an das Experiment.

Zu Beginn des Experimentes wurden die Teilnehmer und Teilnehmerinnen zufällig auf die Rolle als „Prinzipal" bzw. als „Agent" in zwei verschiedenen Räumen verteilt. Alle Subjekte behielten ihre jeweilige Rolle während des gesamten Experiments. Ein Subjekt nahm immer nur an einer Versuchsanordnung teil. Nachdem die Subjekte ihre Instruktionen gelesen hatten, mussten sie eine Reihe von Kontrollfragen beantworten, um das Verständnis der Gewinnberechnungen zu überprüfen. Das Experiment wurde erst begonnen, nachdem alle Subjekte alle Fragen richtig beantwortet hatten.[9]

In beiden Versuchsanordnungen gab es jeweils 6 „Prinzipale" und 8 „Agenten". Um Lernen zu erlauben und um die Robustheit bzw. die Dynamik der Leistungswahl zu testen, wurde das Basisspiel in beiden Versuchsanordnungen zwölf mal wiederholt. Ein Basisspiel bestand aus zwei Stufen. In der ersten Stufe machten die Prinzipale einen Vertragsvorschlag, der jedenfalls aus einem Fixlohn w, sowie einer gewünschten Arbeitsleistung $\hat{e}$ bestand und die Restriktion $100 \geq w \geq c(\hat{e})$ erfüllen musste. Im ST musste auch noch zusätzlich eine potentielle Sanktion in Form eines „Lohnabzugs" s festgelegt werden (siehe oben). Die Prinzipale mussten sich zunächst privat für einen Vertrag entscheiden. Anschliessend wurde dieser öffentlich bekanntgegeben und an die Tafel geschrieben. Die Vertragsvorschläge wurden in den „Agenten"-Raum übermittelt und dort ebenfalls – in einer zufälligen Anordnung – an die Tafel geschrieben.[10] Die Agenten konnten dann in einer zufällig (und in jeder Periode neu) festgelegten Reihenfolge aus den vorhandenen

Wie wirken Anreizverträge?

Vertragsangeboten auswählen. Jeder Prinzipal konnte nur einen Agenten einstellen, so dass es in jeder Periode ein Überangebot von zwei Agenten gab. Diese Marktsituation wurde implementiert, um den Konkurrenzdruck unter den Agenten zu erhöhen.

Agenten, die einen Vertrag akzeptierten, mussten nun ihre tatsächliche Arbeitsleistung festlegen. Dies geschah durch eine Eintragung in ihre Dokumentation, die niemandem, ausser dem jeweiligen Prinzipal von dem das akzeptierte Angebot stammte, mitgeteilt wurde. Die Agenten mussten sich bei ihrer Leistungswahl nicht an die gewünschte Arbeitsleistung $\hat{e}$ halten, sondern konnten jedes zulässige Leistungsniveau wählen. Sowohl die gewünschte, als auch die tatsächliche Arbeitsleistung wurde durch eine Zahl symbolisiert, mit der Interpretation, dass eine höhere Zahl eine höhere Arbeitsleistung abbildet, die auch mit höheren Kosten verbunden ist.[11] Die verwendete Kostentabelle war in beiden Versuchsanordnungen dieselbe. Sie ist in Tabelle 1 widergegeben.

Tab. 1: Leistungsniveaus und Kosten im VT und ST

$e, \hat{e}$	0.1	0.2	0.3	0.4	0.5	0.6	0.7	0.8	0.9	1
$c(\hat{e}), c(e)$	0	1	2	4	6	8	10	12	15	18

Nachdem die Leistung festgelegt worden ist, erfolgte die Gewinnberechnung. Agenten, die keinen Vertrag akzeptierten oder keinen akzeptieren konnten, verdienten in der jeweiligen Periode nichts. Dasselbe galt für Firmen, deren Verträge abgelehnt wurden. Nach der Gewinnberechnung war eine Periode zu Ende und eine neue begann.

Die Unterschiede zwischen den Versuchsanordnungen bezogen sich nur auf die angebotenen Verträge und die dadurch implizierten verschiedenen Auszahlungsfunktionen. Im VT wurden die Auszahlungsfunktionen (6) und (7) implementiert und im ST (1) und (2). In beiden Treatments galt $v = 100$. Löhne mussten ganzzahlig sein und die Restriktion $0 \leq w \leq 100$ erfüllen. Der Lohnabzug s im ST war ebenfalls als ganze Zahl zu wählen und es galt $0 \leq s \leq 13$. Die Entdeckungswahrscheinlichkeit war $p = 1/3$.[12]

III. Verhaltensprognosen

Tabelle 2 fasst den Ablauf sowie die Prognosen, die sich aufgrund von standardökonomischen Argumenten ergeben, zusammen.

Im teilspielperfekten Gleichgewicht des VT wählt ein eigennütziger Agent jedenfalls $e = e^* = 0.1$. Der Prinzipal zahlt nur den Lohn $w = w^* = 1$. (Ein zweites teilspielperfektes Gleichgewichtsergebnis ist $w = 0$, akzeptieren, $e = 0.1$.) Im ST wird sich ein eigennütziger (und risikoneutraler) Agent bezüglich der Leistungswahl jedenfalls gemäss der Anreizbedingung (5) verhalten. Dies gibt einem gewinnmaximierenden Prinzipal den Anreiz, $s = s^{max} = 13$ zu wählen. Die maximale gewünschte Leistung bei $s = 13$, die sicherstellt, dass der Agent nicht e^{min} wählt, ist gemäss (4) bzw. (5) $\hat{e} = 0.4$. Um den Agenten

Tab. 2: Ablauf und Prognosen

	Ablauf (in jeder von 12 Perioden):	
	1. Prinzipale machen Vertragsangebote, Agenten treffen Akzeptanzentscheidung 2. Agenten legen ihre tatsächliche Leistung fest.	
	Teilspielperfekte Prognosen (bei Eigennutz):	
	Vertrauens-Treatment (VT)	Sanktions-Treatment (ST)
Prinzipal:	$w^* = 1$ (0)	$w^* = 5$ (4), $s = s^{max} = 13$, $\hat{e}^* = 0.4$
Agent:	akzeptieren	akzeptieren
	$e^* = 0.1$	$e^* = \hat{e}^* = 0.4$
	Gewinnberechnung gemäss (6) und (7)	Gewinnberechnung gemäss (1) und (2) bzw. der Realisation der Entdeckungswahrscheinlichkeit

für die dadurch entstehenden Leistungskosten zu kompensieren, zahlt der Prinzipal im strikten teilspielperfekten Gleichgewicht den Lohn $w = 5$. (Im zweiten, nicht-strikten teilspielperfekten Gleichgewicht zahlt der Prinzipal $w = 4$, der Agent akzeptiert und wählt 0.4.) In beiden Versuchsanordnungen kann der Prinzipal bei Eigennutz die Löhne auf das Reservationsniveau des Agenten drücken.

Kann der Prinzipal in dieser Situation vom Agenten eine Arbeitsleistung $e > e^*$ erreichen? Wie wir gerade gezeigt haben, ist dies bei den in Tabelle 2 zusammengefassten Standardargumenten weder bei Fixlohnverträgen noch bei Anreizverträgen möglich. Eine Möglichkeit, Leistungsniveaus oberhalb des anreizkompatiblen Niveaus e^* zu erreichen, ist die bereits erwähnte „freiwillige Kooperation", welche beispielsweise über die Motivation der Reziprozität erreicht werden kann. Es ist deshalb zunächst nötig, Reziprozität zu definieren.[13] Allgemein bedeutet Reziprozität, dass eine „nette Handlung" mit einer anderen „netten Handlung" erwidert wird. Umgekehrt gilt natürlich, dass eine Boshaftigkeit zur „Rache" herausfordert. In unserem Zusammenhang ist ein Vertragsangebot, das Anreize für ein bestimmtes e^* setzt, um so netter, je grösser die damit für den Agenten verbundene intendierte Rente $r \equiv w - c(e^*)$, d.h. die Überbezahlung der anreizkompatiblen Leistungskosten, ausfällt. Im Gegensatz zu einem eigennützigen Agenten wird ein reziprok motivierter Agent seine Arbeitsleistung um so höher wählen, je „netter", d.h. je grosszügiger die intendierte Rente für ihn ist. Wenn hinreichend viele Agenten reziprok motiviert sind, lohnt es sich für einen Prinzipal, auf „Vertrauen" zu setzen, und einen Fixlohn $w > 1$ (im VT) und $w > 5$ (im ST) zu zahlen, um so den Agenten zu freiwilliger Kooperation, d.h. zu einer effizienzsteigernden, höheren Arbeitsleistung $e > e^*$ zu bewegen.

Mittlerweile gibt es Evidenz aus einer Vielzahl von kontrollierten Laborexperimenten, aber auch aus Feldstudien, welche nahelegt, dass reziprozitätsbasierte freiwillige Kooperation weit verbreitet ist (für einen Überblick siehe Fehr und Gächter (2000a, S. 159)). Reziprokes Verhalten im Sinne der Erwiderung eines „Geschenkes" (z. B. in Form einer Rente) wurde beispielsweise im sogenannten „gift-exchange Spiel" beobachtet (siehe z.B.

Wie wirken Anreizverträge?

Fehr, Kirchsteiger, und Riedl (1993, S. 437)). Ähnliche Resultate wurden auch im sogenannten „investment game" von Berg, Dickhaut and McCabe (1995, S. 122) festgestellt (siehe auch Jacobsen und Sadrieh (1996); Fahr und Irlenbusch (2000, S. 275)). Fehr, Gächter und Kirchsteiger (1997, S. 833); Güth, Klose, Königstein und Schwalbach (1998, S. 327) und Irlenbusch und Schade (1999, S. 730) finden auch reziprokes Verhalten in deren Prinzipal-Agenten-Experimenten. Umfragestudien (siehe zum Beispiel die umfangreiche Befragungsstudie von Bewley (1999)) zeigen, dass zum Beispiel Personalmanager Motivationen wie Fairness, Arbeitsmoral und Reziprozitätsüberlegungen eine grosse Bedeutung für das Leistungsverhalten von Arbeitnehmern beimessen.

Unser Kontrollexperiment des VT ist ein klarer Testfall für die Bedeutung von reziprozitätsbasierter freiwilliger Kooperation. Mit Hilfe des VT messen wir das Ausmass des freiwilligen Kooperationsverhaltens, um es mit dem im ST beobachteten Verhalten zu vergleichen und so Interaktionseffekte abschätzen zu können. Die vorhandene Evidenz aber auch die oben erwähnten theoretischen Modelle zu reziprokem Verhalten legen für das VT die folgende Hypothese nahe.

Hypothese der reziprozitätsbasierten „Freiwilligen Kooperation" bei Vertrauensverträgen: *Je höher die Rente r ($r := w - c(e^*)$) ist, welche die Prinzipale den Agenten zahlen, desto höher ist die Abweichung der tatsächlichen Arbeitsleistung e von e^* (im VT ist e^* immer 0.1).*

Wie wirken sich die finanziellen Leistungsanreize des ST auf die freiwillige Kooperationsbereitschaft des Agenten aus? Hier sind im wesentlichen zwei Hypothesen denkbar. Die erste Hypothese besagt, dass finanzielle Anreize die reziprozitätsbasierte, freiwillige Kooperationsbereitschaft nicht tangieren. Wenn die Prinzipale ihre Agenten grosszügig behandeln, dann sind diese auch bereit, $e > e^*$ zu wählen. Vorausgesetzt die „Hypothese der ‚freiwilligen Kooperation' bei Anreizverträgen" wird im VT bestätigt, sollte man also im ST die gleiche Beziehung zwischen der gezahlten Rente und der Abweichung von e^* beobachten wie im VT.

Eine zweite Hypothese ist, dass Anreizverträge und Reziprozität „inkompatibel" sind, d.h., dass bei Anreizverträgen die Agenten sich nicht mehr reziprok verhalten, *auch wenn ihnen eine Rente geboten wird*. Ein Grund kann darin liegen, dass Reziprozität Vertrauen voraussetzt, um wirksam zu sein. Eine „Sanktionsandrohung" wie sie durch einen Anreizvertrag in Form eines Lohnabzugs in diesem Modell gegeben ist, ist mit Vertrauen psychologisch unverträglich. Im Gegenteil, eine vertraglich vereinbarte Strafzahlung drückt Misstrauen aus und wird daher Reziprozität „verdrängen". Ein zweiter Grund kann sein, dass materielle Anreize *per se* reziprozitätsbasierte freiwillige Kooperationsbereitschaft verdrängen, weil sie den Agenten auf eben diese Anreize fokussieren und damit von Reziprozität „ablenken". Wir fassen die beiden Hypothesen im folgenden zusammen:

Reziprozitätshypothese bei Anreizverträgen: *Die Abweichung der tatsächlichen Arbeitsleistung e vom optimalen Leistungsniveau e^* ist positiv mit der gezahlten Rente r korreliert, wobei der Zusammenhang zwischen r und $(e - e^*)$ derselbe ist wie im VT.*

„Verdrängungs"-Hypothese bei Anreizverträgen: *Die Agenten wählen für jeden Vertrag $(w, s, ê)$ immer $e = e^*$ und reagieren nicht reziprok auf angebotene Renten. In diesem Sinne verdrängen Anreizverträge die freiwillige Kooperationsbereitschaft.*

C. Hauptergebnisse

Wir haben insgesamt neun Experimentalmärkte mit je 6 Prinzipalen und 8 Agenten durchgeführt. Im ST wurden vier und im VT fünf Experimente durchgeführt. Um Lernen zu erlauben und die Stabilität der Ergebnisse zu untersuchen, wurde das Spiel wie es oben und in Tabelle 2 beschrieben wurde, 12 mal wiederholt. Ein Experiment dauerte im Durchschnitt 2.5 Stunden. Im Durchschnitt haben die Teilnehmerinnen und Teilnehmer des Experiments ca. 50 Schweizer Franken verdient. Da der Hauptzweck dieser Arbeit die Untersuchung von Interaktionseffekten freiwilliger Kooperationsbereitschaft mit materiellen Leistungsanreizen ist, konzentrieren wir uns hauptsächlich auf das Verhalten des Agenten und beschreiben die angebotenen Verträge nur kurz.[14]

I. Angebotene Verträge, Verhalten des Agenten und Gewinne

Tabelle 3 gibt einen ersten Überblick über die in VT und ST angebotenen Verträge und über das Leistungsverhaltens der Agenten.

Tab. 3A: Verträge, tatsächliche Leistung und Gewinne im Vertrauens-Treatment

	Angebotene Verträge N=357		Verhalten des Agenten N=356		Gewinne N=357	
	w	$\hat{e}$	e	Prozent $e = e^*$	Prinzipal	Agent
				31.5		
Mittelwert	30.2	0.65	0.37		7.1	25.9
Median	34.0	0.70	0.30		8.0	28.0
Std.abw.	17.6	0.27	0.25		18.6	14.9

Bemerkung: Für die Berechnung wurden die Daten aller 12 Perioden vewendet.
Für das Verhalten der Agenten wurden nur die tatsächlich angenommenen Verträge berücksichtigt.

Tab. 3B: Verträge, tatsächliche Leistung und Gewinne im Sanktions-Treatment

	Angebotene Verträge N=288			Verhalten des Agenten N=280		Gewinne N=288	
	w	s	$\hat{e}$	e	Prozent $e = e^*$	Prinzipal	Agent
					68.1		
Mittelwert	19.5	11.7	0.49	0.27		8.5	15.3
Median	15.0	13.0	0.50	0.30		10.0	11.0
Std.abw.	12.6	25	0.17	0.17		20.5	13.0

Bemerkung: Für die Berechnung wurden die Daten aller 12 Perioden vewendet.
Für das Verhalten der Agenten wurden nur die tatsächlich angenommenen Verträge berücksichtigt.

Wie wirken Anreizverträge?

Im VT (Tabelle 3a), in welchem ein Lohn von $w^* = 1$ und eine tatsächliche Arbeitsleistung von $e^* = 0{,}1$ prognostiziert wird, ist das tatsächliche Verhalten weit von dieser Prognose entfernt. Der durchschnittlich angebotene Lohn beträgt 30,2 und die durchschnittliche tatsächliche Arbeitsleistung 0,37. Im Durchschnitt waren also die Agenten zu freiwilliger Kooperation bereit. In 31,5 Prozent der Fälle haben sich die Agenten allerdings im Einklang mit der standardökonomischen Prognose verhalten und $e = e^* = 0{,}1$ gewählt. Im ST (Tabelle 3b) ist das Verhalten wesentlich näher an der teilspielperfekten Prognose als im VT. Der vertraglich festgelegte entspricht dem prognostizierten Lohnabzug und beträgt im Durchschnitt 11,7 und im Median sogar 13. Eine weitere Analyse hat gezeigt, dass in über 70 Prozent aller angebotenen Verträge im ST die maximale Sanktion von 13 vorgesehen war! Die durchschnittlich geforderte Leistung $\hat{e}$ ist 0,49, was impliziert, dass viele Verträge gemäss Gleichung (4) nicht anreizkompatibel sind und somit gilt, dass $e^* = 0.1$ (siehe Gleichung (5)). Die tatsächliche durchschnittliche Leistung ist 0,27. Insgesamt haben die Agenten mehr als doppelt so oft als im VT, nämlich in 68,1 statt in 31,5 Prozent der Fälle, $e = e^*$ gewählt.

Wie hat sich das Verhalten der Agenten auf die *Gewinne* ausgewirkt? Zunächst kann festgestellt werden, dass die Agenten insbesondere im VT, aber auch im ST, deutlich mehr als die Prinzipale verdient haben. Der durchschnittliche Gewinn der Prinzipale ist im ST mit 8.5 etwas höher als im VT, wo er 7,1 beträgt. Prinzipale sind also im Durchschnitt im ST besser gestellt als im VT. Die *Effizienz*, gemessen als durchschnittlicher Surplus (die Gewinnsumme), ist allerdings im VT mit 33,0 deutlich höher als im ST, wo der durchschnittliche Surplus nur 23,8 beträgt. Wir haben also in unseren Experimenten die bemerkenswerte Situation, dass im ST zwar die Prinzipale durch die Anreizverträge relativ besser gestellt sind als im VT, aber gleichzeitig die Effizienz von Vertrauensverträgen deutlich höher ist als diejenige von Anreizverträgen.

II. Der Einfluss von Anreizverträgen auf die „freiwillige Kooperationsbereitschaft"

Abbildung 1 enthält das Hauptresultat. Um das Leistungsverhalten unter den beiden Vertragsarten vergleichbar zu machen, bilden wir in Abbildung 1 die durchschnittliche *Abweichung* der tatsächlichen Leistung eines Agenten von der vom angebotenen Vertrag implizierten anreizkompatiblen Leistung e^* ab. Im VT ist e^* *immer* 0.1, während im ST die anreizkompatible Leistung e^* vom gewählten Lohnabzug s und der gewünschten Leistung $\hat{e}$ abhängt (siehe Gleichung (5)). Der Referenzpunkt unseres Vergleichs ist also in beiden Vertragstypen die eigennützige, anreizkompatible Leistung e^*. Die Abweichung $(e - e^*)$ misst deshalb das Ausmass an „freiwilliger Kooperationsbereitschaft" des Agenten.

In Abbildung 1 untersuchen wir, inwiefern die Abweichung von e^* von der angebotenen Rente abhängt. Das *anreizkompatible* Leistungsniveau e^* ist ja von der angebotenen Rente unbeeinflusst (siehe (4) bzw. (5)). Die Rente $(w - c(e^*))$ bildet daher die offenbarte Grosszügigkeit des Prinzipals gegenüber dem Agenten ab.[15] Wir unterscheiden im ST auch danach, ob der Vertrag gemäss (4) anreizkompatibel ist oder nicht. Der Grund für diese Unterscheidung ist der folgende. Wenn der Vertrag *nicht* anreizkompatibel ist, wenn also gemäss (4) bzw. (5) $e^* = 0.1$ ist, dann befindet sich ein Agent in derselben Anreizsituation wie im VT, wo immer $e^* = 0.1$ gilt.

Abb. 1: Durchschnittliche Abweichung von der anreizkompatiblen Leistung e^* als Funktion der gebotenen Rente in VT und ST (Zahlen über den Balken sind Prozentsätze)

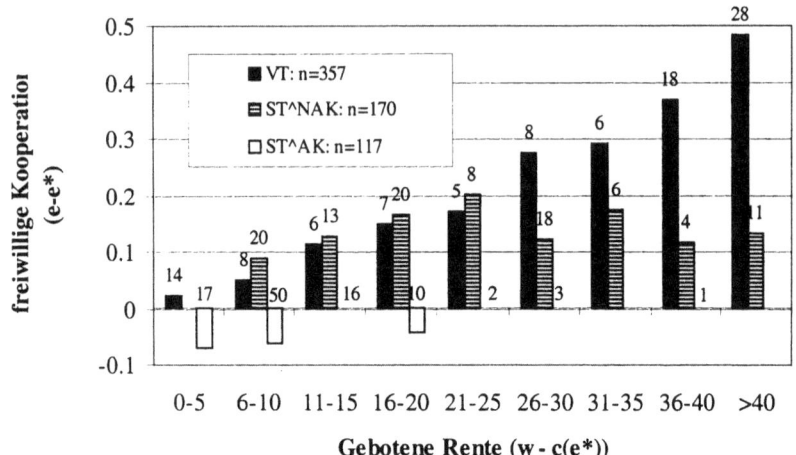

Abbildung 1 bestätigt zunächst deutlich die Gültigkeit der „Hypothese der reziprozitätsbasierten ‚freiwilligen Kooperation' bei Vertrauensverträgen". Je grösser die gebotene Rente der Prinzipale im VT ist, desto grösser ist auch die Abweichung der Agenten von der minimalen Leistung $e^* = 0,1$. Durch die Rentenzahlung kann also die freiwillige Kooperationsbereitschaft der Agenten positiv beeinflusst werden.[16]

Wie wirken sich nun Anreizverträge auf die freiwillige Kooperationsbereitschaft aus? Welche unserer beiden diesbezüglichen Hypothesen hat Gültigkeit? Wie aus Abbildung 1 ersichtlich ist, muss die „Reziprozitätshypothese" zugunsten der „Verdrängungshypothese" verworfen werden. Im ST haben die Prinzipale in 59 Prozent der Fälle Verträge angeboten, die nicht anreizkompatibel waren (in Abbildung 1 mit ST^NAK bezeichnet). Wir beobachten in diesen Fällen im Durchschnitt positive Abweichungen von e^* welche aber von der gezahlten Rente unabhängig sind. Es gibt also noch ein bestimmtes Ausmass an freiwilliger Kooperationsbereitschaft, das aber bei einer gegebenen Grosszügigkeit des Prinzipals (d.h. bei gegebener Rente) im ST fast immer – und zum Teil sehr deutlich – geringer ausfällt als im VT. So waren beispielsweise die Agenten im VT im Durchschnitt bereit, bei einer Rente von mehr als 40 um mehr als 0.6 von $e^* = 0,1$ abzuweichen, während im ST diese Abweichung *bei gleicher Grosszügigkeit* knapp 0,2 betrug.

In 41 Prozent der Fälle haben die Prinzipale anreizkompatible Verträge vorgeschlagen (in Abbildung 1 mit ST^AK bezeichnet). Hier zeigt sich, dass die Abweichungen von e^* sehr gering ausfallen. Obwohl in diesen Fällen – im Gegensatz zu nicht anreizkompatiblen Verträgen – nicht nur positive sondern auch negative Abweichungen möglich sind, sehen wir im Durchschnitt nur negative Abweichungen. Die negativen Abweichungen treten vor allem auf, wenn die Prinzipale „geizig" sind und nur geringe Renten bezahlen. In diesen Fällen sind einige Agenten bereit, die Prinzipale durch die Wahl von $e < e^*$ zu bestrafen (und dabei natürlich selbst Kosten aufzuwenden). Negative Abweichungen von e^* kamen in 16,5 Prozent der Fälle vor, während in nur 2 (!) von 115 Fällen eine positive Abweichung von e^* beobachtet werden konnte. In der überwiegenden Mehrzahl der Fälle (d.h. in 82 Prozent) wählten die Agenten bei anreizkompatiblen Verträgen exakt $e = e^*$. Anreizkompatible Verträge führten zu anreizkompatiblem Verhalten. Reziprozitätsbasierte freiwillige Kooperation spielte hier keine Rolle mehr.

Wir können unser Hauptergebnis folgendermassen zusammenfassen. Im Einklang mit früheren Studien finden wir bei Vertrauensverträgen ein hohes Ausmass an „freiwilliger Kooperationsbereitschaft", welches durch die Grosszügigkeit des Prinzipals positiv beeinflusst werden kann. Der Anreizvertrag eines angedrohten Lohnabzugs im Falle einer entdeckten Minderleistung wirkt sich schädlich auf die freiwillige Kooperationsbereitschaft aus. Wenn die Prinzipale anreizkompatible Verträge schreiben, beobachten wir praktisch keinerlei freiwillige Kooperationsbereitschaft mehr. Im Gegenteil, Agenten sind durchaus bereit, den Prinzipal durch eine negative Abweichung vom anreizkompatiblen Niveau zu bestrafen und dabei selbst Kosten in Kauf zu nehmen. Wenn die Verträge nicht anreizkompatibel sind, bleibt eine gewisse, niedrige, Kooperationsbereitschaft bestehen, welche aber nicht durch die Grosszügigkeit des Prinzipals beeinflusst werden kann.

Worin liegt der tiefere Grund für diesen beobachteten „Verdrängungseffekt" freiwilliger Kooperation? Sind es tatsächlich die materiellen Anreize *per se*, welche den Agenten auf e^* fokussieren und dadurch reziprokes Verhalten verdrängen? Oder könnte es sein, dass es auch auf die „Verpackung" des Vertrages ankommt? Immerhin hat der untersuchte Anreizvertrag mit einem Preisabschlag im Falle einer entdeckten Minderleistung *gedroht* und damit möglicherweise *Misstrauen* ausgedrückt, welches die psychologische Basis für reziprozitätsbasierte freiwillige Kooperation unterminiert haben könnte. Beide Argumente sind mögliche Fundierungen der oben diskutierten „Verdrängungs"-Hypothese. Sie werfen deshalb die Frage auf, wie ein Anreizvertrag, der psychologisch betrachtet keine Drohung enthält und die Leistungsanreize positiv formuliert, *aber nicht verändert*, die freiwillige Kooperationsbereitschaft beeinflusst. Mit anderen Worten, ist der „Verdrängungseffekt" ein „Darstellungseffekt" oder eine direkte Konsequenz materieller Leistungsanreize *per se*?

D. Ist der „Verdrängungseffekt" ein „Darstellungseffekt"?

Um diese Frage zu untersuchen, haben wir vier neue Experimente mit insgesamt weiteren 56 ExperimentteilnehmerInnen durchgeführt. Der Experimentablauf ist derselbe wie im ST (siehe Abschnitt 2.3). Die Idee der neuen Experimente ist, die *pekuniären Anreizwirkungen nicht zu verändern* und nur die „Darstellung" der Anreize anders zu gestalten. Während im ST die Leistungsanreize durch einen angedrohten „Lohnabzug" im Falle einer entdeckten Minderleistung gesetzt werden, kommen die Leistungsanreize in der neuen Versuchsanordnung aus angebotenen *Bonuszahlungen*, die im Falle der Leistungserbringung (d.h. bei $e \geq \hat{e}$) jedenfalls und bei Unterschreitung (d.h. bei $e < \hat{e}$) mit Wahrscheinlichkeit $(1 - p)$ fällig werden.[17] Der angebotene Vertrag des Prinzipals in diesem neuen *Bonustreatment* („BT" genannt) ist deshalb $(w, \hat{e}, b)$, wobei $b \in [0, 13]$.[18] Die Entdeckungswahrscheinlichkeit einer eventuellen Minderleistung ist nach wie vor $p = 1/3$. Die Gewinnfunktionen (1) und (2) sind deshalb wie folgt modifiziert. Der Prinzipal verdient im Erwartungswert

$$(8) \quad \pi = \begin{cases} ve - w - b & \text{wenn Vertrag angenommen und } e \geq \hat{e} \\ ve - w - (1-p)b & \text{wenn Vertrag angenommen und } e < \hat{e} \\ 0 & \text{wenn Vertrag abgelehnt.} \end{cases}$$

Ein Agent erhält bei diesem Bonusvertrag im Erwartungswert

$$(9) \quad u = \begin{cases} w - c(e) + b & \text{wenn Vertrag angenommen und } e \geq \hat{e} \\ w - c(e) + (1-p)b & \text{wenn Vertrag angenommen und } e < \hat{e} \\ 0 & \text{wenn Vertrag abgelehnt.} \end{cases}$$

Wie man aus einem Vergleich mit (1) und (2) sehen kann, ist mit Ausnahme dieser Änderung der *Darstellung* der Anreize die Anreizstruktur identisch zum ST. Während im ST der Lohnabzug bei Leistungserfüllung nicht fällig und bei Unterschreitung mit Wahrscheinlichkeit $p = 1/3$ fällig wird, wird der Bonus bei Erfüllung fällig und bei Minderleistung mit Wahrscheinlichkeit $(1-p) = 2/3$ fällig. Aus (9) kann leicht ermittelt werden, dass

$$(10) \quad e^* = \begin{cases} 0,1 & \text{für alle } p, b, \hat{e}: pb < c(\hat{e}) \\ \hat{e} & \text{für alle } p, b, \hat{e}: pb \geq c(\hat{e}). \end{cases}$$

Da die Bonuszahlung maximal 13 betragen kann und die Entdeckungswahrscheinlichkeit $p = 1/3$ ist, kann auch mit dem Bonusvertrag unter standardökonomischen Annahmen höchstens $\hat{e} = 0,4$ durchgesetzt werden.

Wenn die materiellen Anreize *per se* für den Verdrängungseffekt verantwortlich sind, dann sollten wir im BT denselben Verdrängungseffekt wie im ST beobachten, da die Anreizstruktur im BT ja identisch zum ST ist. Falls die „Verpackung" der Anreize als „angedrohter Lohnabzug" ursächlich für den Verdrängungseffekt war, sollte er im BT nicht beobachtet werden, da die Anreize nun „positiv", als Bonuszahlung, formuliert worden sind.

Bevor wir uns dem Verdrängungseffekt zuwenden, beschreiben wir in Tabelle 4 kurz die angebotenen Verträge, das Verhalten des Agenten, sowie die Gewinne im BT. Der bemerkenswerteste Unterschied zum ST liegt sicherlich darin, dass die Firmen weder im Durchschnitt, noch im Median, den maximalen Bonus geboten haben. Während im ST die Prinzipale auf maximale Anreize gesetzt haben, ist im BT der Bonus mit einem Durchschnitt von 7.1 fast halb so niedrig wie maximal möglich. Die gewünschte Leistung ist etwas höher als im ST und die tatsächliche Leistung der Agenten ist im Durchschnitt mit 0.28 ähnlich wie im ST. Die Agenten im BT haben sich in 56 Prozent der Fälle anreizkompatibel verhalten und $e = e^*$ gewählt. Dies ist um knapp 12 Prozent weniger als im ST. Die Effizienz des BT, gemessen im Surplus (Gewinnsumme), ist mit durchschnittlich 24.4 etwas höher als im ST. Von den drei untersuchten Vertragsarten hat sich der Sanktionsvertrag deshalb als der durchschnittlich ineffizienteste erwiesen. Der durchschnittliche Gewinn der Prinzipale ist im BT zwar leicht höher als im VT, aber niedriger als im ST und vor allem einer höheren Varianz als in den beiden anderen Versuchsanordnungen

Wie wirken Anreizverträge?

Tab. 4: Verträge, tatsächliche Leistung und Gewinne im Bonus-Treatment – Durchschnitte über alle Perioden

	Angebotene Verträge N=288			Verhalten des Agenten N=284		Gewinne N=288	
	w	b	$\hat{e}$	e	Prozent $e = e^*$	Prinzipal	Agent
					56.3		
Mittelwert	14.0	7.1	0.54	0.28		7.4	17.0
Median	10.0	7.0	0.50	0.10		4.0	15.0
Std.abw.	11.7	4.5	0.22	0.25		22.3	11.7

Bemerkung: Für die Berechnung wurden die Daten aller 12 Perioden verwendet. Für das Verhalten der Agenten wurden nur die tatsächlich angenommenen Verträge berücksichtigt.

unterworfen. Der Medianprofit der Prinzipale ist im BT sogar der geringste aller Vertragsarten.

Wir wenden uns nun der freiwilligen Kooperationsbereitschaft im BT zu. In Abbildung 2 unterscheiden wir ebenfalls zwischen Bonusverträgen die nicht anreizkompatibel sind (mit BT^NAK bezeichnet) und anreizkompatiblen Bonusverträgen (BT^AK). Wie Abbildung 1, stellt Abbildung 2 die Beziehung zwischen der freiwilligen Kooperationsbereitschaft, gemessen in $(e - e^*)$, und der gebotenen Rente als Mass für die Grosszügigkeit des Prinzipals, dar. Da die Rente die *ex ante* angebotene Überbezahlung relativ zur notwendigen Kompensation der anreizkompatiblen Leistung e^* misst, enthält sie im BT die Bonuszahlung, d.h. $r = w + b - c(e^*)$.[19]

Abbildung 2 belegt für den Fall von nicht anreizkompatiblen Bonusverträgen einen deutlich positiven Zusammenhang zwischen der gebotenen Rente und der freiwilligen Kooperation. Dies steht im Gegensatz zum ST, wo zwar positive Abweichungen von e^* beobachtet werden können, die aber nicht von der gebotenen Rente abhängen. In diesem Sinne haben die Bonusverträge die reziprozitätsbasierte, freiwillige Kooperationsbereitschaft nicht beeinträchtigt. Dies erklärt auch, warum erstaunliche 91 Prozent der angebotenen Verträge im BT *nicht* anreizkompatibel sind. In den 9 Prozent der Fälle in denen Prinzipale anreizkompatible Verträge angeboten haben, sind die Abweichungen von e^* nicht systematisch mit der gebotenen Rente korreliert.[20]

Diese Ergebnisse zeigen, dass der in ST beobachtete Verdrängungseffekt in der Tat zu einem grossen Teil ein „Darstellungseffekt" und nicht nur die Konsequenz materieller Anreize *per se* ist. Dies bedeutet, dass die Psychologie der „Verpackung" der Anreize wesentlich dafür ist, ob freiwillige Kooperation bei nicht anreizkompatiblen Verträgen verdrängt wird, oder nicht. Allerdings gilt auch bei Bonusverträgen, dass bei *anreizkompatiblen* Verträgen keine reziprozitätsinduzierten Zusatzleistungen $e > e^*$ möglich sind. Wenn Prinzipale anreizkompatible Leistungsanreize setzen, dann verhalten sich die Agenten auch anreizkompatibel. Wenn Verträge nicht anreizkompatibel sind, dann ist bei Bonus-

Abb. 2: Durchschnittliche Abweichung von der anreizkompatiblen Leistung e^* als Funktion der gebotenen Rente in BT (Zahlen über den Balken sind Prozentsätze)

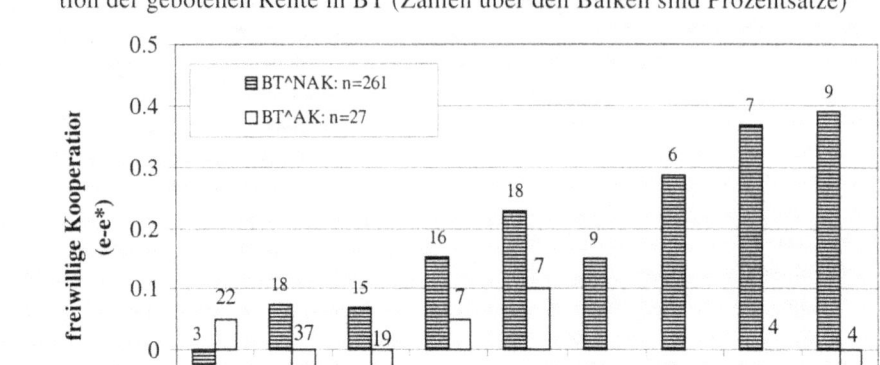

Abb. 3: Anteil anreizkompatibler Verträge über die Zeit

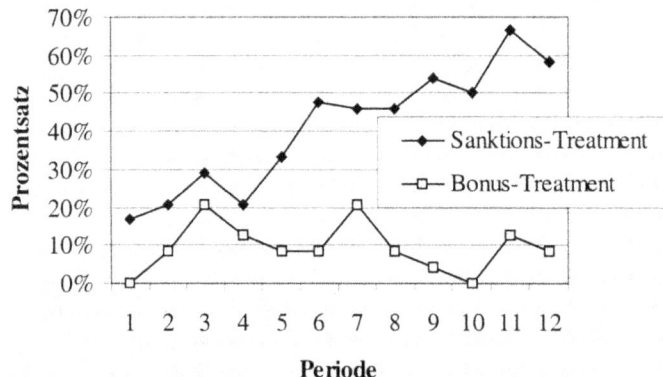

verträgen reziprozitätsbasierte freiwillige Kooperation möglich, während sie bei Sanktionsverträgen nicht mehr zur Verfügung steht.

Abbildung 3 zeigt, dass Prinzipale auf diese Beobachtungen reagiert haben. Der Anteil anreizkompatibler Verträge ist zwischen den Vertragsarten stark verschieden. Im ST, wo ja der Verdrängungseffekt deutlich zu beobachten ist, setzen die Prinzipale im Laufe des Experiments immer mehr auf Anreizverträge. Eine Aufspaltung der Gewinne der Prinzipale nach der Anreizkompatibilität der Verträge erweist sich als aufschlussreich. Die Prinzipale haben im ST bei nichtanreizkompatiblen Verträgen im Durchschnitt nur 1,9 verdient, während sie bei anreizkompatiblen Verträgen durchschnittlich mehr als neunmal so viel, nämlich 18,2 erzielen konnten. Da im BT der Verdrängungseffekt keine so grosse Rolle spielt wie im ST und somit auch bei nicht-anreizkompatiblen Verträgen freiwillige Kooperation beobachtet werden kann, sind die Gewinne nicht wesentlich durch die Anreizkompatibilität des Vertrags beeinflusst (durchschnittlich 7,3 bei nichtanreizkompatiblen Verträgen und 8,7 bei anreizkompatiblen Verträgen). Der Anteil anreizkompatibler Verträge im Verlauf des Experiments bleibt denn auch dauerhaft niedrig.

E. Schlussbemerkungen: Freiwillige Kooperation und intrinsische Motivation

Sozialwissenschaftlich orientierte Organisationstheoretiker betonen schon seit langem die Bedeutung freiwilliger Kooperationsbereitschaft für das Funktionieren von Organisationen und die effiziente Gestaltung von Arbeitsbeziehungen. In traditionellen ökonomischen Analysen dominieren vor allem finanzielle Leistungsanreize zur Sicherstellung funktionsfähiger Organisationen. Die Frage von Interaktionseffekten expliziter finanzieller Anreize mit freiwilliger Kooperationsbereitschaft wurde bislang von der ökonomischen Anreiztheorie vernachlässigt. In unseren Experimenten sind wir den Interaktionseffekten nachgegangen und kommen zu folgenden Ergebnissen:

1. Fixlohnverträge, die keinerlei materiellen Leistungsanreize setzen, führen sehr oft nicht zu den von der Standardökonomie prognostizierten Minderleistungen, da nicht alle Menschen opportunistische, eigennützige Präferenzen haben. Reziprozitätsbasierte freiwillige Kooperation ist ein taugliches „Vertragsdurchsetzungsinstrument" (Fehr, Gächter und Kirchsteiger 1997), welches erlaubt, auch Leistungen zu erzielen, die nicht anreizkompatibel sind.
2. Anreizkompatibel gestaltete Anreizverträge führen – insbesondere beim Sanktionsvertrag – zu anreizkompatiblem Verhalten der Agenten. „You get what you pay for": Reziprozitätsbasierte Zusatzleistungen über das anreizkompatible Leistungsniveau hinaus werden praktisch nicht beobachtet. In diesem Sinne verdrängen Anreizverträge reziprozitätsbasierte freiwillige Kooperation vollständig.
3. Die psychologische Ausgestaltung von Anreizverträgen spielt vor allem bei nicht anreizkompatibel gestalteten Anreizverträgen eine wichtige Rolle für das Auftreten des Verdrängungseffekts: Sanktionsverträge, die Leistungsanreize über die Androhung einer Sanktion erzielen, verdrängen reziprozitätsbasierte freiwillige Kooperationsbereitschaft. Bonusverträge, die Leistungsanreize *positiv* darstellen (als „Belohnung" für die Leistungserbringung) lassen die reziproke Motivation weitgehend intakt.

Wenn man, wie wir es in dieser Arbeit implizit getan haben, reziprozitätsbasierte freiwillige Kooperation als eine „intrinsische Motivation" begreift, dann zeigen diese Resultate auch eindeutige Parallelen zum „Verdrängungseffekt", der in der Literatur zur Motivationsforschung und mittlerweile auch in der Volks- und Betriebswirtschaftslehre diskutiert wird.[21] Dieser Forschungszweig diskutiert die Frage, ob materielle Anreize die intrinsische Motivation für eine Tätigkeit unterminieren, bzw. unter welchen Bedingungen es diese „verborgenen Kosten von Anreizverträgen" gibt.

In unseren Experimenten konnte intrinsische Motivation für eine bestimmte Tätigkeit keine Rolle spielen, da es sich um eine „abstrakte" Tätigkeit handelte, die inhärent keinen Nutzen stiftet. Ausserdem war „freiwillige Kooperation" für den Agent immer mit Kosten verbunden. Parallel zur Literatur über Verdrängungseffekte intrinsischer Motivation konnten wir feststellen, dass es unter identifizierbaren Bedingungen tatsächlich „verborgene Kosten von Anreizverträgen" gibt, die in unserem Experiment in Form von fehlender freiwilliger Kooperationsbereitschaft aufgetreten sind. Im Gegensatz zum grössten Teil der psychologisch orientierten Literatur erlauben es unsere Experimente allerdings, explizit *Gewinn- und Effizienzimplikationen* verschiedener Vertragsformen zu beobachten. Dabei hat sich gezeigt, dass die Prinzipale unter Umständen bereit sein werden, die „verborgenen Kosten" in Kauf zu nehmen, wenn ihre Gewinne mit expliziten Anreizen trotz der verdrängten freiwilligen Kooperation grösser sind als mit den – effizienteren – Vertrauensverträgen.

Appendix 1: Ein statistisches Modell zum Verdrängungseffekt

Um den Verdrängungseffekt und dessen Dynamik systematisch zu untersuchen und zwischen den Versuchsanordnungen vergleichbar zu machen, haben wir folgendes Regressionsmodell geschätzt:

$$(9) \quad (e - e^*)_{it} = \beta_0 + \beta_1 ST^{NAK} + \beta_2 ST^{AK} + \beta_3 BT^{NAK} + \beta_4 BT^{AK} + \\ + \beta_5 r_{it} VT + \beta_6 r_{it} ST^{AK} + \beta_7 r_{it} ST^{NAK} + \beta_8 r_{it} BT^{AK} + \beta_9 r_{it} BT^{NAK} + \varepsilon_{it}$$

$$t = 1, \ldots, 12; \, i = 1, \ldots, 78.$$

VT ist eine Dummy-Variable für das Vertrauenstreatment, ST^{NAK} (ST^{AK}) sowie BT^{NAK} (BT^{AK}) sind Dummy-Interaktionsvariablen für nicht-anreizkompatible (Superskript NAK) bzw. anreizkompatible (Superskript AK) Verträge im Sanktions- bzw. Bonustreatment. r_{it} ist die Rente. Die Koeffizienten β_0 bis β_4 messen deshalb die jeweiligen Achsenabschnitte. Die Koeffizienten β_5 bis β_9 sind für uns von besonderem Interesse, weil sie über unsere Hypothesen zur Verdrängung von freiwilliger Kooperation Aufschluss geben. Sie messen den Zusammenhang zwischen der gebotenen Rente im jeweiligen Treatment und unterschieden nach der Anreizkompatibilität des Vertrags. Zum Beispiel, der Koeffizient β_5 misst den Zusammenhang zwischen der gezahlten Rente (gemessen als $w - c(e^*)$) und der freiwilligen Kooperation im VT; β_6 bildet diesen Zusammenhang im ST bei anreizkompatiblen Verträgen und β_7 bei nicht-anreizkompatiblen Verträgen ab. Die Interpretationen von β_8 und β_9 sind analog, wobei hier die Rente $w + b - c(e^*)$ ist. Der Vorteil dieser Spezifikation ist, dass wir freiwillige Kooperation und deren Verdrängung in einem Modell messen und direkt vergleichen können. Die Schätzmethode berücksichtigt die rechts- und linksseitige Zensurierung der abhängigen Variablen. Die Standardfehler werden robust geschätzt. Abgelehnte Vertragsangebote sind von der Analyse ausgeschlossen. Die robusten Standardfehler werden in Klammern angegeben. ***, **, * bezeichnet Signifikanz auf dem 1-, 5- und 10-Prozentniveau.

Der Massstab für unsere Hypothesenprüfung zur Verdrängung freiwilliger Kooperation ist das VT, also der Koeffizient β_5. Aus Modell (1) in der nachfolgenden Tabelle kann man sehen, dass dieser Koeffizient positiv und hochsignifikant ist. Somit wird das Ergebnis aus Abbildung 1 über die freiwillige Kooperation im VT bestätigt.

Tab. 5: Freiwillige Kooperation ($e - e^* > 0$) und Untererfüllung ($e - e^* < 0$) als Funktion der gebotenen Rente

	Abhängige Variable: ($e - e^*$)					
	(1) alle Perioden		(2) Perioden 1-6		(3) Perioden 7-12	
	Koef. (rob. s.e.)	z	Koef. (rob. s.e.)	z	Koef. (rob. s.e.)	z
Konst. (β_0)	-0.2715*** (0.0345)	-7.87	-0.261*** (0.0491)	-5.33	-0.2786*** (0.0486)	-5.73
ST^{NAK} (β_1)	0.2396** (0.0699)	3.43	0.2641*** (0.0889)	2.97	0.2246* (0.1179)	1.91
ST^{AK} (β_2)	0.1242 (0.0466)	2.67	0.1526** (0.0689)	2.21	0.1151* (0.0654)	1.76
BT^{NAK} (β_3)	0.0442 (0.0628)	0.70	0.1008 (0.0911)	1.11	-0.0185 (0.0843)	-0.22
BT^{AK} (β_4)	0.0948 (0.0954)	0.99	0.1319 (0.1318)	1.00	-0.1366 (0.1502)	-0.91
$r_{it}VT$ (β_5)	0.0154*** (0.0009)	16.6	0.0154*** (0.0014)	11.23	0.0152*** (0.0013)	12.2
$r_{it}ST^{AK}$ (β_6)	0.0069 (0.0022)	3.10	0.0056 (0.0027)	2.09	0.0073* (0.0039)	1.86
$r_{it}ST^{NAK}$ (β_7)	0.0007 (0.0023)	0.31	0.0004 (0.0026)	0.17	-0.0004 (0.0045)	-0.08
$r_{it}BT^{AK}$ (β_8)	0.0013 (0.0051)	0.26	-0.0025* (0.0054)	-0.46	0.0235*** (0.0082)	2.87
$r_{it}BT^{NAK}$ (β_9)	0.0122*** (0.0023)	5.29	0.0099 (0.0032)	3.12	0.1556*** (0.0033)	4.79
	N = 932 LL = -414.81 Wald $\chi^2(9)$=505.4 p = 0.000		N = 466 LL = -209.84 Wald $\chi^2(9)$=234.1 p = 0.000		N = 466 LL = -201.12 Wald $\chi^2(9)$=279.4 p = 0.000	

Die Koeffizienten β_6 und β_7 untermauern für das ST ebenfalls den Befund von Abbildung 1. Bei nicht-anreizkompatiblen Verträgen, die ja anreizmässig identisch zum VT sind, gibt es keinen systematischen Zusammenhang zwischen Rente und freiwilliger Kooperation; reziprozitätsbasierte freiwillige Kooperation wurde im ST „verdrängt". Bei anreizkompatiblen Verträgen ist die negative Abweichung von $e*$ (siehe Abbildung 1) um so geringer, je grösser die Rente ist.

Für das Bonustreatment zeigt sich nun, dass es zu keiner, bzw. nur zu einer geringen Verdrängung von reziprozitätsbasierter freiwilliger Kooperation gekommen ist. Hier ist insbesondere der Koeffizient β_9 von Bedeutung, weil er den Zusammenhang von gezahlter Rente bei nicht-anreizkompatiblen Verträgen und der freiwilligen Kooperation im BT misst. Dieser Koeffizient ist positiv (wenn auch etwas kleiner als β_5) und hochsignifikant. β_8 ist nicht signifikant von Null verschieden, d.h. bei anreizkompatiblen Bonusverträgen gibt es keine systematische Abweichung von $e*$.

Die Modelle (2) und (3) messen Zeiteffekte. Modell (2) verwendet nur die Daten der ersten Hälfte des Experiments, während dem Modell (3) die Daten der Perioden 7–12 zugrunde liegen. So zeigt sich, dass die reziprozitätsbasierte freiwillige Kooperation im VT stabil über die Zeit ist. Der Verdrängungseffekt im ST ist ebenfalls stabil. Im BT hingegen nimmt die Reziprozität zu – β_8 und β_9 sind in der zweiten Experimenthälfte grösser als in der ersten.

Appendix 2: Instruktionen

Wir dokumentieren hier die Instruktionen für die Agenten („Verkäufer"). Die Instruktionen für die Prinzipale („Käufer") waren bis auf rollenspezifische Unterschiede identisch. Sie sind auf Wunsch von den Autoren erhältlich.

Einleitende Bemerkungen

Das Experiment, an dem Sie heute teilnehmen, ist Teil eines vom Forschungsförderungsfonds finanzierten Forschungsprojektes. Es dient dazu, das Entscheidungsverhalten auf Märkten zu analysieren. Ihr Einkommen aus diesem Experiment setzt sich zusammen aus CHF 15.00, welche Ihnen für Ihr Erscheinen bezahlt werden und einer Summe, die Sie während dem Experiment aufgrund Ihrer Entscheidungen und der Entscheidungen der anderen TeilnehmerInnen dazuverdienen können. Während des Experimentes wird Ihr Einkommen in Punkten berechnet, wobei

1 Punkt = 8 Rappen

In Punkten berechnet betragen die 15 Franken daher 187,5 Punkte. Zusätzlich erhalten Sie von uns noch eine Anfangsausstattung von 112,5 Punkten, so dass Ihnen **insgesamt 300 Punkte** zur Verfügung stehen, um allfällige Verluste, die während des Experimentes auftreten können, abzudecken. Wenn Ihre Verluste während des Experimentes diese 300 Punkte überschreiten, müssen Sie aus dem Experiment ausscheiden. **Sie können Verluste jedoch immer durch eigene Entscheidungen mit Sicherheit ausschliessen!** Am

Wie wirken Anreizverträge?

Ende des Experimentes werden alle Punkte, die Sie durch Ihre Entscheidung verdient haben, zusammengerechnet, in Franken umgerechnet und sofort bar an Sie ausbezahlt.

Als erstes möchten wir Sie bitten, diese Instruktionen genau durchzulesen, um dann anschliessend die Kontrollfragen zu beantworten. Sobald alle TeilnehmerInnen die Kontrollfragen richtig beantwortet haben, werden wir mit dem eigentlichen Experiment beginnen, bei welchem Sie dann die 12 Entscheidungsblätter, sowie das Merkblatt benötigen werden.

Bitte beachten Sie, dass alle schriftlichen Informationen, die Sie von uns erhalten, ausschliesslich zu Ihrem persönlichen Gebrauch bestimmt sind. Es ist Ihnen nicht erlaubt, irgendwelche Informationen an andere Personen, die am Experiment teilnehmen, weiterzugeben. Auch das Sprechen mit den anderen Teilnehmern ist nicht gestattet. Sollte dies vorkommen, sind wir leider gezwungen, das Experiment abzubrechen. Fragen richten Sie deshalb bitte direkt an uns.

Allgemeine Informationen

- Am Experiment nehmen Käufer und Verkäufer teil. Das Experiment erstreckt sich über 12 Handelstage.
- Jeder Handelstag besteht aus zwei Stufen. Auf der **ersten Stufe** legt jeder Käufer ein Kaufangebot fest, das die Bedingungen enthält, zu denen der Käufer bereit ist, eine Ware von einem Verkäufer zu kaufen. Solch ein Kaufangebot besteht aus einem Preis, einer gewünschten Qualität und einem potentiellen Preisabzug. Es gibt zehn mögliche Qualitätsstufen.
- In der **zweiten Stufe** wird durch einen Zufallsmechanismus die Reihenfolge bestimmt, in welcher die Verkäufer aus den vorhandenen Kaufangeboten aussuchen können. Kein Verkäufer ist gezwungen, ein Kaufangebot anzunehmen, und kein Käufer ist gezwungen, ein Kaufangebot zu machen. Alle Verkäufer, die ein Angebot akzeptiert haben, müssen sich dann entscheiden, welche Qualität tatsächlich geliefert wird. Mit der Qualitätswahl sind für den Verkäufer Kosten verbunden. Sobald der Verkäufer die „tatsächliche Qualität„ festgelegt hat wird diese dem betreffenden Käufer mitgeteilt.
- Der Verkäufer kann im Prinzip eine tatsächliche Qualität wählen, die höher, gleich hoch oder kleiner als die gewünschte Qualität ist. Wenn die tatsächliche Qualität kleiner als die gewünschte Qualität ist, wird der im Kaufangebot festgelegte potentielle Preisabzug mit einer Wahrscheinlichkeit von 33,3% fällig. Bei einer Unterschreitung der gewünschten Qualität kommt es somit **im Durchschnitt** in einem von drei Fällen zu einem Preisabzug, wie er im Kaufangebot festgelegt ist. Ob der Preisabzug fällt wird, erfährt der Verkäufer erst <u>nach</u> der Festlegung der tatsächlichen Qualität.
  Ein Handelstag ist zu Ende, wenn alle Verkäufer, die ein Kaufangebot angenommen haben, die tatsächliche Qualität festgelegt haben und wenn die betreffenden Handelspartner darüber informiert wurden, ob ein Preisabzug durchgeführt wird.
- Es gibt mehr Verkäufer als Käufer. Dies ist allen Verkäufern und Käufern bekannt. Jeder Verkäufer (bzw. Käufer) kann nur eine Ware pro Handelstag verkaufen (bzw. kaufen). Eine genauere Darstellung der jeweiligen Stufen, d.h. welche Entscheidungs-

möglichkeiten gegeben sind, sowie die genaue Beschreibung der Berechnung der Gewinne, folgt weiter unten.

Detaillierte Informationen für die Verkäufer

Am Markt wird eine bestimmte Ware gehandelt und jeder Verkäufer verkauft dieselbe Ware. Jeder Verkäufer kann an jeden Käufer verkaufen und jeder Käufer kann von jedem Verkäufer kaufen.

Jeder Käufer erhält von uns an jedem Handelstag 100 Punkte, die er zum Kauf von einer Einheit der Ware verwenden kann. Dies ist allen Käufern und Verkäufern bekannt.

Die Organisation des Marktes ist folgende: Wir eröffnen den Markt für einen Handelstag. Zunächst kann nun jeder Käufer (ohne mit den anderen Käufern kommunizieren zu können) ein Kaufangebot machen. **Ein Kaufangebot besteht aus dem Preis, der gewünschten Qualität und einem potentiellen Preisabzug.** Es gibt zehn mögliche Qualitätsstufen aus denen der Käufer, bzw. Sie als Verkäufer auswählen können. Die niedrigste Qualität ist 0,1 und die höchste ist 1. Der Einfluss der Qualität des gelieferten Gutes auf die Gewinne wird weiter unten noch genau beschrieben. Generell gilt jedoch, dass eine hohe Qualität Ihre Kosten erhöht und die Gewinne des Käufers steigert. Auf dem Merkblatt finden Sie eine Tabelle mit allen möglichen Qualitätsstufen und den für Sie als Verkäufer mit der Wahl einer bestimmten Qualitätsstufe verbundenen Qualitätskosten.

Wenn alle Käufer die Gelegenheit hatten, ein Kaufangebot zu machen, werden in einem nächsten Schritt alle vorgeschlagenen Kaufangebote durchgegeben und von uns in einer zufälligen Reihenfolge an die Tafel geschrieben. Sie erfahren **nicht**, welches Kaufangebot von welchem Käufer gemacht wurde. Nun wird durch Zufall festgelegt, in welcher Reihenfolge Sie als Verkäufer sich ein Kaufangebot aussuchen können. Dies erfolgt dadurch, dass Sie aus Karten, die von 1 bis 8 durchnumeriert sind, je eine Karte ziehen. Wer die Karte mit der Nummer 1 zieht, hat als erster die Möglichkeit, sich ein Kaufangebot auszusuchen, wer die Nummer 2 zieht als zweiter, usw. Die Auswahl eines Angebotes erfolgt folgendermassen: Wenn Sie an der Reihe sind eine Auswahl zu treffen, nennen Sie Ihre **Verkäufernummer** und das von Ihnen ausgewählte Angebot. Sie können an einem Handelstag nur ein Angebot auswählen. Sie sind nicht gezwungen ein Angebot anzunehmen. **Die Käufer erfahren nicht, welches Kaufangebot Sie angenommen haben; die Käufer wissen nur,** *ob* **ihr Kaufangebot angenommen wurde.**

Das von Ihnen akzeptierte Angebot wird nun von der Tafel gelöscht und der nächste Verkäufer kommt an die Reihe. Er kann sich aus den restlichen Kaufangeboten eines aussuchen.

Wenn Sie ein Kaufangebot akzeptiert haben, dann tragen Sie Preis, gewünschte Qualität und den potentiellen Preisabzug in die Rubrik **„Angenommenes Kaufangebot"** auf dem **Entscheidungsblatt** ein. Ausserdem müssen Sie entscheiden, welche Qualität Sie erbringen.

Wie bereits erwähnt, ist die Wahl einer Qualitätsstufe für Sie als Verkäufer mit Qualitätskosten verbunden. **Die Tabelle mit den möglichen Qualitätsstufen und den damit für Sie verbundenen Qualitätskosten finden Sie auf dem Merkblatt! Diese Tabelle ist allen Verkäufern und Käufern bekannt.**

Wie wirken Anreizverträge?

Die von Ihnen tatsächlich gewählte Qualität tragen sie bitte in der Zeile „**Tatsächliche Qualität**" (auf dem Entscheidungsblatt) ein. Ihre Qualitätswahl wird den anderen Verkäufern nicht mitgeteilt. **Teilen Sie daher Ihre „Tatsächliche Qualität" auf keinen Fall laut mit.** Jeder Käufer erfährt nur jene „tatsächliche Qualität" die von „seinem" Verkäufer gewählt wurde. Ausserdem erfahren die Käufer die Identität „ihres" jeweiligen Verkäufers **nicht**. Die Anonymität Ihrer Qualitätsentscheidung ist also vollkommen gewahrt.

Ob der potentielle Preisabzug bei Ihnen fällig wird, hängt von Ihrer Qualitätsentscheidung und vom Zufall ab. Wenn Sie die gewünschte Qualität erbracht oder überschritten haben, erhalten Sie auf jeden Fall den akzeptierten Preis und der Preisabzug wird nicht fällig. Wenn Sie dagegen die gewünschte Qualität unterschritten haben, kann der Preisabzug fällig werden. Ob der Preisabzug fällig wird, hängt vom Ergebnis des folgenden Verfahrens ab: „Ihr" Käufer würfelt mit einem sechsstelligen Würfel. Wenn die Zahlen 1 oder 2 erscheinen, wird der Preisabzug fällig. Wenn die Zahlen 3, 4, 5 oder 6 erscheinen, wird der Preisabzug nicht fällig. Ob der Preisabzug – im Falle einer Unterschreitung – fällig wird, teilen wir Ihnen durch Ankreuzen der entsprechenden Stelle des Entscheidungsblattes mit. Diese Information erhalten Sie nachdem Sie Ihre tatsächliche Qualität festgelegt haben.

Sobald Sie diese Information erhalten haben, sind Sie in der Lage Ihren Gewinn und den Gewinn „Ihres" Käufers zu berechnen. Damit ist ein Handelstag zu Ende und es beginnt der nächste. Insgesamt gibt es 12 Handelstage, an denen Sie Geld verdienen können.

Die Gewinnberechnung am Ende eines Handelstages

Am Ende eines Handelstages gibt es folgende Möglichkeiten, denen Sie gegenüberstehen können:

1. Entweder Sie haben kein Kaufangebot angenommen oder Sie hatten nicht die Möglichkeit dazu, dann beläuft sich Ihr **Gewinn** an diesem Handelstag auf **0 Punkte**.
2. Sie haben ein Kaufangebot angenommen, also eine Ware verkauft, und die von Ihnen gewählte *tatsächliche Qualität* entspricht der gewünschten Qualität oder ist höher. In diesem Fall beträgt Ihr Gewinn und der Gewinn Ihres Käufers (in Punkten):

> **Ihr Gewinn** = Preis – Qualitätskosten
> **Gewinn Käufer** = $100 \times$ *tatsächliche Qualität* – Preis

3. Sie haben ein Kaufangebot angenommen, also eine Ware verkauft, und die von Ihnen gewählte *tatsächliche Qualität* ist geringer als die gewünschte.

   (a) **Der potentielle Preisabzug wird nicht fällig.** Ihr Gewinn und der Gewinn des Käufers (in Punkten) ist in diesem Fall:

   > **Ihr Gewinn** = Preis – Qualitätskosten
   > **Gewinn Käufer** = $100 \times$ *tatsächliche Qualität* – Preis

(b) Der potentielle Preisabzug wird fällig. Dann berechnet sich Ihr Gewinn und der Gewinn des Käufers (in Punkten) wie folgt:

Ihr Gewinn = Preis – Qualitätskosten **– Preisabzug**
Gewinn Käufer = $100 \times$ *tatsächliche Qualität* – Preis **+ Preisabzug**

Jedem Verkäufer und jedem Käufer sind die Details dieser Gewinnberechnung bekannt.

Sie können also den Gewinn ihres Käufers ausrechnen und dieser kann Ihren Gewinn ebenfalls berechnen.

Haben Sie noch irgendwelche Fragen?

Kontrollfragen

1. Sie haben kein Angebot angenommen. Wie hoch ist Ihr Gewinn?

2. Sie haben folgendes Angebot angenommen:
Preis = 40
gewünschte Qualität = 0,8
potentielle Preisabzug = 10

   (a) Die von Ihnen gewählte Qualität ist 1.
   Wie hoch ist Ihr Gewinn?   Wie hoch ist der Gewinn Ihres Käufers?

   (b) Die von Ihnen gewählte Qualität ist 0,2 und der Preisabzug ist fällig.
   Wie hoch ist Ihr Gewinn?   Wie hoch ist der Gewinn Ihres Käufers?

   (c) Die von Ihnen gewählte Qualität ist 0,2 und der Preisabzug ist nicht fällig.
   Wie hoch ist Ihr Gewinn?   Wie hoch ist der Gewinn Ihres Käufers?

3. Sie haben folgendes Angebot angenommen:
Preis = 15
gewünschte Qualität = 0,9
potentielle Preisabzug = 13

   (a) Die von Ihnen gewählte Qualität ist 1.
   Wie hoch ist Ihr Gewinn?   Wie hoch ist der Gewinn Ihres Käufers?

   (b) Die von Ihnen gewählte Qualität ist 0,1 und der Preisabzug ist <u>nicht</u> fällig.
   Wie hoch ist Ihr Gewinn?   Wie hoch ist der Gewinn Ihres Käufers?

   (c) Die von Ihnen gewählte Qualität ist 0,1 und kann nachgewiesen werden.
   Wie hoch ist Ihr Gewinn?   Wie hoch ist der Gewinn Ihres Käufers?

Wie wirken Anreizverträge?

Merkblatt

Qualitätsstufen und Kosten der Qualität für den Verkäufer:

Qualität	0,1	0,2	0,3	0,4	0,5	0,6	0,7	0,8	0,9	1
Kosten der Qualität	0	1	2	4	6	8	10	12	15	18

Entscheidungsblatt

Angenommenes Kaufangebot	
Verkaufspreis (p)	
gewünschte Qualität	
Potentieller Preisabzug (s)	

Tatsächliche Qualität (q)	

Wird potentieller Preisabzug fällig? (bitte ankreuzen)	
O Ja	O Nein

Diese Eintragung ist für Sie nur dann von Bedeutung, wenn Sie die gewünschte Qualität unterschritten haben!

Gewinn			
Kein Angebot angenommen			
Gewinn =			
wenn gewünschte Qualität erfüllt oder überschritten wurde			
Ihr Gewinn p -c(q) = c(q) Kosten der Qualität		Gewinn Käufer 100 x q - p =	
wenn gewünschte Qualität unterschritten wurde			
Preisabzug fällig		Preisabzug <u>nicht</u> fällig	
Ihr Gewinn p - c(q) - s =	Gewinn Käufer 100 x q - p + s =	Ihr Gewinn p - c(q) =	Gewinn Käufer 100 x q - p =

Anmerkungen

1 Diese Arbeit ist im Rahmen des EU-Forschungsprojektes ENDEAR (FMRX-CT98-0238) entstanden. Jasmin Gülden und Martin Schlegel haben hervorragende Arbeit bei der Durchführung der Experimente geleistet. Wir danken den Teilnehmern des I. Symposiums zur ökonomischen Analyse der Unternehmung an der WHU, den Seminarteilnehmer/-innen an der Humboldt-Universität zu Berlin und der Universität St. Gallen, sowie Armin Falk, Jasmin Gülden, Werner Güth, Steffen Huck, Axel Ockenfels, Martin Schlegel und einem anonymen Gutachter, für wertvolle Hinweise.
2 Siehe beispielsweise Kohn (1993, S. 54), *The Economist* (1999), Vogt (1999, S. 19) und den bereits in vielen Auflagen erschienenen Bestseller von Sprenger (1998).
3 Für empirische Ergebnisse zu Anreizwirkungen siehe neben Prendergast (1999, S. 7) auch z.B. Lazear (1999, S. 199), Frick und Klaeren (1997, S. 1117).

4 Methoden der experimentellen Wirtschaftsforschung werden – komplementär zu traditionellen empirischen Methoden – auch zunehmend zur empirischen Überprüfung von im Accounting- und Controlling-Bereich verwendeten Agency-Modellen eingesetzt (siehe z.B. DeJong, Forsythe und Uecker (1985, S. 75) und Moser (1998, S. 94)).

5 Wenn die Verifikation perfekt wäre, d.h. $p = 1$, dann gibt es auch keinen unvollständigen Vertrag mehr. Da wir aber an der Vertragsdurchsetzung bei unvollständigen Verträgen interessiert sind, nehmen wir an, dass $0 < p < 1$. Da wir in dieser Arbeit nur an der tatsächlichen Leistungserstellung, die sich bei Anreizverträgen ergibt, interessiert sind, analysieren wir hier auch nicht das Problem der optimalen Wahl von p, sondern nehmen p als gegeben an.

6 Da in diesem einfachen Anreizmodell der Lohnabzug s nicht vom Ausmass der Minderleistung abhängt, wird ein Agent, der sich entscheidet, den Vertrag nicht einzuhalten, immer $e = e^{min}$ wählen.

7 In der Realität gibt es natürlich häufig Beschränkungen der Sanktionsmöglichkeiten, die Firmen zur Verfügung stehen. Diese Beschränkungen ergeben sich aus gesetzlichen Regelungen oder aus Kollektivvereinbarungen. Sie können auch endogen entstehen, beispielsweise wenn die Überwachungstechnologie nicht perfekt ist oder wenn ein „moral hazard Problem" auf Seiten der Firmen besteht. Auch Liquiditätsbeschränkungen der Agenten können zu limitierten Strafzahlungen führen.

8 Eine Befragung am Ende des Experiments hat ergeben, dass sich die allermeisten Teilnehmer(-innen) tatsächlich nicht gekannt haben.

9 Die Instruktionen sind in Appendix 2 dokumentiert. Im Experiment haben wir die Agenten als „Verkäufer" und die Prinzipale als „Käufer" bezeichnet. Statt „Lohn", „Lohnabzug" und „gewünschte" bzw. „tatsächliche Leistung" verwendeten wir die Begriffe, „Preis", „Preisabzug", und „gewünschte" bzw. „tatsächliche Qualität".

10 Die zufällige Anordnung auf der Tafel wurde implementiert, um Rückschlüsse auf die „Identität" der Firmen und dadurch Reputationseffekte zu minimieren.

11 Der Einfachheit halber wurden die minimalen Leistungskosten auf Null normiert. Die Leistungskosten $c(e)$ können als das monetäre Äquivalent der Standardannahme des „Disnutzens der Arbeitsleistung" verstanden werden. Der wichtige Punkt dieses Design-Merkmals ist, dass dadurch Anreize gesetzt werden, die isomorph zu realen Arbeitsleistungen sind, welche als anstrengend empfunden werden (siehe Friedman and Sunder (1994) für eine allgemeine Begründung dieser experimentellen Standardtechnik). Diese Technik schliesst natürlich nicht aus, sogenannte „real effort" Experimente durchzuführen, um Anreizsysteme zu testen (siehe van Dijk, Sonnemans and van Winden (2001, S. 187)).

12 Dies wurde in ST folgendermassen implementiert. Nachdem die Prinzipale jeweils ein Vertragsangebot ($w, ê, s$) festgelegt hatten, mussten sie mit einem 6-seitigen Würfel würfeln. Wenn die Zahlen 1 oder 2 auftauchten, wurde dies als Entdeckung einer eventuell zu niedrig gewählten Leistung interpretiert. Wenn die Zahlen 3 – 6 auftauchten, konnte eine eventuelle Minderleistung nicht nachgewiesen werden. Den Agenten wurde das Würfelergebnis natürlich erst mitgeteilt, nach dem sie ihre tatsächliche Leistung festgelegt hatten.

13 Siehe die Arbeiten von Rabin (1993, S. 1281), Dufwenberg und Kirchsteiger (1998), Falk und Fischbacher (1999), Fehr und Schmidt (1999, S. 817) und Bolton und Ockenfels (2000, S. 166) für theoretische Diskussionen des Konzepts der Reziprozität.

14 Siehe Fehr und Gächter (2000b) für eine ausführlichere Diskussion der Aspekte der Vertragsgestaltung. Königstein (1999) untersucht empirisch die optimale Gestaltung von Anreizverträgen im „verhaltenstheoretischen Prinzipal-Agenten Modell".

15 Ein alternatives Mass für die Grosszügigkeit des Prinzipals ist $w - c(ê)$, die Überkompensation der gewünschten Leistungskosten $c(ê)$. Dies kann als Mass für die *intendierte* Grosszügigkeit des Prinzipals gesehen werden, da der Prinzipal mit einem Vertragsangebot ($w, ê$) eine bestimmte Aufteilung des Surplus vorschlägt. Die Ergebnisse, die wir im folgenden diskutieren, unterscheiden sich nicht wesentlich gegenüber der ($w - c(e^*)$)-Spezifikation.

16 Wir dokumentieren in Appendix 1 ein ökonometrisches Modell das unsere Aussagen auch noch statistisch untermauert.

17 In den Instruktionen wurde die Bonuszahlung als „Preiszuschlag" bezeichnet.

18 Für die Angebotserstellung galt die Bedingung $100 \geq w + b \geq c(ê)$.

19 Die Spezifikation der Rente als $(w + b - c(\hat{e}))$ führt wiederum zu keinen wesentlich anderen Ergebnisse als die $(w + b - c(e^*))$-Spezifikation.
20 In Appendix 1 untermauern wir diese Resultate mit Hilfe eines ökonometrischen Modells. Es zeigt sich dabei allerdings, dass in den Perioden 7–12 der Zusammenhang zwischen $(e - e^*)$ und der gebotenen Rente bei anreizkompatiblen Verträgen positiv wird.
21 Das Konzept und die Bedeutung intrinsischer Motivation für die Ausübung einer bestimmten Tätigkeit hat in jüngerer Zeit zu einigen Kontroversen Anlass gegeben. Vgl. z.B. die Auseinandersetzung zwischen den Motivationspsychologen Eisenberger und Cameron (1996, S. 1153) und Deci, Koestner und Ryan (1999, S. 627). Auch in den Wirtschaftswissenschaften sind die Einschätzungen der Bedeutung bzw. der Sinnhaftigkeit des Konzepts der intrinsischen Motivation geteilt (vgl. Kreps (1997, S. 359); Frey (1997); Kunz und Pfaff (2001), Gerecke (1999)). Dies zeigt sich auch in der Debatte die in der Fachzeitschrift *Die Betriebswirtschaft* zwischen Frey und Osterloh (1997, S. 307) und Güth und Kliemt (1997, S. 585); Schuster, Brandstätter und Frey (1997, S. 581); Sprenger (1997, S. 579) und Steinmann (1997, S. 587) geführt wurde.

Literatur

Backes-Gellner, U.; Kräkel, M.; Grund, K. (Hrsg.) (1999): Entlohnung und Arbeitszeitgestaltung im Rahmen betrieblicher Personalpolitik: München und Mering: Rainer Hampp Verlag.
Baker, G.; Jensen, M.; Murphy, K. (1988): Compensation and Incentives: Practice vs. Theory, in: Journal of Finance, Vol. XLII, S. 593–616.
Berg, J.; Dickhaut, J.; McCabe, K. (1995): Trust, Reciprocity, and Social History, in: Games and Economic Behavior, Vol. 10, S. 122–142.
Bewley, T. (1999): Why Wages Don't Fall During a Recession, in: Harvard University Press.
Bolton, G.; Ockenfels, A. (2000): ERC – A Theory of Equity, Reciprocity, and Competition, in: American Economic Review, Vol. 90(1), S. 166–193.
Eisenberger, R.; Cameron, J. (1996): Detrimental Effects of Reward. Reality of Myth? in: American Psychologist, Vol. 51(11), S. 1153–1166.
Deci, E.; Koestner, R.; Ryan, R. (1999): A Meta-analytic Review of Experiments Examining the Effects of Extrinsic Rewards on Intrinsic Motivation, in: Psychological Bulletin, Vol. 125(6), S. 627–668.
DeJong, D.; Forsythe, R.; Uecker, W. (1985): The Methodology of Laboratory markets and Its Implications for Agency Research in Accounting and Auditing, in: Journal of Accounting Research, Vol. 23(2), S. 753–793.
Dufwenberg, M.; Kirchsteiger, G. (1998): A Theory of Sequential Reciprocity, Working paper, Stockholm University.
The Economist (1999): A Survey of Pay. The best ... and the rest. 8. Mai 1999.
Falk, A.; Fischbacher, U. (1998): A Theory of Reciprocity, Working Paper No. 6, Institute for Empirical Research in Economics, University of Zurich.
Fahr, R.; Irlenbusch, B. (2000): Fairness as a constraint on trust in reciprocity: earned property rights in a reciprocal exchange experiment, in: Economics Letters, Vol. 66, S. 275–282.
Fehr, E.; Gächter, S. (2000a): Fairness and Retaliation. The Economics of Reciprocity, in: Journal of Economic Perspectives, Vol. 14(3), S. 159–181.
Fehr, E.; Gächter, S. (2000b): Do financial incentives crowd out voluntary cooperation? Working paper no. 34, Institute for Empirical Research in Economics, University of Zürich.
Fehr, E.; Schmidt, K. (1999): A Theory of Fairness, Competition and Cooperation, in: Quarterly Journal of Economics, Vol. 114, S. 817–868.
Fehr, E.; Gächter, S.: Kirchsteiger, G. (1997): Reciprocity as a Contract Enforcement Device – Experimental Evidence, in: Econometrica, Vol. 65(4), S. 833–860.
Fehr, E.; Kirchsteiger, G.; Riedl, A. (1993): Does Fairness prevent Market Clearing? An Experimental Investigation, in: Quarterly Journal of Economics, Vol. 108, S. 437–460.
Frey, B. (1997): Markt und Motivation. Wie ökonomische Anreize die (Arbeits-) Moral verdrängen. München: Verlag Vahlen.

Frey, B. (2000): Leistung durch Leistungslohn? Grenzen marktlicher Anreizsysteme für das Managerverhalten, in: ZfbF Sonderheft, Vol. 44, S. 66–95.

Frey, B.; Osterloh, M. (1997): Sanktionen oder Seelenmassage? Motivationale Grundlagen der Unternehmensführung, in: Die Betriebswirtschaft, Vol. 57(3), S. 307–322.

Frick, B.; Klaeren, R. (1997): Die Anreizwirkungen leistungsabhängiger Entgelte. Theoretische Überlegungen und empirische Befunde aus dem Bereich des professionellen Sports, in: Zeitschrift für Betriebswirtschaft, 67. Jg., Heft 11, S. 1117–1138.

Friedman, D.; Sunder, S. (1994): Experimental Methods. A Primer for Economists, Princeton University Press.

Gerecke, U. (1999): Ökonomische Anreize, intrinsische Motivation und der Verdrängungseffekt, in: M. Held und H. Nutzinger (Hrsg.), Institutionen prägen Menschen. Bausteine zu einer allgemeinen Institutionenökonomik. Campus Verlag.

Gibbons, R. (1998): Incentives in Organizations, in: Journal of Economic Perspectives, Vol. 12(4), S. 115–132.

Güth, W. und Kliemt, H. (1997): Intrinsische Motivation: Ausnahme oder Regel? in: Die Betriebswirtschaft, Vol. 57(4), S. 585–586.

Güth, W.; Klose, W.; Königstein, M.; Schwalbach, J. (1998): An Experimental Study of a Dynamic Principal-Agent Relationship, in: Managerial and Decision Economics, Vol. 19, S. 327–341.

Irlenbusch, B.; Schade, L. (1999): Zur Wirksamkeit nicht bindender Verträge – Eine experimentelle Untersuchung, in: ZfbF – Schmalenbachs Zeitschrift für betriebswirtschaftliche Forschung, Heft 7/8, Jg. 51, S. 730–752.

Jacobsen, E.; Sadrieh, A. (1996): Experimental Proof for the Motivational Importance of Reciprocity, Discussion paper No. B-386, University of Bonn.

Kohn, A. (1993): Why Incentive Plans Cannot Work, in: Harvard Business Manager, Sept.–Oct., S. 54–63.

Königstein, M. (1999): Optimale Entlohnung im verhaltenstheoretischen Prinzipal-Agent Modell – Eine experimentelle Studie, in: Backes-Gellner, U.; Kräkel, M.; Grund, K. (Hrsg.) (1999): Entlohnung und Arbeitszeitgestaltung im Rahmen betrieblicher Personalpolitik. München und Mering: Rainer Hampp Verlag.

Kreps, D. (1997): Intrinsic Motivation and Extrinsic Incentives, in: American Economic Review, Papers and Proceedings, Vol. 87(2), S. 359–364.

Kunz A.; Pfaff, D. (2001): Agency Theory, Performance Evaluation, and the Hypothetical Construct of Intrinsic Motivation. Institute for Accounting and Controlling, University of Zurich.

Lazear, E. (1999): Personnel Economics: Past Lessons and Future Directions, in: Journal of Labor Economics, Vol. 17, S. 199–236.

Moser, D. (1998): Using an Experimental Economics Approach in Behavioral Accounting Research, in: Behavioral Research in Accounting, Vol. 10, Supplement, S. 94–110.

Organ, D. (1988): Organizational Citizenship Behavior. Lexington, Mass.: Lexington Books.

Prendergast, C. (1999): The Provision of Incentives in Firms, in: Journal of Economic Literature, Vol. 37, S. 7–63.

Rabin, M. (1993): Incorporating Fairness into Game Theory and Economics, in: American Economic Review, Vol. 83(5), S. 1281–1302.

Schuster, B.; Brandstätter, V.; Frey, D. (1997): Wie das Schöne im Menschen bewahren – und dennoch durch Anreize motivieren? in: Die Betriebswirtschaft, Vol. 57(4), S. 581–584.

Simon, H. (1997): Administrative Behavior. A Study of Decision-Making Processes in Administrative Organizations, in: 4th Edition. New York: The Free Press.

Sprenger, R. (1997): Das Elend der Motivierung, in: Die Betriebswirtschaft, Vol. 57(4), S. 579–580.

Sprenger, R. (1998): Mythos Motivation. Wege aus einer Sackgasse: 14. Auflage. Frankfurt, New York: Campus Verlag.

Steinmann, H. (1997): Zwei Anmerkungen zu den motivationalen Grundlagen der Unternehmensführung, in: Die Betriebswirtschaft, Vol. 57(4), S. 587–590.

van Dijk, F.; Sonnemans, J.; van Winden, F. (2001): Incentive Systems in a Real Effort Experiment, in: European Economic Review, Vol. 45, S. 187–214.

Vogt, G. (1999): Gute Leistung muss sich lohnen, in: Handelszeitung Nr. 25, 23. Juni, S. 19.

Williamson, O. (1985): The Economic Institutions of Capitalism. New York.

Wie wirken Anreizverträge?

Zusammenfassung

Die Bedeutung von materiellen Leistungsanreizen durch Anreizverträge hat in den letzten Jahren stark zugenommen. Allerdings gilt wohl für viele Arbeitsbeziehungen, dass auch bei expliziten Leistungsanreizen eine vertraglich nicht erzwingbare „freiwillige Kooperationsbereitschaft" von Arbeitnehmern (in Form von „Good will", „Arbeitsmoral", „Einsatzbereitschaft" etc.) von zentraler Bedeutung für das effiziente Funktionieren von Arbeitsbeziehungen ist. Es ist deshalb das Ziel dieser Arbeit, mit Hilfe von experimentellen Methoden die Auswirkungen von Anreizverträgen auf die „freiwillige Kooperationsbereitschaft" zu verstehen. Dabei stellt sich heraus, dass Anreizverträge „verborgene Kosten" in Form von „verdrängter freiwilliger Kooperationsbereitschaft" haben können. Weitere Untersuchungen zeigen allerdings, dass die „Verpackung" der Anreize von grosser Bedeutung für den Verdrängungseffekt und dessen Dynamik ist. Wir diskutieren auch die Parallelen zur Verdrängung intrinsischer Motivation, welche jüngst in der Organisationstheorie thematisiert wurde.

Summary

The importance of material performance incentives has increased in recent years. Yet, for most employment relationships it holds that even with explicit performance incentives a contractually non-enforceable "voluntary cooperation" of employees (in the form of "good will", "work morale", "initiative" etc.) is of central importance for the efficient functioning of employment relationships. The objective of this paper is to understand with the help of experiments the consequences of incentive contracts for "voluntary cooperation". We find that incentive contracts can have "hidden costs" in the form of a "crowding out of voluntary cooperation". Further experiments show, however, that the presentation of the incentives is of great importance for the crowding out effect and its dynamics. We also discuss the parallels to the crowding out of intrinsic motivation, which has recently been discussed in organization theory.

31: Entlohnung und Erfolgsbeteiligung (JEL J31)

Eine experimentelle Studie zur strategischen Wahl von Entlohnungsschemata

Von Christine Harbring und Bernd Irlenbusch*

Überblick

- Die vorliegende Studie beschäftigt sich mit dem strategischen Einsatz von Turnier- und Teamentlohnungsschemata und dem sich daraus ergebenden Leistungsverhalten von Agenten.

- Der Studie liegen experimentell gewonnene Daten zu Grunde. Diese Herangehensweise wurde gewählt, weil die Methoden der experimentellen Wirtschaftsforschung besonders geeignet sind, um die Wirkung gezielt variierter strategischer Situationen auf reales Verhalten zu analysieren.

- Es zeigt sich, dass die Anstrengungen bei der Teamentlohnung diejenigen bei Turnieren übersteigen. Dies kann insbesondere auf ein ausgeprägtes kollusives Verhalten in Turnieren zurückgeführt werden.

- Letzteres reduziert sich deutlich, falls einem Manager wiederholt eine strategische Wahlmöglichkeit zwischen einem der beiden Entlohnungsschemata eingeräumt wird. Die Variabilität der Leistung ändert sich jedoch durch Einführung des Managers tendenziell nicht. Sie ist in Turnieren deutlich höher als bei der Teamentlohnung.

Eingegangen: 29. März 2001

Christine Harbring, Wissenschaftliche Mitarbeiterin Universität Bonn, BWL 2, Adenauerallee 24–42, 53113 Bonn, harbring@wiwi.uni-bonn.de
Bernd Irlenbusch, Wissenschaftlicher Assistent Universität Erfurt, Lehrstuhl für Mikroökonomie, Nordhäuser Straße 63, 99089 Erfurt, bernd.irlenbusch@uni-erfurt.de

© Gabler-Verlag 2001

A. Einleitung

Ein Schwerpunkt bei der Entwicklung von Organisationstheorien der Unternehmung liegt in der Analyse von Anreizen zur Steigerung von Arbeitsleistung.[1] Die vorliegende Studie beschäftigt sich mit dem strategischen Einsatz zweier in ihrer Anreizstruktur sehr unterschiedlichen Entlohnungsschemata – der Turnier- und der Teamentlohnung. Während in relativen Leistungsturnieren die Auszahlung für einen Agenten abhängig von seiner *relativen* Leistung im Vergleich zu der Leistung anderer Agenten ist, richtet sich die Auszahlung bei einer Teamentlohnungen nach der *absoluten* Höhe der *Gesamtleistung*, die in einer Gruppe erbracht wird. Dies bedeutet, dass sich in Turnieren eine höhere Leistung eines Agenten im allgemeinen negativ auf die Entlohnung der anderen Agenten auswirkt, während bei der Teamentlohnung alle Agenten von einer höheren Leistung profitieren. Letzteres hat möglicherweise sehr unterschiedliche Auswirkungen auf das kooperative Verhalten der Agenten. Eine direkte Gegenüberstellung gerade dieser beiden Entlohnungsschemata verspricht vertiefende Erkenntnisse zur Wirksamkeit von Anreizen durch Entlohnung. Im folgenden soll zunächst das strategische Leistungsverhalten von Agenten unter beiden Entlohnungsschemata beleuchtet werden. Dabei wird von einer Situation ausgegangen, in der eines der beiden Entlohnungsschemata über einen längeren Zeitraum fest vorgegeben ist. Anschließend wird untersucht, für welches der beiden Entlohnungsschemata sich ein Manager entscheidet, falls er in jeder Periode neu die Gelegenheit bekommt, eine Team- oder eine Turnierentlohnung festzulegen. Von besonderem Interesse ist in diesem Zusammenhang die Frage, ob sich das Leistungsverhalten der Agenten verändert, falls der Manager zwischen den beiden Entlohnungsschemata wechseln kann.

Um die Wirkung gezielt variierter strategischer Situationen auf reales Verhalten von Individuen zu analysieren, erscheint die Methode der experimentellen Wirtschaftsforschung besonders geeignet. Unter ansonsten gleichen Bedingungen können *ceteris paribus* genau diejenigen Anreizstrukturen modifiziert werden, die Gegenstand der Untersuchung sind. Diese gezielte Vergleichbarkeit ist bei Felddaten, falls diese überhaupt verfügbar sind, nur in Ausnahmefällen gegeben. Die vorliegende Studie beschreibt daher das Design, die Durchführung und die Auswertung eines Experiments zum strategischen Einsatz der beiden genannten Entlohnungsschemata.

Die Eigenschaften von Leistungsturnieren und Teamentlohnungen sind bereits Gegenstand zahlreicher theoretischer Untersuchungen. Die Kontrastierung der gefundenen Ergebnisse mit empirischen Beobachtungen ist jedoch noch weitgehend unvollständig. Auch die Anzahl experimenteller Arbeiten zum Vergleich unterschiedlicher Entlohnungsschemata ist zur Zeit noch gering, jedoch haben diese schon zu wichtigen Resultaten geführt. Bull/Schotter/Weigelt (1987) vergleichen die Turnier- mit der Stückentlohnung und finden, dass tendenziell die durchschnittlichen Leistungen bei beiden Entlohnungsschemata gleich hoch sind, die Leistungen im Turnier jedoch eine höhere Varianz aufweisen. Außerdem zeigen sie, dass sich im Turnier diskriminierte Akteure – entgegen den Ergebnissen theoretischer Betrachtungen – wesentlich stärker anstrengen und dass zusätzlich auch die bevorteilten Akteure eine etwas höhere Leistung zeigen. Weigelt/Dukerich/Schotter (1989) und Schotter/Weigelt (1992) untersuchen die Auswirkung von Diskriminierung der Akteure in Turnieren und von unfairen Turnierregeln auf die Leistung genauer. Nalbantian/Schotter (1997) stellen in Experimenten zu Gruppenanreizen fest, dass die Anstrengungen von Teams, die im Turnier gegeneinander antreten, wesentlich höher liegen als bei kollektiven Anreizen. Auch hier wird wieder eine hohe Varianz in den Anstrengungen im Turnier beobachtet. Van Dijk/Sonnemans/van Winden (2001) vergleichen die Turnierentlohnung mit Team- und Stückentlohnung. Die Teilnehmer müssen in diesem Experiment eine *reale* Leistung erbringen, indem sie eine Optimierungsaufgabe am Computer lösen. Hierbei kommt es kaum zu Kooperationen. Es zeigt sich, dass in Turnieren eine durchschnittlich höhere Leistung als in Teams oder bei Stücklöhnen erreicht wird, und wieder sind die Anstrengungen in Turnieren variabler.

In allen uns bekannten experimentellen Untersuchungen zu Turnier- und Teamentlohnungen wird eine strategische Festlegung des Schemas durch die Unternehmensleitung nicht explizit modelliert. Dies bedeutet, dass ein möglicher Einfluss der strategischen Auswahl des Entlohnungsschemas durch das Management in den Resultaten bisheriger Studien unberücksichtigt bleibt. Vielmehr werden die Entlohnungsschemata bislang lediglich isoliert voneinander untersucht. Ziel der vorliegenden Studie ist es daher, den Einfluss einer strategischen Auswahlmöglichkeit des Entlohnungsschemas zu beleuchten. Zu diesem Zweck wird in dem hier beschriebenen Experiment einem Manager wiederholt die strategische Wahl zwischen Turnier- oder Teamentlohnung eingeräumt. Zu Vergleichszwecken wird auch die Situation untersucht, in der nur eines der beiden Entlohnungsschemata vorhanden ist. Das Experiment besteht somit aus drei Bedingungen, sogenannten Treatments. Das erste Treatment modelliert ein Turnier, in dem zwei Agenten um einen Gewinnerpreis und einen Verliererpreis konkurrieren. Im zweiten Treatment – im Team – werden zwei Agenten gemäß der Summe ihrer erbrachten Leistungen entlohnt. In einem dritten Treatment wird zusätzlich ein Manager eingeführt, der zu Beginn einer Runde entscheidet, nach welchem der beiden Entlohnungsschemata die Leistungen der beiden Agenten vergütet werden. Diese Entscheidung wird den Agenten mitgeteilt, bevor sie ihre Anstrengung wählen. Die Auszahlung des Managers ist proportional zur Summe der Anstrengungen der Agenten. Das Erbringen von Leistung ist für die Agenten mit Kosten verbunden. Um die Dynamik der Entscheidungssituation zu modellieren, beinhaltet das experimentelle Design eine mehrfache Wiederholung mit den selben, d.h. nicht wechselnden, Teilnehmern. Nach jeder Runde werden die einzelnen Auszahlungen allen Teilnehmern einer Gruppe bekannt gegeben.

Durch das hier vorgestellte Experiment sollen mehrere interessante Fragen beantwortet werden: Welches Entlohnungsschema wird vom Manager bevorzugt? Ändert sich das Leistungs- bzw. Kooperationsverhalten der Agenten bei gegebenem Entlohnungsschema, falls der Manager die Möglichkeit hat, dieses zu wechseln? Wann entschließt sich der Manager, einen Wechsel vorzunehmen? Inwiefern ändert sich die Variabilität der Leistungen, wenn der Manager mit den Agenten strategisch interagiert?

B. Design und Durchführung des Experiments

I. Design des Experiments

Dem Experiment liegen zwei unterschiedliche Entlohnungsmodelle – Turnier- und Teamentlohnung – zugrunde, die im folgenden kurz beschrieben werden. Zunächst wird das Basismodell erläutert, in welches beide Entlohnungsschemata eingebettet werden.

1. Basismodell

Die beiden untersuchten Entlohnungsschemata können als nicht-kooperative Spiele zwischen jeweils zwei Agenten aufgefasst werden, wobei in der theoretischen Betrachtung in diesem Abschnitt angenommen wird, dass die Agenten homogen und risikoneutral sind und ihre Auszahlungen maximieren wollen. Die Auszahlung eines Spielers hängt jeweils von der eigenen und der Anstrengung des anderen Teilnehmers ab. Die Anstrengungen sind abstrakt modelliert, d.h. die Teilnehmer wählen ihre Anstrengung simultan in Form ganzer Zahlen zwischen 0 und 100.[2] Die ganzen Zahlen von 0 bis 100 stellen somit die reinen Strategien jedes Teilnehmers dar. Die Vorgehensweise, Anstrengung als Zahl zu modellieren, entstammt der theoretischen Literatur zu Team- bzw. Turnierentlohnungen. Hierbei ist insbesondere zu beachten, dass das Experiment nicht den Anspruch erhebt, eine Arbeitssituation möglichst wirklichkeitsgetreu abzubilden. Vielmehr wird im Experiment die strategische Wahl der Anstrengung im Gegensatz zur theoretischen Literatur von *realen* Personen getroffen, d.h. im Experiment kann tatsächlich gezeigtes strategisches Verhalten beleuchtet werden. Die Agenten besitzen identische Arbeitsleidkostenfunktionen. Das Arbeitsleid sei monetär bewertbar, und für jede Zahl, bzw. für jede Anstrengung, fallen Kosten, bzw. Arbeitsleid, in Höhe von $c(e) = e^2/200$ an, wobei e die gewählte Anstrengung bezeichnet.[3] Zur Vereinfachung wird die Identität von Arbeitsanstrengung und Arbeitsoutput in Form der Produktionsfunktion $f(e) = e$ angenommen. In anderen experimentellen Studien zu Turnieren wird die Anstrengung der Agenten durch eine Störgröße verzerrt, die verhindert, dass die Agenten ihre Leistungsergebnisse genau bestimmen können. Diese Störgröße ist oftmals sehr groß, so dass zu befürchten ist, dass die Agenten den Eindruck gewinnen, ihr Leistungsergebnis nicht wesentlich beeinflussen zu können. Daher wird in der vorliegenden Studie auf eine Störgröße verzichtet. Man beachte die Ähnlichkeit der hier modellierten strategischen Situation mit der in einem *contest* oder einer *all-pay* Auktion (siehe zum Beispiel Che/Gale 2000).

2. Entlohnung im Turnier

Im Turnier erhält derjenige Spieler, der die höhere Anstrengung bzw. die höhere Zahl wählt, einen Gewinnerpreis (in Höhe von 150 Talern), und der andere Spieler mit der niedrigeren Zahl bekommt einen Verliererpreis (in Höhe von 50 Talern). Hier sind Gewinner- und Verliererpreis exogen gegeben, d.h. es wird angenommen, dass die Agenten unabhängig von der Größe der Outputdifferenz lediglich aufgrund des durch ihre Anstrengung erreichten Ranges im Vergleich zu den anderen Teilnehmern, die zuvor festgelegten Gewinner- und Verliererpreise erhalten.[4] Von dem jeweiligen Preis werden die Kosten $c(e)$ für die vom jeweiligen Teilnehmer gewählte Anstrengung e abgezogen. Wählen zwei Teilnehmer die gleiche Zahl, so entscheidet ein fairer Zufallszug, wer den Gewinner- und wer den Verliererpreis erhält.

Die Turnierpreisdifferenz, d.h. die Differenz von Gewinner- und Verliererpreis, ist mit 100 Talern stets größer als die Kosten für die maximale Anstrengung 100, die 50 Taler betragen. Somit lohnt es sich in dem vorliegenden Spiel für die Agenten stets, eine höhere Anstrengung als der andere Teilnehmer zu leisten, wenn man sich hierdurch vom Erhalt des Verliererpreises auf den Erhalt des Gewinnerpreises verbessern kann.

Das einzige Nash Gleichgewicht in reinen Strategien liegt in diesem Turnier bei der symmetrischen Strategiekombination (100, 100), d.h. beide Spieler erbringen im Nash Gleichgewicht die maximale Anstrengung.[5] Ein fairer Zufallszug entscheidet dann, wer den Gewinner- und wer den Verliererpreis erhält.

Im Turnier können die Spieler durch eine Kollusion, d.h. kooperative Wahl niedriger Zahlen, ihre gemeinsame Auszahlung erhöhen und somit eine pareto-bessere Situation erreichen. Die gesamte Auszahlung an die Spieler in Form des Gewinner- und des Verliererpreises beträgt konstant 200 Taler. In der Summe erhalten die beiden Spieler diese Auszahlung auf jeden Fall – auch dann, wenn sie das Arbeitsleid durch eine geringe Arbeitsanstrengung minimieren. Beide Spieler haben jedoch einen individuellen Anreiz, sich den Gewinnerpreis zu sichern und werden sich so bis zum Gleichgewichtszustand in ihrer Anstrengung überbieten. Der kollusive Zustand von (0, 0) ist damit aus individuell rationaler Sicht nicht stabil.[6]

3. Teamentlohnung

Im kollektiven Entlohnungsschema Team werden die Akteure gemäß ihres gemeinsamen Leistungsergebnisses entlohnt. Hier wird eine Definition von Teamentlohnung gewählt, bei der der gemeinsame Leistungsoutput der Teammitglieder Grundlage für die Entlohnung der einzelnen Akteure ist und der Teamoutput zu gleichen Teilen auf die Teammitglieder verteilt wird. In der experimentellen Studie von Van Dijk/Sonnemans/van Winden (2001) wird die gleiche Modellierung von Teamentlohnung gewählt, und sie ist der in der Untersuchung zu Gruppenanreizen bei Nalbantian/Schotter (1997) sehr ähnlich.[7] Wählt Spieler 2 die Anstrengung $\hat{e}_2$, so wird die Auszahlung p_1 für Spieler 1 in Abhängigkeit von seinen eigenen Anstrengung e_1 durch folgende Auszahlungsfunktion beschrieben:

(1) $\quad p_1(e_1, \hat{e}_2) = \frac{1}{2}(e_1 + \hat{e}_2) - c(e_1) + 50$

Jeder Teilnehmer erhält im Entlohnungsschema Team die Hälfte der Summe der Anstrengungen beider Teilnehmer bzw. die Hälfte des Arbeitsoutputs des Teams und muss die Kosten von seiner gewählten eigenen Anstrengung in Höhe von $c(e) = e^2/200$ tragen. Zusätzlich erhält jeder Teilnehmer einen Pauschalbetrag von 50 Talern. Die Akteure maximieren ihre individuelle Auszahlung durch die Anstrengung e^*. Die notwendige Bedingung für Spieler 1 zur Maximierung seiner Auszahlung erhält man durch Nullsetzen der ersten Ableitung seiner Auszahlungsfunktion $p_1(e_1, \hat{e}_2)$:

(2) $\quad \dfrac{\partial p_1(e_1, \hat{e}_2)}{\partial e_1} = \dfrac{1}{2} - \dfrac{\partial c(e_1)}{\partial e_1} = 0$

Nach Ableiten ergibt sich die dominante Anstrengung von $e^* = 50$.[8] Da die Spieler symmetrisch sind, kann das vorliegende Ergebnis analog für den anderen Spieler hergeleitet werden.

Die hergeleiteten individuell rationalen Anstrengungen sind jedoch aus kollektiver Sicht ineffizient niedrig. Diese Problematik wird als Trittbrettfahrerverhalten bezeichnet.[9] Die pareto-effiziente Strategiekombination erhält man, wenn man das gemeinsame Teamergebnis der beiden Spieler maximiert:

(3) $\quad p(e_1, e_2) = e_1 + e_2 - c(e_1) - c(e_2) + 100$

Aus der Bedingung erster Ordnung für die Maximierung der gemeinsamen Auszahlung aus Sicht von Spieler 1

(4) $\quad \dfrac{\partial p(e_1, e_2)}{\partial e_1} = 1 - \dfrac{\partial c(e_1)}{\partial e_1} = 0$

ergibt sich, dass die kollektiv rationale Anstrengung $e^{\#}$ bei 100 liegt.[10] Analog bestimmt sich die kollektiv rationale Anstrengung für Spieler 2, d.h. die gemeinsame Auszahlung wird durch die symmetrische Strategiekombination (100, 100) maximal.

4. Vergleich der Entlohnungsschemata Team und Turnier

Bei der Parametrisierung der beiden Entlohnungsschemata wurde darauf geachtet, dass bestimmte Charakteristika ähnlich sind, um eine gewisse Vergleichbarkeit herzustellen. Ohne Abzug der Kosten erhalten im Team und im Turnier beide Teilnehmer stets eine sichere Auszahlung von 50 Talern. Der Verliererpreis stellt im Turnier diese Auszahlung dar, im Team erhalten beide Spieler einen Pauschalbetrag von 50 Talern. Die Zahl ist so gewählt, dass die Gesamtauszahlung nie negativ werden kann, da die Kosten maximal 50 Taler betragen. Da ein besonderes Augenmerk auf das Kooperations- bzw. Kollusionsverhalten in den unterschiedlichen Anreizstrukturen gelegt werden soll, ist es wichtig, dass die Anreize zum kooperativen Verhalten ähnlich gestaltet sind. Sowohl bei Kooperation im Team bei (100, 100) als auch bei Kollusion im Turnier bei (0, 0) erhalten die Teilnehmer im Erwartungswert je 100 Taler.[11]

5. Treatments

Das Experiment besteht aus drei Bedingungen, sogenannten Treatments. Während im Treatment TU die Turnierentlohnung untersucht wird, werden die Teilnehmer des Treatments TE als Team entlohnt. In einem weiteren Treatment TT kann ein dritter Teilnehmer, der im folgenden auch als *Manager* bezeichnet wird, zu Beginn jeder Runde zwischen den beiden Entlohnungsschemata wählen. Das ausgewählte Schema wird den beiden anderen Teilnehmern mitgeteilt, und diese entscheiden über die Höhe ihrer Anstrengung. Die Höhe der Anstrengungen wiederum wird nach jeder Runde allen Teilnehmern bekannt gegeben. Die Entlohnung des Managers ist proportional zur Summe der Anstrengungen beider Agenten, d.h. er erhält 90% der Summe der Anstrengungen als Taler gutgeschrieben. Um das experimentelle Design so einfach wie möglich zu gestalten, trägt der hier modellierte Manager selbst nicht die Kosten der von ihm gewählten Entlohnung, sondern ist ausschließlich an der Maximierung der Leistung der Agenten interessiert. Die Auszahlung des Managers ist mit 180 Talern maximal, wenn beide Agenten die maximal mögliche Anstrengung von 100 wählen.

Ausgehend von der theoretischen Analyse der beiden Entlohnungsschemata ist es für den Manager rational, stets die Turnierentlohnung zu wählen, da die Agenten hier, vorausgesetzt, sie handeln individuell rational, die maximale Anstrengung zeigen. Erwartet der Manager allerdings, dass das Verhalten der Agenten eher zur kollektiv rationalen Handlungsweise tendiert, so wird er möglicherweise die Teamentlohnung bevorzugen. Das für den Manager bessere Entlohnungsschema hängt somit stark vom Kooperationsverhalten der Agenten ab. Im folgenden werden die Turniere, die in Treatment TT auftreten mit TTu bezeichnet und die Teamentlohnungen mit TTe.

II. Durchführung des Experiments

Das Experiment wurde im *Laboratorium für experimentelle Wirtschaftsforschung der Rheinischen Friedrich-Wilhelms-Universität Bonn* durchgeführt. Insgesamt nahmen an den drei Treatments TU, TE und TT 126 Teilnehmer teil (vgl. Tabelle 1). In Treatment TU traten jeweils zwei Teilnehmer in einem wie oben beschriebenen Turnier gegeneinander an. In TE war als Entlohnungsform die Teamentlohnung gegeben – ebenfalls jeweils zwischen zwei Teilnehmern. In Treatment TT hatte einer von drei Teilnehmern die Aufgabe des Managers und musste entscheiden, nach welchem Schema – Team oder Turnier – die beiden anderen entlohnt werden. Diese beiden wählten ihre Anstrengung, nachdem ihnen die festgelegte Entlohnungsform mitgeteilt wurde. Insgesamt nahmen pro Treatment 18 voneinander unabhängige Zweier- bzw. Dreiergruppen teil. Die Teilnehmer – Studenten verschiedener Fachrichtungen – wurden auf das Experiment durch Aushänge und Handzettel aufmerksam gemacht. Eine Sitzung, an der stets 18 Personen teilnahmen, dauerte ca. 2–2,5 Stunden. Während des Experiments wurden die Auszahlungen in der fiktiven Währung Taler angegeben und hinterher zu einem den Teilnehmern bekannten Umrechnungskurs von 40 Talern pro 1 DM ausgezahlt.

Zu Beginn wurde allen Teilnehmern die Anleitung für das Experiment vorgelesen[12] und zur Verdeutlichung der Berechnungen der Auszahlungen wurden drei Beispiele vorgerechnet.[13] Die Teilnehmer erhielten zusätzlich zu der Anleitung eine Kostentabelle und eine Auszahlungstabelle. Auf der Kostentabelle waren für die wählbaren Zahlen die zugehörigen Kosten verzeichnet. Auf der Auszahlungstabelle konnten die Teil-

Tab. 1: Experimentelles Design

	Treatment		
	TU (Turnier)	TE (Team)	TT (Turnier/Team)
Anzahl der Teilnehmer	36	36	54
Anzahl unabh. Beobachtungen	18	18	18
Anzahl der Agenten pro Spiel	2	2	2
Manager	Nein	Nein	Ja
Anzahl Runden	2 x 10	2 x 10	15
Anstrengungen im sym. Nash-Gleichgew. in reinen Strategien	100	50	siehe neben
Anstrengungen bei kollusivem bzw. kooperativem Verhalten	0	100	siehe neben

nehmer bei gegebener Zahl des anderen Teilnehmers die eigene Auszahlung in Abhängigkeit der eigenen zu wählenden Zahl ablesen. Die Kosten waren hier bereits abgezogen.

Während der gesamten Experimentseinführung wurde die Sprache neutral gehalten, d.h. es war nicht von Anstrengung, sondern von einer zu wählenden „Zahl" die Rede, und das „Arbeitsleid" wurde als „Kosten" für diese Zahlen bezeichnet. Auch die Begriffe „Turnier", „Team", „Entlohnungsschema" oder „Gewinner-/Verliererpreis" wurden nicht genannt. Die Teilnehmer durften zu keinem Zeitpunkt des Experimentes miteinander sprechen. Nach der Einführung zogen die Kandidaten verdeckt Karten, die ihnen eine Kabine und somit ihre Teilnehmernummer zuteilten. Die Teilnehmer wurden hierdurch zufällig zu Gruppen von je zwei bzw. drei Teilnehmern zusammengestellt. Die einander zugeteilten Teilnehmer blieben während des gesamten Experiments zusammen, was ihnen mitgeteilt wurde. Die Zuordnung der Kandidaten pro Gruppe blieb anonym. In den Treatments TU und TE wurde in jeder Zweiergruppe die gleiche Team- bzw. Turnierentlohnung 20fach wiederholt – wobei nach zehn Runden eine kurze Pause gemacht wurde, während der die Teilnehmer in ihren Kabinen bleiben mussten und nicht kommunizieren durften. In Treatment TT konnten aufgrund des aufwendigeren Designs lediglich 15 Runden ohne Pause durchgeführt werden. In den Kabinen fanden die Teilnehmer ein mit ihrer Kabinennummer versehenes „Entscheidungsblatt" vor, auf das sie pro Runde die von ihnen gewählte Zahl einzutragen hatten. Auf diesem Blatt war in Treatment TT verzeichnet, ob sie Spieler vom Typ A (Agent) oder Typ B (Manager) waren. Die Blätter wurden nach jeder Runde der Experimentsleitung herausgereicht. Im Treatment TT trugen die Spieler vom Typ B eine 0 oder 1 für die gewählte Auszahlungstabelle ein, was den Agenten auf ihrem Blatt verzeichnet wurde. Letztere wählten nun ihre Anstrengung und reichten die Blätter heraus. Gemäß der zuvor erfolgten Zuteilung zu Gruppen wurde die Auszahlung abzüglich der entsprechenden Kosten für die gewählten Zahlen bestimmt und von der Experimentsleitung auf das Blatt eingetragen. Die Teilnehmer erhielten ihr Entscheidungsblatt zurück und konnten neben ihrer eigenen Zahl die Zahlen finden, die von den ihnen zugeteilten Teilnehmern gewählt wurden sowie ihre eigene Auszahlung in Talern und die der anderen Teilnehmer.

Am Ende des Experiments wurden die Teilnehmer wieder in dem Einführungsraum versammelt und erhielten gemäß der von ihnen erzielten Taler ihre Auszahlung in DM, die anonym erfolgte.

C. Hypothesen

Zunächst stellt sich die Frage, in welchem der beiden Entlohnungsschemata ohne Manager eine höhere Anstrengung erbracht wird. Wie in Abschnitt 2 beschrieben, ist aus rationaltheoretischer Sicht im Turnier eine deutlich höhere Anstrengung der Agenten zu erwarten als bei der Teamentlohnung. Allerdings können die Agenten im Turnier durch kollusives Verhalten, d.h. durch niedrige Anstrengungen, ihre gemeinsame Auszahlung erhöhen. Im Team hingegen besteht Kooperation in hohen Anstrengungen. Da insbesondere bei einer geringen Zahl von Agenten mit kooperativem Verhalten gerechnet werden muss, lautet unsere erste Hypothese:

Hypothese 1 *Bei der Teamentlohnung in TE sind die Anstrengungen höher als bei der Turnierentlohnung in TU.*

Sollte sich diese Hypothese bestätigen, so ist zu erwarten, dass der Manager die Teamentlohnung der Turnierentlohnung vorziehen wird. Dies führt uns zu unserer zweiten Hypothese:

Hypothese 2 *In TT wird der Manager häufiger Team als Turnier wählen.*

Eine der zentralen Fragen dieser Studie ist, welche Auswirkung die Existenz des Managers auf das Verhalten der Agenten, insbesondere auf die Höhe der von ihnen gezeigten Anstrengungen hat. In Turnieren schädigt kollusives Verhalten der Agenten den Manager, da hierdurch die Anstrengungen sinken. In TT müssen die Agenten befürchten, dass der Manager das Entlohnungsschema wechselt, falls die Anstrengungen zu gering werden. Möglicherweise führt daher in Turnieren die Existenz des Managers zu einer Reduktion kollusiven Verhaltens.

Hypothese 3 *Die Existenz des Managers bewirkt im Turnier, dass sich kollusives Verhalten zwischen den Agenten verringert, d.h. in TTu sind die Anstrengungen höher als in TU.*

Welche Auswirkung hat die Existenz des Managers auf die Anstrengungen bei Teamentlohnungen? Da kooperatives Verhalten der Agenten bei der Teamentlohnung nicht nur vorteilhaft für sie selbst ist, sondern *zusätzlich* auch dem Manager eine höhere Auszahlung bringt, kann man vermuten, dass die Anstrengungen bei Teamentlohnungen durch Einführung des Managers tendenziell noch steigen.

Hypothese 4 *Die Existenz des Managers bewirkt im Team, dass sich kooperatives Verhalten zwischen den Agenten verstärkt, d.h. in TTe sind die Anstrengungen höher als in TE.*

Ausgehend von der Überprüfung dieser zentralen Hypothesen werden im nächsten Abschnitt die experimentellen Ergebnisse dargestellt.

D. Ergebnisse

Tabelle 2 gibt einen ersten Überblick über die experimentellen Resultate. In dem Treatment TU wird durchschnittlich die geringste Anstrengung von 51,63 geleistet, während im Treatment TE eine durchschnittliche Anstrengung von 68,38 zu beobachten ist. Das Treatment TT mit Manager weist eine durchschnittliche Anstrengung von 67,51 auf. Unterscheidet man hier zwischen der vom Manager gewählten Turnier- oder Teamentlohnung, so zeigt sich, dass in den Turnieren aus TT (TTu) die durchschnittliche Anstrengung bei 69,55 und in den Teamentlohnungen aus TT (TTe) bei 65,61 liegt.

Die erzielten durchschnittlichen Auszahlungen stellen sich wie folgt dar. In TU verdienen die Agenten in jeder Runde durchschnittlich 1,94 DM, während sie in dem Turnier, das der Manager vorgeben konnte, in TTu nur 1,73 DM erhalten. In dem Entloh-

Tab. 2: Experimentelle Ergebnisse

	Treatment				
	TU (Turnier)	TE (Team)	TT (gesamt)	TTu	TTe
Durchschnittl. Anstrengung	51,63	68,38	67,51	69,55	65,61
Durchschnittl. DM-Auszahlung eines Agenten pro Runde	1,94	2,27	2,01	1,73	2,27
Durchschnittlicher Anteil	-	-	-	48,2%	51,9%

nungsschema Team liegt die durchschnittliche Auszahlung pro Teilnehmer – ob mit oder ohne Manager – bei 2,27 DM, und insgesamt verdienen die Agenten in dem Treatment mit Manager durchschnittlich 2,01 DM pro Runde.[14]

Insgesamt wird in TT 140 Mal die Teamentlohnung und 130 Mal die Turnierentlohnung gewählt.

I. Die Anstrengungen der Agenten ohne Manager

Abbildung 1 zeigt den Verlauf der durchschnittlichen Anstrengung pro Runde, wobei beim Treatment TT mit Manager zwischen der Turnier- (TTu) und der Teamentlohnung (TTe) unterschieden wird.

Wie bereits in Hypothese 1 formuliert, drängt sich zunächst die Frage auf, ob die Anstrengungen im Team und Turnier ohne Manager unterschiedlich ausfallen. Zu vermuten ist eine Neigung zu kooperativem Verhalten in beiden Schemata, so dass die Anstrengungen im Turnier niedriger ausfallen als im Team. Durch die in Tabelle 2 dargestellten Werte und die in Abbildung 1 gezeigten Verlaufskurven wird diese Vermutung bereits bestätigt. Die Nullhypothese, dass die Anstrengungen in TE und TU gleich hoch sind, kann zugunsten der Alternativhypothese, dass die Anstrengungen in TE höher ausfallen, verworfen werden (Mann-Whitney-U-Test $\alpha = 0,1$, einseitig).

Beobachtung 1 *Ohne Manager sind die Anstrengungen im Entlohnungsschema Team höher als im Entlohnungsschema Turnier.*

II. Entscheidung des Managers

Ausgehend von der oben gemachten Beobachtung wäre es naheliegend, dass der Manager häufiger die Teamentlohnung wählt als die Turnierentlohnung. Diese Vermutung bestätigt sich jedoch nicht. Die Nullhypothese, dass Turnier und Team gleich häufig gewählt werden, kann nicht auf einem üblichen Signifikanzniveau zurückgewiesen werden (Wilcoxon-Vorzeichen-Rang-Test).

Beobachtung 2 *Turnier- bzw. Teamentlohnung werden nicht signifikant verschieden häufig gewählt.*

Abb. 1: Durchschnittliche Anstrengung der Agenten über die Runden

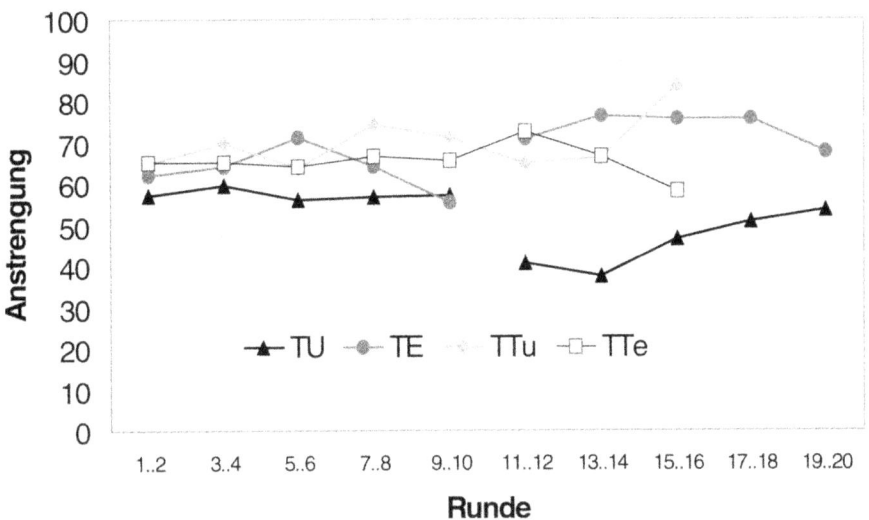

Auch die durchschnittliche Länge der Sequenzen, in denen das Schema Team oder das Schema Turnier ohne Unterbrechung hintereinander gewählt wird, sind nicht signifikant verschieden. Allerdings zeigt sich, dass, wenn man in jeder Gruppe nur die längste, nicht unterbrochene Sequenz betrachtet, die Sequenzen der Teamentlohnung länger sind als die Sequenzen der Turnierentlohnung (Mann-Whitney-U-Test, $\alpha = 0,05$, einseitig). Dies ist ein Hinweis darauf, dass Teamentlohnungen stabiler beibehalten werden als Turnierentlohnungen.

Es stellt sich die Frage, wann der Manager in TT einen Wechsel des Entlohnungsschemas vornimmt. Möglicherweise wechselt er dann, wenn er in der letzten Runde weniger verdient als sonst durchschnittlich in diesem Entlohnungsschema. Diese Vermutung kann durch die Daten gestützt werden. Die Auszahlung des Managers ist in der Runde, bevor er vom Turnier (Team) zum Team (Turnier) wechselt geringer als im Durchschnitt in TTu (TTe) (Wilcoxon-Vorzeichen-Rang-Test, für die Teamentlohnung $\alpha = 0,01$, einseitig und für die Turnierentlohnung $\alpha = 0,005$, einseitig).

III. Die Anstrengungen der Agenten mit Manager

Aus Tabelle 2 wird bereits ersichtlich, dass die Anstrengung im Treatment TT mit Manager höher auszufallen scheinen als im Turnier ohne Manager und ein wenig niedriger als im Team ohne Manager. Entsprechend zeigt sich, dass die Anstrengungen in TT signifikant höher ausfallen als in TU (Mann-Whitney-U-Test, $\alpha = 0,05$, einseitig). Die Anstrengungen in TT und TE erweisen sich jedoch nicht als signifikant unterschiedlich.

Unterscheidet man im Treatment TT mit Manager zwischen den gewählten Anstrengungen im Team und im Turnier, so können die Hypothese 3 und die Hypothese 4 untersucht werden. Die Nullhypothese, dass die Anstrengungen in TTu und TU gleich hoch sind, kann zugunsten der Alternativhypothese verworfen werden, nach der in TTu eine höhere Anstrengung erbracht wird (Mann-Whitney-U-Test, $\alpha = 0,1$, einseitig).

Beobachtung 3 *Im Turnier ohne Manager verhalten sich die Agenten untereinander kollusiver als mit Manager.*

Die Nullhypothese, dass die Anstrengungen in TE und TTe gleich hoch sind, kann jedoch nicht verworfen werden.

Beobachtung 4 *Im Team ist keine Veränderung hinsichtlich des kooperativen Verhaltens zwischen den Agenten durch die Einführung des Managers zu erkennen.*

Durch den Manager steigt die Anstrengung im Turnier, und es ist somit eine Verminderung der Wahl kollusiver Anstrengungen und eine Verstärkung der Neigung zur Wahl der Nash Gleichgewichtsstrategien zu beobachten. Im Team hingegen sind die Anstrengungen mit und ohne Manager nicht signifikant verschieden, so dass die vermutete Verstärkung der kooperativen Verhaltensweise durch die Existenz des Managers nicht erkennbar ist. Zwischen den Anstrengungen in TTu und TTe ist kein signifikanter Unterschied offensichtlich. Durch den Manager steigt die Anstrengung im Turnier, so dass die Anstrengungen in beiden Schemata mit Manager nicht signifikant verschieden voneinander sind.

IV. Häufigkeit gewählter Anstrengungen

Um das Verhalten der Agenten hinsichtlich der gewählten Anstrengungen genauer zu untersuchen, wird in Abbildung 2 der prozentuale Anteil der einzelnen gewählten Anstrengungen von der insgesamt möglichen Anzahl der zu wählenden Anstrengungen dargestellt.

Zu erkennen ist, dass im Turnier – TU und TTu – häufiger Nullen gewählt werden als im Team, womit die Neigung zu kollusiven Anstrengungen im Turnier sichtbar wird (Vergleich TU und TE, Mann-Whitney-U-Test, $\alpha = 0,05$, einseitig; Vergleich TTu und TTe, Wilcoxon-Vorzeichen-Rang-Test, $\alpha = 0,01$, einseitig). Aus den Individualdaten[15] ist deutlich zu erkennen, dass in einigen Gruppen in TU eine erstaunlich stabile Kollusion zwischen den Agenten auf einem Anstrengungsniveau von 0 zustande kommt, bei der die Agenten in jeder Runde den Zufall bestimmen lassen, wer den Gewinner- und wer den Verliererpreis erhält. Dieses Verhalten kann in TTu in dieser Deutlichkeit nicht beobachtet werden.

Außerdem kann im Turnier eine durch die Existenz des Managers verstärkte Neigung zur maximalen Anstrengung beobachtet werden, welche gleichzeitig auch die Anstrengung ist, die im Nash Gleichgewicht gewählt wird. Die Nullhypothese, dass in TU und TTu gleich häufig die maximale Anstrengung 100 gewählt wird, kann zugunsten der Alternativhypothese, dass in TTu häufiger die maximale Anstrengung gewählt wird, ver-

Abb. 2: Prozentuale Anteile der gewählten Anstrengungen

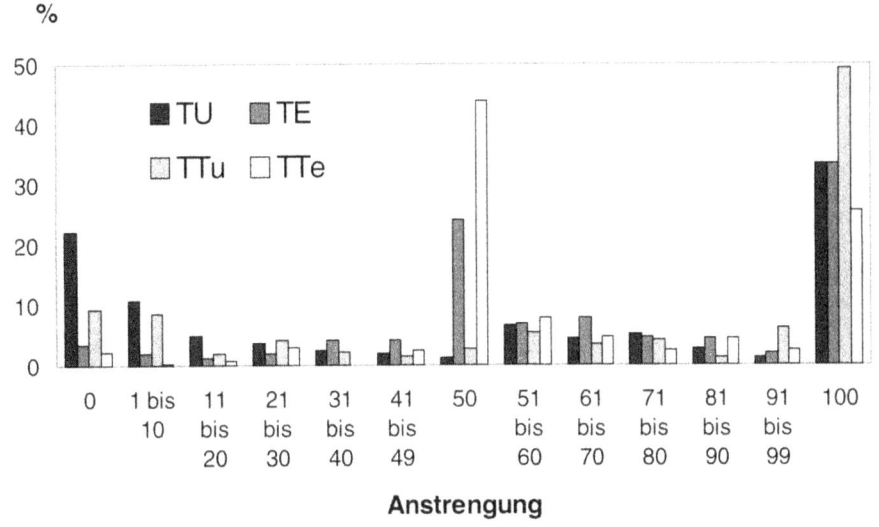

worfen werden (Mann-Whitney-U-Test, $\alpha = 0{,}05$, einseitig). Während ohne Manager in Team und Turnier exakt gleich oft die maximale Anstrengung gewählt wird, wird sie mit Manager im Turnier häufiger gewählt als im Team (Wilcoxon-Vorzeichen-Rang-Test, $\alpha = 0{,}005$, einseitig). Im Team findet jedoch durch die Existenz des Managers keine signifikante Erhöhung der Häufigkeit der maximalen Anstrengung statt. Im Team mit Manager zeigt sich aber eine vermehrte Wahl der Anstrengung von 50, welche auch im Nash Gleichgewicht gewählt wird (Mann-Whitney-U-Test, $\alpha = 0{,}1$, einseitig).

V. Variabilität der Anstrengungen

In anderen Experimenten ist stets ein hohe Variabilität der Anstrengungen in Turnieren im Vergleich zur Schwankung der Anstrengungen in Team- oder Stückentlohnung festgestellt worden (vgl. Bull/Schotter/Weigelt 1987, Van Dijk/Sonnemans/van Winden 2001). Betrachtet man die durchschnittliche Varianz der durchschnittlichen Anstrengungen pro Runde, so kann dieser Befund auch hier bestätigt werden. Im Turnier fällt die Schwankung stärker aus als im Team. Die Varianz in TE beträgt 443,92 und ist signifikant kleiner als in TU mit 1241,25 (Mann-Whitney-U-Test, $\alpha = 0{,}01$, einseitig). In TTe beträgt die Varianz 429,77 und ist ebenfalls signifikant kleiner als im Turnier TTu mit 1614,77 (Mann-Whitney-U-Test, $\alpha = 0{,}05$, einseitig). Zwischen den Schwankungen der einzelnen Entlohnungsschemata mit und ohne Manager – Turnier (TU versus TTu) und Team (TE versus TTe) – besteht kein signifikanter Unterschied.

Interessant ist auch der Vergleich der durchschnittlichen Varianz der von den zwei Agenten in einer Runde gewählten Anstrengungen. Die Varianzen fallen in TU (1157,6) signifikant höher aus als in TE (271,42) (Mann-Whitney-U-Test, $\alpha = 0{,}01$, einseitig), jedoch gibt es zwischen den Varianzen in TTu (859,35) und TTe (690,46) keinen signifikanten Unterschied. Im Team ist die Schwankung in der Interaktion der Agenten durch Einführung des Managers sogar signifikant gestiegen (Mann-Whitney-U-Test, $\alpha = 0{,}05$, einseitig), während sie im Turnier signifikant gefallen ist (Mann-Whitney-U-Test, $\alpha = 0{,}1$, einseitig).

VI. Höhe der Auszahlungen für die Agenten

In dem Treatment TT mit Manager sollte, so wurde in Hypothese 3 und Hypothese 4 vermutet, die Anstrengung in beiden Entlohnungsschemata im Vergleich zu den Treatments ohne Manager höher sein. In TTu wäre dann eine niedrigere Auszahlung als in TU und in TTe eine höhere Auszahlung als in TE festzustellen. In Abschnitt 4.3 konnte jedoch lediglich Hypothese 3 – nicht aber Hypothese 4 – bestätigt werden. Die Höhe der Anstrengungen im Team mit und ohne Manager fallen entgegen der Vermutung nicht signifikant unterschiedlich aus. Entsprechend kann die Nullhypothese, dass die Agenten in TTe und TE gleich viel verdienen, nicht verworfen werden. In Tabelle 2 wird deutlich, wie nahe der Verdienst in beiden Treatments beieinander liegt.

Im Turnier zeigen die Agenten mit Manager höhere Anstrengungen als ohne Manager, und es wird häufiger die Gleichgewichtsanstrengung 100 gewählt. Somit müssen die Auszahlungen der Agenten in TTu niedriger sein als in TU. Die Nullhypothese, dass die Auszahlungen der Agenten in TTu und TU gleich hoch sind, kann zugunsten der Alternativhypothese, dass die Auszahlungen in TU höher ausfallen als in TTu, verworfen werden (Mann-Whitney-U-Test, $\alpha = 0{,}05$, einseitig).

Der hier modellierte Manager zieht zwar die Kosten für die Entlohnung der Agenten nicht in sein Kalkül mit ein, doch spielen sie für ein Unternehmen eine wichtige Rolle. Interessant sind hier besonders die Kosten, die ein Unternehmen zu tragen hat, um eine Einheit Anstrengung bei den Agenten bezahlen zu können. Im Turnier wird in jeder Runde die gleiche Summe der ex ante festgelegten Turnierpreise ausgeschüttet. Steigt die Anstrengung der Agenten, so sinken folglich die Kosten pro Anstrengungseinheit. Demnach zeigt sich, dass die Kosten pro Anstrengungseinheit in Talern mit 1,64 in TTu signifikant niedriger ausfallen als in TU mit 3,7 (Mann-Whitney-U-Test, $\alpha = 0{,}1$, einseitig). Für die Kosten pro Anstrengungseinheit gibt es für das Team mit und ohne Manager keinen signifikanten Unterschied.

Vergleicht man die Turnier- mit der Teamentlohnung hinsichtlich der Kosten, so zeigt sich, dass die Kosten pro Anstrengungseinheit in den Treatments ohne Manager TU und TE nicht signifikant unterschiedlich ausfallen. Dies ändert sich, wenn ein Manager zwischen den Entlohnungsschemata wählen kann. In TTe fallen die Kosten mit 1,81 Talern pro Anstrengungseinheit signifikant höher aus als in TTu mit 1,64 Talern (Mann-Whitney-U-Test, $\alpha = 0{,}01$, einseitig).

E. Schlussbemerkung

Die vorliegende experimentelle Studie stellt zwei in ihrer Anreizstruktur sehr unterschiedlich gestaltete Entlohnungsschemata gegenüber. Zunächst wird das Leistungsverhalten in Turnieren und bei Teamentlohnung getrennt voneinander untersucht. Obwohl rationaltheoretische Überlegungen eine höhere Leistung bei der Turnierentlohnung erwarten lassen, zeigt sich, dass die Anstrengungen bei der Teamentlohnung die bei Turnieren übersteigen. Dies ist insbesondere auf ein zu beobachtendes ausgeprägtes kollusives Verhalten bei der Turnierentlohnung zurückzuführen. Zusätzlich zu den getrennten Untersuchungen der beiden Entlohnungsschemata wird eine strategische Situation beleuchtet, in der sich ein Manager zwischen einer der beiden Entlohnungsformen wiederholt entscheiden muss. Hier zeigt sich, dass sich das Leistungsverhalten bei Turnier und Team einander angleicht und beide Entlohnungsschemata vom Manager nahezu gleich häufig gewählt werden. Dies bedeutet, dass die strategische Wahlmöglichkeit des Managers einen nicht unerheblichen Einfluss auf das Leistungsverhalten der Agenten hat. Insbesondere bei der Turnierentlohnung ist durch die Einführung des Managers eine deutliche Reduzierung kollusiven Verhaltens zu beobachten mit der Folge, dass die durchschnittlichen Anstrengungen der Agenten signifikant höher liegen, wenn dem Manager die Wahl zwischen den Entlohnungsschemata gegeben wird. Eine mögliche Implikation aus dieser Beobachtung ist die, dass das Management sich nicht langfristig auf eine Turnierentlohnung festlegen sollte, da dann die Gefahr von Kollusion sehr hoch ist. Das Offenhalten des Entlohnungsschemas für die Zukunft und die Möglichkeit des Ausweichens auf eine Teamentlohnung scheint auszureichen, um kollusives Verhalten in Turnieren erheblich einzuschränken. Interessanterweise sind bei der Teamentlohnung keine Unterschiede in der durchschnittlichen Höhe der Anstrengungen mit und ohne Manager zu erkennen.

Geht man davon aus, dass Entlohnungsschemata in gewissem Umfang frei vom Management gewählt werden können, erscheint es unerlässlich, die Auswirkungen dieser strategischen Option auf das Leistungsverhalten von Agenten zu berücksichtigen. Die hier vorgestellten experimentellen Resultate sollen ein erster Schritt in diese Richtung sein. Notwendig sind weitere experimentelle Studien, in denen der Manager nicht nur zwischen verschiedenen fest vorgegebenen Entlohnungsformen wählen kann, sondern auch über deren Ausgestaltung entscheidet, wie zum Beispiel über die Höhe von Gewinner- und Verliererpreisen im Turnier.

Anhang: Anleitung zum Experiment {Treatment TT}

Das Experiment besteht aus **15 Runden.**

Den Teilnehmern werden zwei **verschiedene Rollen** zugeordnet, d.h. es gibt Teilnehmer vom Typ A und Teilnehmer vom Typ B. Zu Beginn des Experiments finden Sie in Ihrer Kabine eine Nachricht, in der Ihnen Ihre Rolle mitgeteilt wird.

Ihre Rolle ändert sich während des Experiments nicht.

Zu Beginn des Experiments werden jeweils **ein** Teilnehmer vom **Typ A** und **zwei** Teilnehmer vom **Typ B** einander zugeordnet. Diese Zuordnung bleibt während des ganzen Experiments bestehen. Die Identität der beiden anderen Teilnehmer wird Ihnen nicht mitgeteilt.

Die Aufgabe eines Teilnehmers vom **Typ A** besteht darin, in jeder Runde eine von zwei **Tabellen** auszuwählen. Die Aufgabe eines Teilnehmers vom **Typ B** wird es sein, in jeder Runde eine **ganze Zahl von 0 bis 100** auszuwählen. Ihre Auszahlung wird von der Tabelle und den Zahlen abhängen, die Sie und die beiden Ihnen zugeordneten Teilnehmer gewählt haben.

Ablauf:

1. Der Teilnehmer vom Typ A wählt zu Beginn einer Runde eine der beiden Tabellen X oder Y aus. Diese Wahl wird den beiden zugeordneten Teilnehmern vom Typ B mitgeteilt.
2. Die beiden Teilnehmer vom Typ B wählen eine ganze Zahl von 0 bis 100 und tragen diese auf dem bereitgestellten Entscheidungsblatt ein.
3. Alle Entscheidungsblätter werden eingesammelt, nachdem alle Teilnehmer ihre Zahlen eingetragen haben. Von der Experimentsleitung werden die Auszahlungen in der fiktiven Währung „Taler" berechnet.
4. Sie erhalten die Entscheidungsblätter zurück, auf denen die gewählten Zahlen, die Auszahlungen der Ihnen zugeordneten Teilnehmer, sowie Ihre eigene Auszahlung verzeichnet sind. **Nur** den Ihnen zugeordneten Teilnehmern wird dies mitgeteilt.
5. Die nächste Runde beginnt von vorne.

Berechnung der Auszahlungen:

Auszahlung für Teilnehmer vom Typ A

Der Teilnehmer vom Typ A erhält das 0,9fache der Summe der Zahlen, die die beiden Teilnehmer vom Typ B gewählt haben.

Auszahlung für Teilnehmer vom Typ B, falls Tabelle X gewählt wurde

Ein Teilnehmer vom Typ B erhält für jede Runde einen **Pauschalbetrag von 50 Taler**. Die Zahlen, die die beiden Teilnehmer vom Typ B gewählt haben, werden addiert. Beide erhalten zusätzlich zum Pauschalbetrag die **Hälfte dieses Gesamtbetrages**.

Auszahlung für Teilnehmer vom Typ B, falls Tabelle Y gewählt wurde

Haben Sie eine höhere Zahl als der Ihnen zugeordnete Teilnehmer gewählt, so erhalten Sie 150 Taler, ansonsten 50 Taler. Wählen Sie und der Ihnen zugeordnete Teilnehmer die gleiche Zahl, so entscheidet ein Münzwurf, wer 150 und wer 50 Taler erhält.

Abgezogen werden jedem Teilnehmer vom Typ B die **Kosten** für die von ihm gewählte Zahl. Der **Kostentabelle** können Sie jeweils die Kosten für die Zahlen von 0 bis 100 entnehmen. Die **Auszahlungstabelle** gibt Ihnen Ihre Auszahlung für jede mögliche Kombination der gewählten Zahlen an. Hierbei sind die Kosten bereits abgezogen.

Am Ende des Experiments wird die Summe aller Taler zum Wechselkurs von 40 Taler pro 1 DM umgetauscht.

Anmerkungen

* Die Autoren danken dem anonymen Gutachter, Todd Kaplan und den Teilnehmern des *I. Symposiums zur ökonomischen Analyse der Unternehmung* an der WHU in Vallendar für wertvolle Anregungen. Die finanzielle Unterstützung der *Deutschen Forschungsgemeinschaft* durch Projekt KR2077/2-1 und den *Sonderforschungsbereich 303* an der Universität Bonn, des *Ministeriums für Wissenschaft und Forschung des Landes Nordrhein-Westfalen* und der *Europäischen Gemeinschaft* (EU-TMR Research Network ENDEAR, FMRX-CT98-0238) wird dankbar anerkannt.
1 Einen Überblick geben Gibbons (1997), Prendergast (1999) und Lazear (1999). Bedeutende experimentelle Beiträge sind Hackett (1993), Güth/Klose/Königstein/Schwalbach (1998), Anderhub/Gächter/Königstein (2000) und Gächter/Fehr/Zanella (2000).
2 Diese Designvariante ist angelehnt an andere Experimente zu Turnieren und Gruppenanreizen, vgl. Bull/Schotter/Weigelt (1987), Weigelt/Dukerich/Schotter (1989), Schotter/Weigelt (1992), Nalbantian/Schotter (1997), Orrison/Schotter/Weigelt (1997).
3 Eine konvexe Arbeitsleidkostenfunktion ist sowohl in anderen Experimenten, z. B. Bull/Schotter/Weigelt (1987) als auch in der theoretischen Literatur üblich, z. B. Lazear/Rosen (1981).
4 Es existieren auch relative Leistungsturniere, in denen die Vergütung eine stetige Funktion der Outputdifferenz zwischen Arbeitnehmern ist, vgl. Winter (1996).
5 Zu der Herleitung des Nash Gleichgewichtes vgl. Harbring/Irlenbusch (2001).
6 Dies gilt zumindest für eine einmalige Durchführung des vorliegenden Spiels. Bei Wiederholung kann die kollusive Lösung unter bestimmten Bedingungen stabil sein.
7 Vergleiche die experimentelle Literatur zu öffentlichen Gütern (Ledyard 1995).
8 Dass bei $e^*=50$ ein Maximum vorliegt, ergibt sich aus Prüfen der hinreichenden Bedingung in Form der zweiten Ableitung der Auszahlungsfunktion $\partial^2 p(e_1, \hat{e}_2)/\partial e_1 \partial e_1 = -1/100$, die stets negativ ist.
9 Holmström (1982), S. 326 zeigt, dass unter bestimmten Bedingungen das Nash Gleichgewicht im Team nicht pareto-effizient sein kann und dass im Nash Gleichgewicht immer ineffizient niedrige Arbeitsanstrengungen gewählt werden. Wird das Teamergebnis vollständig auf die Teammitglieder aufgeteilt, so ist die Trittbrettfahrerproblematik besonders schwerwiegend, vgl. Prendergast (1999), S. 39f.
10 Die hinreichende Bedingung dafür, dass bei $e^{\#}=100$ die gemeinsame Auszahlung maximal ist, ergibt sich aus der Negativität der zweiten Ableitung der Auszahlungsfunktion an der Stelle $e^{\#}=100$.
11 In Van Dijk/Sonnemans/van Winden (2001) werden ebenfalls verschiedene Entlohnungsschemata experimentell untersucht. Um Team- und Turnierentlohnung vergleichbar zu machen, wird erst das Experiment zum Team durchgeführt, und die hier erzielte durchschnittliche Auszahlung wird dann im Turnier als Summe der Turnierpreise implementiert, so dass in beiden Schemata gleich viel verdient werden kann.
12 Die Anleitung zu Treatment TT befindet sich im Anhang.
13 Die Zahlen hierfür wurden von einem vor Beginn der Einführung zufällig ausgewählten Teilnehmer genannt. So sollte vermieden werden, dass den Teilnehmern durch zuvor ausgewählte Beispiele bestimmte Verhaltensweisen als „richtig" suggeriert wurden.
14 Der Manager verdient mit 3,04 DM durchschnittlich pro Runde stets mehr als die Agenten.
15 Die Individualdaten sind auf Anfrage von den Autoren erhältlich.

Literatur

Anderhub, V., Gächter, S. und Königstein, M. (2000): Efficient Contracting and Fair Play in a Simple Principle-Agent Experiment. Working Paper No. 18, University of Zurich.
Bull, C., Schotter, A. und Weigelt, K. (1987): Tournaments and Piece Rates: An Experimental Study. In: *Journal of Political Economy 95*, S. 1–33.

Che, Y. K., Gale, I. (2000): Difference-Form Contests and the Robustness of All-Pay Auctions. In: *Games and Economic Behavior 30(1)*, S. 22–43.

Gächter, S., Fehr, E. und Zanella, B. (2000): Wie wirken Anreizverträge?, mimeo Universität Zürich.

Gibbons, R. (1997): Incentives and careers in organizations. In: Advances in economics and econometrics: theory and applications, vol II, D. M. Kreps and K. F. Wallis (ed.), no. 27, Cambridge University Press, S. 1–37.

Güth, W., Klose, W., Königstein, M. und Schwalbach, J. (1998): An Experimental Study of a Dynamic Principal-Agent Relationship. In: *Managerial and Decision Economics 19*, S. 327–341.

Hackett, S. C. (1993): Incomplete Contracting: A Laboratory Experimental Analysis. In: *Economic Inquiry 31*, S. 274–297.

Harbring, C. und Irlenbusch, B. (2001): An Experimental Study on Tournament Design, *mimeo* Universität Bonn.

Holmström, B. (1982): Moral Hazard in Teams. In: *Bell Journal of Economics 13*, S. 324–340.

Lazear, E. P. (1999): Personnel Economics: Past Lessons and Future Directions. In: *Journal of Labor Economics 17 (2)*, S. 199–236.

Lazear, E. P. und Rosen, S. (1981): Rank-Order Tournaments as Optimum Labor Contracts. In: *Journal of Political Economy 89*, S. 841–864.

Ledyard, J. O. (1995): Public Goods: A Survey of Experimental Research. In: The Handbook of Experimental Economics, J. H. Kagel and A. E. Roth (ed.), Princeton University Press, S. 111–194.

Nalbantian, H. R. und Schotter, A. (1997): Productivity under Group Incentives: An Experimental Study. In: *The American Economic Review 87*, S. 314–341.

Orrison, A.; Schotter, A. und Weigelt, K. (1997): On the Design of Optimal Organizations Using Tournaments: An Experimental Examination. Discussion Paper, New York University.

Prendergast, C. (1999): The Provision of Incentives in Firms. In: *Journal of Economic Literature 37*, S. 7–63

Schotter, A. und Weigelt, K. (1992): Asymmetric Tournaments, Equal Opportunity Laws, and Affirmative Action: Some Experimental Results. In: *Quarterly Journal of Economics 107*, S. 511–539.

van Dijk, F.; Sonnemans, J. und van Winden, F. (2001): Incentive Systems in a Real Effort Experiment, In: *European Economic Review 45*, S.187–214.

Weigelt, K.; Dukerich, J. und Schotter, A. (1989): Reactions to Discrimination in an Incentive Pay Compensation Scheme: A Game-Theoretic Approach. In: *Organizational Behavior and Human Decision Processes 44*, S. 26–44.

Winter, S. (1996): Relative Leistungsbewertung – Ein Überblick zum Stand von Theorie und Praxis. In: *Zeitschrift für betriebswirtschaftliche Forschung 48*, 898–926.

| Eine experimentelle Studie zur strategischen Wahl von Entlohnungsschemata |

Zusammenfassung

Die vorliegende experimentelle Studie beschäftigt sich mit dem strategischen Einsatz von Turnier- und Teamentlohnungsschemata und dem sich daraus ergebenden Leistungsverhalten von Agenten. Es zeigt sich, dass die Anstrengungen bei der Teamentlohnung diejenigen bei Turnieren übersteigen. Dies kann insbesondere auf ein ausgeprägtes kollusives Verhalten in Turnieren zurückgeführt werden. Letzteres reduziert sich deutlich, falls einem Manager wiederholt die Wahl zwischen einem der beiden Entlohnungsschemata eingeräumt wird. Die Variabilität der Leistung ändert sich jedoch durch Einführung des Managers tendenziell nicht. Sie ist in Turnieren deutlich höher als bei der Teamentlohnung.

Summary

The paper deals with an experiment designed to analyse the strategic use of tournaments and team payments as well as the induced effort levels of agents. We find that effort is higher under team payment compared to tournament incentives. This is mainly due to highly collusive behaviour in the latter. Interestingly, collusion in tournaments decreases if a manager is allowed to choose repeatedly between both incentive schemes. Variability of effort tends to keep stable with and without manager. However, it is significantly higher in tournaments than under team payment.

31: Entlohnung und Erfolgsbeteiligung (JEL J31)

Grundsätze und Ziele

Die **Zeitschrift für Betriebswirtschaft** ist eine der ältesten deutschen Fachzeitschriften der Betriebswirtschaftslehre. Sie wurde im Jahre 1924 von Fritz Schmidt begründet und von Wilhelm Kalveram und Erich Gutenberg fortgeführt. Sie wird heute von zehn Persönlichkeiten aus dem Bereich der Universität und der Wirtschaftspraxis herausgegeben.

Die Zeitschrift für Betriebswirtschaft verfolgt das Ziel, die **Forschung auf dem Gebiet der Betriebswirtschaftslehre** anzuregen sowie zur Verbreitung und Anwendung ihrer Ergebnisse beizutragen. Sie betont die Einheit des Faches; enger und einseitiger Spezialisierung in der Betriebswirtschaftslehre will sie entgegenwirken. Die Zeitschrift dient dem **Gedankenaustausch zwischen Wissenschaft und Unternehmenspraxis.** Sie will die betriebswirtschaftliche Forschung auf wichtige betriebswirtschaftliche Probleme in der Praxis aufmerksam machen und sie durch Anregungen aus der Unternehmenspraxis befruchten.

Die Qualität der Aufsätze in der Zeitschrift für Betriebswirtschaft wird nicht nur durch die Herausgeber und die Schriftleitung, sondern auch durch einen Kreis von Gutachtern gewährleistet. Das **Begutachtungsverfahren** ist doppelt verdeckt und wahrt damit die Anonymität von Autoren wie Gutachtern gemäß den international üblichen Standards.

Die Zeitschrift für Betriebswirtschaft veröffentlicht im Einklang mit diesen Grundsätzen und Zielen:

- **Aufsätze** zu theoretischen und praktischen Fragen der Betriebswirtschaftslehre einschließlich von Arbeiten junger Wissenschaftler, denen sie ein Forum für die Diskussion und die Verbreitung ihrer Forschungsergebnisse eröffnet,
- **Ergebnisse der Diskussion** aktueller betriebswirtschaftlicher Themen zwischen Wissenschaftlern und Praktikern,
- **Berichte** über den Einsatz wissenschaftlicher Instrumente und Konzepte bei der Lösung von betriebswirtschaftlichen Problemen in der Praxis,
- **Schilderungen von Problemen** aus der Praxis zur Anregung der betriebswirtschaftlichen Forschung,
- **„State of the Art"-Artikel,** in denen Entwicklung und Stand der Betriebswirtschaftslehre eines Teilgebietes dargelegt werden.

Die Zeitschrift für Betriebswirtschaft orientiert ihre Leser über **Neuerscheinungen** in der Betriebswirtschaftslehre und der Management-Literatur durch ausführliche Rezensionen und Kurzbesprechungen und berichtet in ihrem **Nachrichtenteil** regelmäßig über betriebswirtschaftliche Tagungen, Seminare und Konferenzen sowie über persönliche Veränderungen vorwiegend an den Hochschulen. Darüber hinaus werden auch Nachrichten für Studenten und Wirtschaftspraktiker veröffentlicht, die Bezug zur Hochschule haben. Die ZfB veröffentlicht keine Aufsätze, die wesentliche Inhalte von **Dissertationen** wiedergeben. Sie rezensiert aber publizierte Dissertationen.

Dem **Internationalen Herausgeber-Beirat** gehören namhafte Fachvertreter aus den USA, Japan und Europa an. In der ZfB können auch – wenn auch in begrenztem Umfang – englischsprachige Aufsätze veröffentlicht werden. Durch die Zusammenfassungen in englischer Sprache sind die deutschsprachigen Aufsätze der ZfB auch internationalen Referatenorganen zugänglich. Im Journal of Economic Literature werden die Aufsätze der ZfB zum Beispiel laufend referiert.

Herausgeber / Internationaler Herausgeberbeirat

Schriftführende Herausgeber

Prof. Dr. Uschi Backes-Gellner
Universitätsprofessorin und Direktorin des Seminars für Allgemeine Betriebswirtschaftslehre und Personalwirtschaftslehre an der Universität zu Köln. Ihre Hauptarbeitsgebiete sind Personal- und Organisationsökonomik, Mittelstandsforschung und Hochschulökonomie

Prof. Dr. Günter Fandel
Universitätsprofessor und Inhaber des Lehrstuhls für Betriebswirtschaftslehre, insbesondere Produktion und Investition an der FernUniversität Hagen. Seine Hauptarbeitsgebiete sind Industriebetriebslehre, Produktionsmanagement und Hochschulmanagement.

Prof. Dr. Wolfgang Kürsten
Universitätsprofessor und Inhaber des Lehrstuhls für Allgemeine Betriebswirtschaftslehre, insbesondere Finanzierung und Banken an der Universität Jena. Seine Hauptarbeitsgebiete sind Finanzkontrakte, Bankbetriebswirtschaftslehre und Risikomanagement.

Herausgeber

Prof. (em.) Dr. Dr. h.c. mult. Horst Albach
Professor der Betriebswirtschaftslehre an der Humboldt-Universität zu Berlin, Honorarprofessor an der Wissenschaftlichen Hochschule für Unternehmensführung Koblenz (WHU).

Dr. Dieter Heuskel
Senior Vice President, The Boston Consulting Group. Leiter des Management Teams der BCG Deutschland und Mitglied des weltweiten Executive Committees von BCG.

Dr. rer. pol. Detlef Hunsdiek
Gesamtleiter Personal der Bertelsmann AG. Er ist Vorsitzender des Beirats des Reinhard Mohn Stiftungslehrstuhls an der Universität Witten/Herdecke und Mitglied des geschäftsleitenden Ausschusses des mcm Instituts St. Gallen.

Dr. Bernd-Albrecht v. Maltzan
Deutsche Bank AG, Frankfurt, Bereichsvorstand Private Banking.

Prof. Dr. Werner Pascha
Lehrstuhl für Ostasienwirtschaft/Wirtschaftspolitik an der Gerhard-Mercator-Universität Duisburg.

Hans Botho von Portatius
Geschäftsführender Gesellschafter von Kappa IT Ventures Beteiligungs GmbH.

Prof. Dr. Hermann Sabel
Professor der Betriebswirtschaftslehre, insbesondere Marketing, der Universität Bonn und Mitglied im Wissenschaftlichen Beirat des Universitätsseminars der Wirtschaft (USW) in Erftstadt-Liblar.

Prof. Dr. Joachim Schwalbach
ist Inhaber des Lehrstuhls für Internationales Management, Humboldt-Universität zu Berlin.

Internationaler Herausgeberbeirat

Professor Alain Burlaud
Professor für Betriebswirtschaftslehre, insbesondere Rechnungswesen und Management Control, am Conservatoire National des Art et Métiers in Paris. Er ist Expert Comptable und Mitherausgeber zahlreicher bedeutender französischer Fachzeitschriften.

Prof. Dr. Santiago Garcia Echevarria
Professor für Betriebswirtschaftslehre, insbesondere Unternehmenspolitik, und Direktor des Instituto de Dirección y Organización de Empresas der Universität Alcalá.

Prof. Dr. Lars Engwall
Professor für Betriebswirtschaftslehre an der Universität Uppsala.

Prof. Dr. Robert T. Green
Professor für Marketing und Internationale Betriebswirtschaftslehre an der University of Texas in Austin, Texas, und Director des Center for International Business Education and Research.

Prof. Hiroyuki Itami
Professor für Management an der Faculty of Commerce der Hitotsubashi Universität, Tokyo.

Prof. Dr. Don Jacobs
Gaylord Freeman Distinguished Professor of Banking und Dean der J.L. Kellogg Graduate School of Management der Northwestern University in Evanston bei Chicago.

Prof. Dr. Koji Okubayashi
Professor für Betriebswirtschaftslehre, insbesondere Human Resources Management in der School of Business Administration der Kobe University.

Prof. Dr. Adolf Stepan
Professor für Betriebswirtschaftslehre, insbesondere Industriebetriebslehre an der Technischen Universität Wien und Leiter der Abteilung Wirtschafts- und Managementwissenschaften an der Donau-Universität Krems.

Prof. Dr. Kalervo Virtanen
Professor für Betriebswirtschaftslehre, insbesondere Management Accounting, an der Helsingin Kauppakorkeakoulu, der Helsinki School of Economics and Business Administration.

Verlag

Betriebswirtschaftlicher Verlag Dr. Th. Gabler GmbH,
Abraham-Lincoln-Straße 46, 65189 Wiesbaden,
Postfach 15 46, 65173 Wiesbaden,
http://www.gabler-online.de
http://www.zfb-online.de
Geschäftsführer: Dr. Hans-Dieter Haenel
Verlagsleitung: Dr. Heinz Weinheimer
Programmleitung Wissenschaft: Claudia Splittgerber
Gesamtleitung Produktion: Reinhard van den Hövel
Gesamtleitung Vertrieb: Heinz Detering

SCHRIFTLEITUNG:
Professor Dr. Günter Fandel
FernUniversität Hagen
Fachbereich Wirtschaftswissenschaft
58084 Hagen
E-Mail: ZfB@FernUni-Hagen.de

Anfragen an die Schriftleitung: Briefe an die Schriftleitung mit der Bitte um Auskünfte etc. können nur beantwortet werden, wenn ihnen Rückporto beigefügt ist. Von Anfragen, die durch Einsicht in die Jahresinhaltsverzeichnisse beantwortet werden können, bitten wir abzusehen.

Redaktion: Ralf Wettlaufer, Tel.: 06 11/78 78-2 34,
E-Mail: Ralf.Wettlaufer@bertelsmann.de
Annelie Meisenheimer, Tel.: 06 11/78 78-2 32, Fax: 06 11/78 78-4 11, E-Mail: Annelie.Meisenheimer@bertelsmann.de
Kundenservice: Britta Christmann,
Tel.: 06 11/78 78-1 29/1 32, Fax: 06 11/78 78-4 23,
E-Mail: Britta.Christmann@bertelsmann.de
Abonnentenbetreuung: Doris Schöne, Tel.: 0 52 41/80 19 68,
Fax: 0 52 41/80 96 20
Produktmanagement: Kristiane Alesch, Tel.: 06 11/78 78-3 59,
Fax: 06 11/78 78-4 39, E-Mail: Kristiane.Alesch@bertelsmann.de.
Anzeigenleitung: Thomas Werner, Tel.: 06 11/78 78-1 38,
Fax: 06 11/78 78-4 30, E-Mail: Thomas.Werner@bertelsmann.de
Anzeigendisposition: Susanne Bretschneider,
Tel.: 06 11/78 78-1 53, Fax: 06 11/78 78-4 30,
E-Mail: Susanne.Bretschneider@bertelsmann.de.
Es gilt die Anzeigenpreisliste Nr. 25 vom 1.10.1995.
Produktion/Layout: Gabriele McLemore
Bezugsmöglichkeiten: Die Zeitschrift erscheint monatlich. Einzelverkaufspreis 39,– DM, 36 SFr; preisgebundener Jahresabonnementpreis **Inland** 366,– DM, 325 SFr; für Studenten 210,– DM, 186,– SFr (die aktuelle Immatrikulationsbescheinigung ist jeweils unaufgefordert nachzureichen); preisgebundener Jahresabonnementpreis **Ausland** 390,– DM, 347,– SFr.; Studentenpreis Ausland 264,– DM, 234,– SFr. inkl. Porto und ges. MwSt. Preis für besondere Versandformen auf Anfrage. Zahlung erst nach Erhalt der Abo-Rechnung. Persönliche Mitglieder des Verbandes der Hochschullehrer für Betriebswirtschaft e.V. erhalten einen Nachlaß von 20% auf den Abonnementpreis. Sie können das Abonnement – spätestens 6 Wochen vor Ablauf – zum Ende des Bezugsjahres kündigen (siehe letzte Abonnementrechnung). Geben Sie bitte unbedingt ihre Kundennummer an. Eine schriftliche Bestätigung erfolgt nicht. – Jährlich können 1 bis 6 Ergänzungshefte hinzukommen. Jedes Ergänzungsheft wird den Jahresabonnenten mit einem Nachlaß von 25% des jeweiligen Ladenpreises gegen Rechnung geliefert. Bei Nichtgefallen kann das Ergänzungsheft innerhalb einer Frist von drei Wochen an die Vertriebsfirma zurückgesandt werden.

© 2001 Betriebswirtschaftlicher Verlag Dr. Th. Gabler GmbH, Wiesbaden.

Der Gabler Verlag ist ein Unternehmen der Fachverlagsgruppe BertelsmannSpringer.

Alle Rechte vorbehalten. Kein Teil dieser Zeitschrift darf ohne schriftliche Genehmigung des Verlages vervielfältigt oder verbreitet werden. Unter dieses Verbot fällt insbesondere die gewerbliche Vervielfältigung per Kopie, die Aufnahme in elektronische Datenbanken und die Vervielfältigung auf CD-ROM und allen anderen elektronischen Datenträgern.

Gesamtherstellung: Konrad Triltsch, Print und digitale Medien GmbH, 97199 Ochsenfurt-Hohestadt.
Gedruckt auf säurefreiem und chlorfrei gebleichtem Papier.
Printed in Germany
ISSN: 0044-2372

Hinweise für Autoren

Wenn Sie einen Beitrag geschrieben haben, der in der Zeitschrift für Betriebswirtschaft erscheinen soll, beachten Sie bitte unbedingt folgende Punkte.

1. Bitte beachten Sie die „Grundsätze und Ziele" der ZfB.

2. Manuskripte sind in zweifacher Ausfertigung an die Schriftleitung zu senden. Für das Begutachtungsverfahren müssen die Beiträge anonymisiert werden. Daher darf der Name des Autors nur auf der Titelseite des Manuskripts stehen. Der Autor verpflichtet sich mit der Einsendung des Manuskripts unwiderruflich, das Manuskript bis zur Entscheidung über die Annahme nicht anderweitig zu veröffentlichen oder zur Veröffentlichung anzubieten. Diese Verpflichtung erlischt nicht durch Korrekturvorschläge im Begutachtungsverfahren.

3. Aufsätze, die im wesentlichen Ergebnisse von Dissertationen wiedergeben, werden nicht veröffentlicht. Um die Ergebnisse von Dissertationen breiter bekannt zu machen, hat die ZfB eine Rubrik „Dissertationen" im Besprechungsteil eingeführt. Hier werden vorzugsweise Erstgutachten von Dissertationen – in entsprechend gekürzter Form – abgedruckt.

4. Alle eingereichten Manuskripte werden, wie international üblich, einem doppelt verdeckten Begutachtungsverfahren unterzogen, d. h. Autoren und Gutachter erfahren ihre Identität gegenseitig nicht. Durch dieses Verfahren soll die fachliche Qualität der Beiträge gesichert werden.

5. Die Manuskripte sind in Times New Roman, 12 Punkt, 1½zeilig mit 5 cm Rand links zu schreiben. Sie sollten nicht länger als 25 Schreibmaschinenseiten sein. Der Titel des Beitrages und der/die Verfasser mit vollem Titel und ausgeschriebenen Vornamen sowie beruflicher Stellung sind auf der ersten Manuskriptseite aufzuführen. Dem Beitrag ist ein „Überblick" von höchstens 15 Zeilen voranzustellen, in dem das Problem, die angewandte Methodik, das Hauptergebnis in seiner Bedeutung für Wissenschaft und/oder Praxis dargestellt werden. Die Aufsätze sind einheitlich nach dem Schema A., I., 1., a) zu gliedern. Endnoten (Times New Roman, 12pt) sind im Text fortlaufend zu numerieren und am Schluß des Aufsatzes unter „Anmerkungen" zusammenzustellen. Anmerkungen und Literatur sollen getrennt aufgeführt werden. Im Text und in den Anmerkungen soll auf das Literaturverzeichnis nach dem Schema: (Gutenberg, 1982, S. 352) verwiesen werden. Jedem Aufsatz muß eine „Summary" in englischer Sprache von nicht mehr als 15 Zeilen Länge und eine deutsche Zusammenfassung gleicher Länge angefügt werden. Über Abbildungen und Tabellen ist eine Legende vorzusehen (z.B.: Abb. 1: Kostenfunktion, bzw. Tab. 2: Rentabilitätsentwicklung). Abbildungen und Tabellen sind an der betreffenden Stelle des Manuskripts in Kopie einzufügen und im Original (reproduzierfähig) dem Manuskript beizulegen. Mathematische Formeln sind fortlaufend zu numerieren (1), (2) usw. Sie sind so einfach wie möglich zu halten. Griechische und Fraktur-Buchstaben sind möglichst zu vermeiden, ungewöhnliche mathematische und sonstige Zeichen für den Setzer zu erläutern. Auf mathematische Ableitungen soll im Text verzichtet werden; sie sind aber für die Begutachtung beizufügen.

Mit dem Manuskript liefert der Autor ein reproduzierfähiges Brustbild (Paßphoto) von sich sowie eine kurze Information (max. 7 Zeilen) zu seiner Person und seinen Arbeitsgebieten.

6. Wenn das Manuskript auch auf einer Diskette vorliegt, so sollte diese zur Vermeidung von Satzfehlern beigefügt werden. Papiermanuskripte sind aber in jedem Fall nötig.

7. Der Autor verpflichtet sich, die Korrekturfahnen innerhalb einer Woche zu lesen und die Mehrkosten für Korrekturen, die nicht vom Verlag zu vertreten sind, sowie die Kosten für die Korrektur durch einen Korrektor bei nicht termingerechter Rücksendung der Fahnenkorrektur zu übernehmen.

8. Der Autor ist damit einverstanden, daß sein Beitrag außer in der Zeitschrift auch durch Lizenzvergabe in anderen Zeitschriften (auch übersetzt), durch Nachdruck in Sammelbänden (z.B. zu Jubiläen der Zeitschrift oder des Verlages oder in Themenbänden), durch längere Auszüge in Büchern des Verlages auch für Werbezwecken, durch Vervielfältigung und Verbreitung auf CD ROM oder anderen Datenträgern, durch Speicherung auf Datenbanken, deren Weitergabe und den Abruf von solchen Datenbanken während der Dauer des Urheberrechtsschutzes an dem Beitrag im In- und Ausland vom Verlag und seinen Lizenznehmern genutzt wird.

GPSR Compliance

The European Union's (EU) General Product Safety Regulation (GPSR) is a set of rules that requires consumer products to be safe and our obligations to ensure this.

If you have any concerns about our products, you can contact us on

ProductSafety@springernature.com

In case Publisher is established outside the EU, the EU authorized representative is:

Springer Nature Customer Service Center GmbH
Europaplatz 3
69115 Heidelberg, Germany

www.ingramcontent.com/pod-product-compliance
Lightning Source LLC
LaVergne TN
LVHW080312260326
834688LV00038B/1085